品味唐朝

唐人的文化、經濟和官場生活

賴瑞和　著

自序

品味唐朝，方法很多。本書所收的十四篇論文，想從四大面向——職官、日常生活、碑誌和地理——來細細品嘗唐人的文化、經濟和官場生活。這四大面向，我常戲稱是我治唐史的「四把鑰匙」，模仿已故北大鄧廣銘先生治中國史的「四大鑰匙」——年代、地理、職官、目錄。

比如，書中的第一篇論文，論韋應物的詩〈送楊氏女〉，便用上了這四把鑰匙。

詩人韋應物的官歷，過去我們都很熟悉，但卻無人點出他這些官的深層意義。本文細考發現，他一生所做的官，都是唐人所說的「美官」——不是上等州縣的好官，就是京城人人稱羨的郎官。這些官的月俸錢都很可觀。他不應當「貧窮」。他在詩裡常說的「貧儉」和「貧約」等等，應該都是謙詞，不可當真。他女婿楊凌結婚時的官銜大理評事，也很有意義，不可忽略。它等於告訴我們，楊凌是在幕府做事。這點是前人所未言者。

從日常生活的角度去看這首韋詩，可以討論的事物就更多了。比如，韋應物一生四處宦遊做官，住在哪裡？答案：住在官舍。我們從唐代的「郡齋詩」，可以得到許多關於唐代官舍的材料。他家中必定也跟中古時代官宦之家那樣，蓄有家奴。這在當時的士人階層，是很普遍的現象。所以，他妻子死後，韋應物可不是現代人所說的那種可憐兮兮的「單親老爸」，而是一個擁有眾多家奴幫他做家務的家長。他和兩個女兒，仍然可以過著非常舒適的士人家生活，有奴婢的照顧。

韋應物和他妻子元蘋，以及他父親等人的墓誌，都先後在西

安出土，為本文的歷史重建工作，提供了許多絕佳的證據。近數十年來，唐墓誌和碑刻的大量出土和出版，改寫了不少唐史敘事。碑誌這把鑰匙，在本書所收的其他論文中，也充分發揮了它的強大功能。碑誌在職官研究上的重要性，更是明顯易見。如果不是靠了碑誌，本書第三輯中的好幾篇論文，根本無法完成。我們今天絕不能單靠兩《唐書》等傳統文獻來做研究和立論了。

　　地理是唐史研究中比較被忽視的一環。然而，三十年前，我年輕的時候，曾經乘搭火車和長途客車，在中國大地上行走了超過四萬公里的路，後來寫成一本旅行書《杜甫的五城：一位唐史學者的尋蹤壯遊》（北京：清華大學出版社；台北：爾雅出版社）。我一直對唐人的旅行、宦遊和出行方式，深為著迷。韋應物詩中那位楊氏女，剛完婚就要在隔天一大早「大江泝輕舟」，從此跟她的父親家人別離了，不知「見爾當何秋」，好不悲傷。中古時代的女子，一般只不過從城中的某一坊，嫁到同一城中的另一個坊。或從這一村子，嫁到數里外的另一個村子。但楊氏女為什麼竟然要嫁得那麼遠，需要乘坐一艘「輕舟」，溯著「大江」往上游去，才能到夫家？因為她嫁給一個士人官員楊凌。他在江上游某個幕府做官。楊氏女不得不跟著他遠行也。

　　士人是唐代最常需要遠行的一個群體（而非和尚和商人）。唐代的水陸驛站，大抵是為士人做官出行而設，附帶傳送文書和包裹，遞解被貶的官員等等。水驛恐怕又比陸驛更重要。楊氏女出嫁，用的就是水驛。她乘坐的那艘「輕舟」，在大江上行走，看來好不「危險」。其實「輕舟」只不過是文學語言，實際上應當是指滁州水驛站的一艘官船，堅牢可靠。我們大可不必替她擔心。同樣，〈王維的〈相思〉和唐代的南方〉一文，也探討了王維如何從長安到遙遠的嶺南去出任南選使，見到「南國」的

古典相思樹和紅豆。他走的也大半是水路。

　　我一向喜歡把唐史上的種種問題，當成一個一個「懸案」來逐一破解，不愛做「唐宋變革」或「士族的沒落」那種大題目，偏愛做我已故宋史老師劉子健先生所說的「中」或甚至「小」的題目。這「四把鑰匙」，正是我做「破案式唐史研究」的利器。

　　一般唐史學者，恐怕不會把日常生活，視為治史的一把鑰匙。但我過去在台灣清華歷史所，教過十一年《唐代日常生活史》之類的課，養成了一種處處以日常生活的觀點，來觀看唐史的習慣。我常發現，它是一把靈巧的鑰匙，可以解開唐史上的許多「謎」。一般的日常生活史，研究的不外乎衣食住行等基本民生事。我還沒有寫過這一類的論文，但本書中有兩篇論文，曾經發給生活史課上的研究生當教材，卻涉及另一層次的唐人生活。

　　一是〈唐人在多元貨幣下如何估價和結帳〉這一篇，乍看之下，好像是唐代貨幣史的一篇論文，但我更關心的，其實卻是唐人在日常生活中，如何使用不同的貨幣來估價和結帳。貨幣的使用，無疑是日常生活上很重要的事，跟衣食住行同樣重要。此外，這篇論文也關注地理的差異，如何影響到不同貨幣的使用。比如敦煌西北地區一向缺乏銅錢，織品貨幣就成了主流。等到敦煌陷入吐蕃，連織品也缺乏，穀物便成了主要貨幣。在漢中等山谷貧窮地區，人們甚至連「一斤麻，或一兩絲，或蠟或漆，或魚或雞」，都可以拿去當貨幣來購買鹽。

　　另一篇跟日常生活息息相關的論文是〈劉知幾和唐代的書及手抄本〉。據劉知幾自述，他少年時代所讀的書，「多因假賃」而「部帙殘缺，篇第有遺」。這句話有些不好理解。過去也未見有學者解說。為什麼借來的書，就多是「殘缺」的？但如果放在唐代日常生活孩童讀書的角度看，便豁然可解，因為抄書是非常

耗時和耗紙張的事。唐代民間抄書，因人力有限，紙張昂貴短缺等因素，常常是「選擇性的抄書」，只抄寫自己想讀的部分。這才導致劉知幾當時所借到的書，多是「殘缺」的，「篇第有遺」的。這也意味著，他那時代的民間用書，很可能不是卷軸式的，而是散頁式，未經裝裱的。

再如〈唐代的侍御史知雜〉，原本是一篇官制論文，但我的興趣卻被顏真卿〈爭座位帖〉所提到的「別置一榻」挑起了，於是探討了這個「榻」的意義，相信可以給一篇原本很枯燥的官制考證，增添一點日常生活的鮮味。

當然，過去十多年來，我用功最深的，還是唐代的職官制度，先後出版了《唐代基層文官》、《唐代中層文官》和《唐代高層文官》三書，構成我的文官三部曲。然而，本書第三輯的八篇職官論文，卻因種種原因，並沒有收在這三部曲中，成了「孤魂野鬼」。現在趁這機緣，終於收入本論文集中。其中〈唐代的待詔〉和〈唐代的翰林待詔和司天台〉這兩篇，涉及唐代文官中一些伎術官僚和雜色才藝人，跟唐代士人所做的清官和清望官很不同。由此，我才理解到唐代的所謂「文官」，其實是個非常複雜的群體，有清官和濁官之分等等，可以做更精細的「類型研究」，於是又寫了另一篇論文〈唐代「望秩」類官員和唐文官類型〉。

書中所收的十四篇論文，有些發表超過十年，文中的觀點和書目不免有些過時，現在都經過了不同程度的修改和更新。書中附錄的三篇學術隨筆，追憶我從外文系英美文學的世界，如何走回中古中國的唐朝，等於是我個人的「漢學師承記」。

書名《品味唐朝》，隱含了一個食物意象，也就是要把唐朝當成一道美食來品嘗。書的封面最好選用一幅有食物的唐人畫來

設計。我過去為了教《唐代日常生活史》的課，蒐集了數千張唐代的墓室壁畫圖和唐代文物圖，以便隨時可以做成投影片，放給學生看，有圖為證，以圖證史。翻找了一會，發現西安韋頊墓的年代很明確（玄宗開元六年，西元 718 年），且出土了一幅線刻畫，刻在石槨棺的石板上，很適用在封面上。畫中那個宦門侍女（一說貴族仕女），右手托著一大盤子的包子走過來，好像要請大家品嘗的樣子。畫家正好捕捉到她走動的瞬間——注意她的左手，正配合步伐，向上揮動，婀娜多姿，風情萬種。她的容貌和神情優雅。衣著細節和頭飾也都很有看頭。畫的線條非常流暢。畫者肯定是唐代的一個專業畫家，很可能在替韋頊家中某個真實的唐代女子寫真。

賴瑞和

2019 年 11 月 15 日

目次

附　錄　漢學師承記

第一輯

唐詩、小說和寫本文化

韋應物的詩〈送楊氏女〉
——歷史和文學的讀法

> 永日方慼慼，出門復悠悠。女子今有行，大江泝輕舟。
> 爾輩況無恃，撫念益慈柔。幼為長所育，兩別泣不休。
> 對此結中腸，義往難復留。自小闕內訓，事姑貽我憂。
> 賴茲托令門，仁恤庶無尤。貧儉誠所尚，資從豈待周。
> 孝恭遵婦道，容止順其猷。別離在今晨，見爾當何秋。
> 居閒始自遣，臨感忽難收。歸來視幼女，零淚緣纓流。
>
> ——韋應物〈送楊氏女〉[1]

　　韋應物這首〈送楊氏女〉很有名，也收在清代蘅塘退士所編的《唐詩三百首》，寫一個父親送一個出嫁的女兒。唐詩中送官場同僚朋友的作品很多，但送出嫁女兒的詩，卻極為少見（如果不是僅此一見）。歷代文評家和現代學者，對這首詩的品評讀法，大抵皆從文學的觀點出發，純就詩論詩，沒有把它放在唐代社會生活的背景下來討論。例如，金性堯在《唐詩三百詩新注》所寫的一段賞析，便很有代表性。他說：

> 女兒要出嫁了，本來應該高高興興，即使有些傷感，做父

---

1 陶敏、王友勝校注，《韋應物集校注》卷 4（上海：上海古籍出版社，2011年增訂版），頁 266-267。

親的也和母親不同些。可是因為兩女從小喪母，作者對他
亡妻的情愛又很深摯，不禁又想起她們在地下的母親來。
大江輕舟，女子有行，感情上也更容易觸動。一面又以父
親的身分，嚴正而懇切地叮囑著。其次，韋氏雖然做了多
年的官，卻還過著貧儉生活，連女兒的嫁妝也不豐厚。從
韋氏一生為人看，可以相信他說的是真話。

詩中的「爾輩苦無恃」是全詩關節。通篇質樸無華，語重
心長，結末尤其沉痛。2

　　這些當然都說得很好。但如果我們能在文學觀點之外，再增
加一個歷史的視角，深入去了解詩寫作的背景，以及它提到的一
些有意義的細節，比如「大江泝輕舟」和「別離在今晨」，我們
應當能獲得更多讀詩的樂趣。至於詩中未提到的，比如作者韋應
物寫詩時的官場身分，他工作的場所和他家人生活的環境，如
果我們能夠從歷史的脈絡去了解，也能發現不少有趣的細節。
這種「歷史+文學」的讀法，應當遠比「純文學」方法（也就是
過去文學批評所說的「新批評」〔New Criticism〕或「內在研
究」），更為過癮。本文嘗試闡明這一點，可看作是「新歷史主
義」（New Historicism）的讀法。

　　2007 年，韋應物和夫人元蘋的墓誌，以及他兒子韋慶復和
夫人裴棣的墓誌，在西安出土。這四方墓誌，以及後來出土的韋
應物父親韋鑾的墓誌，也為本文的歷史重建工作，提供了一些極
佳的歷史證據。

2　金性堯注，《唐詩三百首新注》（上海：上海古籍出版社，1980），頁
　　40。「爾輩苦無恃」在陶敏校注本作「爾輩況無恃」。

一、刺史的地位職望

據陶敏和王友勝的《韋應物集校注》，這首詩寫於唐德宗建中三年（782）或四年（783）。當時韋應物（735-790）[3] 年約48 或 49 歲，正在滁州（今安徽滁州市）當刺史。在唐代，刺史是一個高官，是一州的州長。州長嫁女兒，在唐代那個生活節奏緩慢的社會，應當是一件轟動當地的大事，應當會有不少州內的官員和下屬前來祝賀，相信也會有不少當地民眾，前來圍觀看熱鬧。

從歷史的觀點看，我們首先要面對兩個關鍵問題：第一，刺史是一種怎樣的高官？第二，唐代基本上還在行使傳統的婚禮古法，也就是《儀禮·士婚禮》所描述的那六套儀式：問名、納采、納吉、納徵、請期及親迎。那麼，刺史嫁女兒，在女方家舉行的婚禮部分，比如下婿、障車、親迎、催妝等禮儀，[4] 會在什麼地方舉行？如果我們能解決這兩個問題，那我們就可以欣賞這首詩中更多細微處和弦外之意。

我在《唐代高層文官》一書中，研究過刺史這種高官。這裡不擬重複申論。簡單說，刺史是一州的最高長官，唐詩中雅稱為「使君」。他主要負責徵收州內的稅賦後上繳，是個稅官，

3　韋應物的生卒年，過去有多種說法。此依陶敏據 2007 年出土墓誌的最新考定〈韋應物生平再考〉，《文學遺產》2010 年第 1 期，頁 136-138。

4　趙守儼，〈唐代婚姻禮俗考略〉，《趙守儼文存》（北京：中華書局，1998），頁 13-31；段塔麗，〈唐代婚姻習俗與婦女地位探析〉，《陝西師範大學學報》2002 年第 2 期，頁 82-88。更詳細的研究見楊明璋，〈論敦煌文獻所見的婚儀及其詩文的實際運用情形〉，《成大中文學報》第 32 期（2011 年 3 月），頁 35-60。

並維持州內的治安，類似羅馬帝國派駐各地的總督（provincial governor）。唐代有三百多個州，每州都有一個刺史，但這三百多個刺史的身分地位，卻不相同，要看該州的戶口數和戰略位置等因素而定。如果一個刺史是在靠近京師長安的戰略要州（如同州和華州）任職，則他的官品地位和職望就比較高。如果是在江南等人口眾多的富庶大州（如蘇州、杭州等）任職，則該州的稅收多，刺史的官品地位（甚至俸錢）也會比較高。但如果是在嶺南端州、湖南永州等窮荒小州任刺史，則地位低下，俸錢也少。[5] 這些偏遠窮州，也常用於貶官，比如柳宗元被貶的柳州，以及韓愈被貶的潮州。

　　韋應物嫁女兒當年任刺史的滁州，位於長江北岸，往東到揚州大約 150 公里，往南到南京大約 80 公里，是唐代極其重要的淮南節度使屬下的七個州之一（另六州為揚、楚、和、舒、壽、廬）[6]。其州等定位為「上州」[7]。所謂「上州」，在韋應物所處的唐後期，指那些戶數超過二萬戶的大州，地位比「中州」和「下州」高一等。戶數多，意味著朝廷能夠在當地徵收到的賦稅也比較多，刺史的官品地位和俸錢也比較高。韋應物能夠做到這樣重要的上州刺史，並非僥倖，或隨機被選上，而是經過二十多年漫長的官場歷練。這一點，在唐代文學的論述中，往往沒有人去深究，僅一筆帶過，單單只說他曾經做過滁州刺史，卻沒有討論在滁州當刺史的意義。

5　賴瑞和，《唐代高層文官》（北京：中華書局，2017），頁 353-363。

6　〔後晉〕劉昫等，《舊唐書》卷 38，〈地理一〉（北京：中華書局，1975），頁 1391。

7　〔宋〕歐陽修等，《新唐書》卷 41，〈地理五〉（北京：中華書局，1975），頁 1053。

　　事實上，在滁州任刺史，是個美官，值得大書特書，可申論之處很多。唐代能夠在這種州任刺史的人，其家世一般都很顯赫，祖上幾代都做過高官。他本人可能在年少時在京師的太學或弘文館等宮中貴族學校念過書，或考中進士或明經等科名。他任這種上州刺史的年齡，一般須在 50 歲上下（太年輕不行），而且之前曾擔任過一系列的京官，或在重要的州縣做過地方官，累積了豐富的官場經驗，才能攀升到這種上州的刺史，並非易事。

　　考韋應物的家世和官歷，他完全符合這樣的模式。他是北周逍遙公韋敻的後代。這位逍遙公，常年退隱不仕，是位高士，「十見征辟，皆不應命」，「所居之宅，枕帶林泉，對翫琴書，蕭然自樂」[8]。有條件這樣「退隱」的高士，顯然很不簡單，必定家產豐厚，擁有不少田地和奴婢，享有優越的物質生活，是個大戶望族人家。韋應物的五世祖沖，任隋民部尚書；高祖挺，唐太宗時的黃門侍郎；曾祖待價，任武則天的宰相；祖令儀，唐梁州都督。這些全都是高層官員。韋的父親鑾，官至宣州司法參軍，屬中層官員，但他卻也是當時有名的士人畫家。[9] 正因為如此顯赫的家世，韋應物在少年時代，大約 15 歲時，便以門蔭獲選為宮廷的千牛衛，成為玄宗皇帝的親近侍衛，也就是他在〈逢楊開府〉詩中所說的「少事武皇帝，無賴恃恩私」，並且在不執勤的番下日，一邊在京師的高官貴族子弟學校太學讀書。[10]

8　〔唐〕令狐德棻等，《周書》卷 36，〈韋敻傳〉（北京：中華書局，1971），頁 544。

9　趙生泉，〈韋應物家世釋疑〉，《社會科學戰線》2014 年第 1 期，頁 114-121。

10　唐代那些以門蔭入仕的高官子弟，一般會在他們少年時代，先被選為宮中的齋郎、挽郎、三衛、千牛衛一類的「學徒」（這些都不是正式官職），在宮

　　韋應物離開太學出來做官，第一件差事就是在宮廷禁軍羽林軍中擔任倉曹參軍，是個很不錯的基層文官。[11] 之後，他開始在長安和洛陽兩京地區出任一系列官職：高陵縣尉、河陽府從事（一種幕府職）、洛陽縣丞、河南府兵曹參軍、京兆府功曹參軍、鄠縣令、櫟陽縣令，很有秩序地逐步陞官，從基層升到中層。他任官的這些地點，全屬於「京畿」府縣，地位特殊。唐人能夠在這樣的京畿戰略地區做官，表示他的出身良好，仕宦成績優異，前景尤佳[12]。果然，在大約 48 歲時，韋應物便當上了滁州刺史。之後，他還做過江州刺史，最後一任官是蘇州刺史，並死於蘇州官舍。蘇州的人口，更遠勝滁州，稅錢更多。白居易曾這樣形容蘇州：「江南諸州，蘇最為大。兵數不少，稅額至多。」[13] 2007 年在西安出土的韋應物墓誌〈唐故尚書左司郎中蘇州刺史京兆韋君墓誌銘〉，說他「歷官十三政，三領大藩」[14]（指滁州、江州和蘇州三地），意指他一生的官歷豐富，做過

中執行一些侍衛或儀式性的職務，一邊在太學或其他貴族學校念書，先取得「起家」資格，幾年後表現良好者，則可以「釋褐」正式做官。見黃正建，〈唐代的「起家」與「釋褐」〉，《中國史研究》2015 年第 1 期，頁198-200；黃正建，〈唐代的齋郎與挽郎〉，《史學月刊》1989 年第 1 期，頁 30-34；劉琴麗，〈再論唐代的齋郎與挽郎〉，《江漢論壇》2005 年第 9期，頁 91-93；夏麗梅，〈唐代齋郎再探〉，《青海師範大學學報》2015 年第 4 期，頁 80-85。

11 賴瑞和，《唐代基層文官》（北京：中華書局，2008），頁 157-202。

12 賴瑞和，《唐代基層文官》，頁 99-155；賴瑞和，《唐代中層文官》（北京：中華書局，2011），頁 207-287。

13 朱金城箋校，《白居易集箋校》卷 68，〈蘇州刺史謝上表〉（上海：上海古籍出版社，1988），頁 3672。

14 韋應物的墓誌拓片和錄文見趙力光主編，《西安碑林博物館新藏墓誌續編》（西安：陝西師範大學出版社，2014），頁 420-421。

十三種官。不少唐代士人做官，一生不到十任，更有低至二三任者。相比之下，十三任官是非常出色且「成功」的[15]。他又當過三個「大藩」的首長（刺史），可圈可點。

因此，我們讀〈送楊氏女〉時，應當意識到，作者韋應物可不是普通的官員，而是出身望族、仕途顯達的高官，且在寫這首詩時，正處於他事業的高峰。他那位出嫁的長女，也非普通「隔壁人家」的女孩，而是名門閨秀，生長於宦門的女性。更值得注意的是，楊氏女的母親元蘋，還是北魏鮮卑皇族的後代（見其出土墓誌）[16]，楊氏女因而也具有鮮卑皇室血統，出身不凡。她很可能還會說鮮卑語，仍然保存一些鮮卑族的飲食和文化習俗。

二、刺史官舍及其生活

唐代士人官員很少能夠長年在京師長安任京官，一般都需要經常被派往各地方去出任州縣官，或到各節度使府（或鹽鐵等使府）去充當各種幕職。這就是唐代著名的「宦遊」現象，幾乎是每一個士人官員都曾經歷過的，鮮少例外。[17]這導致唐代士人官員，在外宦遊，遠比現代公務員外調，時間更長，地點更多。他們經常跑遍大半個中國。韋應物本人的經歷，便是個好例子。他一生幾乎都在宦遊，四處做官，走過關內、河南、淮南和江南

---

15 詳細的討論見賴瑞和，《唐代中層文官》，頁 14-20。
16 元蘋的墓誌拓片和錄文見趙力光主編，《西安碑林博物館新藏墓誌續編》（西安：陝西師範大學出版社，2014），頁 385-386。
17 賴瑞和，《唐代基層文官》，頁 294-300；胡云薇，〈千里宦遊成底事，每年風景是他鄉——試論唐代的宦遊與家庭〉，《台大歷史學報》第 41 期（2008），頁 65-107。

道，再加上他任刺史期間經常需要到屬下縣去巡視，他的行程比起日本和尚圓仁，在《入唐求法巡禮行記》中所記錄的入唐九年旅行路線還要長。

問題是，這些唐代士人在宦遊期間，住在哪裡？答案：住在官舍。最主要的證據是：外任官員（以及他們隨行的眷屬，如妻小，甚至父母等），經常遇疾「終於官舍」、「薨於官舍」。他們既然死在官舍，生前應當就住在官舍。

唐代官員「終於官舍」的例證很多；在近年出土的墓誌中，例證更多。比如，韋應物本人便死在他最後一任官蘇州刺史的「官舍」。他的墓誌清楚告訴我們，「尋領蘇州刺史，下車周星，豪猾屏息，方欲陟明，遇疾終於官舍。」韋應物的父親韋鑾，死前任宣州司法參軍，他也「終於郡之官舍」。[18] 由於唐代州縣官的任期，一般都很短，約三年或更短一任，不可能在當地置產（除非罷任後，選擇入籍留在當地，才可能置產）。宦遊期間最簡便的辦法，莫過於住在州衙或縣衙附屬的舍院。州衙或縣衙一般為大觀園式或四合院式結構布局，除了辦公廳舍，還有園林池亭和內院官舍，可供官員居住。甚至貶官的官員，也可住在官舍，如晚唐李德裕被貶崖州，寫過一封信給段成式說：「自到崖州，幸且頑健。居人多養雞，往往飛入官舍，今且作祝雞翁耳。謹狀。」[19]

再舉一例。韋應物為他妻子元蘋撰寫並親筆書碑的〈故夫人河南元氏墓誌銘〉，無意中透露了一個極有意義的細節：

18 韋鑾的墓誌〈大唐故韋府君墓紀石〉，近年在西安出土，拓片和錄文見趙生泉，〈韋應物家世釋疑〉，《社會科學戰線》2014年第1期，頁114-121。
19 傅璇琮、周建國校箋，《李德裕文集校箋》（石家莊：河北教育出版社，2000），頁747。

「以大曆丙辰（776）九月廿日癸時，疾終於功曹東廳內院之官舍。」[20] 這個「功曹」，指韋應物當時任官的京兆府功曹，可證當時韋應物一家（應當包括後來出嫁的那位「楊氏女」等家人），便住在京兆府功曹「東廳內院之官舍」。事實上，京兆府即長安。韋應物原籍就在京兆，但他當時在長安無宅第。他在〈故夫人河南元氏墓誌銘〉中自稱「生處貧約，歿無第宅，永以為負」，所以他一家人要住在任官的功曹官舍。依此看來，韋應物一生做官，四處宦遊，應當都住在他任官州縣的官舍。在沒有做官的空窗期，或在養病期間，他也常住在佛寺，一如他在詩中常透露的，如〈寺居獨夜寄崔主簿〉和〈寓居灃上精舍寄於張二舍人〉等詩。

　　唐代的官舍長什麼樣子？現代官員公務員的宿舍，一般位於高樓大廈，沒有什麼景觀可言。但唐代的官舍，位於州縣衙署的範圍內。據唐詩的描述，往往會有園林、池塘、涼亭、樓台、竹林等景物，風景秀麗。我們之所以對唐代官舍知道得這麼詳細，是因為唐代有一類型的詩，稱為「郡齋詩」，專寫郡齋的景物和官員的日常生活。所謂「郡齋」，跟「官舍」的意義十分相似。差別在於，官舍多用於史書、墓誌等文獻，而郡齋則是文學用語，多見於詩文或筆記。「郡」就是「州」的意思，「齋」是文人雅稱，指房舍。因此，我們經常見到唐代那些出任州郡官員的士人，寫詩時常常歌詠他們在某州「郡齋」或郡樓亭台閒坐，思念遠方的朋友親屬，或宴集送別同僚好友。這類詩在中晚唐大量出現，成了一種特別的類型，就叫「郡齋詩」，指那些寫於州府

20　見元蘋墓誌，收在趙力光主編，《西安碑林博物館新藏墓誌續編》（西安：陝西師範大學出版社，2014），頁 385-386。

官舍的詩，有別於「別業詩」（寫於私人別業別墅的詩）。韋應物在滁州和蘇州任刺史期間，創作了大量的郡齋詩，使他成為唐代郡齋詩的代表人物。[21] 他的這些詩，為他這時候的日常生活，提供了許多生動的細節，特別是宴會的場景。

　　例如，韋應物在滁州任刺史時，寫過一首詩〈郡樓春燕〉：

> 眾樂雜軍鞞，高樓邀上客。
> 思逐花光亂，賞余山景夕。
> 為郡訪凋瘵，守程難損益。
> 聊假一杯歡，暫忘終日迫。[22]

　　從「為郡訪凋瘵」一句可知，這是寫刺史和一班官員，出外巡視屬縣百姓的「民生疾苦」，看看他們今春的農耕如何，以便評估今秋的收成和稅收，看似關心百姓，其實也等於在執行刺史的稅務工作。他們回到滁州後，辦了一次春宴（似有慰勞之意），又擔心「守程難損益」（「程」表示上級定下的某種「定額」），不確定今年是否能達成上級對滁州應交稅額的要求，於是「聊假一杯歡，暫忘終日迫」，借酒暫時逃避一下現實。詩中提到「高樓」，可以望見花叢和「山景」夕陽，更有「眾樂」和「軍鞞」，也就是軍鼓，顯示滁州官署還設有一個軍樂團，可以在日常宴飲的場合，奏樂助興。

　　這意味著，韋應物當年嫁女兒，婚禮應當就在滁州官舍舉

21　葛曉音，〈中晚唐的郡齋詩和「滄州吏」〉，《北京大學學報》2013 年第 1期，頁89。

22　陶敏、王友勝校注，《韋應物集校注》卷2，頁54。

行，或許應當也有「眾樂雜軍鞞」那樣的演奏。官舍裡應當還有其他州郡官員和他們的家眷居住。當新郎來到這官舍迎娶新娘時，我們可以想像，這個官舍一定熱鬧非凡，會有不少人來觀禮。

三、貧苦的單親老爸？

如果我們完全不理會詩中的歷史背景，單單從純文學的立場來讀這首〈送楊氏女〉，我們很可能會得到這樣的印象：這首詩中的父親，好像一個單親老爸，妻子死了，家境清苦，獨自撫養兩個女兒長大，有些辛酸。但他很有慈愛心，長女出嫁遠行時，終日「感感」然。詩中完全沒有提到婚禮細節，沒有提到有什麼賓客的到來，也沒有任何嫁女歡樂的場面和氣氛，一切好像非常簡陋，沒有賓客，沒有宴集，甚至也見不到新郎的出現。詩一開始就馬上跳到「女子今有行，大江泝輕舟」這樣悲傷的離別場景：一個中年貧苦的父親，似乎沒有任何親友的陪伴，在清晨獨自送他出嫁的女兒（「別離在今晨」），上了一艘「輕舟」，去嫁給遠在江上游的某個男子。男子似乎沒有前來迎娶女子，而是在江上頭等著她。「輕舟」兩字，暗示這艘船很小，很單薄，沒有搭載親人、日用品或嫁妝。「泝」字表示逆流而上，是一段艱辛的旅程，暗喻這女子的命運多舛。送走女兒後，這位單親爸爸回到家裡，見到幼女在哭泣，自己也不禁「零淚緣纓流」。然後，他才提筆寫下這首詩，送給女兒。

但真正的歷史場景，應當不像詩中所寫的如此悲傷淒涼，應當有它歡樂、熱鬧的一面，只是詩人不寫，沒有呈現。

前面提過，韋應物的妻子元蘋，死於代宗大曆十一年

（776）。她死後，韋應物為她寫過十多首悼亡詩，並親自為她撰寫墓誌，表達了他對亡妻的深情思念，在墓誌中寫道：「每望昏入門，寒席無主，手澤衣膩，尚識平生，香奩粉囊，猶置故處，器用百物，不忍復視。」韋應物後來沒有再娶（但不排除他跟許多唐代士人一樣，也曾納妾）。名份上他可以說是「單親爸爸」，但他應當跟現代的許多單親爸爸很不一樣。我們從《太平廣記》中的大量記載，可以知道唐代士人家庭往往會有不少奴僕小青衣之類的侍婢。韋應物身為滁州刺史，應當不需要他去親自為兩個女兒燒飯、洗衣、洗澡，為這些生活瑣事操勞，自有奴婢去做。他只須在一旁監管即可。〈送楊氏女〉詩中有一句「幼為長所育」，下有自注說：「幼女為楊氏所撫育」。現代讀者讀了恐怕會以為，韋應物家裡很窮，妻子死了，家中無人手，長女要負責「撫育」幼女，也就是幫幼女燒飯、洗衣、洗澡之類的。事實上，這些事恐怕也都由韋家中的奴婢去做。所謂「撫育」，只是名義上的照顧。母親不在了，長女代母職，陪陪幼女說說故事，給她一點親情溫暖之類的罷了。

　　問題的核心，在於韋應物當滁州刺史，是否「貧窮」？韋詩中常見「家貧」、「貧約」、「貧儉」等詞。這給後人一個印象，好像他做官收入不佳，很窮。其實，這些恐怕都是他的「謙詞」，他的客氣話，要放在適當的語境下來看，不可信以為真。事實上，韋應物一生做官十三任，全都是美官，不是上等州縣的好官，就是京城人人稱羨的郎官。這些官的月俸錢都很可觀，他不應當貧窮。以滁州來說，這是個上州。上州刺史的月俸錢為八萬文，[23] 而且他還會有陳寅恪所說，「其他不載於法令，而可以

---

23 詳見賴瑞和，《唐代高層文官》，頁362。

認為正當之收入者，為數遠在中央官吏之上」[24]（類似現在的所謂「灰色收入」）。上州刺史在唐代是高收入的，他絕對可以過很舒適的高質量生活，並且可以擁有不少奴婢一類的僕人，照料他和兩個女兒的日常生活起居。現代的單親爸爸，反而往往請不起傭人，因為時代不同了，現代社會的傭人抬頭了，身價大幅上揚了，但唐代奴婢則是身分非常低下的一群，是賤價的，甚至可以在市場上自由買賣，連落魄的讀書人都會有書僮一類的僕人可以使喚。[25]

　　杜牧在〈上宰相求湖州啟〉中說過一段很有名的話：「某一院家累，亦四十口，狗為朱馬，縕作由袍，其於妻兒，固宜窮餓。是作刺史，則一家骨肉，四處皆泰；為京官，則一家骨肉，四處皆困。」[26] 湖州跟滁州一樣，也是個上州。[27] 杜牧任湖州刺史時，月俸也是八萬文，但他竟可以養活「四十口」的「家累」，且「一家骨肉，四處皆泰」，說得好不羨煞人。事實上，杜牧在湖州只做了一年的刺史，第二年就回返長安。他的外甥裴延翰在〈樊川文集序〉中透露：「上五年（指大中五年，851）冬，仲舅自吳興守拜考功郎中、知制誥，盡吳興俸錢，創治其

24 陳寅恪，〈元白詩中俸料錢問題〉，《金明館叢稿二編》（北京：生活・讀書・新知三聯書店，2001），頁76。

25 這方面的研究論述繁多，主要見李天石，《中國中古良賤身分制度研究》（南京：南京師範大學出版社，2004）；李伯重，〈唐代部曲、奴婢身分淺析〉，《文史》第32輯（北京：中華書局，1990），頁105-119；李伯重，〈唐代奴婢的異稱〉，《唐研究》第6卷（2000），頁321-336。

26 吳在慶校注，《杜牧集系年校注》卷16，〈上宰相求湖州啟〉（北京：中華書局，2008），頁1019。

27 〔唐〕李吉甫撰、賀次君點校，《元和郡縣圖志》卷25，〈江南道一〉（北京：中華書局，1983），頁605。

墅。」[28] 意思是，杜牧從湖州（吳興）回到長安，以考功郎中的身分去知制誥，卻花盡「吳興俸錢，創治其墅」，在長安城南知名的風景區樊川，蓋起別墅來了。這意味著，上州刺史是個肥缺，可以積存不少俸錢。韋應物的時代，只比杜牧早了大約六十年。韋應物任滁州刺史，不應當貧窮，處境應當跟杜牧類似才對。

四、親迎和送別

嚴格說來，這首詩並不是一般俗稱的「嫁女詩」，而是如詩題所說，是一首送別詩，因為詩開始的時候，在女方家舉行的種種親迎之禮，諸如下婿、催妝、障車等婚儀，[29] 其實已經結束了，很可能就在前一天的黃昏舉行過了，就像唐代婚禮一般都在黃昏進行一樣。[30] 詩中有一句說，「別離在今晨」，可知現在是隔天的早晨。一切熱鬧和歡騰都已沉寂。而今，才是父女別離的時刻。詩人這時才能稱他這位已經在昨天完成親迎之禮的女兒為「楊氏女」。否則，在親迎之前，就稱她為「楊氏女」會有些奇怪。女兒的夫婿姓楊。學者過去從韋應物跟一位楊凌常有唱和之作，推測這位女婿可能是楊凌。出土的韋應物墓誌證實，他果然

---

28 吳在慶校注，《杜牧集系年校注》，〈樊川文集序〉，頁3。
29 關於在女方家舉行的婚儀，最詳細的研究且運用到敦煌文獻，見楊明璋，〈論敦煌文獻所見的婚儀及其詩文的實際運用情形〉，《成大中文學報》第32期（2011年3月），頁35-60。
30 趙守儼，〈唐代婚姻禮俗考略〉，《趙守儼文存》（北京：中華書局，1998），頁13-31；段塔麗，〈唐代婚姻習俗與婦女地位探析〉，《陝西師範大學學報》2002年第2期，頁82-88。

是楊凌：「長女適大理評事楊凌」。

　　楊凌這個「大理評事」官銜很值得討論。大理評事原本是京城大理寺的基層官員，但在唐後期，大理寺已成閒司，不再有什麼職務。大理評事於是成了閒官，可以由皇帝賜給在幕府或鹽鐵等使府任基層和中層幕佐的官員，正式官稱為「試大理評事」（但此「試」字經常可以省略不書），是一種特殊的「試銜」[31]。例如，韓愈的〈崔評事墓銘〉，寫崔翰的事蹟，說他在「家於汝州」期間，「汝州刺史吳郡陸長源引為防禦判官，表授試大理評事」（「表授」意指刺史上表請皇帝授予）[32]。李翱寫〈叔氏墓誌銘〉，自署官銜為「浙東道觀察判官將仕郎試大理評事攝監察御史李翱」，[33] 意思是他當時在擔任浙東觀察使的判官，散官為將仕郎，並帶有「試大理評事」和「攝監察御史」兩個「虛銜」。〈送楊氏女〉一開頭說，「女子今有行，大江泝輕舟」，表示她有遠行，即將乘船，沿著大江逆流而上，到她的夫家去。由此看來，楊凌這時應當是在江上游某個地方幕府，擔任掌書記或判官一類的幕職，並帶有大理評事的試銜，但他真正的工作，是在地方幕府任職，並不是到京城的大理寺去視事。

　　韋應物的長女這次嫁給楊凌，在婚儀上可能有些特殊的安排，因為男女雙方住在兩個不同的城市，而且看來是相隔頗遠的兩個地點，需要「大江泝輕舟」才到得了，可能牽涉到好幾個日夜甚至好幾個星期的水上旅程，所以不可能在同一天完成所有結

31　賴瑞和，《唐代基層文官》，頁 224-240，詳論幕佐的這種官銜。

32　馬其昶校注，《韓昌黎文集校注》卷 6，〈崔評事墓銘〉（上海：上海古籍出版社，1986），頁 349。

33　〔清〕董誥等編，《全唐文》卷 639，〈叔氏墓誌銘〉（北京：中華書局，1983），頁 6452。

婚儀式。在女方家舉行的下婿、障車、催妝等婚儀，在昨天黃昏完成後，第二天早上，新郎楊凌和儐相等親友，還得乘船護送新娘遠行到江上游的男家，或男方當時任官的官舍，才能繼續完成下一段在男方家舉行的婚儀，諸如「同牢盤、合巹杯的重頭戲」[34]。

　　像楊凌和楊氏女這樣的婚姻，即兩個做官家庭之間的聯婚，在唐代是非常典型的，也是非常普遍的。這一點，在兩《唐書》列傳中很少見到例證，但在墓誌中卻有許許多多的案例。例如，韋應物的墓誌便說，「夫人河南元氏，父挹，吏部員外郎」。韋應物兒子韋慶復的墓誌，也清楚載明他的夫人，乃「故河南令河東裴君澡女」（裴棣）。父子兩人娶的，都是士人官員家中的女兒。所以，韋應物的長女嫁給一個士人官員，「大理評事楊凌」，也是最自然不過的事。唐代官員們平時的交往對象，也就是同個官場上的士人同僚朋友，而非其他階層的人，比如工匠和農夫。這導致唐士人階層的婚姻，有強烈的「排他性」。士人一般只能娶其他士人家庭的女性。比如，柳宗元因永貞事件，被貶官到偏荒的永州時，他的妻子楊氏已過世。他到了永州五年後，回信給他的朋友許孟容「投訴」說：「荒隅中少士人女子，無與為婚」[35]。意思是永州很少「士人女子」，所以他找不到適當的女子來再婚，以致沒有子嗣。士人家中適婚的女性，一般也只能嫁給士人，不可能嫁給農夫和工匠。

---

34 關於同牢盤、合巹杯等婚儀，見楊明璋，〈論敦煌文獻所見的婚儀及其詩文的實際運用情形〉，《成大中文學報》第 32 期（2011 年 3 月），頁 35-60，特別是頁 44。

35 尹占華、韓文奇校注，《柳宗元集校注》卷 30，〈寄許京兆孟容書〉（北京：中華書局，2012），頁 1956。

　　在這個父女別離的清晨，楊凌有沒有陪著他的新婚妻子遠行？詩中沒說，似乎刻意不說，刻意不寫楊凌，只寫父女兩人的私密別離，更增添了一種哀傷：「見爾當何秋」。然而，依唐代的婚禮古法，韋家是望族之後，韋應物當時又任滁州刺史這種高官，嫁女兒不可能太草率。楊凌家也是望族。他是代宗大曆十一年（776）的進士。他的兩個哥哥楊憑和楊凝也是大曆時代的進士，號為「三楊」，為長安永寧坊著名的政治和文學家族楊家的成員。[36] 楊韋這樣的望族聯婚，親迎禮應當十分隆重。楊家應當會有不少親友和隨從，帶著禮品，來到滁州行禮才對，不可能要韋應物的長女，一個人孤零零的乘坐一艘「輕舟」，泝「大江」去嫁人。

　　因此，楊凌應當在親迎之前，從他任職的江上游某個幕府，乘船來到滁州，親自迎娶韋應物的長女。事實上，這不是楊凌第一次來滁州韋家官舍。他大約一年前就來訪過，而且還跟韋應物有唱和詩作，見於韋應物的〈送元錫楊凌〉和〈寄楊協律〉等詩。很可能就在上回來訪時，定下了他跟韋家長女的婚事。現在，親迎過後的「今晨」，這女子成了「楊氏女」後，楊凌應當就在碼頭邊，準備在她跟父親告別後，再護送她一起回家。但詩人沒寫楊凌在現場，只寫「女子今有行」，好像他的長女，將孤單一個人乘「輕舟」遠行去嫁人，而且還是「大江泝輕舟」，好像一段十分危險的水上旅程。韋應物這樣刻意寫這個細節，看來是要營造一種更感人的文學效果，要強調他女兒出嫁後的孤單無依。但如果我們知道，楊凌這時應當就在碼頭邊準備護送新婚妻

---

36 胡可先，〈楊氏家族與中晚唐文學生態〉，《北京大學學報》2010 年第 5 期，頁 41-48。

子回家，很可能還有他的親友團和奴僕陪同，我們大可放心，大可不必擔心這位「今有行」的女子。

「輕舟」兩字，也是韋應物的文學手法。在中古時代，「輕舟」常用於詩文，如李白的名句「輕舟已過萬重山」，多用於辭別、逃命、逃難、歸隱等場合。韋應物這裡說「大江泝輕舟」，很可能也用了謝朓「輕舟反溯，弔影獨留」的典故，或曹植〈洛神賦〉的典故：「御輕舟而上遡，浮長川而忘反」，表示一種辭別。但「輕舟」的本義是「輕快的小舟」。楊氏女所乘坐的船，是否真的是「輕快的小舟」，很值得商榷。

事實上，她乘坐的船，應當是一艘官船，屬於唐代的官方水驛站所有。唐代官員（以及其家人隨從）出行，甚至被貶官到遙遠的地方，都可以透過官驛站系統來安排旅程，頗為方便，不必依靠民間的交通工具。驛站又分陸驛和水驛。陸驛有官馬，水驛有官船和水手，甚至有弩手等保安人員。[37] 像滁州到江上游這樣的旅程，走水路絕對遠遠比走陸路更快捷方便。走水路，也更舒服，可以在船上燒飯、用餐、走動、休息、睡覺，就像白居易在〈初下漢江舟中作寄兩省給舍〉這首詩中所描寫的那樣：「秋水漸紅粒，朝煙烹白鱗。一食飽至夜，一臥安達晨。」[38] 寫他在船上煮魚，「飽至夜」，又一覺到清晨，好不寫意。當時是穆宗長慶二年（822），白居易51歲，從長安取道漢江（漢水）遠赴杭州出任刺史。他乘坐的正是一艘官船，規模看來不小，有烹飪和睡覺的隔間。

37　〔唐〕李林甫等，《唐六典》卷5，〈駕部郎中〉（北京：中華書局，1992年校注本），頁163；黃正建，《唐代衣食住行研究》（北京：首都師範大學出版社，1998），頁171-180。

38　《白居易集箋校》卷8，〈初下漢江舟中作寄兩省給舍〉，頁428。

這種官船應當也不「輕」。《唐律疏議》有一條說：

> 諸應乘官船者，聽載衣糧二百斤。違限私載，若受寄及寄
> 之者，五十斤及一人，各笞五十；一百斤及二人，各杖
> 一百；（夾注）但載即坐。若家人隨從者，勿論。[39]

意思是，乘官船的人，可帶上「衣糧二百斤」（約 136 公
斤），不可「私載」，但「家人隨從」則例外「勿論」，可以隨
行。每人可攜帶「衣糧二百斤」，整艘船的載重量應當很可觀，
恐怕不能用「輕」字來形容。換句話說，楊氏女和她夫婿所乘坐
的官船，應當是艘堅實牢靠的中型官船（估計可搭載十人），不
是什麼「輕快的小舟」，我們大可放心，不必擔心他們旅程的安
危。詩人用「輕舟」一詞，只是一種文學修辭手法。

　　韋應物和他長女，為什麼要選擇「別離在今晨」？最直截了
當的解釋是，親迎禮在昨天黃昏才剛舉行過，他們來不及準備啟
程，所以延到「今晨」。不過，從日本和尚圓仁在《入唐求法巡
禮行記》中的旅行記載看來，事情可能不是如此簡單。唐代的水
上旅程，由於舟船都得依靠風力來航行，特別是像楊氏女這樣的
逆水行船，其實深受風向的主宰，並非船長可以自由決定何時可
以啟航。圓仁常在他的書中，詳細記載風向如何如何。他為了
等待可以啟帆的順風，經常在船上停宿數日，完全要看風向來
行船。例如，書中開頭的第一句就說：「承和五年（838）六月
十三日午時，第一、第四兩舶諸使駕舶，緣無順風，停宿三個

---

39 〔唐〕長孫無忌撰，《唐律疏議》卷 27，〈雜律二〉（北京：中華書局，
　　1983），頁 506。

日。」[40] 有時半夜三更突然起風，他們就得立刻啟帆，在黑夜中航行，不能拖延，如「五日，風變東南，發不得。到三更，得西北風發」[41]。否則錯過了順風，很可能又得在船上停宿數日了。無風或風停了，則船不得進發，如「廿五日，早朝解纜，風止不得進發」[42]。

所以，從唐代水上旅行的種種限制看來，「別離在今晨」應當放在這個背景下來理解。韋家父女選擇在「今晨」別離，可能是這時候順風吹起了，他們不能再等，非走不可。但也可能是，楊氏女昨夕才行過親迎禮，今晨才能上船跟她父親別離。然而，這並不表示，她可以馬上啟航，很可能還得在船上停宿等待一些時候（甚至一兩天），等到適當的順風吹起時，她才能揚帆啟程，就像圓仁在唐代中國行船時，經常也在等待順風一樣。

〈送楊氏女〉詩中間，有一大段告誡女兒的話：「賴茲托令門，仁恤庶無尤。貧儉誠所尚，資從豈待周。」從文學視角看，不免有些囉唆，無甚詩意。但從歷史看，這其實也可看成是唐代婚儀中，女兒出門前的「誡女」儀式部分。[43] 這首詩既然題曰〈送楊氏女〉，它原本就是要送給女兒的。詩中更有兩句是直接對女兒說的話：「爾輩況無恃」和「見爾當何秋」。女兒才是此詩第一個也是最重要的一個讀者。在詩中按照婚姻禮俗，寫幾句「誡女」詩給女兒，誰曰不宜？

---

40 〔日〕圓仁，《入唐求法巡禮行記》卷 1（上海：上海古籍出版社，1984），頁 1。

41 〔日〕圓仁，《入唐求法巡禮行記》卷 4，頁 202。

42 〔日〕圓仁，《入唐求法巡禮行記》卷 2，頁 59。

43 關於誡女，見楊明璋，〈論敦煌文獻所見的婚儀及其詩文的實際運用情形〉，《成大中文學報》第 32 期（2011 年 3 月），頁 44-45。

五、楊氏女婚後事

　　我們不妨再深入歷史，交代一下詩中人物後來的事。這時，我們會突然發現，有一個人明顯地在詩中「缺席」。那就是楊氏女的弟弟慶復。韋應物為亡妻寫的〈故夫人河南元氏墓誌銘〉，明確提到元氏有「一男兩女，男生數月，名之玉斧，抱以主喪」。此「一男」指韋應物的兒子慶復，在他母親元氏去世時（776 年陰曆九月）才「生數月」，乳名「玉斧」，並抱著他來「主喪」（主持喪事）。「兩女」即〈送楊氏女〉中的長女和幼女。韋慶復既然在 776 年秋才「生數月」，那麼他在楊氏女出嫁時（782 或 783 年），應當約 7 歲或 8 歲，應當可以參與婚禮和送別。但他父親為什麼在詩中完全沒有提到他，只寫長女和幼女的事？

　　韋慶復的墓誌 2007 年在西安出土。從中我們知道，他在德宗貞元十七年（801）考中進士，年僅 26 歲，非常了得。唐人很少這麼年輕考中進士，一般都在 30 歲以後。他釋褐就是集賢殿校書郎，是個美官。後來又當上渭南縣主簿。渭南是個畿縣，縣主簿也是個美官。憲宗元和二年（807），他得到鳳翔節度使李墉的賞識，以監察御史里行的身分，被闢為李墉的掌書記（「掌其文詞」）。憲宗元和四年（809），李墉移鎮太原節度使，他也隨李墉往太原，升任節度判官，一個中層的幕府要職。然而，也就在元和四年，李墉罷任，他隨李墉回返長安，途中染病，走到渭南縣靈岩寺時病發，「終寺之僧舍，春秋三十四」[44]。

---

44 韋慶復的墓誌拓片和錄文見趙力光主編，《西安碑林博物館新藏墓誌續編》（西安：陝西師範大學出版社，2014），頁 463-464。

　　我們好奇的是，韋慶復成年後，應當讀過他爸爸韋應物寫的這首詩，結果發現他爸爸只提到楊氏女和他的另一個姊姊（即詩中的「幼女」），竟然完全沒有提到他，家中的唯一男孩。難道楊氏女只「撫育」詩中的那位「幼女」，反而沒有「撫育」他這位家中么兒嗎？不知他讀詩後的心情感想如何？會不會覺得爸爸有些「重女輕男」？爸爸送他姊姊遠行後，回到家中也只見到他的另一個姊姊，「歸來視幼女」。難道沒有見到家中還有一個男孩嗎？難道這男孩很堅強，沒有像「幼女」那樣哭哭啼啼，所以沒有被老爸寫入詩中嗎？

　　我們對這位「幼女」略知一二。韋應物的亡妻墓誌曾提到她，說她在母親於大曆十一年（776）去世時，「年始五歲」，即生於約 772 年。韋應物對這個幼女，似乎很疼愛，在他其中一首悼念亡妻的詩〈出還〉中，再次提及她：「幼女復何知，時來庭下戲。」[45] 這幼女在楊氏女出嫁時，約 11 到 12 歲。韋應物去世後，墓誌又提到她：「次女未筓，因父之喪，同月而逝」，也就是在韋應物去世那年（790）同月逝世，享年約 19 歲，未婚。

　　關於楊氏女的婚後事，我們也略知一二，頗出人意料之外。我們甚至可以推測，她婚後是否幸福快樂。至少我們知道，她為楊凌生了一個很棒的兒子，叫楊敬之，在唐史上赫赫有名。楊敬之最早在唐史上留下的文字記錄，就是他在元和四年（809），為他母親的弟弟韋慶復所寫的墓誌，自署「外生（甥）前鄉貢進士楊敬之撰」。「前鄉貢進士」，即中舉的進士（他在元和二年（807）中進士），不再是「鄉貢進士」了。假設他在楊氏女和楊凌婚後一年出生，他這時大約是 25 歲，也是個異常年輕的進

45　陶敏、王友勝校注，《韋應物集校注》卷 6，頁 398。

士。

　　韋應物在兩《唐書》皆無傳，但他這位外孫楊敬之，卻在《新唐書》中有傳，附在他父親楊凌的傳之後。他在「元和初，擢進士第，平判入等」，做過右衛冑曹參軍、屯田、戶部二郎中，也曾因涉及牛李黨爭，被貶官連州刺史，最後官至「大理卿，檢校工部尚書，兼（國子）祭酒，卒」[46]。武宗會昌五年（845）三月十五日，日本和尚圓仁遭逢武宗的禁佛活動，被迫還俗，回返日本，他還得到楊敬之的關切和贈禮：「出府到萬年縣，府家差人送到。大理卿、中散大夫、賜紫金魚袋楊敬之曾任御史中丞，兼令專使來問何日出城、取何路去，兼賜團茶一串。」[47]這裡詳細紀錄了楊敬之的官銜，顯示他這時（約六十多歲）帶有「大理卿」的職事官銜，「中散大夫」的散官銜，且獲得皇帝所賜的「紫金魚袋」，可以穿紫色官服，佩金魚袋，是個很高的榮譽。然而，大理卿（以及他之前所帶的御史中丞），在晚唐已成閒官，不職事，常用作使職的本官。賜紫金魚袋也一般是使職才有的榮耀。看來楊敬之這時應當是在京擔任某種使職。

　　楊敬之的兩個兒子楊戎和楊戴（也就是楊氏女的孫子），都「登科，時號楊家三喜」[48]。楊氏女從當年一副「弱」女子「大江泝輕舟」的形象，演變到婚後如此「強」的態勢：兒子做到高官，兩個孫子又都考中科名。這或許會改變我們對她的觀感。

　　然而，我們如果去追查楊氏女夫婿楊凌的生平，卻得到一個讓人十分意外，甚至有些驚訝的發現。那就是：楊凌在婚後大約

46　〔宋〕歐陽修等，《新唐書》卷160，〈楊敬之傳〉，頁4971-4972。
47　〔日〕圓仁，《入唐求法巡禮行記》卷4，頁185-186。
48　〔宋〕歐陽修等，《新唐書》卷160，〈楊敬之傳〉，頁4972。

八九年就死了，楊氏女很年輕就守寡。這個發現，也會大大改變了我們對她的觀感，恐怕也影響到我們今後讀詩的心情。

楊凌的墓誌還未被發現。他的生年不詳，但他的卒年卻有至少兩條史料可證，不難考定。楊凌死後，他的兄長楊憑為他編了一個文集叫《楊評事文集》，並請柳宗元（楊憑的女婿）為文集寫了一篇〈楊評事文集後序〉。《柳宗元集校注》的校注者之一尹占華教授，在此〈後序〉的解題中說：「楊凌約卒於貞元七、八年（791-792），此文當作於貞元間」[49]。尹教授的依據有兩個[50]。一是柳宗元在〈亡妻弘農楊氏志〉中說：「衰門多釁，上天無佑，故自辛未逮於茲歲，累服齊斬，繼纏哀酷。其間冠衣純采，朞月者三而已矣。」從而考定在「辛未」那年，即貞元七年，「當有親人去世，疑楊氏夫人之叔父楊凌即卒於貞元七年」[51]。二是權德輿在為楊凌的哥哥楊凝文集寫的序〈兵部郎中楊君集序〉中說：「時恭履捐館一紀，君與嗣仁（楊憑的字）倍手足之愛。」[52] 這裡的「時」，指貞元十九年（803）左右，「恭履」是楊凌的字，「捐館一紀」即去世十二年。意思是楊凌在 803 年間，去世十二年了，也就是卒於約貞元七年（791）。他的死，加深了他兩個哥哥楊凝和楊憑之間的「手足之愛」。這兩條史料證據很有力。上文提過，楊凌和韋應物的長女結婚，

---

49 尹占華、韓文奇校注，《柳宗元集校注》卷 24，〈楊評事文集後序〉，頁 1464。

50 尹教授在校注本未說明立論依據。此乃筆者在 2017 年 2 月中打電話詢問尹教授，蒙他熱誠告知，特此致謝。

51 尹占華、韓文奇校注，《柳宗元集校注》卷 13，〈亡妻弘農楊氏志〉，頁 855。

52 〔清〕董誥等，《全唐文》卷 489，〈兵部郎中楊君集序〉，頁 4997。

約在 782-783 年，則他們的夫妻關係，只維持了大約八九年的光景。

　　另有一事可作旁證。楊凌死後，他哥哥楊憑為他所編成的文集，既然稱為《楊評事文集》，表示他最後只做到大理評事。他結婚時的官銜，也是大理評事，即〈韋應物墓誌〉中所說：「長女適大理評事楊凌」。大理評事是唐代基層和中層幕職（如掌書記和判官）常帶的一個「試銜」。這意味著，他的確死於青壯之年，做官最多只到中層，還未做到高官。

　　楊凌還有一個官銜，叫「協律」，見於韋應物的詩〈寄楊協律〉。這是京城太常寺協律郎的簡稱，屬基層文官，但比大理評事又要低一級。此官跟大理評事一樣，在唐後期成了閒官，常用來賜給在幕府任職的基層僚佐（如巡官、推官之類）。這表示，楊凌中進士後剛出來做官，應當是在幕府任職，並帶有協律郎的京銜（唐後期許許多多士人都如此）。協律郎跟大理評事一樣，只是所謂的試銜，無實際職務。[53] 他並非去京城太常寺做官，而是在幕府工作。他在幕府任職一段時間後，才跟許多唐後期士人一樣，從協律郎攀升到大理評事。

　　《新唐書》說，「凌字恭履，最善文，終侍御史」[54]，但柳宗元的〈先君石表陰先友記〉卻說，「凌，以大理評事卒，最善

---

53 關於試銜及相關的檢校官銜，見賴瑞和，〈論唐代的檢校官制〉，《漢學研究》24 卷 1 期（2006 年 6 月），頁 175-208（現收在本論文集）；馮培紅，〈論唐五代藩鎮幕職的帶職現象——以檢校、兼、試官為中心〉，收在高田時雄編，《唐代宗教文化與制度》（京都：京都大學人文科學研究所，2007），頁 133-210。

54 〔宋〕歐陽修等，《新唐書》卷 160，〈楊凌傳〉，頁 4971。

文」[55]。柳宗元是楊凌哥哥楊憑的女婿，跟楊家有姻親關係，學者大抵認為柳宗元的說法比較可信，認為《新唐書》誤。其實，《新唐書》未必誤，因為唐後期許多在幕府任幕佐者，除了帶有一個試銜，還常會多帶一個憲銜（御史台銜）。例如，〈唐故鄉貢進士孫府君墓誌〉的撰寫者，自署其官銜為「父前試大理評事兼監察御史孫向譔」[56]。這表示，這位孫向從前同時帶有「試大理評事」和「監察御史」兩個官銜。他死了，唐人可以說他以大理評事卒，也可以說他以監察御史卒，不算錯。以此看來，楊凌任幕職時，除了帶有大理評事試銜，很可能還帶有一個侍御史的憲銜。

六、結語

如果單純用純文學讀法，不涉及歷史背景，我們會覺得，詩中這位楊氏女當年好孤單無助，要在一個清晨，跟她的父親別離，獨自乘坐一艘「輕舟」，溯江而上，去嫁給遠方的一個男子。不過，前文我們從歷史考證知道，她應當不是如此孤單。她是一個高官的長女，是個望族成員（甚至具有北朝鮮卑皇族血統），婚禮應當相當風光隆重。她的夫婿也不是普通男子，而是唐代另一個望族家庭的楊凌，當時也在做官。楊凌必定曾經親自前來滁州迎娶她，很可能還帶了一整團親友隨行，場面熱鬧。他們應當是在黃昏時分舉行親迎禮，然後在滁州官舍過了一晚。第

55　尹占華、韓文奇校注，《柳宗元集校注》卷 12，〈先君石表陰先友記〉，頁 767。

56　周紹良、趙超編，《唐代墓誌彙編》大中 092（上海：上海古籍出版社，1992），頁 2321。

二天清晨，楊氏女才在碼頭邊，跟父親話別，再跟前來迎娶她的楊凌，一同乘坐一艘可靠的官船（並非什麼「輕舟」），回到大江上游楊凌做官的某個州郡的官舍。

　　然而，韋應物寫詩時，卻採用了一種「剪裁」式的文學手法來呈現，把所有沒有必要的細節，統統剪除。他刻意不去寫熱鬧的迎娶等場面，而選擇寫親迎禮過後第二天早晨父女離別的場面，營造一種哀傷的氛圍。為了達到這樣的效果，他甚至沒有透露家中還有一個年幼的兒子，只寫家中的長女「撫育」幼女，好像他是一個生活困頓的單親老爸，很窮，養不起奴婢，須由長女來撫育幼女。其實，從歷史上看，他身為上州的刺史高官，家中經濟條件應當很不錯，應當擁有不少奴僕，可以幫他看顧那兩個女兒（以及那個他在詩中沒有提到的么兒）。他完全不必為這些生活瑣事操心。韋家屬於高級官宦家庭，應當像杜牧在〈上宰相求湖州啟〉中所說，「是作刺史，則一家骨肉，四處皆泰」才是。不過，即使是「四處皆泰」的高官，在送出嫁女兒時，仍會很自然地流露出哀傷的情緒，仍會流淚。詩中的這種傷別很感人，以一種很有戲劇張力的方式呈現，像是一場小小的戲劇在演出。韋應物把歷史上一個真實的場景，透過他的詩藝，提升到詩的、藝術的最高層次。

　　由此，我們也發現，文學和歷史畢竟是不同的：目的不同，敘事方式不同，效果也不同。歷史總是希望盡可能呈現一件事的全景，先敘開頭，再寫中間，最後才到結尾。但這樣的全景卻因為細節太多，場面太多，互相干擾，焦點不夠集中，讀者的注意力容易被分散，不太容易被感動。但「感人」並非歷史家追求的目的。他要的是全景。反之，文學可以不管全景，像這首詩，主要只寫兩個景。一是碼頭邊父女的別離，只寫兩個人在現場，連

親友和新郎也可以不理。二是父親回到家「視幼女」，同樣只寫兩個人，把家中那個男孩也摒除在外。但這樣的景卻很感人，因為畫面很乾淨、很有張力。這種「感人」，正是詩人所追求的。他可以不理全景。

假設全景是一幅由五十片小拼圖拼成的畫，這首詩彷彿只是畫中左邊第三排第四行的一小片拼圖，其餘的四十九片不見了。現在，透過歷史方法，我們把那四十九片小拼圖找回來，再拼成一張完整的全景畫。這時，我們就能對詩人所著墨的那片小拼圖有了更多的了解，了解到它在整幅全景畫中的位置，了解到它跟其他小拼圖的關係，了解到何以詩人會選擇只寫這張小拼圖上的畫面。

深入歷史，我們也意外發現，楊氏女的丈夫楊凌在婚後大約八九年就去世了，她很年輕就守寡。這個歷史知識，給這首詩帶來另一種更沉痛的悲傷。心理學家卡尼曼（Daniel Kahneman）有一個觀察：某些後來得到的知識，會改變我們對一個死者生平的看法。比如，他舉例，有一個男子，直到死時，都相信他妻子是深愛他的。但我們後來卻得知，他妻子其實在他生前，就有個婚外情人多年，只不過為了錢才跟她丈夫住在一起。知道了這點，我們會可憐這個丈夫，雖然他生前並不知道他妻子不忠，仍然過得很快樂。[57]

57　Daniel Kahneman, *Thinking, Fast and Slow*（New York: Farrar, Straus and Giroux, 2011），p. 387. 此書有胡曉姣等人的中譯本《思考，快與慢》（北京：中信出版社，2012），亦有台灣洪蘭的中譯本《快思慢想》（台北：天下遠見出版社，2012）。卡尼曼研究為何人會常常作出「非理性」的決定，為何人並非完全理性的動物。他的發現對現代財經領域（特別是股市）研究的基本假設（人是理性的，會做出理性選擇），產生重大影響，促成一門新

　　同理，用純文學方法讀詩，我們會很同情這位楊氏女，竟然要「大江泝輕舟」去嫁人，好不孤單。但用歷史＋文學的讀法，從歷史事實上看，她當時其實已行過親迎禮，只不過是在丈夫、親友和隨從的陪伴下，乘官船回夫家罷了。跟父親別離，當然有些傷感，但出嫁等於完成了一件終身大事，應當還是件喜事，並不可憐。然而，歷史卻又告訴我們，楊氏女婚後只不過八九年，丈夫就去世了。知道了這點，我們再次讀詩時，不禁又覺得，她的命好悲，遠比她在詩中「大江泝輕舟」的那種悲傷，還要悲傷。

原載杜文玉主編，《唐史論叢》第 26 輯
（西安：三秦出版社，2018 年 2 月）。

學科行為經濟學（Behavioral Economy）的誕生，因而獲得 2002 年諾貝爾經濟學獎。

王維的〈相思〉和唐代的南方

紅豆生南國，秋來發幾枝。

勸君多採擷，此物最相思。

——王維〈相思〉[1]

　　唐詩中有好幾首很有名的詩，一千多年來為人傳誦箋評，似乎再也沒有什麼新鮮課題可以討論的了。可是，仔細一考，好些這類名作，問題還真不少。比如李白的〈靜夜思〉：

床前看月光，疑是地上霜。

舉頭望山月，低頭思故鄉。[2]

和孟浩然的〈春曉〉（又作〈春晚絕句〉）：

春眠不覺曉，處處聞啼鳥。

---

1 陳鐵民校注，《王維集校注》（北京：中華書局，1997），頁 410。「秋來發幾枝」在通俗選集常作「春來發幾枝」；「勸君多採擷」則作「願君多採擷」。

2 此據安旗，《李白全集編年註釋》（成都：巴蜀書社，2000 年修訂版），頁 89。「床前看月光」在通行俗本一般作「床前明月光」；「舉頭望山月」則作「舉頭望明月」。

夜來風雨聲，花落知多少。[3]

我們便對這兩首詩的創作背景幾乎一無所知。李白和孟浩然分別
是在哪一年，哪一個地方，在什麼情況下寫下這兩首詩的？歷代
註釋這兩家詩的專家學者，都無法提供很好的答案，頂多只能作
些模糊的揣測罷了。[4]

　　王維的〈相思〉也是如此。千百年來，讀過這首詩的人不知
幾許，但王維是在哪一年寫成這首詩的，在什麼處境下寫的，恐
怕大家都不了了之。目前最好的王維全集箋注本是陳鐵民教授的
《王維集校注》，也沒有觸及這些問題。筆者近年來研究唐代官
制，用了許多唐詩的材料，也特別留意唐代許多做過官的詩人和
他們跟南方的關係，深感王維此詩很有「南方特色」，有「熱帶
風味」，很值得深入研究，且草此文就教於各唐詩和唐史專家。
文中也將利用筆者研究唐代文官所得到的一些「新發現」，對王
維的家庭和初次做官，作一些考察和深入一點的解讀，有別於一
般文學史和王維年譜或評傳中含糊的交代。這樣或許更能幫助我
們欣賞他的作品和他這首〈相思〉。

　　馬來亞大學中文系位於熱帶南方的吉隆坡，一般也常被稱為
「南國」，雖然王維的「南國」指的是嶺南（今廣東、廣西和越

3　佟培基箋注，《孟浩然詩集箋注》（上海：上海古籍出版社，2000），頁
　　84。
4　安旗，《李白全集編年註釋》，頁 89-90，把李白此詩列為開元十五年所
　　作，只是推測，並無確證。他又說：「詩中有『山月』一語，當係山居所
　　見，則其作地或在安陸壽山」，顯然也是揣測。佟培基箋注的《孟浩然詩
　　集箋注》是孟浩然詩集目前最好的箋注本，但頁 84 所收〈春曉絕句〉（即
　　〈春曉〉一詩），完全沒有提及此詩的創作背景。

南河內一帶），還沒有到吉隆坡那麼南。他這首〈相思〉所寫的，是一種在南國馬來西亞和新加坡兩地很常見的大樹。筆者選擇這一題目，正覺得它可以配合這本慶祝馬大中文系成立四十週年的論文集。以之補白，或許會更有意思。

一、王維的家庭和初入仕

過去學術界普遍認為王維生於武后長安元年（701），死於上元二年（761）。但蘭州大學中文系的王勳成教授推翻舊說，提出新解。他從唐代進士須「守選」三年才能授官的規定，重新考定王維應當生於武后延載元年（694），死於上元二年（761），享年68歲。[5]

筆者認為王勳成教授此說很有啟發意義，視角新穎，證據確實，可以成立。因此本文推算王維的年齡時，概以他生於西元694年為準。

王維的祖籍是山西太原，里貫則是河中蒲州（今山西永濟）。這地方在黃河的東岸，離黃河很近，只有大約30公里，距離著名的黃河壺口大瀑布，也只有大約50公里。蒲州離唐代京城長安約200公里，不算太遠。王維從他家鄉到長安去，可以水陸並行，利用流入黃河的渭水，乘船逆流而上，大約五、六天可到達。蒲州正位於所謂的「中原」核心地區。蒲州及鄰近的運城等地區，在遠古時代，傳說是周人的發祥地之一。因此王維可

5　王勳成，〈王維進士及第之年及生年新考〉，《華中師範大學學報》2001年第1期。「守選」制度過去幾乎無人研究。王勳成在《唐代銓選與文學》（北京：中華書局，2001），有深入的研究，並且從這角度解開有關唐代科舉和任官的許多謎團。此書是唐史研究中少有的佳作。

說是典型的「中原」人。這點在我們下文討論他的「中原心態」以及他對南方的觀點時，就會很有意義。

王維的父親王處廉，官至汾州司馬。汾州即今山西汾陽，離現今著名的旅遊景點平遙古城只有大約 50 公里。司馬是州級官員，位在首長刺史、副首長史之下，是一州的第三把交椅。它不算高官，但也不算低層文官，可說是個中層官員。王維出生在一個這樣的家庭，也就是「官宦之家」和「士人之家」，在唐代其實很典型。超過 95% 的唐代官員和唐代詩人，都出生在這種家庭——他們的父親、祖父或甚至祖上幾代，都曾經做過官。

據王勳成所考，王維 20 歲便考中進士，23 歲就出任他的第一個官職太樂丞。唐代進士是一種競爭異常劇烈的考試。每年的考生約二三千人，但及第者只有 25 到 30 人左右，淘汰率是很高的。王維 20 歲考中進士也很傑出，非常年輕。唐史上沒有多少人如此年少即中第，因為中進士的一般年齡是 25 到 30 歲左右，如張九齡是 25 歲，元結是 36 歲，韓愈和元稹也是 25 歲，杜牧 26 歲，韋莊則遲至 59 歲。

王維的第一個官位太樂丞也很不尋常。唐代太樂署是太常寺底下的幾個官署之一。它的長官叫太樂令，專「掌教樂人調合鐘律，以供邦國之祭祀、饗燕」。太樂令的副官即太樂丞，是個八品小官。王維這個官位，用現代話來說，大約便是「宮廷樂團副教練」。唐代士人對樂工、醫者和占卜者等技術官僚是輕視的，認為這些官是「濁官」，「污濁」的官，跟士人所擔任的「清官」或「清流官」相對，有點類似現代「藍領」和「白領」的區別。6

6　詳見筆者〈唐代待詔考釋〉，《中國文化研究所學報》（香港：香港中文大

那王維為何又會去出任太樂丞？原來，唐初有一位重要的詩人王績（590-644），也曾經充任過太樂丞。據王績好友呂才（600?-665）為王績文集所寫的〈王無功文集序〉說：

貞觀中，以家貧赴選。時太樂有府史焦革，家善醞酒，冠絕當時。君苦求為太樂丞，選司以非士職，不授。君再三請曰：「此中有深意，且士庶清濁，天下所知。不聞莊周羞居漆園，老聃恥於柱下也。」卒授之。數月而焦革死。革妻袁氏，猶時時送酒。歲餘，袁氏又死。君嘆曰：「天乃不令吾飽美酒。」遂掛冠歸。由是，太樂丞為清流。[7]

據此，可知太樂丞原本是「非士職」，即不是士人應當去擔任的官職，可是王績因為太愛喝酒，竟不恥下求這個「濁」官。結果，正因為王績擔任過此官，「由是，太樂丞為清流」，是王績的經歷把此官變為一個「士職」清流官的。

王績初任太樂丞在貞觀十一年（637），王維初任此官則在開元九年（721），相隔了大約84年。不過，到王維時代，太樂丞雖然已成「清流」，可以授予士人了，但由於它到底還是技術官僚，這官職恐怕依然不算很清高，非士人所喜。王維願意出

學），新第 12 期（2003）中的討論。此文也收在本論文集，標題改為〈唐代的待詔〉。

7　金榮華校注，《王績詩文集校注》，〈王無功文集序〉（台北：新文豐，1998），頁 12。此文雖稱為「序」，但其實更像是一篇王績的「行狀」。比如，它一開頭追述王績的先世時，稱「國史、家牒詳焉」，乃行狀開頭常見的套語。結尾敘及王績的死和遺作，也是唐代行狀典型的寫法。筆者頗疑此文原為王績行狀，後來被王績詩文集的編者改稱為序。

任，或許跟他精通音樂也說不定，正如王績愛喝酒，不但不介意，反而更非求此官不可。

　　據筆者的研究，唐代士人釋褐初任官，最清貴的，其實是在京城各皇室藏書樓，如秘書省或集賢院，擔任校書郎或正字。在唐代文學史上，被公認為重要詩人或文士的三十多個名家當中，就有十一人是從校書郎出身：楊炯、張說、張九齡、王昌齡、劉禹錫、白居易、元稹、李德裕、杜牧、李商隱和韋莊。[8]另有三人則從正字起家：王績、陳子昂和柳宗元。[9]王維都不在這兩個名單上。他的初任官太樂丞，的確是比較特殊少見的。

　　以上便是一個唐代士人，如何讀書考中進士，進入官場做官的經過。唐代的進士考試，必定是要考做詩的，所以唐人從一開始讀書準備考科舉，就得學習寫詩。唐詩的興盛，跟進士科考詩當然大有關係。寫詩在唐代遠比現代有實際用處——不但考試要考，還可以經由寫詩能力得到官職，而且將來做官時，在許多場合更需要寫詩應酬。事實上，在古代中國，並非只有文學家詩人才需要寫詩。一般做官的人都需要寫詩。寫詩表示一個人受過了基本的經典教育，具備了讀書人必備的最基本的能力，就像現代學生都必須具備基本的電腦能力一樣。王維的〈相思〉便是他在四十多歲時，前往嶺南擔任「知南選」的職務時，所寫的一首應景詩。

二、〈相思〉的創作背景

8　見筆者《唐代基層文官》，第一章。
9　見拙書《唐代基層文官》，第二章〈正字〉。

　　陳貽焮在論〈王維〉的一篇論文中,把〈相思〉和〈息夫人〉以及〈洛陽兒女行〉等王維早期的詩作,都擺在他的少年時代來討論。[10] 林繼中的《棲息在詩意中:王維小傳》,顯然步其後塵,也把〈相思〉放在王維的「少年心情」一章中來討論。[11] 兩人雖未明說,但似乎都認為此詩寫於王維的少年時代。

　　這看法表面上有些道理。〈相思〉的詞句非常簡單,沒有任何深僻用字,看來的確很像一個少年人所寫。但如果按照這種推理,則李白的〈靜夜思〉和孟浩然的〈春曉〉,也都詞句簡單,豈不也都作於他們的少年時代?如果的確如此,那麼王維少年時寫這首「情詩」,便有些「無病呻吟」,全憑想像了,因為他少年時都住在北方,從未到過「南國」,應當從來沒有見過生長在南方的相思樹。

　　陳鐵民的《王維集校注》,則把〈相思〉編在「天寶」末年,其時王維已經五十多歲了。陳在校注中說:

　　唐范攄《云溪友議》卷中〈云中命〉曰:「明皇幸岷山,百官皆竄辱……唯李龜年奔迫江潭。……龜年曾於湘中採訪使筵上唱:『紅豆生南國,秋來發幾枝。贈君多採擷,此物最相思。』又:『清風朗月苦相思,蕩子從戎十載餘。征人去日殷勤囑,歸雁來時數附書。』此辭皆王右丞所制,至今梨園唱焉。歌闋,合座莫不望南幸而慘然。」

10　陳貽焮,〈王維〉,收在《論詩雜著》(北京:北京大學出版社,1989),頁 169。

11　林繼中,《棲息在詩意中:王維小傳》(保定:河北大學出版社,2000),頁 69。

據此，知本詩當作於安史之亂前。[12]

這大致沒有錯，不過說「本詩當作於安史之亂前」，則又過於含糊。此詩的創作年代，應當可以考定得更精確一些。此外，據上引文，王維這首詩當初似乎是寫給「梨園」（宮廷戲班）子弟吟唱的。這樣或許也可解釋何以其詞句都很簡單。李龜年曾經是玄宗寵愛的一個善歌者。李白的〈清平調詞〉據說便是特別寫給李龜年的唱詞。[13] 杜甫亦有詩〈江南逢李龜年〉。[14] 安史之亂後，李龜年逃到湘中湖南，在一個筵席上唱起這首〈相思〉，令「合座莫不望南幸而慘然」。〈相思〉所寫表面上為男女之情。這裡卻化為「隱喻」，成了臣子思念君主之情。

　　考王維曾在開元二十八年（740）約 47 歲時到過嶺南，去「知南選」，第二年春始北歸。這是他第一次到嶺南，也是唯一的一次。他在嶺南期間，應當有機會可以見到相思樹，甚至還可能在相思樹下撿拾過顆顆「紅豆」，所以才會寫下這首名詩。他既然說「紅豆生南國」，看來此詩是他到過南國之後才可能有的詩情，不像是想像的作品。而且，若上引《云溪友議》的記載可信，這是他為梨園所寫的辭，那麼它就更應當是他成年以後進入官場的作品，不可能是少作了（少年時他應當沒有機會和梨園有交往）。

　　但什麼是「知南選」？嶺南是一塊很廣大的地區。王維到過嶺南什麼地方「知南選」？相思又是一種怎樣的樹？這些就是下

12　《王維集校注》，頁 410-411。

13　《李白全集編年集釋》，頁 416。

14　〔清〕仇兆鰲注，《杜詩詳註》卷 23（北京：中華書局，1979 年排印本），頁 2060。

文所要探討的課題。

三、唐代的南選

　　唐代某些官員，特別是中高層官員或技術官僚（如掌管天文、宮廷膳食和醫藥等），一般都以皇帝的名義委任。至於其他基層官員，特別是州縣地方官，則要經過吏部的所謂「銓選」才能任官。在唐代，「選」常是一個專用名詞，通常即指「銓選」，也就是吏部選拔、錄取某些官員的過程。《新唐書》中的《選舉志》，講的便是唐代選拔官員的種種規定和方式。

　　「南選」便是南方官員的銓選。由於南方距離京師長安太遙遠，南方人到長安參選不便，於是朝廷便派遣某些官員到南方去主持銓選，選拔南方州縣所需要的當地官吏。這就是《通典》所說：

> 其黔中、嶺南、閩中郡縣之官，不由吏部，以京官五品以上一人充使就補，御史一人監之，四歲一往，謂之「南選」。[15]

關於唐代的南選，過去已有好幾篇論文發表，[16] 對這種制度的大略情況，所論已詳，這裡不必重複論述，只想補充和討論幾個比較有意義的細節。

15　王文錦等點校，《通典》卷 15（北京：中華書局，1989），頁 360-361。
16　最新且最詳細的研究見王承文，〈唐代「南選」制度相關問題新探索〉，《唐研究》第 19 卷（2013），頁 113-153。

　　第一，嶺南、黔中、閩中等地區的地方官任用問題，實際上相當複雜。史料中可見有幾種：（一）由當地土豪自行委任；（二）由「當地都督選擇土人補授」；（三）由藩鎮自行委任，特別是在安史亂後；（四）南選，由唐朝廷派遣「南選使」（或稱「知南選」）往南方選擇當地人委任。在這四種方式中，南選究竟占了怎樣的地位，目前還是個未解的「謎」。筆者認為，這可能要視地區而定。在偏遠地區，可能一直都由土豪自行委任。在設有都督府或節度觀察使府的地區，可能由他們委任。南選似乎只侷限於某些地區和唐前期。唐後期藩鎮林立，南選是否仍照規定每三四年舉行一次，不得而知。

　　《唐會要》中有一條材料，可以讓我們一窺南選實行的大略情況：

> 寶曆二年〔826〕二月，容管經略使嚴公素奏：「當州及普寧等七縣，乞准廣、韶、貴、賀、四州例南選。」從之。[17]

這似乎顯示，南選原本只適用於廣、韶、貴、賀四州（亦有材料提到桂、廣、泉、建、福、賀、韶等州，「依選例稱補」[18]）。現在容管經略使請求讓他屬下的「州及普寧等七縣」的選人可以參加南選。朝廷也批准了。《唐會要》又載有一敕：

> 大和三年〔829〕敕：「嶺南選補，雖是舊例，遠路行李，未免勞人。當處若有才能，廉使宜委推擇。待兵息事簡，

17　《唐會要》卷75（上海：上海古籍出版社，1991年點校本），頁1623。
18　《唐會要》卷75，頁1621、1623。

續舉舊章。其南選使，可更停一二年。」[19]

這是說南選仍然有不便之處，「遠路行李，未免勞人」。所以當地若有人才，廉使（即觀察使）應當「推擇」，等無兵事時，才恢復南選。由此看來，南選可能因戰爭等狀況暫停。[20]

王維是在開元二十八年（740）以殿中侍御史的身分前往嶺南知南選。這是一個以「知」字開頭的唐代典型使職官名，類似「知制誥」、「知貢舉」和「知吏部選事」等等，是一種臨時編派的官職，跟正規編制的職事官不同。王維被派到嶺南什麼地方？據《唐會要》的一條材料：

開元八年〔720〕八月敕：「嶺南及黔中參選吏曹，各文解每限五月三十日到省，八月三十日檢勘使了。選使及選人，限十月三十日到選所。正月三十日內，銓注使畢。其嶺南選補使，仍移桂州安置。」[21]

據此，嶺南選補使的「選所」是在桂州（今廣西桂林）。選使和選人，要在十月三十日抵達選所，到明年正月三十日銓注完畢。銓選的整個作業時間只有三個月。為了趕在十月三十日抵達，王維很可能在當年夏天七八月底就從長安動身上路了。

在唐代，從長安到桂州是一段十分漫長的旅程。據唐代的地理書《元和郡縣圖志》說，桂州至上都（即長安）為

19　《唐會要》卷 75，頁 1623-1624。

20　關於南選的其他材料，見《唐會要》卷 75，〈南選〉一節。

21　《唐會要》卷 85，頁 1622。

「三千七百五十里」[22]。此為華里，約合 1852 公里。王維是怎樣前往桂林的？他在〈哭孟浩然〉一詩的詩題下有注說：「時為殿中侍御史，知南選，至襄陽有作。」[23] 這是最明確的一條材料，可知他赴嶺南時曾途經襄陽（今湖北襄樊）。他在〈送封太守〉和〈送康太守〉兩詩中，又提過夏口（今湖北武漢武昌市）這地名，很可能他是從襄陽沿著漢水，乘船直達夏口的，[24] 再從那裡西南行到岳州（今湖南岳陽）。

從唐代其他人（比如柳宗元和李商隱）赴桂州的路線，我們約略可以推知，王維應當是先走陸路，從長安東南著名的藍田縣，經商州（今陝西商縣），到襄陽。從襄陽，正如上文所說，他可以乘船順著漢水到夏口，[25] 再折返岳州到潭州（今湖南長沙）。從潭州，他可以乘船沿湘水逆流而上，直達衡州（今湖南衡陽），再沿湘水西南行至柳州（今湖南柳州）和桂州。

王維的整個旅程大部分應當是水路。中古時代旅行，乘船遠比坐車或騎馬方便舒服，主要因為船上可以輕易解決「膳」和「宿」的人生兩大問題。[26] 他此次南行，全程約須二到三個月。

到了桂州，王維終於見到南方草木，遠比北方的青綠。他很

22　《元和郡縣圖志》卷 37，頁 917。

23　《王維集校注》卷 2，頁 167。

24　《王維集校注》卷 2，頁 171、173。

25　嚴耕望，〈荊襄驛道和大堤豔曲〉，《唐代交通圖考》第 4 卷（冊）（台北：中央研究院歷史語言研究所，1986），曾經細考襄陽到江陵（即著名的荊州，今湖北江陵、沙市地區）的水路和陸路，可惜他沒有再考襄陽到夏口的水路或陸路。

26　筆者在《唐代基層文官》的第六章〈文官俸錢及其他〉中有一節「宦遊」，比較深入討論了唐代乘船旅行的種種好處，引用白居易等人的詩為證，可參看。

可能就在這裡第一次見到高大的相思樹，親睹「此物最相思」的「紅豆」，而寫下那首流傳了一千多年的〈相思〉。

四、古典相思樹、紅豆和南洋「臭豆」

在今天，「相思樹」這名稱在不同地區有不同的含義。

在中國古典詩文中，相思樹即指那種能結出王維詩中「紅豆」的樹木。左思〈吳都賦〉中所說的「楠榴之木，相思之樹」，以及梁武帝〈歡聞歌〉所說「南有相思木，含情復同心」，指的都是這種長紅豆的相思樹。[27] 王維本人的〈相思〉，一開頭就說「紅豆生南國」，可證他是指這種長紅豆的相思樹，應無疑問。「生南國」也是個很精確的描寫，因為這種相思樹即原產於印度南部和中國華南熱帶地區。

在唐詩中，相思和紅豆一向是並提的，聯想十分緊密，如溫庭筠的〈南歌子詞〉：

　　玲瓏骰子安紅豆，入骨相思知不知。[28]

又如晚唐一位詩人的〈玉合〉：

　　中有蘭膏漬紅豆，每回拈著長相憶。[29]

27　見陳鐵民，《王維集校注》，頁411注二所引各條材料。

28　（清）彭定求等編，《全唐詩》卷583（北京：中華書局，1979年繁體排印本），頁6764。

29　《全唐詩》卷683，頁7835。「玉合」即「玉盒」。此詞寫一個玉盒中裝著的珍貴紅豆。

在《紅樓夢》第二十八回，賈寶玉所唱的那支相思小曲，便有「滴不盡相思血淚拋紅豆，開不完春柳春花滿畫樓」等名句。[30]在中國古典詩文中，相思和紅豆的關係太密切了。可以說，相思若沒有了紅豆，簡直就不成其為相思了，無法表現出相思的力道。

這種長紅豆的相思樹，因為和古典詩文的關係如此密切，而且在古代即稱為「相思樹」或「相思木」（見上引左思〈吳都賦〉和梁武帝〈歡聞歌〉），我們或可逕稱之為「古典相思」，見照片一：

照片一：馬來西亞新山市蘇丹皇家公園所見的一棵古典相思樹。（作者攝）

---

30 《紅樓夢校注》第 28 回（北京：人民文學出版社，1980 年據庚辰和程甲本排印），頁 441。

　　它正式學名是 *Adenanthera pavonina*。最大的特徵是，葉子是長橢圓形的（見照片二及三）：

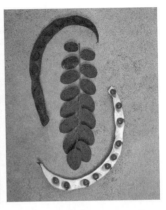

照片二（左）：古典相思的長橢圓形葉子和莢果（作者攝於新山蘇丹皇家公園）。照片三（右）：古典相思的紅豆、莢果外殼和葉子。（作者攝）

　　這種古典相思樹開花結果，便長出串串約 15 到 20 公分長的莢果，先是青綠色（照片二），成熟後變成棕褐色，爆裂開來，裡面便依附著一顆顆像鮮血一樣殷紅的相思紅豆（照片三）。這些應當就是王維所說「此物最相思」的紅豆了。

　　王維所寫的「紅豆」屬於哪一種樹木所生，學界目前有三種說法。一即上文所說古典相思樹 *Adenanthera pavonina*；二是一種「紅豆樹」，屬「蝶形花科」，學名 *Ormosia hosiei*；三是一種爬藤類的植物「相思子」，學名 *Abrus precatorius*。[31]

---

31 劉逸生，〈唐詩中的紅豆〉，對此三說有詳細討論。劉逸生為唐詩專家，寫過一本很有名的普及讀物叫《唐詩小札》，至今仍很風行，有多種版本和盜印本。但他此文卻不收在他此書中，而是筆者在網上搜尋所得。其來源出處待考。潘富俊，《唐詩植物圖鑑》（上海：上海書局出版社，2003），頁

　　據潘富俊的《唐詩植物圖鑑》，第二說紅豆樹的分布極廣，「分布於廣西、四川、貴州、江蘇、江西、陝西及甘肅等地區」[32]，但王維卻說「紅豆生南國」，特別標明它是一種「南國」產物，似乎不是指這種可以在「陝西及甘肅」等北方地區都能找到的「紅豆樹」。今天，「紅豆樹」在中國大陸已經成了一種瀕臨絕種的國家稀有珍貴三級保護植物，也讓我們難以把它跟王維的「紅豆」聯想在一起。在唐代，這種紅豆樹恐怕也不常見。所以本文不取此說。

　　至於第三說「相思子」，它最主要的特徵是「一端（約全體四分之三）為鮮紅色，一端（約全體四分之一）為黑色」[33]。由此看來，這種紅黑色的豆子，似乎不像是王維所說的「紅豆」。據劉逸生說，他曾經在廣東「云浮縣撿到甚多，但藏了十多年後，已發黃褪色，並非『歷久不變』。」這種會「發黃褪色」的「相思子」，似乎也不可能是可以作為訂情信物的相思紅豆，象徵歷久忠貞不變的紅豆。

　　所以，筆者認為，第一說「相思樹」最可信，最可能是王維所寫的紅豆。這種樹在「南國」，在廣東、廣西、越南，泰國、馬來西亞和印度尼西亞等熱帶地區都很常見。它的莢果成熟後，變成紅紅的豆子，隨風飄落在樹下地面，任人撿拾或「採擷」，

148-149，認為王維詩中的紅豆來自第二說「紅豆樹」，但此書頁 149，又附一古典相思樹的紅豆圖，並說孔雀豆或稱海紅豆也可能是王維詩中提到的紅豆。美國漢學家 Edward H. Schafer, *The Vermilion Bird: T'ang Images of the South*（Berkeley: University of California Press, 1967）, p. 169 說王維的紅豆指的是第三說「相思子」。

32 潘富俊，《唐詩植物圖鑑》，頁 148-149。

33 見劉逸生，《唐詩中的紅豆》。但劉逸生說王維沒有「到過南方」，則不符事實，未深考。王維到南方的過程，詳見本文第三節。

歷久不會褪色，正符合王維整首詩給我們的印象。

　　然而，在台灣，有一種樹完全不會長紅豆，卻又被稱為「相
思樹」，頗有破壞古典之嫌。這種樹是一種常綠中喬木，學名
Acacia confusa，別名台灣相思、相思仔、香絲樹等。它的原產
地是恆春半島，是台灣主要的造林樹種之一，全島低海拔山區普
遍可見。台中東海大學校園內遍植這種相思樹，更是遠近聞名。
為避免混淆，本文稱之為「台灣相思」，以示和「古典相思」有
別。

　　台灣相思的特徵之一，是它的葉子（所謂的「假葉」）呈
「鐮刀」形（下面照片四），不像古典相思樹葉的「長橢圓
形」。

照片四：台灣相思的葉子，像刀形。此樹為筆者後院所栽，種子取自香港
中文大學校園的台灣相思。（作者攝）

台灣散文中常有描寫，如張曉風在〈林木篇〉中就說：「每次坐

在樹下望天，那些刀形的小葉忽然在微風裡活躍起來。」[34] 從這樹葉的描寫，就可知道張曉風寫的是當地特產的「台灣相思」，和王維所說的古典相思樹沒有任何關聯。

為什麼台灣植物學界把不長相思紅豆的樹稱為「相思樹」，破壞了古典詩情呢？這恐怕是個難解的「謎」。但這名稱在台灣沿用已久，已廣為人接受。倒是台灣好些網站，在介紹台灣相思時，都不忘提醒讀者，台灣相思是「結不出相思紅豆」的。[35]

至於台灣有沒有古典相思樹？有，但似不常見，而且這種樹在台灣被稱為「海紅豆」或「孔雀豆」，被剝奪了它的「古典」地位。「孔雀豆」這一名稱是近代的，非古典，顯然譯自這種樹的學名 *Adenanthera pavonina*，因為 *pavonina* 即拉丁文「孔雀之眼」的意思。筆者懷疑，因為 *Adenanthera pavonina* 這種樹在台灣不常見，所以才被剝奪了它的古典地位，被當地最常見的 *Acacia confusa* 以「新貴」的姿勢取代，成為台灣中文所說的「相思樹」。

在香港，台灣相思和古典相思兩者都可見到。香港中文大學校園內便種了許多台灣相思。樹旁有木牌子介紹，說明是「台灣相思」。從此點看來，香港似乎把古典相思才視為相思樹的「正宗」，而把 *Acacia confusa* 稱為「台灣相思」，以示區分。

在中國南方，福建某些地區也有台灣相思，所以古典相思和台灣相思似乎有混淆的現象。中國網站上有好些中國大陸作者所寫的文章，都引用了王維的「紅豆生南國」，但細讀內文，卻可

---

34 張曉風，《愁鄉石》（台北：晨鐘出版社，1971），頁 13。張曉風此文被收入台灣和香港的好幾種中學教科書中，流傳甚廣。

35 可用百度等搜尋引擎去搜查，鍵入「相思」或「紅豆」等字眼。

發現它們明顯的是在寫台灣相思，寫它的「刀形」葉子等特徵。
這形成一種有趣的、不知覺的「文本矛盾」。

在馬來西亞和新加坡，最常見的是古典相思樹，在路邊、公
園和山坡上常見，反而台灣相思難得一見。筆者長年住在馬來西
亞的新山市（Johor Bahru），常到隔海的新加坡去，卻從未在這
兩個國家見過台灣相思。因此馬新地區沒有「兩種相思」混淆的
現象。馬來西亞和新加坡中文所說的「相思樹」，都指王維所寫
的那種古典相思，而且這兩地沒有「海紅豆」或「孔雀豆」的叫
法。[36] 馬新許許多多不曾到過台灣的華人，恐怕從未聽過或見過
「台灣相思」這種樹，更不知道台灣相思曾經「侵占」古典相思
的事。

有趣的是，在馬來西亞和新加坡，有一種馬來人特別喜愛吃
的珍品「臭豆」（泰國人和印度尼西亞人亦愛吃，但泰國和印
度尼西亞品種似有些分別），馬來文稱之為 petai，學名 *Parkia
javanica*。筆者無意中發現，它竟跟王維的古典相思屬於同一
科，都是「豆科」（*Leguminosae*）。臭豆其實並不「臭」（至
少不是「臭豆腐」的那種臭）。筆者吃過，十分爽脆可口。有些
華人也愛吃，通常拿來炒辣椒和蝦醬。

馬來人所食用的臭豆，係取自臭豆樹飽滿而尚未硬化的青綠
色莢果。這時，剝開豆莢，豆子已經相當圓大，但仍青嫩，正像
相思豆尚未硬化成紅色之前的青綠狀態。臭豆和相思豆的莢果形

---

36 *Adenanthera pavonina* 的馬來名叫 saga。據鍾松發等人編《*Kamus Perdana* 最
　新馬來語大詞典》（吉隆坡：聯營出版公司，1997），頁 1369 saga 條下，
　其中文即作「相思樹」，並附學名 *Adenanthera pavonina*，可知在馬來西亞
　和新加坡的中文，相思樹係指 *Adenanthera pavonina*，不像台灣中文那樣指
　Acacia confusa。

狀幾乎相同，只是臭豆莢果比較長和寬大，長約 30 到 40 公分，
寬約 4 公分。臭豆直徑約 1.5 到 2 公分，遠比相思紅豆大，約大
二三倍（見照片五）。

照片五：馬來人愛吃的臭豆莢果和豆子（比較照片二中的相思莢果）（作
者攝）

　　和臭豆一樣，相思紅豆其實也可以吃。在西南太平洋美拉尼
西亞群島（Melanesia，包括斐濟和所羅門等群島）及中太平洋
波利尼西亞群島（Polynesia，包括夏威夷和東加等群島），就有
人拿來烤熟吃，並稱這種樹為「食物樹」（food tree）。在印度
尼西亞爪哇，也有人把相思紅豆烤熟，去殼，伴白飯吃。據說味

道像黃豆。然而，相思紅豆若要當作食物，應當也跟臭豆一樣，取自飽滿但仍青嫩的豆子。等到青豆硬化成堅硬木質的紅色豆子時，恐怕就不能吃了。

臭豆樹的樹葉也和古典相思樹的非常相似。當古典相思樹長滿莢果，高高掛在枝頭時，遠遠望去，真有幾分像串串臭豆。

五、王維和唐代南方

上文說過，王維是「中原」人。他這首〈相思〉寫南方風物，倒是非常客觀，沒有唐代北方文人對南方普遍持有的一種「異樣眼光」。這是很難得的。限於篇幅，這裡無法細論北方文人對南方的這種「特殊凝視」，[37] 且舉古文大師韓愈等人的幾個例子，以見一斑。[38]

韓愈曾經因為聽不懂南方人的話語，而把他們的語言比喻為「鳥言」。他在〈送區冊序〉中描寫他剛到陽山（今廣東陽山）[39] 時的情景：

> 陽山，天下之窮處也。陸有邱陵之險，虎豹之虞。……縣郭無居民，官無丞、尉。夾江荒茅篁竹之間，小吏十餘

---

37 從地理環境和疾病的角度探討這方面的研究，見蕭璠，〈漢宋間文獻所見古代中國南方的地理環境與地方病及其影響〉，《中央研究院歷史語言研究所集刊》第 63 本第 1 分（1993）。

38 Schafer 在他那本專書 *The Vermilion Bird* 中曾論及唐代北方人對南方的態度，頗多新意，可參看。

39 唐代陽山縣屬於道州（今廣東道縣）。這地方到今天仍然是一個遍遠的少數民族地區，交通不便。筆者在 1990 年冬曾一訪，很能體會韓愈的心情。

家，皆鳥言夷面。始至，言語不通，畫地為字，然後可告以出租賦，奉期約。40

這可說是很典型的北方人對南方的描寫，一幅以「中原心態」看待南方的方式。其中最引人注目的一個細節是「小吏十餘家，皆鳥言夷面」，意思是說那十個多「小吏」，說話像鳥叫，樣貌像夷蠻。

和王維一樣，晚唐大詩人李商隱曾經到過桂林，在桂管觀察使鄭亞的幕下做一個幕僚。他的〈為滎陽公上史館白相公狀三〉即寫於桂林，文中也用了「鳥言」來描寫南方人：

以今月九日到任上訖。地當嶺首，封接蠻陬；猿飲鳥言，罕規政令。41

而且還多了個「猿飲」，意思是「似猿之用前肢捧水而飲」，42可說是個非常生動具體的意象，不愧是大詩人手筆，但用此意象來形容南方人喝水的樣子，若在今天，恐怕要遭到南方人的集體抗議。

崔行先在〈為昭義李相公賀雲南蠻歸附狀〉描寫「雲南蠻」時，也用過「鳥言」典故，而且有所發揮，把雲南蠻看得很低，用「狼心」等語來形容他們：

40　馬其昶校注，《韓昌黎文集校注》卷 4（上海：上海古籍出版社，1987），頁 266。

41　劉學鍇和余恕誠校注，《李商隱文編年校注》（北京：中華書局，2002），頁 1319。

42　《李商隱文編年校注》，頁 1320 編者補註。

臣某言。伏承雲南群蠻率其類八國獻款歸附，以某月日至
於闕下。臣伏惟皇帝陛下端拱九重，高視千古，聖謨廣
運，方昭不宰之功，至德柔遠，是有非常之慶。不然者，
荒陬蠻貊，左衽鳥言，文軌未通，嗜欲有異，不知父子之
性，獨識皇王之恩。此皆天誘其衷，神助其請，歸我龍
德，革彼狼心。[43]

在這種背景下看王維的〈相思〉，真讓人眼目一新。用今天
的話來說，〈相思〉可說是唐代少數寫南方風物而又「政治正
確」的難得詩作。

上文說過，王維的〈相思〉特別有「南方風味」。在結束本
文之前，我們甚至可以略微修正這「南方風味」的說法，或可乾
脆說這首詩很有「南洋風味」，因為王維寫的是一種今天仍在南
洋十分常見的大樹（筆者新山老家門前就種了三棵）。這種古典
相思又跟南洋的臭豆樹如此相似，王維此詩帶給我們（特別是南
洋華人）的聯想也就異常豐富了。所以筆者撰文細考如上，或可
為身處熱帶的馬來亞大學中文系成立四十週年紀念，作賀慶補白
之用。

原載《馬來亞大學中文系學術論文集》第 7 輯：
《馬來亞大學中文系創系四十週年紀念專號》
（吉隆坡：馬來亞大學中文系，2005），頁 121-149。

---

43 《全唐文》卷 620，頁 6260。「左衽」是指中國邊疆少數民族的服裝，前
襟向左，不同於中原人的「右衽」。在中原地區，只有死者的葬服才「左
衽」。在中國古書，「左衽」常用來形容夷蠻之人。最著名的例子，當數
《漢書·匈奴傳》卷 94 下，頁 3834 所說：「夷狄之人貪而好利，被髮左
衽，人面獸心。其與中國殊章服，異習俗，飲食不同，言語不通。」所以崔
行先在這裡用的「左衽鳥言」，是很看低南方人的描寫。

小說的正史化
——以《新唐書‧吳保安傳》為例

　　《新唐書》採用小說材料來修史，歷代都有人議論。比如宋代吳縝《新唐書糾繆》，就認為《新唐書》「多采小說，而不精擇」，是它的一大缺點。但什麼是「小說」？什麼是「史實」？《新唐書》又是以何種方式來運用小說材料？它如何把小說「正史化」？這些問題目前還沒有學者做深入的研究。章群的《通鑑、新唐書引用筆記小說研究》，可說開了先端。[1] 此書網羅許多有用的原始材料。本文想用一個實際的例子，來說明《新唐書》中的〈吳保安傳〉，是如何根據唐代牛肅《紀聞》中的〈吳保安〉一文寫成，並且想借這個例子，來探討唐宋以至現代史家，如何看待小說和史實等問題。

一、牛肅的〈吳保安〉

　　據目前所能見的材料，在所有記載吳保安故事的文獻當中，時代最早的，應當是唐代牛肅《紀聞》一書中所收的〈吳保安〉。這是一篇以半駢體半散體寫成的故事，形式和其他唐傳奇

1　*本文初稿承蒙英國牛津大學已故杜德橋（Glen Dudbridge）教授、台灣東吳大學講座教授王秋桂老師以及武漢大學魯全才教授賜閱並提供寶貴的改進意見，特此致謝。
　　章群，《通鑑、新唐書引用筆記小說研究》（台北：文津出版社，1999）。

文或唐人小說相似，因此它也被收錄在好幾種今人所編的唐人小說集中。[2]

　　牛肅在《舊唐書》或《新唐書》中都沒有傳。我們對他的生平事蹟幾乎一無所知。民國初年的學者汪辟疆說他「或為貞元元和間人」（785-820），[3]但陳端端已指出此說有誤，並且考證出牛肅是河內懷州人，大約生活在唐玄宗到代宗朝（即 712-780）。[4]日本學者內山知也根據《紀聞》一書中的若干線索，亦得出相同的結論。[5]

　　可以補充的是，據《元和姓纂》，牛肅曾經出任岳州（今湖南岳陽）刺史。他的先祖是西魏太常丞，他家中有好幾個成員都曾經當官，可說是個官宦之家。[6]刺史是一州的首長，在唐代是個相當高的官職。

　　牛肅的《紀聞》一書，和唐代許多此類著作一樣，今天都已失傳了。幸運的是，北宋太平興國二年（977）所編成的一本大部頭的類書《太平廣記》，收錄了大量唐和唐以前的此類著作，

2　最初收在汪辟疆編，《唐人小說》（1929 年初版，香港：中華書局，1985年重印本），頁 241-245。近年比較好的一個本子收在王夢鷗校釋，《唐人小說校釋》上冊（台北：正中書局，1983），頁 1-21。本文引用的即王夢鷗的此一校本。

3　汪辟疆，《唐人小說》，頁 239。

4　陳端端，〈牛肅與紀聞〉，《現代文學》第 44 期（1971 年 9 月），頁 148-164。

5　內山知也，〈牛肅と《紀聞》について〉，《盛唐小說論》（東京：求文堂，1976），頁 264-288。

6　〔唐〕林寶編、岑仲勉校記，《元和姓纂附四校記》卷 5（中華書局校點本，1994），頁 705。卞孝萱，〈牛肅與《紀聞》〉，載《唐代文史論叢》（太原：山西人民出版社，1986），頁 106-109，對牛肅的生平和作品有更詳細的考證。下文原先發表在《江海學刊》1962 年 7 月號。

才使它們不至於完全失傳。現傳世的《太平廣記》，仍收有出自《紀聞》的大約一百二十篇文章，而其中最有名的，就是〈吳保安〉這一篇。[7]

〈吳保安〉可說是一篇含有很深教化意味的「典範」故事。它要樹立的典範，是「感恩圖報」那種忠義精神。吳保安和郭仲翔雖然是同鄉，可是他們兩人從來不認識，也從來沒有見過面。當郭仲翔隨李蒙的大軍來到劍南時，吳保安寫信給他，希望郭能幫他在李蒙軍中謀個官職。郭仲翔收到信後，心想吳保安是他的同鄉，於是他便盡力幫吳保安在軍中謀到了一個差事。後來，郭仲翔被南蠻俘虜，寫信向吳保安求救，吳保安也就為了報答郭仲翔當初幫他謀得一差事，而替郭奔走忙碌了整整十年，籌夠了贖金，才把他從南蠻中營救出來。為了報恩，郭仲翔後來在吳保安夫婦死後，親自赤腳步行了幾千里，把他們的遺骨從四川帶回到吳的家鄉河北魏州歸葬。更感人的是，郭仲翔還負責照顧吳保安的兒子，幫他娶親，甚至在天寶十二年（753），向皇帝請求，把自己的官職轉讓給吳保安的兒子，而得到當時人的讚賞。

我們面對的第一個問題是：〈吳保安〉這篇作品，到底是紀實的文章，還是出自作者虛構的想像創作？抑或是一篇根據真人真事改寫的作品？然而，這些問題在今天恐怕都不易回答。我們經常見到的情況是，歷代學者往往是以相當主觀的看法，來決定這些唐傳奇是紀實或虛構的。通常，一個史家或文學評論家如果需要引用某篇唐傳奇來支持他的論點時，那他便會把那篇唐傳奇當作是紀實的作品，是足以反映歷史真實的。而如果那篇唐傳奇對他的論點不利，那他往往就會指它是虛構的，是不足為信的。

7　《太平廣記》卷166，頁1214-1217。

　　唐傳奇之所以能夠如此虛虛實實，和它本身的性質有關。唐傳奇不屬於歷史撰述的範圍，它的作者也不以史家自居。然而，唐傳奇又和歷史撰述有很深的淵源。從現傳世的作品看來，唐傳奇明顯脫胎自正史或雜史的列傳體。[8] 形式上，它刻意模仿列傳的筆調和寫法，以人物為中心，而且對若干歷史細節如人名、地名和官名的處理也是仿照正史的。內容上，它可以是作者親身體驗的，也可以是「道聽塗說」的，更可以是神怪超凡的。

　　換句話說，唐代文人是以他們所熟悉的史傳形式，來書寫他們的所見所聞，或發揮他們的想像力。在後代讀者看來，這些作品便不免似真似幻了──讀起來既像史傳，又像虛構的想像作品。宋代的趙彥衛曾形容唐傳奇「此等文備眾體，可以見史才、詩筆、議論」，[9] 正好點出唐傳奇這種文類的多功能性質。

　　牛肅的〈吳保安〉便是個好例子。一開始，它介紹主角吳保安出場時，完全是一派史傳的筆調：「吳保安，字永固，河北人，任遂州方義尉。其鄉人郭仲翔，即元振從侄也。」主角的名字、籍貫和他的官職如此明確，甚至連他任官的地點（遂州方義，今四川廣漢縣）都那麼具體而真實，難怪後代讀者（甚至史家）都要把他當成是確有其人的歷史人物了。

　　然而，〈吳保安〉這篇傳奇所給人的這種歷史真實感，卻只是表象的。一旦我們對這篇作品作比較嚴謹的分析，它便禁不起

8　孫遜和潘建國，〈唐傳奇文體考辯〉，《文學遺產》1999 年第 6 期，提出一個新觀點：唐傳奇的淵源是漢魏六朝的人物雜傳，而非如魯迅所說，脫胎自六朝的志怪。但孫遜和潘建國都沒有論及正史列傳體對唐傳奇的影響。事實上，正史列傳是一種比六朝人物雜傳更「強勢」、更具「優勢」的文本。它應當比雜傳更能影響唐代的傳奇作者。

9　趙彥衛，《云麓漫鈔》卷 8（中華書局校點本，1996），頁 135。

考驗，漏洞百出了。

　　故事一開始，作者介紹吳保安出場時提到的幾個人物，除了宰相郭元振之外，都是歷史上無從查考的。郭元振在唐史上當然是赫赫有名的一位宰相，[10] 可是他在這篇傳奇中並沒有扮演什麼角色。作者只告訴我們他有一個「從姪」叫郭仲翔，和吳保安同鄉，並且把這從姪推薦給一個名叫李蒙的都督，參加征討南蠻的一場戰事。

　　但郭仲翔和吳保安兩人，他們的名字就僅僅出現在這篇傳奇，而不見於唐代的任何其他文獻。不論是《舊唐書》或《新唐書》的〈郭元振傳〉，都不曾提到郭元振有這麼一個「從姪」。《資治通鑑》也從未記載此事。看來，本篇傳奇的作者，似乎有意把吳保安和郭仲翔這兩人和唐代有名的宰相拉上關係，借此增加這兩人的可信度和歷史真實性。

　　文中第一段說：「會南蠻作亂，以李蒙為姚州都督，帥師討焉。」這也是其他唐代文獻所沒有記載的一件事。李蒙在新舊《唐書》中都沒有傳。他的名字也只見於本篇（以及根據本篇改寫的《新唐唐‧吳保安傳》）。《資治通鑑》在記錄唐代大小戰役方面是非常詳細的，但卻從來沒有記錄這場李蒙帥師討南蠻的戰事，令人懷疑這場戰爭的真實性。

　　在牛肅的〈吳保安〉中，李蒙都督死後，代替他的是一個名叫楊居安的都督。和李蒙一樣，楊居安的名字也只出現在本篇傳奇小說，而不見於其他唐代文獻，令人懷疑歷史上是否真有其人。而且，他在前往姚州上任途中，竟「巧遇」當時也正在趕往

10　郭元振在《舊唐書》和《新唐書》中都有傳。見《舊唐書》卷 97，頁 3042-
　　3049；《新唐書》卷 122，頁 4360-4366。

姚州尋夫的吳保安妻子，似乎太巧合了。

當然，〈吳保安〉一文的重點，並不在於歷史紀事，而是在吳保安棄家贖友這感人的情節上。它的歷史背景只是一種敘事框架，只為了方便呈現文中的兩個主角和他們身邊的親人。這也是唐傳奇小說常用的敘事方法。在閱讀唐傳奇時，我們往往有個印象：中國史傳傳統的影響太深遠了，唐代的文人在撰作這些傳奇作品時，似乎都逃不脫史傳形式的約束。即使在書寫一篇鬼故事，他們也非得把人物和故事放在一個歷史的框架上來書寫不可，否則便好像難以成篇，難以令人信服一樣。這種敘事策略也賦予一篇想像的作品一種額外的歷史真實感，雖然那往往是一種虛幻的歷史感。

這篇傳奇作品當初是如何寫成的？它是否記錄了一個真實的故事？這樣的問題當然無從回答。但牛肅那本書名叫《紀聞》，或許反映了他此書中所收的作品的性質——它們所「紀」的都是作者所見所「聞」的。

看來，吳保安這故事應當也源自作者的聽聞。當時也許的確有過這麼一個「贖友」的故事。但這真實故事到了牛肅的筆下，作者為了凸顯這故事的「教化」意味，而誇大了或虛構了若干細節。比如，或許當初作者所聽到的，只有「贖友」這一情節，而沒有「別妻離子」這一段。那完全是傳奇作者在這種文體下所虛構的。但作者把這整個虛構的故事，放到一個史傳的框架上來書寫，結果產生了這麼一個混合了歷史和虛構的作品。

然而，牛肅這篇傳奇小說的歷史真實性是很薄弱的。上文已指出，他所提到好幾個關鍵人物和那場戰事，都無法從其他唐代文獻求證。這篇小說的虛構成分很濃厚。但它所呈現的「感恩圖報」這典範，卻在宋代吸引了史家的注意，而把它帶進歷史的殿

堂。

　　除此之外，牛肅的〈吳保安〉還有另一奇異的插曲。那就是吳保安和郭仲翔當初交往所寫的那兩封信。這兩封信都以駢體文寫成，和傳奇敘述部分所用的古文相映成趣。或許因為這個關係，清代編修《全唐文》時，竟把這兩封信當作是真人所寫的兩篇文章，而收進了《全唐文》之中。[11] 於是，吳保安和郭仲翔不僅走進了歷史，也儼然成為兩位唐代作家，作品被收錄在《全唐文》中。我們將在下面第四節看看他們兩人如何「成為」唐代「作家」。

二、《新唐書‧吳保安傳》

　　牛肅寫下吳保安的故事後大約三百年，到了北宋年間，他的事蹟便被《新唐書》的編者注意到，而把它編入這部官修的正史之中，從而把這篇小說「正史化」了。[12] 於是，現代學者再也不能確定，吳保安到底是個虛構的小說人物，還是確有其人的歷史人物，而且也不肯定，他到底是從小說走進史書，還是從史書走入小說。在二十一世紀的今天，我們回過頭來看吳保安，可以發現他還是一個謎樣的人物。現代學者對他還是沒有一個定論。研究傳統小說的學者，和研究唐史或南詔史的學者，對他的看法可能很不一樣。

　　現代的讀者或許會覺得這是不可思議的事。他們或許會提出一連串的問題——何以一個傳奇小說中的人物，能夠進入正統的

11　《全唐文》卷 358，頁 12-14。

12　《新唐書》卷 191，頁 5509。

史書？《新唐書》的編者難道竟可以如此「草率」地相信了牛肅的記載嗎？既然《新唐書》記載了吳保安的故事，那這故事應當是真實的，不會是虛構的吧？

甚至，至少有兩位專門研究中國傳統小說的現代學者，認為吳保安的故事是「源出於《唐書》」的。[13] 這種看法很有意思，反映了若干有趣的現象。第一，在現代小說學者眼中，中國正史的權威是至高無上的。但研究小說的學者往往並不了解正史編修的過程。那是一種層層史料重疊的複雜過程。[14] 所以他們對正史更是「敬畏」的，不敢質疑正史的權威。第二，現代小說學者往往以為，傳統小說和史書的關係是單方面的——小說家必定是從史書上取材，卻沒有意識到到正統史家也可能利用小說的材料來「創造」歷史，把小說「正史化」。[15] 在這種情況下，現代小說

---

13 *Traditional Chinese Stories: Themes and Variations*, ed. Y.M. Ma and Joseph S. M. Lau（New York: Columbia Univ. Press, 1978），p. 1. 此書有中文版：即馬幼垣、劉紹銘和胡萬川編，《中國傳統短篇小說選集》（新北：聯經，1979），但中文版依然沿襲了英文版的說法。馬幼垣和劉紹銘在論及明代《古今小說》中所收的〈吳保安棄家贖友〉時說：「這個源出於《唐書》的故事，即使在中國的『友情文學』中，也顯得極為特出。」他們沒有提到牛肅的〈吳保安〉。

14 這方面的專書和論文有好幾種，但最詳細的討論見 Denis Twitchett, *The Writing of Official History under the T'ang*（New York: Cambridge University Press, 1992）.

15 例如，在 Hsiao-peng Lu, "The Fictional Discourse of *Pien-wen*: The Relation of Chinese Fiction to Historiography," in *Chinese Literature: Essays, Articles, Reviews*, 9（1987），pp. 49-70 一文中，作者便假設傳統小說和史學的關係是單向的，即小說從正史取材，正史不會從小說取材。這種假設也見於余國藩，〈歷史、虛構與中國敘事文學之閱讀〉，收在他的論文集《余國藩西遊記論集》（新北：聯經，1989），頁 221-255。關於中國小說、歷史和神話的關係，近年頗有幾種專書出版，例如 Sheldon Hsiao-peng Lu, *From*

學者沒有深考這故事的源頭，而以為吳保安的故事源出於《新唐書》，也就不足為奇了。

　　但吳保安的故事，明顯的並不是從《新唐書》開始。《新唐書》的編修年代很晚，晚到北宋慶曆四年（1044）才開始編纂，一直到嘉祐五年（1060）才編成，前後花了約十七年。那時唐已經滅亡一百多年了。〈吳保安〉的原創者牛肅，最晚死於約代宗朝（約 780 年，見上）。此文應當是在牛肅死前即完成，而且它在北宋太平興國二年（977）就已經被收錄在《太平廣記》中。換句話說，在《新唐書》編修時，吳保安的故事已經在人間至少流傳了超過三百多年之久了，因此這故事不可能是「源出於」《新唐書》的。

　　相反，《新唐書‧吳保安傳》應當是根據牛肅的〈吳保安〉一文寫成的。[16] 這是正統史書採用小說材料編寫歷史的一個例子。幸運的是，在唐史主要資料上，現代學者可以運用的史書其實不只《新唐書》一部，而是至少三部：除了《新唐書》外，還有《舊唐書》和《資治通鑑》。這樣我們就有了比較和查證的機會。《舊唐書》成書於五代後晉開運二年（945），比《新唐書》早了大約一百年，而且大部分內容還是來自早在唐代就編成的幾部實錄和國史，[17] 但《舊唐書》並沒有為吳保安立傳。同

Historicity to Fictionality: the Chinese Poetics of Narrative（Stanford: Stanford University Press, 1994） 以及 Deborah Lynn Porter, *From Deluge to Discourse: Myth, History, and the Generation of Chinese Fiction*（Albany: State University of New York Press, 1996）.

16 汪辟疆編，《唐人小說》，頁 245，最早指出「宋祁撰唐書，曾采其事，入唐書忠義傳，文可互參。」王夢鷗，《唐人小說校釋》上冊，頁 16-17，也說這是《新唐書》的編者，把吳保安的故事「編入正史，當為實錄」。

17 見 Twitchett, *The Writing of Official History under the T'ang.*

樣，在《資治通鑑》中我們也找不到任何關於吳保安的記載。因此，《新唐書・吳保安傳》，看來並非根據正統的「行狀」和「家傳」等史料，而是改編自牛肅的傳奇作品。

我們細心比較這兩篇文章，當可發現兩者不論是在敘事順序上或細節上，都極為相似。《新唐書》編者所做的，主要是將那篇傳奇文濃縮，改得更為短小精簡。而其中有兩個改動最可注意。

第一，牛肅的〈吳保安〉一文最晚寫於約唐代宗朝。當時韓愈所倡導的古文運動還沒有開始，所以牛肅採用的還是唐代駢體文和古文交雜的那種獨特文體。其中吳保安和郭仲翔所寫的那兩封信，更全是駢體。但到了北宋編修《新唐書》時，古文已經成為主流典範，成為「時髦」的文體，所以《新唐書・吳保安傳》便把這兩封駢體文的書信，完全刪去，而以古文轉述信的大要。

第二，正如我們在前頭提到的，楊居安都督在前往姚州上任的途中，遇到吳保安的妻子在路邊啼哭，可說太「巧合」了。《新唐書》的編者顯然也覺得這種事太「湊巧」了，在傳奇作品中或許無妨，但在正統史書中就未免說不過去。因此他們把這一細節，改為楊都督知道了消息（「楊都督知狀」……），覺得奇怪，便派人去尋訪吳保安。

《新唐書・吳保安傳》可說是正統史書採用小說材料編寫歷史的一個例子，但這並不是唯一的例子。《新唐書》中至少還有另一例子，那就是它的《列女傳・謝小娥》。[18] 史書採用小說的

18　《新唐書》卷 205，頁 5827-5828。根據李公佐的〈謝小娥傳〉改編。見汪辟疆編，《唐人小說》，頁 93-97。王夢鷗有一專文討論這課題：〈謝小娥故事正確性之探討〉，收在他的《唐人小說研究四集》（台北：藝文印書館，1978），頁 194-203。

例子，也不僅僅限於正史。在其他形式的史書如通鑑體也可以找到。比如司馬光的《資治通鑑》，就採用了不少小說的材料。[19]

　　但值得注意的是，傳統史家採用小說材料，並非一件不光彩的事。在〈進資治通鑑表〉中，司馬光甚至坦言，他「遍閱舊史，旁采小說，簡牘盈積，浩如煙海」。[20] 顯然，司馬光並不以「旁采小說」為恥，反而覺得這是史家應當作的事。

　　不過，司馬光所說的「小說」，和我們今天所說的「小說」，並不相同。傳統的小說觀念，當可追溯到漢代班固在《漢書‧藝文志》中所描寫的：「小說家者流，蓋出於稗官，街談巷語，道聽塗說者之所造也。」到了宋代，這一類著作在傳統的公私家藏書目錄中，已自成一類作品，統稱為「小說」，屬於四部分類中的子部。但傳統所謂「小說」，往往和史部的雜史類或雜傳類的作品難以區分，以致小說、雜史和雜傳常可通用。比如李德裕的〈次柳氏舊聞〉，在《新唐書‧藝文志》中被列入史部雜史類，但《四庫全書總目》卻把它列入子部小說家類。同樣，像劉肅的《大唐新語》那樣的書，在《新唐書‧藝文志》中被列入雜史類，但《四庫全書總目》卻又把它列為小說家類。這些例子還有許多，可見雜史和小說的分野相當主觀，因人而異，亦因時而異。但大體而言，兩者可以說都是比較次要的史料。

　　司馬光說他「遍閱舊史，旁采小說」時，他的「小說」一詞定義似乎更為寬廣。他是以「小說」和「舊史」對舉的。他沒有提及雜史等類材料。但我們從他在《通鑑考異》中所引用的那三百多種書可以看出，他所謂的「小說」，其實包含了雜史、雜

19　見章群，《通鑑、新唐書引用筆記小說研究》。

20　此〈進書表〉附於《資治通鑑》卷294，頁9608。

傳等類作品。因此，我們可仿照司馬光的辦法，把宋代史家修唐
史的原始材料分為兩大類：

（一）舊史：這包括唐代實錄、國史和正史等正統的，一
　　　般被認為可靠的記載。

（二）小說：這包括傳統目錄所說的小說、雜史或雜傳，
　　　一般被認為比較瑣碎、比較不可靠，但又能補充信
　　　史不足的材料。

　　牛肅的〈吳保安〉屬於以上第二類小說材料。它跟現代中、
英文所說的「小說」（fiction）有些不同。Fiction 必定是虛構
的，但中國傳統所說的小說，卻不一定是虛構的。它可能是真實
的記錄，也可能含雜著一些虛構的成分，當然也可能是完全虛構
的。

　　本文說《新唐書》的編者把小說的材料編入正史，把小說
「正史化」，也並沒有貶抑的意思，只是想指出一個事實——這
是傳統史家很普遍的修史方法。但使用這些傳統史書的現代讀
者，應當隨時有一種警惕，須留意這一類史書中的小說成分，因
為即使像《新唐書》或《資治通鑑》那樣正統的史書，都包含了
不少小說材料。[21] 而且，不論是《新唐書》或《資治通鑑》，都

---

21 奇怪的是，宋代的吳縝和清代的趙翼，都不曾說《舊唐書》採用小說材料
　修史。趙翼在《廿二史札記》卷 16（中華書局排印本，1963），頁 312，
　說「《舊唐書》前半全用實錄國史舊本」。這論斷看來對後代的學者有很
　大的影響，以至大家都不再去追究《舊唐書》中的小說成分。其實，《舊唐
　書》絕非沒有小說成分。且舉一例。《舊唐書》卷 184，〈高力士傳〉，頁
　4759，提到高力士晚年被流放到巫州時，「地多薺而不食，因感傷而詠之

已經不能說是嚴格定義的第一手「原始材料」了。現代學者其實都是通過宋祁、歐陽修和司馬光這些宋代史家的眼，通過他們已經過濾了一次的史料，來看唐代歷史的。因此，我們應當更密切追問：他們曾經使用過哪些「舊史」和「小說」的材料？他們又是怎樣使用「小說」材料來修史的？

三、小說、虛構和史實

　　唐代初年，陳朝皇室的後裔陳叔達回了一封信給他的朋友詩人王績。事緣王績為了完成他的兄長王度未修完的《隋書》（事見王度的《古鏡記》），曾寫信給陳叔達，商借陳所撰寫的《隋紀》。陳叔達的回信中有一句話，很有意義，很能反映中國中古時代史家修史的一些習慣作風，很值得現代史家的注意和參照。他對王績說：

> 又恐足下紀傳之作，須備異聞，今更附王冑《大業起居注》往。[22]

陳叔達不但把自己所寫的《隋紀》借給王績，而且還主動附上王

曰：『兩京作斤賣，五溪無人采。夷夏雖不同，氣味終不改。』」這一細節和高力士的這首詩，顯然源出於唐代郭湜的小說《高力士外傳》：「又於園中見薺菜，土人不解吃，便賦詩曰：『兩京秤斤買，五溪無人采。夷夏雖有殊，氣味應不改。』使拾之為羹，甚美。」見《開元天寶遺事十種》（上海：上海古籍出版社排印本，1985），頁112。《高力士外傳》大約作於唐代宗大曆（766-779）中。《新唐書‧高力士傳》沒有這一細節。

22 見金榮華校注，《王績詩文集校注》卷4（台北：新文豐，1998），頁298。王績的信和陳叔達的回信，都收在王績的這本詩文集中。

冑的《大業起居注》，以便王績在修史時可以有一些「異聞」可
資使用。《大業起居注》今天已無傳本，我們已無從知道它的內
容。但起居注是一種比實錄更早、更原始的史書，由宮廷史官修
撰，以備將來編修實錄和國史之用。它並非最後定稿的正史，但
從陳叔達的回信看來，起居注裡面有「異聞」，可以補充「紀傳
之作」的不足。「紀傳之作」當指正史那一類的紀傳體。正史不
但需要記錄史實，同時它也需要一些「異聞」細節來做裝飾點
綴，才能使歷史敘事更為生動。

　　唐宋時代的史家，他們的修史風格顯然和現代史家很不相
同。他們並不像現代史家那樣刻意迴避「異聞」一類的材料。相
反的，他們認為史書中應當有一些「異聞」，才能使整個歷史敘
事更為生動完備。陳叔達給王績的信，正好透露了一個中古時代
史家的這種想法。《新唐書》博采小說，看來也同樣是為了「須
備異聞」。

　　以《新唐書・吳保安傳》為例，它顯然是被當成一篇典範故
事而被收在〈忠義傳〉這一部分。《新唐書》和其他正史一樣，
它的列傳部分的敘事重點，仍然是當朝重要的政治和軍事人物，
如郭元振等人。而在處理這些政軍人物時，《新唐書》就往往不
會也沒有必要使用小說的材料，因為其他正統的史料並不短缺。
即使它在這部分的列傳中採用小說材料，那也只是為了增添一些
生動的細節罷了。章群在《通鑑、新唐書引用筆記小說研究》一
書中所蒐集到的材料，大體都屬於這類「錦上添花」的細節。如
《新唐書・高力士傳》，說高力士憑他胸前的七個黑子（黑痣）
以及他生母的金環，而跟他失散多年的生母相認。據章群的考

據，這七黑子、金環的故事，出自筆記小說《高力士外傳》。[23]
然而，《新唐書‧高力士傳》所依據的主要材料，依然還是前朝
史官編成的實錄和國史。

　　但正史的列傳部分，除了政、軍人物傳記外，還照例有〈忠
義傳〉、〈列女傳〉、〈孝友傳〉等較「次要」人物的傳記。在
這些「軟性」的傳記中，史家就往往只好採用小說的材料了，因
為這些人物的傳記，並不像重要的政、軍人物那樣，有家族所提
供的「家傳」、「行狀」或墓誌銘等材料可作依據。看來，《新
唐書》的編者就是在這種情況下，把牛肅的傳奇小說〈吳保安〉
改編為歷史的，以應付〈忠義傳〉的需要。但這樣一來，把小說
「正史化」的一些危險也大大提高了，比如它很可能也把一些虛
構的人物和故事帶進正史。

　　由此，我們或可歸納出《新唐書》修史採用小說材料的兩種
方式：（一）在明確的軍、政大人物列傳上，它採用小說是為了
增添一些生動的細節。這些列傳本身主要還是根據正統的信史材
料。（二）在〈忠義傳〉、〈列女傳〉等「軟性」的小人物列傳
上，如〈吳保安傳〉和〈謝小娥傳〉，《新唐書》可能便完全採
用小說材料來編寫歷史。這類列傳的傳主身分和歷史真實性都不
易確定。他們可能是歷史人物，也可能是虛構的小說人物。

　　在這兩類列傳中，《新唐書》採用小說材料修史，可能造成
兩種不同的後果。第一，在〈高力士傳〉等重要軍、政人物上，
使用小說只是給這些人物的生平故事增添了一些生動的細節，如
高力士憑胸前黑痣跟生母相認等等，但不至於把一個可能是虛構

---

23 見章群，《通鑑、新唐書引用筆記小說研究》，頁 63-64。　這一細節不見於
　　《舊唐書‧高力士傳》。

的小說人物帶進史書，因為像高力士那樣的人物，他的歷史真實性早已經由其他正統史料，比如唐代的實錄和國史確立了。使用小說材料並不會讓後代的讀者，懷疑歷史上是否確有這些人物，只是給他們的生平多添了一些生動有趣的小故事罷了。

但在〈忠義傳〉、〈列女傳〉和〈孝友傳〉中使用小說材料，則很可能會產生一個後果，造成史實和虛構的界線模糊。後代的讀者更會懷疑，這些到底是確有其人的歷史人物，還是小說家的虛構人物，因為像吳保安、郭仲翔、李蒙、謝小娥等人，他們的歷史真實性是未經其他正規史料確定的。《新唐書》使用小說材料來給他們立傳，極可能把一個虛構的人物帶入史書。從這個角度看，《新唐書·吳保安傳》可說提供了一個很好的實例，讓我們可以認真檢視史書把小說「正史化」的若干問題。

以〈吳保安傳〉為例，《新唐書》不但可能為一個虛構人物立傳，而且還因此產生了一些意想不到的效應。

第一，最妙的是，它可能因而「編造」出無中生有的事。我們上頭說過，不論是《舊唐書》或《資治通鑑》，都沒有記錄李蒙帥師討南蠻的戰事，令人懷疑歷史上是否真有過這場戰爭。但《新唐書》既然把吳保安的故事編入正史，則不得不妥善處理這場戰事。結果，我們發現，《新唐書·玄宗本紀》在開元元年十月條下，竟真的記錄了這場戰爭。[24] 但我們如果細心查考《新唐書》之所以會有此記錄，那完全是因為《新唐書》的編者，相信了〈吳保安〉這篇傳奇文的記載，而把此戰事繫在此年之下。

值得注意的是，牛肅的〈吳保安〉提到這場戰爭時，並沒有說明它發生的年月，看來這是一場虛構的戰爭，所以蓄意在年月

24　見《新唐書》卷 5，頁 122。

上含糊。然而，《新唐書》的編者，作為一部正史的編纂人，似乎感到有一種史家的「責任」，不能如此含糊，於是只好為這場源出一篇小說記載的戰爭，考證出它「發生」的年月：開元元年（713）十月。這個《新唐書》編者考證出來的年份和月份很有意思，因為我們知道，郭元振正是在開元元年十月，參加一場大規模的講武，軍容不整，而被貶到遙遠的新州（今廣東新興），然後不久就去世了。[25] 實際上，《新唐書》的編者如果想要考證一篇小說中所發生的虛構戰爭的年月，原本是不可能的事。但既然郭元振「曾經」向李蒙都督推薦他的「從姪」參加這場戰爭，則這場戰爭應當發生在郭元振被貶官和去世之前，也就是最遲不會超過「開元元年十月」。於是，《新唐書》便把這場戰事記在〈玄宗本紀〉此年之下。

　　第二，《新唐書》採用小說材料，等於替這些小說背書，做了一道「鑑定為真」的手續。以吳保安的故事為例子，最常見到的一種反應，正像王夢鷗所說，「其事既編入正史，當為實錄」。[26] 這是一種深信正史權威的反應，也是《新唐書》採用小說，把小說「正史化」以後，在一般現代讀者群中產生的一個效應。但專治唐史的學者，當然不可輕易相信《新唐書》這種把小說「正史化」的舉動，而必須追究它的史料來源。

---

25 見《舊唐書》卷 97，頁 3048-3049；《新唐書》卷 122，頁 4365-4366。又參閱《資治通鑑》卷 210，頁 6687-6688 的記載。其實，郭元振原本是唐玄宗的一大功臣。他突然被解除兵權和被貶官，據兩位現代學者的研究，是因為唐玄宗剛登基時，想「鞏固皇權」的做法。和郭元振同時被處分的，還有另一位大臣唐紹。唐紹後來甚至被斬。見許道勳、趙克堯，《唐玄宗傳》（北京：人民出版社，1993），頁 87-88。

26 王夢鷗，《唐人小說校釋》上冊，頁 16。

四、宋以後的吳保安

　　宋代以後，吳保安的故事依然充滿生命力，常以各種形式出現。到了明代，它便被改編為《古今小說》中所收的短篇小說〈吳保安棄家贖友〉，[27] 以及傳奇劇《埋劍記》。[28] 但這兩個改編大體上都很接近牛肅的〈吳保安〉，在故事細節上並沒有什麼重大的增刪，所以在吳保安故事的演變上也就沒有什麼新意。我們比較感興趣的一個課題是：明代的這兩次改編，它們的編者所根據的材料，到底是牛肅的〈吳保安〉，還是《新唐書·吳保安傳》？

　　研究中國傳統小說的學者，一般上都有一個錯覺，以為明代的那些小說家和戲曲家，都依賴史書來做「故事新編」。前面我們見到，有兩位現代學者認為，明代的〈吳保安棄家贖友〉「源出於《唐書》」，便可說是這種錯覺的好例子。他們之所以會有這種錯覺，除了不熟悉史書編修的過程外，更可能是受了明清那些講史小說的影響，因為這些小說往往是改編自歷史的，比如有名的《三國演義》，取材自正史《三國志》。

　　不過，我們前面也已經說明，吳保安的故事並非最早「源出於《唐書》」。它還有更早的一個版本，那就是牛肅的〈吳保安〉。甚至，我們覺得，明代小說〈吳保安棄家贖友〉的改編

27　見《古今小說》（後改稱《喻世明言》）卷 8。此書初刊於明泰昌元年（1620）或天啟元年（1621），編者為馮夢龍，有台北世界書局 1958 年影印的一個明刊本。現代標點排印本則有好幾種，最可靠的是許政揚的校注本（北京：人民文學出版社，1958）。此校本近年也重印多次。

28　《埋劍記》的明刊本有一個現代影印本收在《古本戲曲叢刊》初集（北京：文學古籍刊行社，1954）。

者，在重新編寫這個故事時，他未必就一定需要依據《新唐書・吳保安傳》。他其實大可以完全依賴牛肅的〈吳保安〉，而不必理會《新唐書》的記載。明代的那位改編者，甚至可以在毫不知《新唐書》有這麼一篇吳保安傳的情況下，僅僅依賴牛肅的傳奇，就能編成吳保安的故事。事實上，牛肅的〈吳保安〉比《新唐書・吳保安傳》包含更多的文字和細節，內容更豐富。它對一個改編者應當是更有用處的。從改編者的角度看，他沒有理由捨棄牛肅的繁本不用，而去用《新唐書・吳保安傳》這個已經編刪過的簡本。當然，他也可以同時參考這兩個版本來改編。但在這種情況下，牛肅的〈吳保安〉依然提供更多的細節，應當是更有用的。

　　有理由相信，明代小說〈吳保安棄家贖友〉其實是根據牛肅的〈吳保安〉改編，而不是根據《新唐書・吳保安傳》。〈吳保安棄家贖友〉中有太多細節是得自牛肅的〈吳保安〉，其中有五例最可留意：（一）楊居安都督在赴姚州任上，中途遇到吳保安的妻子；（二）郭仲翔被扣留在南蠻當奴隸時，他的雙腳曾經被他的主人釘在木板上，以防止他逃跑；（三）郭仲翔被救後，曾經買了十個美麗的南蠻女子送給楊都督以示感謝；（四）郭仲翔後來在驗收吳保安夫婦的遺骨時，恐失次第，「逐節用墨記之」；（五）郭仲翔是在「天寶十二年」[29] 請求讓官給吳保安的

29　事實上，唐朝從天寶三載（744）正月起，就「改年為載」，見《舊唐書》卷9，頁217；《新唐書》卷5，頁144。所以，牛肅文中的「天寶十二年」可說是個筆誤，應當作「天寶十二載」。有趣的是，〈吳保安棄家贖友〉也沿用「天寶十二年」，看來正是照抄牛肅文中的筆誤所致。《新唐書》只很簡單的說郭仲翔「後為嵐州長史，迎保安子，為娶而讓以官」，沒有提到他讓官的年份。

兒子。這五個細節都是《新唐書》的記載中所沒有的。《古今小說》的改編者，必然是看了牛肅的〈吳保安〉，才有可能編寫出這五個細節。如此看來，明代小說家對正史的依賴，可能並沒有現代學者想像的那麼多。事實上，明代小說家可以利用的材料是多方面的。

　　到了清代，吳保安的故事最令人驚訝的一個轉折，就是吳保安和郭仲翔兩人，竟然被清代學者當成是兩個唐代作家。他們當年在牛肅傳奇小說中所寫的那兩封信，竟被收入《全唐文》中。《全唐文》的編者，不但從牛肅的〈吳保安〉一文中把這兩封信一字不漏的照抄過來，而且還煞有介事在這兩封信之前，替吳和郭兩人立了一則小傳，介紹了他們的籍貫和官職。當然，這兩則小傳的資料，全來自牛肅的〈吳保安〉。[30] 《全唐文》的編者並沒有引用其他新出的材料。

　　顯然，《全唐文》的編者是把牛肅的〈吳保安〉當成一篇紀實文章來看待。他們把吳保安和郭仲翔當作兩個真有其人的歷史人物，而似乎沒有考慮到，這兩人可能是兩個虛構的人物。從這也可看出，《全唐文》的編者對虛構和史實的分野，並不十分在意。他們花了不少心思，蒐羅廣泛，從一個傳奇作者的某一篇文章中，發掘出兩個可能是虛構的人物，把他們列為唐代作家，又把這兩人所寫的兩封虛構的書信，列為兩篇唐文。這不禁讓我們懷疑，《全唐文》恐怕還收了好些這一類的文章。吳保安和郭仲翔看來並非僅有的兩個例子。

　　畢竟，史實和虛構的差別是微妙的。由於吳保安的故事涉及南蠻，現代研究唐代南詔史的學者，也對這故事深感興趣。馬長

30　《全唐文》卷 358，頁 12-14。

壽的《南詔國內的部族組成和奴隸制度》便是個好例子。他引用
郭仲翔被俘後輾轉為奴的事，說當時南詔「是一個活生生的奴隸
社會」。又引用郭仲翔被贖後，曾購買奴婢十人贈送楊居安都督
事，認為「從此可知當地買賣奴婢以及贈送奴婢之風甚熾」。[31]

　　馬長壽在引用牛肅的這篇〈吳保安〉時，顯然把它當作一篇
紀實的歷史文獻看待，並未考慮到文中可能含有虛構的成分。同
樣，另一位研究南詔史的美國學者貝克思（Charles Backus），
也在他那本《南詔國和唐代的西南邊疆》一書中，引用了牛肅的
〈吳保安〉，來討論唐代南詔社會的奴隸制度。[32] 這些做法都讓
我們想起美國學者芬禮（M. I. Finley），引用了古希臘荷馬的兩
大史詩，來研究上古希臘的社會特質。[33]

　　當然，引用筆記小說或其他「野史」的材料來作考證，這在
中國古代（甚至現代）學術界中是很常見的慣例。[34] 在現代的唐
代文史研究中，像《太平廣記》或《明皇雜錄》這一類的筆記小
說，依然經常被人引用，而且往往被當作信史來接受。從中我們
不難發現，不論是中外古今的史學家，其實經常並不理會史實和

31　馬長壽，《南詔國內的部族組成和奴隸制度》（北京：中華書局，1965），
　　頁 23-27。

32　Charles Backus, *The Nan-chao Kingdom and T'ang China's Southwestern
　　Frontier*（Cambridge: Cambridge Univ. Press, 1982），pp. 116-117. 此書有林
　　超明的中譯本《南詔國和唐代的西南邊疆》（昆明：雲南人民出版社，
　　1988）。

33　M. I. Finley, *The World of Odysseus*, 2nd. ed.（London: Penguin Books, 1979）.
　　芬禮用荷馬史詩來考史的作法，在希臘上古史研究中頗引起爭議，見他在書
　　前序文中給自己所做的辯護。

34　比如，在嚴耕望的六巨冊大作《唐代交通圖考》（台北：中央研究院歷史語
　　言研究所，1985-2002；上海：上海古籍出版社，2007 年影印本）中，便引
　　用了不少像牛肅〈吳保安〉這一類的《太平廣記》資料來考史。

虛構的微妙差別——在他們眼中，一切文獻資料（包括小說）都可以是有用的史料。

五、結語

中國正史撰述和小說的關係無疑是很密切的。《新唐書》等正史都曾經採用小說材料來修史。牛肅的〈吳保安〉演變成《新唐書》的〈吳保安傳〉，可說是小說「正史化」的一個過程。正史使用小說材料，在重要的軍、政人物列傳上，往往可以為這些人物的生平增添一些生動的細節，傳主的歷史真實性並不構成問題，但在〈忠義傳〉和〈列女傳〉的較次要的「軟性」人物列傳上，正史若使用小說材料，則有可能把一個虛構的小說人物帶入史書，因為忠義、列女等傳，其傳主的歷史真實性往往未經正統史料的確定。

研究唐傳奇或明清小說的現代學者，一般都以為正史都是實錄的，而且一般以為只有小說從正史取材，正史不會從小說取材。但吳保安的故事卻給了我們新的啟示——小說也有影響正史撰述的時候。就連《新唐書》那樣正統的「正史」，都可能運用小說的材料來「創造歷史」。《新唐書》為吳保安立傳，甚至影響到它的〈玄宗本紀〉部分。

虛構小說和史實的關係微妙。司馬光說他「遍閱舊史，旁采小說」來編寫《資治通鑑》，為我們澄清了宋代史家所謂「小說」的性質。現代史家依然經常使用《太平廣記》一類的小說材料來考史。研究南詔史的現代學者，依然對牛肅的〈吳保安〉深感興趣，而且把它當作信史來引用。

小說影響正史撰述的例子當然不只限於吳保安的故事。這只

是我們擁有足夠文獻證據，能夠追蹤查考的少數例子而已。在
《新唐書》之前和之後的其他中國史籍，應當還包含不少的小說
成分。這有待我們進一步的研究。

原載《唐史論叢》第 11 輯（2009 年 2 月），

頁 343-355。

劉知幾和唐代的書及手抄本

小序

　　將近三十年前，在 1981 年的秋天，我剛到美國普林斯頓大學東亞研究所，跟杜希德（Denis Twitchett）老師初習唐史時，他除了送給我一篇他的文稿"Liu Fang: A Forgotten T'ang Historian"（柳芳：一個被遺忘的唐朝史家）之外，還建議我去細讀洪業（字煨蓮，英文名 William Hung）老先生的兩篇英文論文。我後來才知道，這兩篇論文大大有名，對歐美學者的影響極大，發表至今雖然都已超過四十年，但直到現在卻還沒有類似論作可以取代。一篇是洪公英譯劉知幾那封著名的「辭職信」，也就是他寫給宰相蕭至忠的那封信（收在《史通‧忤時篇》），題曰"A T'ang Historiographer's Letter of Resignation," *Harvard Journal of Asiatic Studies* 29 (1969)，附有洪公極詳細的註釋。另一篇則是洪公論述唐 708 年之前的史館，題曰"The T'ang Bureau of Historiography before 708," *Harvard Journal of Asiatic Studies* 23 (1960-61)。這是我初次驚識洪公深厚、細膩的史學功夫。從此，每當有人提到劉知幾，我總會想起杜公當年的推薦閱讀和洪公這兩篇英文論文。

　　最近，因著某個機緣，我突然需要重溫《史通》，重考子玄

的生平官歷和他的史館史官身分，[1] 不知不覺闖進了唐代史學史
的領域，也就是杜公晚年的研究領域。他探討過唐代史料流傳和
編修的種種問題，成果見於他的最後一本專書《唐代官修史籍
考》（*The Writing of Official History under the T'ang,* 1992）。現
在，我步杜公後塵，寫了一篇涉及唐代史學的論文，詳考唐朝一
個史官和他那個時代的書與手抄本。如果杜公在世，我應當可以
把本文送請他評點。他應當會給我一些專家的意見。可惜他已過
世多年。而今，我只能把本文呈給一個紀念他的研討會，一面懷
緬往事，一面響應大會主題。

　　本文在研討會上宣讀後，陳弱水教授和田曉菲教授給我提了
非常寶貴的修訂意見，特此致謝。

一、前言

　　過去我們研究劉知幾和《史通》，涉及他的生平著述和思
想，但似乎還沒有人研究過劉知幾與唐代書籍和手抄本的關係。
我們不要忘了，書是物質文化中的重要物品。為了配合本次研討
會的主題，我想從一個物質文化史的觀點，從唐代書籍和手抄本
的角度，來觀看劉知幾這個史官在少年和青年時讀書生活的一些
細節。

　　第一，先看他的成長，看看他在少年時期，如何得以讀到各
種歷代史書（甚至他當朝的「皇家實錄」）。他是怎樣享有這種

1　這是指我 2010 年 11 月 23 日，在台北國家圖書館舉行的「杜希德與二十世
　　紀漢學典範的轉移」研討會上，所提呈的另一篇論文〈唐劉知幾任史館史官
　　的使職身分〉。

優越的物質生活？第二，看他約二十多歲考中進士後，如何像他在《史通・自敘》中所說，「旅遊京洛，頗積年歲。公私借書，恣情披閱」。[2] 這種「公私借書」的環境為何？其物質條件是什麼？

換句話說，本文要討論的，主要牽涉到劉知幾讀書生活上的一些細節，也就是他跟唐代書籍與寫抄本的種種物質關係。過去，研究劉知幾的學者當然深知，他少年時熟讀各種史書，但他所讀的這些史書來自何處？當時的史書長什麼樣子？這些問題據我所見，好像都沒有學者探討過。他青年那段「公私借書」的事，也廣為人所知，但他到底跟誰「公私借書」？當時「借書」的條件為何？也從沒有人深入討論過。為了拉近劉知幾和我們今人的距離，下面我想以他的字（子玄）來稱呼他。

熟悉《史通》的讀者都知道，這雖然是一本史學名著，但書中竟有不少子玄的自傳成分。比如，書中卷十的〈自敘〉篇，整篇都在寫他自己。再如書中自序一開頭的那幾句話：

> 長安二年〔702〕，余以著作佐郎兼修國史，尋遷左史，於門下撰起居注。會轉中書舍人，暫停史任，俄兼領其職。今上〔指中宗〕即位，除著作郎、太子中允、率更令，其兼修史皆如故。[3]

這裡有極明確的年代，詳細清楚地交代了任官經歷，由子玄自

2　〔唐〕劉知幾撰，〔清〕浦起龍通釋，《史通通釋》卷 10（上海：上海古籍出版社，2009 年校點本），頁 268。
3　《史通通釋》，〈原序〉，頁 1。

書，彷彿就像今人求職時所寫的一張「簡履表」，也是我們今天研究唐代史官官歷的一條重要材料，同時也正是兩《唐書‧劉子玄傳》的記載所本。

下面我就以《史通》所記的這一些自傳片段為引子，來深入探討唐前期一個史官的書世界。本文雖然只觸及子玄一人，但文中所論的好些唐代日常生活細節，其實也適用於唐前期整個士人官員階層，因為這是一個同質性很高的階級。

二、「乞且觀餘部，以廣異聞」

子玄在十多歲時，便開始閱讀深奧的《古文尚書》。後來又讀了《春秋左氏傳》、《史記》、《漢書》、《三國志》等史書。至於「漢中興已降，迄乎皇家實錄」的各種史書，到他「年十有七」時，他便「窺覽略周」了。可以說，他少年讀書，廣泛而多彩。隔了大約三十多年，到他大約五十歲，他寫成名著《史通》時，便在《史通‧自敘》篇中，這樣回憶起他少年的讀書生活，不無幾分得意：

> 予幼奉庭訓，早游文學。年在紈綺，便受《古文尚書》。每苦其辭艱瑣，難為諷讀。雖屢逢捶撻，而其業不成。嘗聞家君為諸兄講《春秋左氏傳》，每廢《書》而聽。逮講畢，即為諸兄說之。因竊嘆曰：「若使書皆如此，吾不復怠矣！」先君奇其意，於是始授以《左氏》，期年而講誦都畢。於時年甫十有二矣。所講雖未能深解，而大義略舉。父兄欲令博觀義疏，精此一經。辭以獲麟已後，未見其事，乞且觀餘部，以廣異聞。次又讀《史》、《漢》、

《三國志》。既欲知古今沿革，曆數相承，於是觸類而觀，不假師訓。自漢中興已降，迄乎皇家實錄，年十有七，而窺覽略周。其所讀書，多因假貸，雖部帙殘缺，篇第有遺，至於敘事之紀綱，立言之梗概，亦粗知之矣。[4]

這一段話大大有名，在今人著作中經常被引用，藉以說明子玄很小就對史書感興趣。但據我所見，所有現代著作都沒有從物質文化的角度來看待這一大段話。當中猶埋藏著許多珍貴的訊息，還有待我們去挖掘。

我們如果把唐代的書，看成是物質文化中的一種物品，我們當然就要問一系列和書有關的問題：子玄家從哪裡得到這些書？唐代這些史書長什麼樣子？它怎樣在讀書人當中流通傳閱？如果我們能夠逐一解答這些問題，我們也就能破解唐代書籍的一些「謎」，從而也就更能了解子玄和他那個時代的物質文化和日常讀書生活。

首先，我們應當知道，唐代還是個手抄本的時代，西方所謂的 Age of the manuscripts 是也。雕版印刷術在子玄的時代，可能發明了，但肯定不普及，頂多只用來印刷曆書或佛經。現傳世的幾個樣本，多是單張印刷紙，且時代多為唐後期。[5] 唐咸通九年（868）印成的《金剛般若波羅蜜經》，據所知是「世界上第一本印刷書」，實際上是由七張印刷紙粘接而成，還保存了卷軸手抄本的形式。[6] 像子玄和他兄長所讀的《古文尚書》、《春秋左

4　《史通通釋》卷 10，頁 267-268。

5　例見宿白，《唐宋時期的雕版印刷》（北京：文物出版社，1999）。

6　此印刷品在敦煌被發現，被斯坦因帶到英國，現藏大英圖書館。彩色影印本和討論見 Frances Wood and Mark Barnard, *The Diamond Sutra: The Story of the*

氏傳》、《史記》、《漢書》、《三國志》等書，以當時的條件，不可能是雕版印刷本，應當都是手抄的。

手抄本有幾個特徵。抄寫是個極耗時、耗力且耗財的冗長過程，製作不易。唐代官方的藏書處，如弘文館、秘書省和集賢院，都備有不少抄書手、楷書手等專業寫手，還有裝潢匠、熟紙匠等工匠，更有校書郎和正字等等校對官員。[7] 這是有組織的大規模抄書活動，需要國家人力和財力的支持，跟歐洲中世紀的抄經院（scriptorium）相似，非一般家庭所能為。唐代這些藏書樓，在最盛時藏有數萬卷書，都屬手抄本。

現代學者可能會以為，唐代一般讀書人家庭，應當都會藏有子玄提到的《史記》、《漢書》和《三國志》等書，認為這是當時「常見之書」。[8] 然而，這是一個未經證實的假設。實情恐怕並非如此簡單。唐代一般讀書人家庭，是否會家藏這些史書，目前還沒有發現史料可證，不得而知。不過，我們可以確定的是，唐代的貢舉考試偏重文學，不考史書，導致唐代的士人普遍不讀史書（甚至不讀「六經」）。最好的一個例證，當數代宗寶應二年（763）六月禮部侍郎楊綰上疏所說的一段話：

> 近煬帝始制進士之科，當時猶試策而已。至高宗朝，劉思
> 立為考工員外郎，又奏進士加雜文，明經加帖，從此積

World's Earliest Dated Printed Book（London: The British Library, 2010）.

7　《唐六典》、《通典》和兩《唐書》的職官志，對這些皇室藏書樓的組織及抄書、校書人員的配置，都有詳細的描寫。比較深入的專題研究見 Jean-Pierre Drège, *Les bibliothèques en Chine au temps des manuscrits*（Paris: École française d'Èxtreme-Orient, 1991）.

8　例如，本文在研討會上宣讀過後，便有在場的現代學者提出這樣的看法。

　　弊，轉而成俗。幼能就學，皆誦當代之詩，長而博文，不
　　越諸家之集，遞相黨與，用致虛聲。六經則未嘗開卷，三
　　史則皆同掛壁。9

在這裡，楊綰追溯唐代進士科考試的內容變遷：從高宗朝起，考
試偏重「雜文」，即詩文，導致士人「皆誦當代之詩，長而博
文，不越諸家之集」。既然不考史書，士人「六經則未嘗開卷，
三史則皆同掛壁」。10 子玄本身更是一個活生生的例證。他在
《史通・自敘》中這樣告白：

　　但於時將求仕進，兼習揣摩，至於專心諸史，我則未暇。11

連他對史書那麼感興趣的人，到了「求仕進」的時候，也不得不
暫時放下心愛的史書，「未暇」顧及。那麼其他士人對史書的冷
淡，或可想見。12 在這種風氣下，我們不禁要問：一般士人家還

9　《冊府元龜》卷 640（北京：中華書局，1960 年影印明刻本），頁 7675。
　　《舊唐書》卷 119，〈楊綰傳〉，頁 3430。

10　案「六經」中有至少二經，即《尚書》和《春秋》，明確屬於史書。關於唐
　　代士人和史書以及「三史科」等問題，最清晰的討論見雷聞〈唐代的「三
　　史」與「三史科」〉，《史學史研究》2001 年第 1 期，頁 32-42。在子玄
　　的時代，還沒有「三史科」。此科的設立相當晚，遲至唐後期的長慶二年
　　（822），見雷聞書，頁 41。

11　《史通通釋》卷 10，頁 268。

12　就我們所知，唐初只有弘文館和崇文館的學生在修習《史記》、《漢書》等
　　書，而且只限於某些有興趣的學生，作為一種「選修」科目，並非所有弘文
　　館和崇文館的學生都須修讀。弘文和崇文生也是一批很特殊的學生，屬皇族
　　貴冑和高官子弟，跟一般的士人不相同。見李錦繡，〈試論唐代的弘文、崇
　　文館生〉，《文獻》1997 年第 2 期，頁 71-85；後收入她的論文集《唐代制

會花費人力財力去抄寫收藏《史記》、《漢書》這些大部頭的書嗎？

　　所以，在這大背景下看，唐代會收藏這些史書的人家，恐怕很少，恐怕都有特殊的因由。子玄家藏有《古文尚書》、《春秋左氏傳》、《史記》、《漢書》、《三國志》，應當是比較不尋常的，應當跟他家中的史學傳統有關，因為他正好有一位從祖父劉胤之（活躍於 620-658），曾在唐宮中的史館當過史官。

　　子玄家中的這些書，當然可能傳抄自跟他相同或相似背景的其他士人家庭。但從子玄的家世看，另一個更可能的來源，則是他的這位從祖父。劉胤之的《舊唐書》本傳說：

> 永徽〔650-655〕初，累轉著作郎、弘文館學士，與國子祭酒令狐德棻、著作郎楊仁卿等，撰成國史及實錄，奏上之，封陽城縣男。尋以老，不堪著述，出為楚州刺史，卒。13

這段話的大意是，劉胤之在永徽初年，「累轉著作郎、弘文館學士」，並且跟「國子祭酒令狐德棻、著作郎楊仁卿」等人，「撰成國史及實錄」。我們從其他史料知道，國史和實錄是兩種不同的史書。實錄通常是在某個皇帝死後，才為他的那一朝編修的，如《太宗實錄》、《武則天實錄》等等，主要材料為起居注、日曆和時政記等。唐代的習慣，是每隔幾個皇帝之後，便會把那幾

　　度史略論稿》（北京：中國政法大學出版社，1997），頁 240-255。

13　《舊唐書》卷 190 上，頁 4994。

朝的皇帝「實錄」彙整起來，這便成了當時的「國史」。[14] 重要的是，這兩種史書都是在唐代的史館中完成的。劉胤之既然和另兩人「撰成國史及實錄」，這便表示，他們三人都是史館史官，而且是一種新型的史官，都具有使職身分，非一般的傳統史官，如起居舍人或起居郎等。[15] 唐史館的所在地，雖屢有改變，但始終都在宮禁宮城的範圍，不是在一般政府衙署所在地的皇城。它不但是唐代實錄、國史的編撰地點，而且更是實錄、國史和其他前代史書收藏的地點。[16]

　　所以，劉胤之在擔任史館史官那些年，肯定有不少機會，可以接觸和閱讀這些史書。他甚至可以就在史館內，親手或請館中的抄書手，把他所想要的各種史書，各抄寫一部，然後帶回家去作為私人藏書來收藏。實際上，比劉胤之稍後一點的唐史館史官韋述（活躍於 717-757），年輕時在唐秘書省（「秘閣」）編錄經史子集四部書時，便曾經有過這種「光明正大抄書」的行為，

---

14 唐代實錄和國史的編修過程，最詳細的論述見 Denis Twitchett, *The Writing of Official History under the T'ang*（Cambridge: Cambridge University Press, 1992）, pp. 119-187. 此書有黃寶華中譯本《唐代官修史籍考》（上海：上海古籍出版社，2010），頁 106-165。

15 研究劉知幾和唐代史官的學者，過去似未察覺唐代的史館史官其實不是一種「職事官」，而是一種「使職」（像節度使那樣的使職）。清代的錢大昕，早就指出「史館史職」為「使職」，見《廿二史考異》卷 58（上海：上海古籍出版社，2004 年排印本），頁 849。可惜現代學者沒有注意到錢大昕的先見，一直都把唐史館史官當成職事官來研究，模糊了焦點。所以，我把這種使職性質的唐史館史官稱為新型史官，有別於傳統史官（起居舍人等職事官）。詳見拙書《唐代高層文官》第十章〈劉知幾和唐史館史官的官與職〉，頁 209-224。

16 最詳細的討論見張榮芳，《唐代的史館與史官》（台北：中國學術著作獎助委員會，1984），頁 65-76。

且為正史所記載，頗有「表揚」他抄書如斯勤快，如此有恆心之意，當為實錄。這是極佳的一個旁證，證實唐代皇家的藏書，在某些情況下，是可以被抄錄帶回家去作私人收藏的：

> 述好譜學，秘閣中見常侍柳沖先撰《姓族系錄》二百卷，述於分課之外手自抄錄，暮則懷歸。如是周歲，寫錄皆畢。17

這段文字，對研究唐代書物質文化的學者來說，含意和細節都非常豐富，值得詳考。「常侍」指散騎常侍，是個閒散的高官。柳沖是唐代有名的姓系譜學專家。《姓族系錄》其實不是他一人獨撰，還有其他學者的幫助。他的《舊唐書》本傳說：「至先天初，沖始與侍中魏知古、中書侍郎陸象先及徐堅、劉子玄、吳兢等撰成《姓族系錄》二百卷奏上。」18 可知韋述所抄寫的這本大書，竟也跟子玄大有關係。書多達二百卷，算是巨著。如果以唐代書冊的卷軸制度來看，一卷書通常做成一個卷軸。二百卷就等於二百個卷軸，整個體積相當龐大，放在書架上也要占去許多空間。

　　值得注意的是，韋述在秘閣工作時，「於分課之外手自抄錄」。這句話的意思是，韋述「在完成分擔的工作之餘親手抄錄」。換句話說，他是在自己份內的工做作完之後，才來抄書，而且是親手抄寫，不去挪用秘閣中的那些抄書手。這句話的重點似乎是，韋述沒有以公濟私。他公私分明得很。至於他抄書所用

17　《舊唐書》卷 102，頁 3183。
18　《舊唐書》卷 189 下，頁 4971。

的紙，是公家的？還是他自己帶來的？我們倒不得而知。

　　「暮則懷歸」這句話，有點模稜兩可，可以有兩種解讀。一是說，韋述到了日暮時分，把《姓族系錄》帶回家抄寫。這正是《二十四史全譯・舊唐書》的讀法，把此句翻譯為白話：「晚上就懷揣回家抄錄。」[19] 在唐代書籍的卷軸制度下，這是可能的，因為韋述其實不須把整部書的二百卷都帶回家。他只要每天把他想要抄寫的那一兩個卷軸帶回家就可以了，第二天再帶回來歸還。一兩個卷軸不難「懷歸」。

　　不過，我認為這種讀法不妥。因為第一，唐代的秘閣藏書，有一套管理辦法，恐怕不容許這種「暮則懷歸」館中藏書的行為。第二，如果真的能夠「懷歸」，又何必等到日「暮」？韋述在工作完畢後，就可以把卷軸帶回家去抄寫，似乎不必留在秘閣抄寫到日「暮」時分。所以，我認為，這裡的意思是，他在日暮時分，把他當天（極可能是在下午）自己親手抄好的那一部分寫本「懷歸」而已。

　　這樣的解讀也符合唐代官員的上班時間。我們知道，唐人的辦公時間遠比我們今天短，大抵是「日出而視事，既午而退」，中午在各自的衙署吃過午飯（即「會食」）便可以下班回家了。[20] 韋述何以有「分課之外」的時間？這恐怕是指他在中午會食過後，從下午到日暮那段下班時光。這樣才能充分解釋，何以一個唐代的官員，可以有「分課之外」的時間來抄寫皇家藏書。也可以解釋，何以韋述要逗留到日「暮」時分，才把他一天的抄

---

19 黃永年主編，《二十四史全譯・舊唐書》卷 102（上海：漢語大詞典出版社，2004），頁 2630。

20 見拙文〈論唐代官員的辦公時間〉，《中國史研究》2005 年第 4 期，頁 73-77。

寫成果「懷歸」。

　　「如是周歲，寫錄皆畢」這句話，透露了中古唐代書籍的獲得是如何不容易。一部兩百卷的大書，要花大約一「周歲」才能寫錄完畢。唐代官員的休假日頗多，一年大約有七十多天。[21] 我們不知道韋述是否在假日也到祕閣去抄書。但扣除這些假日和他每十日一次的旬休，粗略估算，他平均每天只能抄寫一卷書左右。

　　唐代每個人的抄寫速度如何？我們沒有史料。但《梁書‧袁峻傳》記載了一個中古時代抄書的故事，提供一些很有趣的細節：

> 袁峻字孝高，陳郡陽夏人，魏郎中令渙之八世孫也。峻早孤，篤志好學，家貧無書，每從人假借，必皆抄寫，自課日五十紙，紙數不登，則不休息。[22]

袁峻「家貧無書」，只好「從人假借」書來抄寫。這恐怕就是中古時代，讀書人非常普遍的得書辦法，家貧者更是如此。袁峻還規定自己每天要抄寫五十張紙，達不到這個紙張數，「則不休息」。由此看來，五十張紙大約是一個人每天所能抄寫的一個極限，但恐怕只有像袁峻這樣用功的人才能做到，一般人不行。袁峻後來的仕途不錯，做到員外散騎侍郎、直文德學士省等清要高官。這雖然是梁代的事，但相信唐代的抄書速度，應當和梁代的沒有什麼不同。

21　拙書《唐代基層文官》，頁 307。
22　《梁書》卷 49，頁 688。

　　「五十紙」又意味著什麼？這是一個計算的單位，顯示中古時代抄書，用的都是一張一張的散頁紙，並非以做好的長卷來抄書。袁峻每天寫完這五十紙後，他有兩個選擇：一是把這些散頁紙粘接成一個長卷，二是他可以不粘接成長卷，就任這五十紙依然保存在單張單頁的形態。

　　我們一般都說，中古時代的書為卷軸式。這當然有根據，如唐代的宮廷藏書，在書目文獻的記載都說是若干「卷」，且有詳細的形制描寫，如《唐六典》記集賢院的藏書：

> 四庫之書，兩京各二本，共二萬五千九百六十卷，皆以益州麻紙寫。其經庫書鈿白牙軸、黃帶、紅牙籤，史庫書鈿青牙軸、縹帶、綠牙籤，子庫書雕紫檀軸、紫帶、碧牙籤，集庫書綠牙軸、朱帶、白牙籤，以為分別。[23]

這裡詳細描述唐集賢院的藏書，連用什麼顏色和材質的軸，諸如經部書用「鈿白牙軸」，子部書用「雕紫檀軸」，都交代得清清楚楚，顯然是卷軸式，沒有問題。唐代更有所謂的「投卷」干謁風氣。士人紛紛把自己所寫的詩文，製作成卷軸式，投獻給顯要人士，以求在官場上得到提拔。[24] 但唐代一般讀書人平日所讀的書，像子玄年少時所讀的那些史書，是否也要做成卷軸式，倒是一個頗成疑問的課題，值得再探討。

　　至少，我們有一些證據，顯示唐人平日讀書，特別是小孩或

23　《唐六典》卷9，頁280。

24　「投卷」是唐代文學史上一個重要課題，論作頗多，不俱引。最新的一本專書是王佺《唐代干謁與文學》（北京：中華書局，2010）。

少年讀書，用的可能不是卷軸式的書，而是還沒有粘接成長卷或製作成卷軸的單張書頁。例如，唐代呂才為王績詩文集所寫的序，便這樣描述王績小時候讀書的一個細節：

> 君幼歧嶷，有奇思，八歲讀《左氏春秋》，日誦十紙。[25]

這裡用「十紙」一詞，顯示王績讀書，用的是散張的「紙」，是還沒有粘接成「卷」的一張一張紙。看來他所讀的這部《左氏春秋》，並非卷軸式，而是以散張單頁的形式存在。他「日誦十紙」，則隱含讚美之意，表示他讀書用功，每天日誦多達十紙，是一個極限，一般學生可能做不到。

此外，王績讀的這部《左氏春秋》，很可能並非完整的書，而是他自己或家人為他抄寫的《左氏春秋》的某些部分，某些他感興趣，或某些他家能夠抄寫得到的部分。這樣的日用書，當然不必講究裝裱，似乎沒有必要做成卷軸，就讓它以最原始的散頁形式來使用，不是更方便，更實際嗎？

唐代小孩讀書，用的是散張紙手寫成的書，我們甚至還「有詩為證」。唐才子詩人杜牧有一首詩〈冬至日寄小侄阿宜〉說：

> 願爾一祝後，讀書日日忙。
> 一日讀十紙，一月讀一箱。
> 朝廷用文治，大開官職場。
> 願爾出門去，取官如驅羊。[26]

25　金榮華校注，《王績詩文集校注》，〈王無功文集序〉，頁3。
26　〔唐〕杜牧撰，陳允吉校點，《樊川文集》卷1（上海：上海古籍出版社，

杜牧希望他的「小姪阿宜」，將來長大後讀書，「一日讀十
紙」。這跟呂才描述王績八歲讀書，「日誦十紙」，真是太巧合
了。看來，「十紙」是唐代一個用功學子每天讀書可以達致的一
個理想高標準。杜牧此詩還提供了一個很富啟發的細節：「一月
讀一箱」，顯示這些「紙」，正因為是散張形式，容易散失，所
以要特別收藏在一個「箱」子裡頭。唐代卷軸書的收藏方式，一
般說是「插架」，如韓愈詩〈送諸葛覺往隨州讀書〉：

鄴侯家多書，插架三萬軸。
一一懸牙籤，新若手未觸。[27]

唐代史料中，未見有把卷軸書收入「箱」中的記載。

　　為什麼中古時代，書一定要做成卷軸式呢？難道書不能是散
頁的嗎？散頁的書，難道就不是書嗎？我認為，唐代的書，劉知
幾時代的書，在皇家、私人藏書家收藏時，主要為卷軸式，但在
日常應用（如學童讀書）的場合，則極可能是散頁式的。

　　卷軸式是大家熟悉的。這種形式的書，有相當多的實物證
據，如大批敦煌卷子和日本一些佛寺所藏的佛經等等。但值得注
意的是，現存絕大部分唐代傳世的卷軸書，都是佛經，如敦煌
卷子 S.351《大寶積經》等等。從這些卷軸佛經和唐代的史料描
述，我們可以這樣得出一條大規律——在唐代，凡是做成卷軸的
書，必定是比較珍貴的，比較受到重視的。皇家收藏的書，投資

1978），頁 9-10。
27 錢仲聯集釋，《韓昌黎詩系年集釋》卷 12（上海：上海古籍出版社，
　　1984），頁 1272。

了大量人力物力去抄寫，當然最後要做成卷軸。佛經是宗教文
獻，抄寫往往是一種做功德的行為，為慎重其事，一般也都做成
卷軸。

敦煌藏經洞發現的一些卷軸式唐寫本，但有些有軸，有些沒有。一個布袋
等於是一本書，裡面裝著數卷到十多卷不等。照片是斯坦因所攝，收在他
的考古報告。

　　這種因為珍貴，因為要慎重其事，而把書或個人詩文製作成
卷軸形式的大規律，在唐代士人間常見的所謂「行卷」之風中，
更可以清楚見到。例如，韓愈當年向陳京投獻詩文，附了一封
信，信中最後一段這樣說：

　　並獻近所為〈復志賦〉以下十首為一卷，卷有標軸；〈送

孟郊序〉一首，生紙寫，不加裝飾，皆有揩字注字處，急
於自解而謝，不能竢更寫。合下取其意而略其禮可也。愈
恐懼再拜。[28]

韓愈把〈復志賦〉等十篇作品抄錄成「一卷」（想必是精心抄
錄），而且此一卷還是「有標軸」的，表示他是如此看重投卷這
件事，想以最美好的卷軸來打動陳京的心。但他的另一篇作品
〈送孟郊序〉，卻只以「生紙寫」，而且「不加裝飾」，看來是
沒有做成卷軸，還保留在散張紙的狀態。有一個可能是，韓愈是
在製作完〈復志賦〉卷軸後，才寫成新作〈送孟郊序〉，來不及
納入卷軸內了。新作的用紙不佳，而且還有「揩字注字處」，也
就是有塗改加注之處，不是個謄清本子。

　　韓愈為什麼用「生紙」？其深層含意是什麼？宋人邵博的
《邵氏聞見錄》有一解：「唐人有熟紙、有生紙。熟紙，所謂妍
妙輝光者，其法不一；生紙，非有喪故不用。退之與陳京書云：
『送孟郊序用生紙寫』。言急於自解，不暇擇耳。今人少有知
者。」[29] 為此，韓愈深感不好意思，只得跟陳京說抱歉：「閣下
取其意而略其禮可也。」從這種種細節看來，唐代行卷的標準禮
數，應當是先把自己的作品抄寫在熟紙上（不能用生紙），再做

---

28 馬其昶校注，《韓昌黎文集校注》卷 3（上海：上海古籍出版社，1986），
　　頁 191。

29 〔宋〕邵博撰，李劍雄、劉德權點校，《邵氏聞見錄》卷 28（北京：中華
　　書局，1983），頁 217。現代學者認為，「生紙」的意思是「未經加工磨光
　　上蠟等手續的原紙」，跟加過工的「熟紙」相對。見〔後魏〕賈思勰撰，
　　繆啟愉校釋、繆桂龍參校，《齊民要術校釋》卷 3（北京：農業出版社，
　　1982），頁 163。

成卷軸，才能投獻，否則就是沒有禮貌。韓愈為此無禮提了一個理由，說是他「急於自解而謝，不能竢更寫」。韓愈為什麼要「急於自解」？因為他上回見到陳京時，陳京對他面露輕視之意，說話聲音很小（「邈乎其容」，「悄乎其言」），韓愈碰了個釘子。他於是寫這封信，並「急於」投獻自己的詩文近作來「自解」。

我們好奇的是，重新把自己的作品謄寫一遍於熟紙上，做成卷軸，有這麼難嗎？看來這在唐代的確不是一件易事，或許這還涉及製作卷軸所需的人工、技術、材料和時間等等問題。就像在今天，我們若要把一幅未裝裱的字畫，送去裝裱店裝裱並做成卷軸，也需要花一些功夫和時間一樣。這也可為唐代學子讀書，其實只要有散頁書即可，不須做成卷軸本，多一旁證。於是，韓愈只得甘冒無禮之險了，以散頁的〈送孟郊序〉投獻。幸好，他所投的〈復志賦〉等作品，倒都「卷有標軸」，應當多少可以為他挽回一點面子。

我們之所以經常把唐代的手抄書，跟卷軸本聯想在一起，主要是因為敦煌出土了大批這類卷子寫本，很少見到單張散頁。再加上傳統書目如兩《唐書》的藝文志，也都以「卷」作單位，來記錄各書的篇幅長短。這些都使得我們一想到唐代的書，就想到卷子或卷軸式。

然而，王績八歲讀《左氏春秋》，「日誦十紙」。杜牧希望他家的阿宜，「每日讀十紙，一月讀一箱」。這些例證顯示，唐代的書，到了日常生活的場合，到了小孩讀書的場合，或到了非典藏或非莊重的場合，很可能不是卷軸式，而是散頁式。

散頁式其實就是卷軸式的前身，是更簡單的形式，是一張張寫紙還沒有粘接成卷子之前的樣子。小孩讀的日常用書，抄寫後

就讓它保留在散頁的狀態，不但省事，而且更方便閱讀和前後隨意查檢（特別是字書、韻書類），似乎沒有必要再費功夫去把一張張散頁紙粘接成卷子。如果說散頁書不便於收藏，容易散失，那就模仿杜牧家，把這樣的書收在一個「箱」子中，不也就解決問題了嗎？

前台北國立故宮博物院知名的書目版本專家昌彼得老師（約三十年前，我上過他的課），寫過一篇深刻、生動的論文叫〈唐代圖書形制的演變〉，可惜知音人似乎不多。現代討論唐代圖書形制或手抄本文化的學者，好像都沒有留意到此文。昌老師的研究發現，唐代其實也有散頁的書，不全是卷軸。他特別指出：

> 大約自貞觀以後，還有一個特異的現象，即和尚誦經，每每以通若干紙來計數，這類例子，見載於道宣《續高僧傳》及贊寧《宋高僧傳》中的，不勝枚舉，與所記唐以前的僧人讀經以卷計不同。又唐朝自至德元年（七五六年）以來，白衣出家，須經過考試，以能背誦佛經若干紙，始許剃度（見志磐《佛祖統紀》卷四十及四十二）。若干紙固然不能說就是葉子本的若干葉，不過與「葉子」制的通行，恐怕很有關係。唐代的「葉子」，大概是由釋典首先採用，而後漸及於其他書籍。30

這裡所謂「和尚誦經」，查《續高僧傳》等書，是指和尚外出為公眾誦經做功德一類，屬於日常生活的應用範圍。他們在這樣的

---

30 昌彼得，《版本目錄學論叢》（一）（台北：學海出版社，1977），頁131。

場合，使用散頁式的佛經，看來極符合常理。想想看，卷軸式的佛經，想必要請經生精心抄寫，又精心裝裱成卷軸。這樣精美的卷軸書，是為了收藏，但和尚出外為人誦經，實在不必帶這樣珍貴的卷軸出去，不但不方便，恐怕還有傷及卷軸佛經的危險。所以，他們只要把當天要誦的經文，抄寫成散頁，豈不更易隨身攜帶，也更便於翻檢使用？這跟現代大學生上課，有時為了避免攜帶那些六七百頁的笨重教科書，乾脆影印當天要讀的那一章或那數十頁，帶到課堂一樣。更妙的是，和尚誦經，恐怕有一定的經文段落，那些最受「歡迎」的部分。和尚們只要把這些最常用的部分，抄成散頁便可以了，而且以後還可以重複使用。

同理，唐至德元年以來，「白衣出家，須經過考試，以能背誦佛經若干紙，始許剃度」，也屬於日常生活的應用場合——熟讀經文，以便可以剃度。這跟王績八歲求學，「日誦十紙」，或杜牧希望他家的阿宜，「一日讀十紙」，以便將來考試，「取官如驅羊」，同屬日常學習活動，沒有什麼兩樣。

所以，唐代的書（包括佛經），並不一定要以卷軸的形式存在。它可以是散頁式的。散頁式的書甚至更方便閱讀，更便於查檢。

當然，這樣可能又會引起一個定義的問題：唐代日常生活中所用的散頁書，算不算「書」？我認為，不但算，而且更能彰顯唐代日常書的實際面貌。換句話說，唐代日常生活上所使用的書，不但是散頁的，而且很可能還經常是「不完整」的書，只是完整原書的一部分，只是某些使用者想要讀的某些卷或某些部分。這才是「活生生」的書，跟皇家藏書樓中那些「有卷有軸」的「收藏書」正好成對比。

子玄在上引的《史通・自敘》中，有一句話對我們現代學者

很有啟發意義。他說他少年時代「所讀書，多因假賃，雖部帙殘缺，篇第有遺，至於敘事之紀綱，立言之梗概，亦粗知之矣」。我們不禁要問：為什麼「假賃」得來的書，就要是「部帙殘缺，篇第有遺」的？[31] 我們今人向朋友或圖書館借書，都能借到完整的全書，不至於「殘缺」。為什麼在子玄的時代就不能？可知子玄那時代「假賃」得來之書，恐怕多是如此，原因就在於這些不是公私藏書樓的完整本，而只是民間通行的日常手抄書，而且很可能都抄在散頁上，未裝成卷軸，也多不完整。由此看來，子玄少年平日所讀之書，正因為是向別人借來的家常本，所以也多是「部帙殘缺，篇第有遺」，多是不完整的手抄書，也就毫不出奇了。否則，我們很難解釋，何以借來的書，就要是「部帙殘缺，篇第有遺」的？但這沒有妨礙他的學習。他仍然「粗知」書中「敘事之紀綱，立言之梗概」。他這幾句話，說得不免有些少年得意，但也無意中生動反映了他那個時代手抄書的某些特色。

　　中古時代手抄書常非完整本，常有「殘缺」這點，其實也正好反映了手抄本文化的一大特色。因為抄寫一部書很不容易，特別是卷帙龐大者，於是大家都採取了「取巧」的辦法，只抄寫他想要讀的那一部分，以致同一本書，在流通時就常會有卷數不同，內容不同的問題。中國傳統的書目版本校勘學，如宋代著名的晁公武《郡齋讀書志》和陳振孫的《直齋書錄解題》，不正是

31　「假賃」的字面意義是「租借」，需要付費才能借到書。這意味著，子玄時代有「租書業」。他讀的書是他花錢跟「租書鋪」租借來的，不是跟朋友免費借的。但這是個孤證。唐代文獻沒有第二個「假賃」書籍的用例，只能錄此存疑。按常理推斷，子玄所讀的史書，都是相當專門冷僻的。即便當時有租書鋪，恐怕也不會有這類書。他應當還是跟他的士人階層朋友借書，比較合理。

經常在討論和設法解決這一類的問題嗎？

　　上面提到梁代那位家貧抄書的袁峻，就顯然曾經用過這種「取巧」的方法來抄寫史書。他的《梁書》本傳有小一段記載，對於我們研究中古時代民間的抄書習慣，很有啟發意義：

> 除員外散騎侍郎，直文德學士省，抄《史記》、《漢書》
> 各為二十卷。32

這裡是說袁峻後來以員外散騎侍郎的本官，到「文德學士省」去當直。所謂「文德學士省」，即梁朝文德殿附設的學士省，是一種宮廷文館，類似唐代弘文館。《梁書・到沆傳》告訴我們：「〔梁〕高祖初臨天下，收拔賢俊，甚愛其才。東宮建，以〔到沆〕為太子洗馬。時文德殿置學士省，召高才碩學者待詔其中，使校定墳史，詔沆通籍焉。」33 從此段描寫，我們得知這個學士省是有藏書的。到沆的工作之一，便是校訂典籍。袁峻和他差不多同個時代在這個學士省待詔。他就在這個學士省服務時，借那裡藏書之便，「抄《史記》、《漢書》各為二十卷」。

　　然而，我們知道，《史記》、《漢書》都遠遠不止「二十卷」。《史記・太史公自序》說：「余述歷黃帝以來至太初而訖，百三十篇。」34 現傳世的《史記》都是一百三十卷。班固的《漢書・敘傳》則說：「起元高祖，終於孝平王莽之誅，十有二世，二百三十年，綜其行事，旁貫五經，上下洽通，為春秋

32　《梁書》卷 49，頁 688。

33　《梁書》卷 49，頁 686。

34　《史記》卷 130，頁 3321。

考紀、表、志、傳，凡百篇。」[35] 現傳世的《漢書》亦都是一百
卷。但為什麼袁峻每種都只抄「各為二十卷」，大幅「縮水」？

顯然，中古時代的抄寫不易。如果要抄寫完整的《史記》和
《漢書》，不僅需花費龐大的人力，還得考慮到大量紙張的購置
取得。個人的抄書行為，無法像宮廷的抄書那樣，可以不計工
本。限於人力物力，袁峻只好「選擇性」地抄寫，只抄寫他想要
的部分，把《史記》和《漢書》各「刪節」「為二十卷」。這應
當是供他自己使用的「濃縮本」、「精華本」、「個人版」。

袁峻這個案例，雖然是梁代的，但我相信，這不單是梁代，
而是整個中古時代（包括唐代）很常見的民間抄書方式。試想，
像袁峻那樣愛讀書的人，甚至做到了宮廷高官，都可能因為能力
問題，不得不用「刪節法」來抄書，其他人可想而知。這也正好
可以解釋，為什麼子玄「假賃」得來的那些書，會「部帙殘缺，
篇第有遺」。這種「殘缺」，當然有可能是書在流通時因保管不
善，或因過度使用等因素造成，但更可能的是，當初抄寫時就抄
得不完整，正像袁峻抄《史記》和《漢書》「各為二十卷」那
樣。

綜上所論，當我們想像子玄少年讀史書，我們應當意識到，
他用的那些手抄讀本，可能不是卷軸式，而是散頁式。至於這
些書的最初來源，一部分比較稀見的史書（特別是「皇家實
錄」），應當跟他的從祖父劉胤之有關，來自宮廷的藏書樓，
特別是弘文館和史館。這些或許是比較完整的。但也有相當多
書，則正如他自己所說，「多因假賃」，而「部帙殘缺，篇第有
遺」。

---

35 《漢書》卷 100 下，頁 4235。

三、「年十有七，而窺覽略周」

劉胤之去世的年代不詳，但顯慶中（約 658 年）他還活著，不久因為年老，「不堪著述，出為楚州刺史，卒」。子玄生於龍朔元年（661）。他十多歲開始閱讀史書時，離他這位從祖父還健在的老年時代，其實並不遠，只不過隔了大約十多年左右。他絕對很有可能讀到他從祖父當年從史館抄出來的史書，或當年原抄本的重抄本、翻抄本。

我的這個說法，對許多現代讀者，對那些只閱讀現代印刷書本的人來說，或許不容易體會和欣賞。但熟悉中國中古時代書籍流傳和寫抄本傳統的書目版本學家，應當都很有同感。想想看，在唐代那個沒有圖書出版市場，沒有完善書肆的時代，一個人要怎樣去得到像《史記》和《漢書》那樣的書籍？當然要靠抄寫，而抄寫、複製這些史書的最佳地點，莫過於唐代的史館或弘文館了。

細考唐代有名的私人藏書家，幾乎全都是史館史官。其中最知名的，包括跟子玄同在史館任過史官的吳兢。他的《舊唐書》本傳說他「家聚書頗多，嘗目錄其卷第，號《吳氏西齋書目》」。這是說，吳兢甚至還為他家的藏書編了一本目錄，也是我們所知中國最早的私家藏書目錄之一。我們從其他材料知道，吳兢家的藏書多達「一萬三千四百六十八卷」。[36] 另一史官韋述，也「家聚書二萬卷，皆自校定鉛槧，雖御府不逮也」。[37] 唐

36　〔元〕馬端臨撰，《文獻通考》卷 207（台北：臺灣商務印書館，1987 年影印清乾隆年刻本），頁 1710。

37　《舊唐書》卷 102，頁 3184。

後半期的史官蔣乂，「家藏書至萬五千卷」。[38] 這些史官家中的豐富藏書，相信有許多是從宮中藏書抄出。[39]

　　劉胤之任史館史官時，他帶有的兩個官銜（「累轉著作郎、弘文館學士」），也頗耐人尋味。我們現在知道，唐代的史館史官是一種使職，像翰林學士等館職一樣，沒有品秩，所以照例帶有一個所謂的「本官」。[40] 劉胤之任史館史官所帶的本官，就是「著作郎」，但他的另一個官銜「弘文館學士」，卻不是本官，而是另一個使職。換句話說，從他的《舊唐書》本傳看來，劉胤之在永徽年間，同時帶有兩個使職：既是史館史官，又是弘文館學士。這點並不出奇。唐代一個官員是可以同時擁有多個使職的。最知名的案例，莫過於天寶年間，楊國忠同時獨攬四十多個使職的事。

　　劉胤之任弘文館學士，意味著什麼？當然意味著他除了史館的藏書外，還可以同時接觸到弘文館的藏書。早在唐初，弘文館就是唐宮中一個極重要的藏書處。《唐會要》卷六十四有一段詳細記載。這裡只引開頭幾句：

> 武德四年〔621〕正月，於門下省置修文館。至九年〔626〕三月，改為弘文館。至其年九月，太宗初即位，大闡文教，於弘文殿聚四部群書二十餘萬卷，於殿側置弘文館。[41]

38　《新唐書》卷 132，頁 4533。

39　關於唐代私家藏書的一般狀況，見范鳳書，《中國私家藏書史》（鄭州：大象出版社，2001），頁 38-51。

40　見拙書《唐代高層文官》，頁 3-9。

41　《唐會要》卷 64，頁 1318。

「四部羣書二十餘萬卷」，是個不小的數字。[42] 到「儀鳳〔676-678〕中，以館中多圖籍，置詳正學士校理之」，可知此館藏書之豐富。所以，我推測，子玄年少時在家中所讀的那些史書，如果不是抄自史館，就是源出弘文館。兩者原本都屬宮中藏書。順此一提，到了景龍二年（708），子玄本人更步他從祖父之後塵，也來到這個弘文館任學士。

不知大家有沒有注意到，子玄〈自敘〉中還提到一種很讓現代唐史學者不禁都要「怦然心動」的書，那就是「皇家實錄」這種書？而且他竟然還說他「年十有七，而窺覽略周」，說得好不輕鬆，真羨煞我們這些從來未有機會讀到「皇家實錄」的學者。[43]

什麼是「皇家實錄」？唐人所說的「皇朝」、「皇家」，指的都是他們的本朝，也就是唐朝，在唐史料中屢見不鮮，特別是在墓誌。「皇家實錄」就是唐本朝的實錄。子玄「年十有七」，「窺覽略周」這些「皇家實錄」時，大約是在高宗上元、儀鳳年間的事。這時，唐史館已經編成的實錄還不多，大約就是《高祖實錄》和《太宗實錄》兩種。

問題是，這種《實錄》不就是史館史官所編的嗎？而且就收

---

42 但李德輝質疑這個數字，認為唐初不可能有如此多的藏書，「二十餘萬卷」可能是「二萬餘卷」之誤。見他的《唐代文館制度及其與政治和文學之關係》（上海：上海古籍出版社，2006），頁 91 注 1。筆者非常同意此說。但二萬卷在當時也是個不小的數字。李德輝此書對唐代幾個文館的藏書狀況和演變，特別是弘文館、崇賢（崇文）館和集賢院，有非常清楚的分析和討論，遠勝許多唐代圖書史的論述。

43 唐代的這些「皇家實錄」，現已都不傳，除了《順宗實錄》收在韓愈的文集之外。司馬光在《資治通鑑·考異》部分，引用過不少唐代實錄，但都是片段，讓我們得以一窺一二。

藏在史館（當然可能也有副本在弘文館等宮廷藏書處）？子玄家
怎麼能得到這樣的《實錄》，這樣的禁中之書？顯然，答案是呼
之欲出的了。應當得自他家那位曾任史館史官的從祖父劉胤之。
否則外人哪來那樣的本事，可以把宮廷的《實錄》帶到外頭？所
以，這又多了一個有力的旁證，可以支撐我前述的推測，子玄所
讀的《史記》等史書，應當也源自劉胤之。

　　一般人的印象，以為唐代的實錄為皇帝之書，門禁必然深
嚴，不可能流出宮外。實際上並非如此。我們從其他材料知道，
唐宮中的實錄是可以被抄寫，被複製的。《唐會要》有一段記
載：

> 貞觀十七年〔643〕七月十六日，司空房元齡、給事中許
> 敬宗、著作郎敬播等，上所撰《高祖〔實錄〕》、《太宗
> 實錄》各二十卷。太宗遣諫議大夫褚遂良讀之前，始讀太
> 宗初生祥瑞，遂感動流涕曰：「朕於今日，富有四海，追
> 思膝下，不可復得。」因悲不自止，命收卷，仍遣編之秘
> 閣。並賜皇太子及諸王各一部，京官三品以上，欲寫者亦
> 聽。44

「仍遣編之秘閣」，指實錄除了收藏在史館，也寫錄副本，藏在
「秘閣」（指秘書省藏書樓）。此外，「皇太子及諸王」亦都各
得到一部實錄手抄本。「京官三品以上，欲寫者亦聽」，似乎相
當嚴格，只有三品高官才能抄錄。但不難推想，皇太子、諸王和
三品京官得到這些實錄的手抄本之後，很可能又假借給其他人重

44　《唐會要》卷 63，頁 1289。

複抄寫，從而使唐皇朝實錄四散於人間。

藤原佐世（約卒於 897）奉敕編撰的《日本國見在書目錄》，約完成於日本寬平初年（885-891），記錄了九世紀前傳到日本的漢籍一千八百餘種。其中便列了三種唐代實錄：

《唐實錄》九十卷，司空梁國公房玄齡等撰
《唐實錄》九十卷，中書令許敬宗撰
《高宗實錄》六十卷，武玄之撰[45]

可知唐皇朝實錄，早在唐代就已經流出宮外，甚至遠傳到了日本。[46]

綜觀子玄生平，他幾乎一生都在跟書打交道。從他「年在紈綺」到他「年十有七」，他便飽覽了他之前各朝的史書，更讀過他本朝的「皇家實錄」。他的閱讀是廣泛而多采的，遠遠超出當時一般士人的閱讀範圍。但他這種不凡的閱讀生活，這種精神生活，是建立在一個不尋常的物質條件上的，那就是，他家有一位曾任史館史官的從祖父，因而能夠輕易得到那麼多的書，特別是「皇家實錄」。

子玄這個案例，或許也能幫助我們了解，何以唐代的史館史官，多有「家承」的傳統——不是父子相傳，就是祖孫隔代相

45　《日本國見在書目錄》，清光緒《古逸叢書》本（又影印在台北藝文印書館的《百部叢書集成》），頁 16-17。

46　池田溫，〈唐朝實錄與日本六國史〉，《中央研究院第二屆國際漢學會議論文集：歷史與考古組》下冊（台北：中央研究院，1989），頁 717，對此有進一步的討論。唐代實錄（以及國史）如何流到宮外，我還有更多例證，有趣而複雜。但這裡為免枝蔓，不擬詳考。我想將來另文處理。

繼。子玄一家便是個很好的例子。他的從祖父劉胤之任史館史
官。他自己任史官。他的兩個兒子劉貺和劉餗,都先後當過史
官。[47] 再如蔣乂、蔣系、蔣伸和蔣偕,更是父子相繼任史官。[48]
說穿了,史官的培養,不僅要靠個人的天賦,更得建立在一個非
常現實的物質基礎上。在他們年少時,他們就得像子玄那樣,涉
獵大量的史書,才能打下深厚的史學修養。否則,再多的天賦恐
怕也不免成空談。但中古時代,書籍的獲得不易。那些家中有長
輩在史館任史官者,當然占盡了不少「物質優勢」。

四、「公私借書,恣情披閱」

　　子玄早年讀書生活當中,有一個恆常的主題,就是他經常跟
人借書。

　　前面我們見過,子玄年少時讀史書,「其所讀書,多因假
賃」,以致「部帙殘缺,篇第有遺」,透露當時他讀的書,多是
借來的手抄本,而且正因為是借來的,一般都抄寫得不完整,多
處於「殘缺」的狀態。

　　子玄在準備進士考試的一段時候,曾經不得不暫時放棄他心
愛的史書,轉而用心準備考試,以求功名。直到他考中進士後,
他才能盡情放任他的所好,「公私借書,恣情披閱」,過著好幾
年逍遙的讀書生活。他自己的說法是:

47　《舊唐書》卷 102,頁 3174。

48　徐夢陽,《唐代史官:以蔣乂父子為個案》,台灣清華大學歷史研究所碩士
　　論文,2010 年 6 月。又見張榮芳,《唐代史館與史官》,頁 194-212。

但於時將求仕進，兼習揣摩，至於專心諸史，我則未暇。
泊年登弱冠，射策登朝，於是思有餘閒，獲遂本願。旅遊
京洛，頗積歲年，公私借書，恣情披閱。49

這段話可詳考的重點是：「旅遊京洛，頗積歲年，公私借書，恣
情披閱」這句話。這究竟是怎樣的背景和環境？歷來研究子玄
的著作，包括傅振倫的《劉知幾年譜》和許凌雲的《劉知幾評
傳》，都未論及此事。

「京洛」指京城長安和東都洛陽。子玄「公私借書」，
「私」的部分當指他周邊的親朋好友；「公」的部分應該指洛陽
和長安的皇家圖書館。子玄二十多歲的時候，正值武則天當政的
時代，唐朝廷大部分時間都駐守在洛陽，很少回返長安。子玄家
在洛陽歸德坊有宅第。50 看來，他借書所依靠的，主要是洛陽的
皇家圖書館，而不是長安京城的。

子玄自敘的這個細節，也彰顯了唐代好學之士，是如何仰賴
「公」家圖書館。唐代士人讀書考科舉，所需要的用書其實並不
多，應當都不需要動用到皇家圖書館。但像子玄那樣不滿足於單
純讀書考取功名，而有志於史學著述的人，皇室藏書便占有舉足
輕重的地位了。這就跟我們現代人文學科的學者，十分仰賴大學
或研究院的圖書館一樣，絕對無法只靠個人或朋友的藏書來做研
究寫論文。現代一所大學圖書館的藏書是否豐富，往往更成了大
學學術地位的重要指標。這一切，在在顯示從古至今，從事著述

49　《史通通釋》卷 10，頁 268。
50　〔清〕徐松撰，李健超增訂，《增訂唐兩京城坊考》卷 5（西安：三秦出版
　　社，2006 年修訂版），頁 308。

的學者，莫不十分仰賴「公」家的圖書館。不獨子玄時代如此，現代依然如此。

可惜，我們對子玄怎樣向皇家圖書館借書，一無所知。但唐初有兩個像子玄那樣博覽群書的人，同樣活在高宗武則天朝，卻留下生動的故事，讓我們得知當時一個士人，是如何得以在皇家圖書館中「貪婪」地獲得他所需要的知識。這二人在唐史上都大大有名。

第一個是唐初一位文武雙全的高人裴行儉（619-682）。宋太平興國八年（983）成書的《太平御覽》，引用一種現已失傳的《唐書》：

> 《唐書》曰：裴行儉初以門蔭補弘文生，累年在館唯閉戶讀書。館司將加薦舉，固辭。左僕射房玄齡問其故。對曰：「遭隋季亂離，私門書籍蕩盡，冀在館披閱，有所成耳。」[51]

表面上看來，這不過是一個「普通」書生在皇家圖書館「閉戶讀書」的故事。但深一層看，裡頭大有文章，值得細考。首先，「裴行儉初以門蔭補弘文生」這句話就不簡單，因為這表示，裴行儉的家世必定相當顯赫。他的父親或祖父必定都是做官的，而

51　《太平御覽》卷 619（北京：中華書局，1960 年影印本〔據日本帝室圖書寮、京都東福寺、東京岩崎氏靜嘉堂文庫藏宋刊本影印〕），頁 4。這段記載，不見於今本《舊唐書》。所以，現代學者推測，《太平御覽》編者所見到的《唐書》，跟我們現在使用的《舊唐書》不相同。吳玉貴是這方面的專家，且輯有遺文和校注。見他的《唐書輯注》（北京：中華書局，2009）。裴行儉此條見吳書下冊，頁 849。

且還是相當高層的官員。果然，一查他的《舊唐書》本傳，我們發現他「曾祖伯鳳，周驃騎大將軍、汾州刺史、琅邪郡公。祖定，憑翊郡守，襲封琅邪公。父仁基，隋左光祿大夫，陷於王世充，後謀歸國，事洩遇害，武德中，贈原州都督，諡曰忠」。52正因為如此顯赫的家世，他才能託他祖父和父親的「門蔭」，來「補弘文生」，也就是進入弘文館當學生。

弘文館不但是個宮廷藏書處，而且還是一所宮內貴族學校。53 裴行儉以門蔭補弘文生，當在十多歲時，也就是在大約貞觀初年。我們前面見過，弘文館成立於武德四年（621），到貞觀元年（627）已有「四部羣書二十餘萬卷」。裴是弘文館最早的學生之一，在這樣的環境「閉戶讀書」，想是如魚得水，學思猛進。像他這樣的一個學生，竟能得到左僕射房玄齡的關切，顯示他的家世和人脈絕對不俗。他寧願留在館中讀書，不願應「館司薦舉」出去做官，理由竟是「隋季亂離，私門書籍蕩盡，冀在館披閱，有所成耳」。隋末戰火，想必造成相當多的「私門書籍」焚燬，僅有皇室還有餘力重抄歷代書籍。這個弘文館對他的吸引力，竟大於踏入仕途。他後來的仕歷十分輝煌，官至宰相等高官。

值得一提的是，到了永徽（650-655）初，子玄的從祖父劉胤之，就曾出任這個弘文館的學士。再隔大約五十多年，在景龍二年（708），子玄自己也來到這個弘文館當學士。我們不難想像，裴行儉、劉胤之和子玄三人，可能都讀過，甚至都觸摸過這

52　《舊唐書》卷 84，頁 2801。

53　李錦繡，〈試論唐代的弘文、崇文館生〉，《文獻》1997 年第 2 期，頁 71-85。

個圖書館中某些相同的手抄本。他們三人應當也都曾經在唐史上
的不同時間，行走過這個弘文館相同的館舍迴廊，見過館中相同
的建築和樹木。

　　我們的第二個案例是高宗時代的中書令李敬玄（615-
682），跟第一例的裴行儉為同一時代人。他的《舊唐書》本傳
這樣描述他如何利用皇家圖書館：

> 李敬玄，亳州譙人也。父孝節，谷州長史。敬玄博覽羣
> 書，特善《五禮》。貞觀末，高宗在東宮，馬周啟薦之，
> 召入崇賢館，兼預侍讀，仍借御書讀之。[54]

這裡的敘事可以有兩種讀法。一是說「敬玄博覽羣書，特善《五
禮》」，所以他在貞觀末年，被召入崇賢館，作為皇太子李治
（後來的高宗）的「侍讀」。第二種讀法是，他被召入崇賢館
後，近水樓台，於是「仍借御書讀之」，也就是「因此」利用
宮廷內的藏書（「御書」），以致他「博覽羣書，特善《五
禮》」。「仍」字在此可解為「因也」。[55] 在第二種讀法下，
「貞觀末」那一句，解釋上一句他何以能夠「博覽羣書，特善
《五禮》」。換句話說，他是入了崇賢館，得以「借御書」，才
「博覽羣書，特善《五禮》」。我覺得第二種讀法比較合理。但
不論是哪一種讀法，李敬玄曾經「借御書讀之」，顯示他充分利
用了皇室藏書，才學問猛進。

　　至於崇賢館（上元二年〔675〕改名為「崇文館」），乃

54　《舊唐書》卷81，頁2754。

55　這點蒙拙文的一位匿名審查人教示，特此致謝。

「皇太子文學館，東宮的學術文化中心」，也是初唐的二大文館之一（另一即上面提到的弘文館）。它跟弘文館一樣，招收皇親貴族子弟為學生。[56] 在貞觀末（649 年或稍前）李敬玄任皇太子的侍讀時，崇賢館坐落在長安的原宮城太極宮（即西內，有別於後來的東內大明宮），東宮宜春門外左春坊之南，擁有本身的藏書，但藏書量可能不及弘文館。李敬玄所借的「御書」，可能來自崇賢館，但也可能來自弘文館，因為弘文館也同樣坐落在西內，離崇賢館不遠。

　　裴行儉和李敬玄之所以能夠借閱宮廷藏書，有一個重要因素是，他們都生在官宦家庭，跟當權的高官有一定的人脈關係，如裴行儉跟左僕射房玄齡，李敬玄跟中書令馬周，都相當熟絡，所以才有門路進入宮廷藏書樓。至於唐代一般的士人，如果沒有這種人脈，恐怕無緣借閱宮中藏書。但子玄並非泛泛之輩。他跟裴行儉和李敬玄一樣，生在一個官宦之家，父親祖父輩都做官，更有一個從祖父劉胤之在宮中史館任過史官。以他這樣的背景和關係，子玄在青年時代得以「公私借書，恣情披閱」，也就不難理解了。

五、結語

　　子玄一生，活在一個被書圍繞著的世界。他跟書的關係太密切了。他年少時，便讀過各種各樣的史書，甚至還包括別人難以

56　李德輝，《唐代文館制度及其與政治和文學之關係》，頁 94-115。又見彭炳金，〈墓誌中所見唐代弘文館和崇文館明經、清白科及醫舉〉，《中國史研究》2005 年第 1 期，頁 37-42。

一見的「皇家實錄」。他考中進士後，從此沒有了考取功名的負擔，更是「公私借書，恣情披閱」，說得好不痛快！接著，他出任河南獲嘉縣主簿。這其實也是個跟書（或說文件）有密切關係的官位，因為主簿專門管紙張，管官方文書檔案的稽查。到他大約四十歲時，他開始回到朝廷出任史官，從此在「館宇華麗，酒饌豐厚」[57] 的唐代史館中，過著一種專門讀書、寫書的生活。結果，他不但完成了一系列官方的史書，特別是《武則天實錄》等唐代本朝史，而且還寫完了他的私人著作《史通》，中國第一部史學論述，也是他留給我們今人最豐美的遺產。他去世後，唐玄宗特地下敕河南府，到他的老家去，把他這本《史通》抄錄了一份，帶回皇家藏書樓。玄宗「讀而善之，追贈汲郡太守」。[58] 正因為它曾經被收藏在皇朝圖書館，《史通》等於多了一個流通渠道，得以歷經歷代戰火，流傳至今。

　　本文檢討了子玄時代的書和手抄本，想更深入去理解他當時的寫本文化。細考子玄自傳所提供的一些例證，本文達致了四個結論。第一，唐代皇家的藏書，固然是卷軸式，但民間日常用書，很可能是以散頁（而非卷軸）的形式存在。第二，正如子玄自述，他當時得到的書，「多因假賃」，而「部帙殘缺，篇第有遺」。這表示，民間抄書，受限於人力物力，常屬選擇性的抄寫，抄得不完整，以致有「缺」有「遺」。第三，子玄家中的藏書，特別是比較稀見的「皇家實錄」，可能跟他從祖父劉胤之曾任宮中史館史官有關聯。第四，子玄本人青年時代讀書，書籍的取得不易，單靠家中藏書絕對不足，所以他要「公私借書」，才

57　《史通通釋》卷 11，頁 294。這是子玄對他工作場所一個難得的描寫。

58　《舊唐書》卷 102，頁 3173-3174。

得以完成他以後的史學大業。他家的仕宦背景和他從祖父任過史館史官所建立的人脈關係，使他占有不少「物質優勢」，不單可以向許多「私」家借書，還得以向藏書豐富的「公」家皇室圖書館借書。

本文原先在 2010 年 12 月 21 日，在台北國家圖書館舉行的「唐代文史研究的新視野：以物質文化為主──紀念杜希德國際研討會」上宣讀，後載《台灣師大歷史學報》第 46 期（2011 年 12 月），頁 111-140。

第二輯

唐人的經濟生活和貨幣問題

唐人在多元貨幣下如何估價和結帳

一、唐代的多元貨幣

　　唐代經濟和貨幣史上,有一個難解的問題,至今似未有人深論。那就是:唐代史料和出土文書中所見的那些標價,比如米一斗 20 文,其真正含義是什麼?現代人用慣了單一貨幣(金屬錢幣及其衍生品紙鈔),見到這樣的標價,大概都會很直觀地以為,米一斗既然標價 20 文,那唐人當然要用 20 文的開元通寶類銅錢,才能買到。[1]但唐代的實際交易,是否如此呢?本文認為,應當不是如此單純,因為唐代的所謂「錢」,及其基本單位「文」和「貫」(一千文),在這種場合,並非指實體的開元通寶等類銅錢,而只是一種便於估算的單位(unit of account),一種「抽象的虛擬錢」,好像一個數學單位,用於估價罷了。真正交易時,唐人不必付銅錢,也經常沒有銅錢可用,因為唐代長期在鬧「銅錢荒」,銅錢鑄造量和供應量,從唐初到唐末,始終不

1　中文的「貨幣」、「銅錢」和「錢幣」等詞,含義不同,但卻很容易混淆。本文所說的「貨幣」,是最廣義的一種「錢」,等於英文所說的 money 或 currency,可以包括銅錢、錢幣等鑄造的金屬幣(coin),以及其他具有貨幣功能的物品,如穀物和布帛。本文所說的「銅錢」,則僅指開元通寶、乾元重寶、會昌開元通寶一類的唐代鑄幣。「錢幣」則一般指西方古今的金銀幣,或其他金屬幣。

足。[2] 許多時候，唐人其實是以跟該標價錢數等值的麻布或絹練等織品，去購買米糧、鹽和其他商品，或從事更大宗的交易，比如買賣牲口、麥粟、房宅和農田等等。許多時候，唐代的布帛用作貨幣，也比銅錢具有更多的優點。

換句話說，唐代的「錢」常常只是用作估算和估價的單位，往往不是交易時的付款媒介。在唐代，錢的估算功能，遠比它的支付結帳功能，更為重要。[3] 釐清了這點，我們才能看清唐代的公私交易和稅法，是如何進行，也才能澄清唐代經濟和貨幣史上一些重大課題，比如唐代是如何同時有效地行用三種主要的貨幣──銅錢、布帛和穀物？兩稅法為何以錢數定稅額，卻又可以用布帛和穀物等交納？唐後期的虛估和實估，常令今人迷惑，又是怎麼一回事？這些都要從錢的估算功能角度去理解，才能得到圓滿的解答。

2　鐘興龍，〈唐代鑄幣量考〉，《中國經濟史研究》2010 年第 2 期，頁 76-81；徐東昇，〈唐代鑄錢散論〉，《中國社會經濟史研究》2007 年第 2 期，頁 13-19；宋傑，〈貨幣與物價〉，收在寧可主編，《唐代經濟通史・隋唐五代經濟卷》（新北：經濟日報出版社，2000），頁 457；Denis Twitchett, *Financial Administration under the T'ang Dynasty*（Cambridge University Press, 1970），pp. 77-83; Helen Wang, "Textiles as Money on the Silk Road?" *Journal of the Royal Asiatic Society*, 23:2（April 2013），p. 168; Chang Xu 徐暢, "Managing a Multicurrency System in Tang China: The View from the Centre," trans. Helen Wang, *Journal of the Royal Asiatic Society*, 23:2（April 2013），pp. 223-224; 243-244.

3　嚴格說來，貨幣的支付結帳（means of payment）功能，跟它的交換媒介（medium of exchange）功能，並不完全對等。但也有不少經濟學家，認為這兩者基本相同，不必太拘泥兩者的區分。詳見 Bill Z. Yang, "What Is（not）Money? Medium of Exchange ≠ Means of Payment," *The American Economist*, 51:2（Fall 2007），pp. 101-104. 在 Bill Yang 的定義下，唐代的銅錢，像任何貨幣一樣，具有支付結帳功能，也有交換功能，但都不如它的估價功能那麼重要。

本文所說的「多元貨幣」（multicurrency），用於唐代貨幣和經濟的場合，似乎很突兀、很新奇。不明就裡者，甚至可能會批評說，這名詞只是標新立異。但其實，這名詞並非筆者所發明。就我所知，它第一次用於唐史學界，是在 2013 年，英國老牌漢學刊物《皇家亞洲學會會刊》（*Journal of the Royal Asiatic Society*）第二期的一個專號〈絲路上織品用作貨幣〉（Textiles as Money on the Silk Road）中。此專號的兩位主編，分別是大英博物館主管中國錢幣收藏的專家汪海嵐（Helen Wang）博士，和美國耶魯大學歷史系的絲路史專家韓森（Valerie Hansen）教授。專號共發表了 10 篇英文論文，外加一篇〈導言〉。單看專號標題，就知道它有新意，很有「修正」的意味，想改寫唐代的貨幣史。撰稿人除了兩位主編外，還包括一支國際研究團隊：中國的王炳華、段晴、榮新江、趙豐、王樂、徐暢；加拿大華裔學者盛餘韻（Angela Sheng）；日本的荒川正晴；以及法國的童丕（Éric Trombert）。他們從各種角度，探討絲路上「織品用作貨幣」的種種課題，更證以大量敦煌和吐魯番出土文書，生動勾畫出布帛等織品，如何在唐人的日常生活中，被廣泛當作貨幣來使用。這專號無疑是唐代貨幣史研究中，一座嶄新的里程碑。

就在這本專號中，唐代的「多元貨幣」，是個經常出現的名詞，也是主題。它比唐人如元稹所說的「錢帛兼行」，[4] 涵

4　李埏，〈略論唐代的「錢帛兼行」〉，《歷史研究》1964 年第 1 期，頁169-190。此文的修訂版，收在李埏，《不自小齋文存》（昆明：雲南人民出版社，2001），頁 236-272。「錢帛兼行」此詞，原出自元稹的《錢貨議狀》，見《元稹集校注》卷 34（北京：中華書局，2011）頁 939：「竊見元和以來，初有公私器用禁銅之令，次有交易錢帛兼行之法，近有積錢不得過數之限。」元稹所說的「錢」，僅指銅錢，並不指「貨幣」。

義更廣，更全面，更可以包含穀物貨幣和其他種種貨幣代用品。此外，專號中還經常出現一個相關名詞「多元貨幣體制」（multicurrency system），特別是在徐暢的那篇論文，以一種宏觀的視角，重新審視了唐代的多元貨幣政策。[5]

多元貨幣這種說法，在歐美晚近數十年來的貨幣史研究中，屢見不鮮，已成了一種主流論述，跟以往傳統的貨幣史，只專論金屬錢幣（coin），大異其趣。[6] 其重點是，所謂貨幣，不該只有金屬鑄幣，還可以包含多種過去為學者所忽略的實物貨幣。例如，希臘荷馬時代的牛，經常被當作貨幣的估算單位來使用，如一艘船值得多少頭牛等等。[7] 美國維吉尼亞州的菸草種植業，在英屬殖民地時期，曾經通過一條法律，規定商家必須接受他們的菸草為貨幣。[8] 當前整個研究趨勢是，要盡量跳脫過去「錢幣至上」的思考模式，要用一種更宏觀的角度，來看待古代社會如何善用多元貨幣，去從事各種商業和經濟活動。[9] 否則，若單純

5　Chang Xu 徐暢, "Managing a Multicurrency System in Tang China: The View from the Centre," trans. Helen Wang, pp. 223-244. 作者另有一個中文版，跟英文版有異，各有偏重，見徐暢，〈唐代多元貨幣體制的運營——基於中央的視角〉，吐魯番學研究院、吐魯番博物館編，《古代錢幣與絲綢高峰論壇暨第四屆吐魯番學國際學術研討會論文集》（上海：上海古籍出版社，2015），頁 73-86。

6　例如，近年一本極具顛覆意味的大作：David Graeber, *Debt: The First 5,000 Years*（New York: Melville House, 2011）. 此書有台灣中譯本：《債的歷史：從文明的初始到全球負債時代》，羅育興、林曉欽譯（台北：商周出版，2013）。作者在原書頁 21 說，債一定牽涉到貨幣的使用，所以債的歷史，實際上就等於是貨幣的歷史。

7　David Graeber, *Debt: The First 5,000 Years,* p. 59.

8　David Graeber, *Debt: The First 5,000 Years,* p. 75.

9　David Graeber, *Debt: The First 5,000 Years,* pp. 21-24.

以金屬錢幣（銅錢、銀幣等）來看過去的經濟活動，好比以管窺天，難窺全豹。過去中外有不少號稱貨幣史（history of money）的著作，[10] 恐怕只能說是錢幣史（history of coinage），高估了金屬錢幣的重要性，忽略了同時代的其他貨幣。近數十年來，歐美的貨幣史研究，其典範逐漸轉移，出現不少「修正主義」觀點的論著，多以多元貨幣的研究取向，放寬視角，把古代所有可以當作貨幣使用的物品，都納入研究範圍內，和錢幣一起來作整體的考察。[11]

因此，我們應當把唐代的三大類貨幣，放在一起來研究，不應孤立。唐代不僅有銅錢一種，還有織品（麻布、絹、練等），以及穀物（麥、粟和米等）。這三大類貨幣，各有不同的特徵和優缺點，但同時在唐代並行使用，卻又很能夠互補長短，可以讓唐代的各種經濟活動，如賦稅、糴粟、買賣、賒賬和借貸等，運作得更為順暢。否則，若單只靠開元通寶等銅錢，唐代的經濟恐怕早已崩潰，因為正如前面所說，唐代經常在鬧「銅錢荒」。銅錢只占整個貨幣供應（money supply）的大約 10%，[12] 遠遠不如織品和穀物所占的比重那麼高。幸好，唐代不是只靠銅錢，它還

10　例如，彭信威那本知名的《中國貨幣史》（上海：人民出版社，1988 年第二版）。

11　例如，W. V. Harris, "A Revisionist View of Roman Money," *Journal of Roman Studies*, 96（2006）, pp. 1-24。這篇論文開頭第一段，就開宗明義表明是「修正主義」的觀點，大力反對把羅馬帝國的貨幣，像傳統的羅馬史學者那樣，看成只有錢幣。

12　池田溫，〈敦煌的流通經濟〉，《敦煌文書的世界》，張銘心、郝軼君譯（北京：中華書局，2007），頁 126；Valerie Hansen and Helen Wang, "Introduction, Textiles as Money on the Silk Road," *Journal of the Royal Asiatic Society*, 23:2（April 2013）, p. 155.

有織品和穀物，可以同樣發揮貨幣功能，才能撐過那二百九十年的歷史，直到宋代紙鈔和其他信用貨幣（credit money）的興起，才慢慢取代織品和穀物的貨幣功能。

　　本文擬論證唐人在日常生活中，如何在當時的這種多元貨幣環境下，同時並行使用三種主要貨幣，來估價、交易和支付結帳。[13]

二、交河郡市估案與河西豆盧軍糧牒

　　唐代的估價表，最有名也最珍貴的一個實例，要算玄宗天寶二年（743）交河郡（即西州，今吐魯番）的市估案出土文書，由日本大谷探險隊，在上世紀初，在吐魯番盆地古墓發現，現藏日本奈良龍谷大學。[14] 池田溫對這批文書作了最詳細的研究，大抵釐清了文書的性質和作用。[15] 在這份估價表上，「幾乎所有物品都用錢來表示價格，只有馬、駝類才用大練、小練的疋數表

13　唐代的貨幣，還不只這三種，如嶺南用金銀，但這屬於地區性的特殊案例，
　　尚未遍及全國，此不論。最早的研究見加藤繁，《唐宋時代金銀之研究：
　　以金銀之貨幣機能為中心》，中國聯合準備銀行調查室編譯（北京：中華書
　　局，2006 年新排印本）。最新且更深入的論述，見王承文，〈晉唐時代嶺
　　南地區金銀的生產和流通——以敦煌所藏唐天寶初年地誌殘卷為中心〉，
　　《唐研究》第 13 卷（2007），頁 505-548；王承文，〈論唐代嶺南地區的
　　金銀生產及其影響〉，《中國史研究》2008 年第 3 期，頁 45-66。

14　錄文見池田溫，《中國古代籍帳研究：概觀・錄文》（東京：東京大學東洋
　　文化研究所，1979），頁 447-462。

15　池田溫撰，韓昇譯，〈中國古代物價初探——關於天寶二年交河郡市估案斷
　　片〉，《唐研究論文選集》（北京：中國社會科學出版社，1999）頁 122-
　　189。此文原發表在日本《史學雜誌》1968 年第 77 卷 1-2 期。中文版更詳
　　細，附有池田溫 1998 年寫的〈補記〉，補充了另兩段市估案斷片。

示」。[16] 表上的物品，林林總總，多達三百多種，上至粟麥，下至農家耕種用的肥料「糞」，都在其中。而且，它們都有三個等級的估價。這裡且抽樣選出數種物品及其估價，列為表一，以見一斑：

表一：交河郡市估案物品估價抽樣

物　品	上估	次估	下估
大練壹疋	470 文	460 文	450 文
常州布壹端	500 文	490 文	480 文
乾蒲萄壹勝（升）	17 文	16 文	15 文
蔓青子壹勝（升）	20 文	16 文	15 文

我們最大的疑問是：當時在交河郡，如果有人要買這些物品，他真的要用實體的開元通寶銅錢去買嗎？

池田溫沒有討論這個問題，既未說是，也未說不是，似乎避開了這個燙手的問題，或以為這不是個問題。其他學者也同樣沒有涉及這點。[17] 但現代唐史學者讀了這些大作，一般恐怕都會認為：是的，要買當然要付開元通寶銅錢。然而，本文認為，答案應當為「不是」，因為這份市估案上的錢數，只是一個估價、參照的單位。購物者應當是以布帛或其他等值的物品來付賬，只要

---

16 池田溫，《唐研究論文選集》，頁 154。

17 盧向前，〈唐代前期市估法研究〉，中國敦煌吐魯番學會編，《敦煌吐魯番學研究論文集》（上海：漢語大詞典出版社，1991），頁 693-714；趙貞，〈唐代的「三賈均市」──以敦煌吐魯番文書為中心〉，《中國社會經濟史研究》2012 年第 1 期，頁 8-12。

賣主接受即可。這才是唐代交易的常態，例證很多。

例如，在天寶六載（747）的〈河西豆盧軍軍倉收納糴糧牒〉（P.3348 背面，見本文末附圖一）[18]中，就有當地的豆盧軍，以小生絹，向一名行客糴粟的案例，清楚展現了唐代這類交易是如何進行的，其過程相當科學而細密：

17 行客任悊子粟壹伯捌碩陸斗^{斗估廿一文}計錢貳拾貳貫捌伯

18 陸文，折給小生絹陸拾疋^{疋估參伯捌拾文}

這條賬目記載的是，行客（遠途商人）任悊子，運來粟共「壹伯捌碩六斗」。碩是敦煌用字，同「石」，一石為 10 斗。壹伯捌碩六斗，即 1086 斗，合公制 6516 公升（1086×6）。[19] 豆盧軍向他糴粟，但他沒有銅錢，最後便以 60 疋小生絹來付賬。問題是，這 60 疋是怎樣計算出來的？是由豆盧軍自行決定的嗎？不是，是經過當時市場上的標準買賣程序，精密估算出來的。

首先，他們要先計算這 1086 斗粟，在市場上值多少錢。這

18　錄文見池田溫《中國古代籍帳研究：概觀・錄文》，頁 468。

19　本文所用的唐制和公制換算，皆根據胡戟〈唐代度量衡與畝里制度〉，原載《西北大學學報》1980 年第 4 期，後收入《胡戟文存》（北京：中國社會科學出版社，2000），頁 348-361，以及楊際平〈也談唐宋間敦煌量制「石」、「斗」、「馱」、「秤」〉，《敦煌學輯刊》2000 年第 2 期，頁 16-21。這兩篇論文，以唐代出土實物和文書為例證，論及唐代度量衡制和公制的轉換，並附有詳細的演算方式，最為有據可信。不少唐制和公制的換算表，比如《王力古漢語字典》附錄所收的那個換算表，皆不知何據，不可依。

時，市估案便可以派上用場了。當時的估價是粟每斗 21 文，因而得出這批粟總值 22806 文（1086×21），即文中所說的「貳拾貳貫捌伯陸文」。然後，他們還要再作第二回的計算：這個錢數，值多少疋小生絹？一查市估案，小生絹每疋估 380 文，求得 60.0157 疋（22806÷380），最後豆盧軍取整數為 60 疋，付給行客，交易完成。

這裡可以看到，買方並沒有使用實體銅錢來付賬，但買賣雙方卻以「抽象的錢」來作估算單位，最後買方又以另一種貨幣（絹）來支付結帳。整個買賣，看來是以敦煌市估案之類的官定估價作基礎，或以雙方協商好的一個當時市場估價來進行。這個案例也證明了，唐代（以及整個中古時代）根本不必使用銅錢，就可以圓滿完成一宗交易，而且還是相當大規模的交易，涉及的粟高達六千多公升。由此看來，交河郡市估案之類所出現的錢數，都不是指實體錢，只純作估價使用，供官府和民間交易時參考。最後支付結帳時，買方可以使用布帛或其他等值物。然而，錢在這裡還是扮演了一個關鍵角色：只不過它變成了單純的估算單位，並非付款媒介。這樣的交易方式和估算法，不只實行於敦煌吐魯番地區，同時也廣泛行用於整個唐代中原和江南等地區，下面將會詳論。

有一個問題是：為什麼買賣雙方要做這樣的兩次換算？好像多了一道手續，難道不能用一個固定的粟和絹比價（比如這裡的18.1），只做一次換算就好嗎？答案：因為唐代的物品估價，每天（或至少每十天）都可能不同。兩次換算才能真正反映，物品估價的上下起落，就像現代期貨市場上的農產品價格那樣，可能每分每秒都不相同。站在賣方的立場，賣主任怼子當然希望，粟的當天估價越高越好，而絹的當天估價則越低越好。假設過了十

天，粟的估價從原本的每斗 22 文，微升到 23 文，而絹的估價則從原本每疋 380 文，微跌到 370 文，則任悤子運來的這批粟，將可以賣得更好的價錢：（1086×23）÷370＝67.5 疋絹，比他十天前所賣得的 60 疋，多了 12.51% 的收入。如果只用一個固定的粟和絹比價，只做一次換算，則無法反映粟和絹的這種每天估價變動。粟和絹的比價，如果要反映每天估價的起落，則無法固定，必須也每天隨著上下變動。那就等於每天都要做這樣的兩次換算，才能取得一個最新的比價了。錢數的估算功能，在這裡也充分展露無遺。如果唐代的物品，沒有這種錢數估價，市場交易恐難以進行。

　　這位任悤子，既然是一名「行客」，一個長途商販，他應當非敦煌人，來自外地。現在他把運來的粟，在敦煌賣了，得到 60 疋生絹，對他來說，這應當比得到一大筆銅錢，更有用處。因為他可以把這 60 疋絹，運回他的家鄉，或運到下一個地方去繼續轉售，賺取兩地不同絹價的差額。60 疋絹的重量，以每疋 459 公克計算[20]，只不過是大約 27.54 公斤（60×459 公克），只比今人乘搭飛機，一般攜帶 20 公斤託運行李，略重一些罷了，並不難隨身帶著。

　　相比之下，假設任悤子收到的是銅錢，那麼這筆銅錢的重量是十分驚人的，絕非他一個人可以搬動。《通典・食貨典》：「大唐武德四年，廢五銖錢，鑄『開通元寶』錢。每十錢重一兩，計一千重六斤四兩。」[21] 唐代 1 斤＝16 兩＝680 公克。以此

---

20 趙豐〈唐代西域的練價與貨幣兌換比率〉，《歷史研究》1993 年第 6 期，
　　頁 179；趙豐《敦煌絲綢與絲綢之路》（北京：中華書局，2009），頁
　　251。
21 《通典》卷 9，頁 199。

換算，一千文（一貫）的銅錢，重達 4.25 公斤。[22] 如果任恕子賣粟，堅持要以銅錢支付結帳，那將重達約 96.92 公斤（22806文＝22.806 貫×4.25），比他拿到的生絹 27.54 公斤，重了多達69 公斤。在這種情況下，還有人要收銅錢嗎（假設豆盧軍有足夠的銅錢）？恐怕都不要，寧取生絹。何況，生絹還能再轉售，再多賺一筆。銅錢卻不能當商品來轉售。

唐代以布帛為最通行的三大貨幣之一，但卻常以錢為估算單位。我們不妨再舉一例，出自天寶四載（745）的〈河西豆盧軍軍倉收納糴糧牒〉[23]（P.3348 背面 B 部分，見本文末附圖二）：

53 捌拾參足壹丈玖尺壹寸大練，准《格》
54 給副使李景玉天寶四載春
55 夏兩季祿粟壹伯貳拾碩
56 直斗估卅二文，計參拾捌貫肆伯
57 文，折給上件練足估四百六十文，不糴勔斗[24]

---

22 不過，《唐六典》卷 22，頁 579 又說：「舊法每一千重六斤四兩，近所鑄錢者多重七斤」。所謂「近」，指《唐六典》成書於開元二十七年（739）前不久。重七斤，則等於 4.76 公斤。2000 年元月，洛陽市文物工作隊在唐東都西苑遺址區，發掘出一批唐代開元通寶錢窖藏，共有 8019 枚銅錢，重 33.3 公斤。以此計算，每枚銅錢平均重約 4.15 公克，一貫（一千枚）重 4.15 公斤，非常接近《通典》所記的 4.25 公斤。見俞涼亙〈唐東都西苑遺址區開元通寶錢窖藏清理簡報〉，《中國錢幣》2001 年第 1 期，頁 50-55。這意味著，《通典》的記載得到了考古出土實物的證實。

23 錄文見池田溫，《中國古代籍帳研究：概觀・錄文》，頁 466。

24 「不糴斛斗」的意思是，豆盧軍分配到中央發來的二萬足布帛，絕大部分都拿來購買穀糧，只有這 83 足多的大練，沒有用於糴糧，而發給李景玉作祿，所以這裡說這批練「不糴斛斗」，不用於糴糧。斛斗為穀糧的代稱。

這條賬目的意思是：河西豆盧軍在天寶四載，付給軍副使李景玉 83 疋 19 尺又 1 吋的大練。此文書前面的第 48-49 行，還有兩行文字，說明這是一種「祿直」：「准金部《格》，給副使祿直」，也就是李景玉當年春夏兩季祿的總值。唐代官員有俸又有祿：俸才是主要的收入，祿只是「糧食津貼」一類的補助。祿通常以粟估算，每兩季發一次，於此正合。俸則以錢數估算，這裡未提，但李景玉應當還有俸料。[25]賬目上記載，他應當得到的祿是 120 碩（石）的粟。然而，他實際收到的，卻不是粟，而是 83 多疋大練。這中間經過了兩次的換算。120 石粟，等於多少大練？如何換算？這顯然不是豆盧軍官員能任意為之的事，而是要經過同樣的市場買賣估價機制，精確計算出來的。於是，市估案又可以再次派上用場了。這便是這條史料最迷人的地方，可證唐人是如何在靈活使用穀物（粟）、織品（練）和銅錢三大類貨幣，來估價和支付結帳，其精巧處，似遠超出今人的想像。這條記載雖只有短短五行，卻有異常豐富的歷史訊息。

首先，粟 120 碩，等於 1200 斗。以每斗 32 文的估價，把這筆祿，先換算為錢數 38400 文（1200×32）。然而，李景玉並沒有得到實體銅錢。接著，豆盧軍又把這筆純粹估算用的「抽象」錢，以每疋 460 文的估價，把它再換算為大練（38400÷460），求出李景玉實際可獲得 83.4782 疋大練，也就是 83 疋 19 尺又 1 吋，真是一寸也不差。這是經過兩次換算的結果，涉及的貨幣有穀物、銅錢和織品。

25　唐代官員的俸祿，是個異常複雜的問題。詳見陳明光《唐代財政史新編》（北京：中國財政經濟出版社，1991），頁 72-90、112-115、213-215；李錦繡《唐代財政史稿》第 3 冊（北京：中國社會科學文獻出版社，2007 年新排印本），頁 24-42。

　　從以上這兩個案例，可以知道唐人使用貨幣，是如何靈活。他們想出了種種方法，來克服同時行用多元貨幣，可能出現的一些難題，比如他們在交易買賣時，經常要經過二次不同的貨幣換算。這份敦煌伯希和 P.3348 文書上的所有糴粟賬目，都經過這樣的二次換算。乍看之下，這樣的換算好像很麻煩，但其實很簡單，因為這種換算，完全是紙上作業。今人用計算器，按幾個數字，其實也可以把這二次換算，簡化成一次，一氣呵成：（1200×32）÷460＝83.47 疋，不到 10 秒就可以算好（熟練的唐人，即使沒有計算器，應當也可在大約 10 秒算好），不必用上實體銅錢。

　　李景玉的春夏兩季祿，是以粟為估算單位。但敦煌此時看來缺少粟，或豆盧軍基於其他原因，不能發粟給他，只能發織品大練。這是完全可以理解的，因為唐朝廷在安史亂前，每年把大量的織品，輸往敦煌和西北地區，作為軍用和軍人的俸祿。這些織品，原出自中原和江南農民所繳交的庸調稅物。[26]豆盧軍分配到許多這類織品，但缺乏穀物（從這份 P.3348 背面文書可見，它還經常需要在當地糴粟），也沒有那麼多的銅錢，因為銅錢在敦煌等西域地區，比起中原地帶更缺乏。所以，李景玉領到的，是大練。這跟中原官員領到的祿，多為穀粟，大不相同。但織品在唐代，也是很有用很方便的貨幣，比起銅錢更輕，更便於攜帶。李景玉領取了大練以後，可以用它在市場上，購買穀粟和其他民

26　楊際平〈天寶四載河西豆盧軍和糴會計文書研究〉，《中國社會經濟史研究》1992 年第 3 期，頁 19-32。Masahiro Arakawa 荒川正晴, "The Transportation of Tax Textiles to the North–West as part of the Tang–Dynasty Military Shipment System," trans. Valerie Hansen, *Journal of the Royal Asiatic Society*, 23:2（April 2013）, pp. 245-261.

生物品，也可以留下一些大練，來給自己和家人縫製衣物等。織品和穀物貨幣，都可以這樣一物二用，比銅錢更靈活。

傳統的貨幣史家和唐史學界，一般都過於高估銅錢的重要性。他們可能會問：為什麼唐朝廷不把銅錢，輸往西北地區去供軍？銅錢可以輕易分成小額來使用，不是更方便邊區的軍用和買賣嗎？

然而，這是現代人的想法，在唐代卻一點都不實際。銅錢固然有容易細分為小額的優點，但它卻有一大致命的缺點。唐的開元通寶錢太笨重，比練和絹等織品更重。前面我們已經見過任悉子賣粟的案例，知道唐代銅錢一貫重達 4.25 公斤。如果李景玉的祿，要領取銅錢的話，那將重達約 163.2 公斤（38400 文＝38.4 貫×4.25），恐怕不是他一個人所能搬動或「攜帶」的。相比之下，他最後領到的 83 疋練，以練每疋約 344 公克計算[27]，其總重量只不過是 28.6 公斤左右（83×344 公克），輕多了，他一個人就能搬動。練是唐各種絲織品中最輕者之一（比絹更輕）[28]。這正是唐朝把內地絲織品稅物，大量輸往西北供軍的一

---

27 趙豐，〈唐代西域的練價與貨幣兌換比率〉，《歷史研究》1993 年第 6 期，頁 179；趙豐，《敦煌絲綢與絲綢之路》（北京：中華書局，2009），頁 251。

28 練「是由生絲織造並煮熟脫膠後的平紋織物」。見趙豐（Feng Zhao）和王樂（Le Wang）的英文論文 "Glossary of Textile Terminology（Based on the Documents from Dunhuang and Turfan）," *Journal of the Royal Asiatic Society*, 23:2（April 2013）, p. 351. 所謂「膠」，其實是生絲中的一種蛋白質，叫「絲膠」（sericin）。把此「膠」脫去，便使得練變得比絹更光滑、更白、更輕，也比絹的價格更高。見 Angela Sheng, "Determining the Value of Textiles in the Tang Dynasty: In Memory of Professor Denis Twitchett（1925-2006）," *Journal of the Royal Asiatic Society*, 23:2（April 2013）, p. 191. 關於絲膠，中英文現代科學研究論文極多，可舉二例，以見一斑：孫迪、蔣耀

大原因，因為一來它出自農人所交的庸調稅物，來源不缺，取得容易。二來它重量又輕，比銅錢更方便長途運輸。

唐代文獻中常見「輕貨」一詞，指的就是絹練等織品。「市輕貨」便是把在江南收到的穀粟和銅錢等笨重稅物，轉購為絹帛，以便長途運輸到京師和西北等地。在安史之亂初期，江淮租庸使第五琦就曾向肅宗獻策這樣做，以供軍用。《資治通鑑》記此事云：

> 第五琦見上於彭原，請以江、淮租庸市輕貨，泝江、漢而上至洋川，令漢中王瑀陸運至扶風以助軍；上從之。[29]

第五琦也因為完成了這項使命，成功把輕貨絹帛，運到關中，解決了肅宗的軍餉，唐軍從此士氣大振，才得以收復長安。第五琦本人也因而官位高升，幾年後就官至宰相，陞遷神速。[30]

唐朝廷即使想把銅錢輸往西北，恐怕也無能為力，因為中原的銅錢原就短缺，只能在城市及其周邊地區流通，供小額交易使用[31]，沒有什麼剩餘，可以輸往敦煌等地。何況銅錢又那麼笨重，何苦把它千里迢迢運往西北？不如轉運布帛。這就是唐代敦煌和吐魯番等地，盛行以織品作為貨幣的一大原因。

興、張順平，〈低溫等離子體處理對真絲織物絲膠溶解性的影響〉，《絲綢》2014 年第 12 期，頁 11-14；董雪、盛家鏞、邢鐵玲、陳國強，〈絲膠蛋白的研究與應用綜述〉，《絲綢》2011 年第 12 期，頁 16-21。

29　《資治通鑑》卷 219，頁 7001-7002。《通鑑》此處的敘事，又比兩《唐書》略詳，故這裡引《通鑑》。

30　更詳細的討論見賴瑞和《唐代高層文官》，頁 292-294。

31　李埏〈略論唐代的「錢帛兼行」〉，《不自小齋文存》，頁 242-252。

今人用慣了金屬貨幣，往往以為其他非金屬貨幣是低等的[32]，甚至是「原始」的。然而，現代也頗有一些有卓識的學者，認為織品貨幣優於金屬銅錢，更適合唐人當時的物質生活。[33]若以敦煌文書 P.3348 背面所反映的唐代情況來說，織品貨幣充分展現了它的貨幣功能，不但完全不遜於銅錢，而且還比銅錢更具優勢。前面提到的重量輕就是優點之一。另一大優點是，織品貨幣非常適用於大額的交易。這份敦煌文書所記載的，除了李景玉此條外，其他條目涉及的，都是大宗交易，詳細記錄了豆盧軍府，如何以練和絹等織品，向民間購買數量龐大的各種粟、青麥和小麥。單是天寶四載這一年，它購糧所花費的總疋數，就高達二萬疋。

綜上所論，我們可以得出一條很重要的定律：唐人可以不必用實體的銅錢來支付結帳，但卻經常需要以錢作為估算單位。錢的這種功能，在以往的唐代經濟史和貨幣史研究中，似乎未見有學者論及。一般都說這只是單純的「折錢」或「折納」（此兩詞意義，皆含糊不清，須加說明和演算）、「以絹易粟」，甚至稱之為「物物交換」了事，以致錢的估算功能，被忽略了，陰晦不

---

32 例如，老派經濟學人安齊格（Paul Einzig, 1897-1973）所著的 *Primitive Money:* In Its Ethnological, *Historical, and Economic Aspects,* London: Eyre and Spottiswoode, 1948.

33 例如，李埏，〈略論唐代的「錢帛兼行」〉，《不自小齋文存》，頁 236-272；Michel Cartier, "Sapèques et tissus à l'époque des T'ang（618-906）: Remarques sur la circulation monétaire dans la Chine médiévale," *Journal of the Economic and Social History of the Orient,* 19:3（Sept., 1976），pp. 323-344; Valerie Hansen and Xingjiang Rong, "How the Residents of Turfan used Textiles as Money, 273-796 CE," *Journal of the Royal Asiatic Society*, 23:2（April 2013），pp. 295-296.

顯。

三、為何以錢為估算單位

　　為什麼唐代的銅錢不足，但卻常常以錢來作估算單位？唐代另兩大貨幣（布帛和穀物），也可以用來作估算單位嗎？

　　最簡單的答案是：以錢估價，最為精準，因為錢是十進制，1000 文為一貫，最方便計算。更重要的是，錢可以細分為很小的單位，比如三文（三個銅錢）。在交河郡市估案中，池田溫曾指出，有些物品的估價，還出現比文更小的「分」。例如糠酢（上估二文、次估一文五分、下估一文）；三寸釘（上估一文二分、次估一文、下估一文五分）。[34]事實上，開元通寶實體錢中，並無「分」的單位，但估價卻用上了「分」，更證明這種估價上的錢數，純粹是一種虛擬貨幣，純紙上作業，只為了估價更精準，甚至不惜用上虛擬的「分」。唐人交易時，不可能用「分」來付賬，但數量大一點的購物，也可以把這些「分」，累積為「文」。用「分」估價不構成什麼問題，反倒可以使估價更精細。

　　布帛是通行貨幣，當然也具有估算價值的功能，也可以作估算單位來使用。例如，池田溫便指出，交河郡市估案中，雖然絕大多數物品，是以錢來估算，但馬和駝類，卻是以帛的定數來估算。《法苑珠林》也有這麼一條記載：「皇后舍所寢衣帳，准價千匹絹，為舍利造金棺銀槨，雕鏤窮奇。以龍朔二年（662）送

---

34 池田溫，《唐研究論文選集》，頁 155。

還本塔。」[35] 這是說，皇后所捐贈的「衣帳」，其價值共「千匹絹」，顯示布帛也可用來作估價和估算單位，但不如錢那麼常見。

布的標準單位為端，絹的單位為疋（同匹）。一端為 50 尺，一疋為 40 尺（一尺等於公制 29.5 cm），尺之下還可分為寸和分單位，然而端疋都不是十進制，在計算小位數時，相當不便。不過，如果是計算整數，比如一匹馬、一頭駱駝，或一所房子時，以多少疋來估算，也相當可行。這些物品都以整數出售，不可能像米粟等物那樣，有零星的數字，如前例的 1086 斗粟，但買馬不可能說要買（比如說）5.34 匹馬，所以馬的估價，可以直接估每匹馬 35 疋絹，或更方便。比如唐後期著名的回紇馬，估價一般為 40 疋縑。[36]這或可解釋，為何交河郡市估案中，馬和駝類都用了帛的疋單位來估價。

然而，這也可能只是各地習慣的不同。在敦煌地區，便可見到馬以錢數來估價。例如，四川省圖書館所藏的一件敦煌文書殘片上，就有這樣的記載：「上家生細敦父馬壹匹，直柒拾仟文；次陸拾伍仟文」等等。[37]王仲犖的遺作《金泥玉屑考》，也收集

35　《法苑珠林校注》卷 38（北京：中華書局，2003），頁 1214。

36　傅樂成，〈回紇馬與朔方兵〉，《漢唐史論集》（新北：聯經出版公司，1977），頁 305-317；章群，〈唐代之馬匹貿易——兼論唐予回紇馬價絹的性質〉，收在淡江大學中文系編，《晚唐的社會與文化》（台北：學生書局，1991），頁 329-353。

37　此文書殘片釋文和討論，最初見於張勳燎，〈敦煌石室奴婢馬匹價目殘紙的初步研究〉，《四川大學學報》1978 年第 3 期，頁 85-91；更詳細的研究，見朱雷，〈敦煌所出《唐沙州某市時價簿口馬行時估》考〉，唐長孺主編，《敦煌吐魯番文書初探》（武漢：武漢大學出版社，1983），頁 500-518。

了不少唐內地以錢數估馬價的史料。[38]整體而言，布帛不如錢數那樣方便計算。所以不論是在西域或內地，唐代最主要的估價估算單位，特別是唐後期，仍然以錢數為最主流，較少見到以布帛估價。以穀物估價則最少見，主要見於敦煌在銅錢匱乏的吐蕃統治和歸義軍時期[39]，但唐代官員的祿，卻照例是以每兩季多少斗粟來計算（如上引 P.3348 背面，李景玉的案例）。

因此，我們在唐代文獻和出土文書中，凡見到錢若干文或若干貫時，都應當停下來仔細思考，這到底是指實體的銅錢，還是指用作估算單位的虛擬錢，否則很容易就出錯。例如，唐初褚遂良寫的〈諫東宮物少於魏府長表〉，有一段話，常為學者引用：

> 伏見東宮料物，歲得四萬段，付市貨賣，凡直一萬一千貫文。魏王支別封及廩物，一年凡直一萬六千貫文。此便儲後俸料，翻少於諸藩。朝野聞見，以為非是。[40]

池田溫便把這裡的錢數，看成是實體銅錢，進而推論說，「皇太子在市場上出售年收入的布帛四萬段，換得錢一萬一千貫，而魏王也同樣獲得一萬六千貫的收入。由此可知在唐初都市生活，必須到市場上把布帛換成貨幣」。[41]事實上，唐初布帛就是一種貨幣，太子要買東西，用布帛就可以了，何必大費周章，先把布帛換成銅錢，多此一舉？何況，若真的要把布帛「出售」，去換銅

38　《金泥玉屑考》（北京：中華書局，1998），頁 151-154。

39　鄭炳林，〈康秀華寫經施入疏與炫和尚貨賣胡粉曆研究〉，《敦煌吐魯番研究》第 3 卷（北京：北京大學出版社，1998），頁 191-208。

40　《文苑英華》卷 623，頁 3230。

41　池田溫，《唐研究論文選集》，頁 159。

錢，還將面對三個大問題。

　　第一，布帛四萬段，是個大數目。皇太子一年要「出售」那麼大量的布帛，即使分批賣出，那他豈不成了個大商人？很可能還要開個布練行之類的。他的皇儲身分，可以讓他這樣做嗎？他需要這樣做嗎？若只是拿去「變換」，類似今人拿美金去銀行兌換人民幣那樣，那當時長安城內有這樣的貨幣兌換商嗎？沒有。

　　第二，11,000 貫是個不小的數字，等於 11,000,000 文（一千一百萬個銅錢）。考慮到唐銅錢常常供應量不足，京師市場上是否有那麼多的銅錢可換，肯定是個大疑問。如果布帛真的如池田溫所說，必須到市場上換成貨幣才能使用，那麼魏王也跟著要去換銅錢（其他王子應當也要），那長安城有限的銅錢供應量，肯定要面對沉重的壓力，供不應求。

　　第三，如前所說，唐代的開元通寶有一大缺點，太重了，一貫銅錢就重達六斤四兩（約 4.25 公斤）。11,000 貫的銅錢，將重達 46,750 公斤（46.75 公噸）。相比之下，四萬段的料物，若以前面提過，絹每疋為 459 公克估算，只有 18,360 公斤（18.36 公噸），比銅錢輕了一半以上，真是所謂的「輕貨」也。在這種情況下，皇太子還想以布帛換銅錢嗎？

　　因此，這應當只是褚遂良，以京城的市估案之類的估價法，精密估算出皇儲一年的料物，只值 11,000 貫，比起魏王李泰一年的 16,000 貫，短少了 5,000 貫。所以他要上表，請求太宗皇帝給皇儲增加料物。皇儲並沒有在市場上出售他所得的料物。所謂「付市貨賣」只是個假設性的說法[42]，意即假若皇儲「付市貨

42　現代語言學家都認為，中文是一種非常注重上下文（context sensitive）的語言。上下文就可以決定整句的意義，不需要多餘的「標示」（marker），比

賣」，以市估案所載的京師物品估價，來計算他一年的料物，則「凡直一萬一千貫」，是個紙面上的估算而已，並非實體錢。「凡直」兩字，意即「總價值」，也透露這是一個總價的估算，並非實際售物所得。同樣，魏王的年收入，也只是個紙上估算。兩人的料物，多為布帛等物，品類多，難以用布帛的疋數來比較，所以要先估算為純錢數，才能精準看出兩人，何者的年收入比較高。

四、估價的盛世──唐代估價的盛行及其原因

從前面的論述，可以見到，唐代估價異常之盛行。任何物品，官方都可以根據它的市場時價和物品質地等因素，給它定個估價，分上中下三等，且每旬（十天）更新一次。嚴格說來，像交河郡市估案中的那些「價格」錢數，並非當時的實際交易價，而只是個官方所定的「估價」而已，主要供官方參考，用於採購民間物資，用於付給官員穀粟或布帛等俸祿，或用於估算贓物的價值，以判定某某官員是否貪贓；貪贓的話，又達到怎樣的罪等級。[43]這些估價都有些彈性，有上估、次估和下估，有一個估價

如文言標示假設的「若」等字眼，可以省略不書。所以中文也沒有現在、過去等時態，可以沒有「你、我、他」等人稱，甚至可以省略主詞。不過中文的這種精簡，有時候的確也會造成一些模稜兩可的狀況，比如此處褚遂良的這句話。英文的假設性說法，則必須要有 if 等等標示，其動詞也要改用假設語態才行，如 would 等詞。

43 池田溫，〈中國古代物價初探──關於天寶二年交河郡市估案斷片〉，《唐研究論文選集》（北京：中國社會科學出版社，1999），頁 122-189；盧向前，〈唐代前期市估法研究〉，中國敦煌吐魯番學會編，《敦煌吐魯番學研究論文集》（上海：漢語大詞典出版社，1991），頁 693-714；趙貞，〈唐

範圍。這種估價，在西域地區已經如此盛行，那麼在中原和江南等內地，應當更常用，比如上述褚遂良估皇太子和魏王李泰的每年料物價值，即為一例。可以說，在唐代，任何物品都可以有這樣的估價。在交河郡市估案中，甚至用作肥料的糞便，都有估價：「糞壹大車，上直錢貳拾五文，次貳拾貳文，下貳拾文」。[44]連糞都可估價，其他物品也就可想而知了。從這個角度看，唐代簡直就是個估價的偉大時代，估價的盛世。

我們今天也有估價，但不常見，僅見於法庭的拍賣屋、藝術品和古董一類的估價，即「鑑價」（valuation）。現代的鑑價，須交由專業的、有認證的鑑價師（valuer）去進行，要有詳細的鑑價報告，才有公信力，並非一般人可為。同樣，唐代的估價，也有一套專業的做法，交由市司或都省（如唐後期的省估）一類的官署去進行，不但具有相當的公信力，還有相當的公權力。官方交易一般都要根據市估價——民間交易則可作參考用。

西域有交河郡市估案出土，可惜唐中原江南等地區，還未出土類似的估價文書，但肯定也有估價。最好的一個例證，就是劉晏為了改進鹽法，不惜下「重價募疾足」：

> 自諸道巡院距京師，重價募疾足，置遞相望，四方物價之上下，雖極遠不四五日知，故食貨之重輕，盡權在掌握，朝廷獲美利而天下無甚貴甚賤之憂，得其術矣。[45]

代的「三賈均市」——以敦煌吐魯番文書為中心〉，《中國社會經濟史研究》2012 年第 1 期，頁 8-12。

44 池田溫，《中國古代籍帳研究：概觀・錄文》，頁 453，第 155 行下半部 B 部分。

45 《舊唐書》卷 123，頁 3515。

劉晏這樣做，就是為了讓他能坐鎮在長安京師，也能迅速掌握各地的物價，作為他製作鹽估價的參考。他的鹽估，是精心設計估定的，有依據，有現實考慮，應當是適中合理的，所以廣受百姓的接納。官府的鹽專賣，也獲得「美利」。史官更要讚美他說，「朝廷獲美利而天下無甚貴甚賤之憂，得其術矣」。

唐代社會隨處可見估價。敦煌吐魯番文書中，常見「疋估」、「斗估」等詞，就是最鮮明的例證。到了內陸地區，當時應當也曾經使用這類字眼，只可惜這種字眼，通常只見於實際的交易文書和契約，但內地這樣的史料，並沒有像敦煌吐魯番文書那樣出土傳世，今人不得一見。然而，在史書中，還是留下了不少痕跡，例如准價、准估、時估、約估、依估，官估、定估、原估、高估、本估、省估等字眼，甚至唐後期最著名也最讓人迷惑的虛估和實估，莫不都跟估價有關。我們用這幾個「估」的關鍵詞，去唐代傳世文獻中檢索，就可以查到大量的案例，舉不勝舉。這裡就不必引用了。

為什麼唐代如此盛行估價？原因頗複雜。這裡為了避免枝蔓，不擬討論，將另撰文處理，但可以一提，其中一個原因是，唐代同時使用三大貨幣——布帛、銅錢和穀物。這三種貨幣，都有其特徵和優缺點。估價是為了不同貨幣和物品之間的換算和交換。有了物品的估價，一切買賣、交付和支付結帳，才有可能，才能合理、公平地進行，比如我們在敦煌文書 P.3348 背面所見。

五、唐三大類貨幣的優缺點及其通行狀況

（一）布帛

　　布帛由農民自行生產，通過租庸調和兩稅等賦稅系統，進入國家稅收，又從國家支出（和糴、供軍、官員俸祿、皇室開支等），流進全國的貨幣體系，再流通到全國各地。比如，在江南交納的租庸調布，最後曾經流通到吐魯番，在近世出土。[46]那主要是因為官府把這些租調布，運送到西域去供軍資。學界一般未意識到布帛貨幣的重要性和便利性，但布帛根本就是農民自己生產的貨幣。用一句台灣時下流行語來說，唐代的布帛，簡直就是「自己的貨幣，自己來生產」。國家的貨幣，不必麻煩國家去花大成本來鑄造──農民自己就可以搞定。還有什麼比這更好的事呢？布帛也不像銅錢那樣，它不會有被仿冒的風險。它的重量在三大貨幣當中，也最輕，是所謂的「輕貨」，最適合長途運輸和大宗交易（見上）。缺點是布帛為有機物，會自然腐朽，但也可用上數十年，這不算很嚴重的缺陷。比較不便的是，布帛的估算單位為匹端尺寸，非十進制，比較不適合用來充當貨幣的估算功能。然而，它不但是唐代民間，用來付賬和繳稅的最大宗貨幣，也是官府用於糴粟、供軍、採購和支付官員俸祿的最主要貨幣，更是皇帝用來賞賜大臣和外國使臣，以及營造宮中殿宇和皇帝陵墓等大型建設的最重要貨幣，而且從唐初到唐末都如此。

46　王炳華，〈吐魯番出土唐代庸調布研究〉，《文物》1981 年第 1 期，頁 56-62。此文又收在王炳華的數種文集，如《西域考古文存》（蘭州：蘭州大學出版社，2010），頁 483-494。

　　以銅錢至上的貨幣學者，一般都會質疑，布帛在質地上，在重量尺寸上，是否具有銅錢那樣的標準、統一規格？這點已有學者申論[47]，不成問題，這裡不必贅論，只想簡單交代，補充四點。

　　第一點，唐代官府對織品稅物，有一套嚴謹的標準規格尺寸要求。《通典・食貨典》引開元二十五年唐令：「准令，布帛皆闊尺八寸〔0.53 米〕、長四丈〔11.8 米〕為疋，布五丈〔14.75 米〕為端，綿六兩〔255 公克〕為屯，絲五兩〔213 公克〕為絇，麻三斤〔2.04 公斤〕為綟。」[48] 玄宗更曾經下過一道敕令，「以庸調無憑，好惡須准，故遣作樣，以頒諸州，令其好不得過精，惡不得至濫」[49]，規定民間所交的織品稅物，須符合官府所頒布的「作樣」才行，才能通過層層品管，經由鄉村、縣和州重重稅官的重複檢查和驗收，交納為稅物，最後再進入貨幣流通系統。這無疑是經過嚴格品管的稅物，也是符合統一標準的貨幣。

　　在吐魯番出土的那些唐代江南庸調布，上面還有用墨筆和硃筆，寫上交稅農民的姓名、居住的州、縣，甚至鄉里，以及各級驗收稅官的簽名和日期等項[50]，簡直可以媲美現代有機農產品的

47　過去已有不少學者論及這問題。最新的論述見徐暢，〈唐代多元貨幣體制的運營——基於中央的視角〉，頁 76-78；Angela Sheng, "Determining the Value of Textiles in the Tang Dynasty," *Journal of the Royal Asiatic Society*, 23:2（April 2013），pp. 175-196.

48　《通典》卷 6，頁 107-108。

49　《唐會要》卷 83，頁 1815-1816。

50　王炳華，〈吐魯番出土唐代庸調布研究〉，《文物》1981 年第 1 期，頁 56-62；Valerie Hansen and Helen Wang, "Introduction, Textiles as Money on the Silk Road," *Journal of the Royal Asiatic Society,* 23:2（April 2013），pp. 155-163.

所謂「產品履歷」。當然這些出土的庸調租布，並非原來交稅時的完整足端形式，而是被拿去做成被單、褥、襪等等日用品了，但麻布上原先以墨筆和硃筆寫上的產品履歷題記，卻沒有被洗去或裁去。顯然，這些麻布曾經被當作貨幣使用，送到西域去供軍資，後來又拿來當布料使用，縫製成被單和褥等物，無意中保留了布頭處原有的產品履歷。

因此，唐代這些織品稅物，那些有瑕疵的，肯定是可以被追蹤的。若不合格，可以被退貨。最有名的案例，要算玄宗時的財稅高官楊慎矜。他在長安知太府出納，驗收織品稅物時，十分苛刻刁難，不收瑕疵品：「雖錢帛充牣，丈尺間皆躬自省閱」，「於諸州納物者有水漬傷破及色下者，皆令本州徵折估錢，轉市輕貨，州縣徵調，不絕於歲月矣」。[51]

第二點，唐代的布帛，品類多達十多種，特別是絲織品，有高低等級之差，讓人眼花，都可以當作貨幣來使用嗎？其實不是，是有所區別的。最常用來作為貨幣的，只有少數幾種最簡單的織品，最容易達到統一規格標準的。以敦煌吐魯番文書所見，大約有六種：麻、絹、練、絁、綿、縵。[52]這六種當中，又以前三種最常見，約占七八成以上。

織品史家盛餘韻，在她最近的一篇英文論文中，曾經給唐代的織品，以織法繁簡程度，做了非常實用的三大分類：一是「簡

---

51 《舊唐書》卷105，〈楊慎矜傳〉，頁3226。

52 關於這些織品的織法及其特徵，見趙豐和王樂的英文論文 "Glossary of Textile Terminology（Based on the Documents from Dunhuang and Turfan）," *Journal of the Royal Asiatic Society*, 23:2（April 2013），pp. 349-387. 此文等於是「織品名稱小詞典」，對各織品名稱，有詳細的中文和英文解說，並附有織品照片，最方便查檢。

單的」（simple）；二是「複雜的」（complex）；三是「奢華的」（fancy）。簡單的織品，也就是在敦煌吐魯番文書中最常見的那些（麻、絹、練）。它們是最容易紡織的，用最簡單的織機，就可織成，也是農民交納稅物的最大宗織品。正因為紡織容易，這類「簡單」織品最容易達到標準、統一的規格，農民不難遵從，因此最適合拿來作貨幣使用。[53]官府所頒發的「作樣」，看來也只針對這類簡單織品而言。

　　像麻布和絹等這類簡單織品，還需區分產地，有等級之分。《唐六典》在太府寺卿條下說：「凡絹、布出有方土，類有精粗。絹分為八等，布分為九等，所以遷有無，和利用也。」接著，它一一把這八等絹和九等布的產地，全列了出來。文長不便全引，且引前三等為例：

> 宋、亳之絹，復州之紵，宣、潤、沔之火麻，黃州之𥿄，並第一等。鄭、汴、曹、懷之絹，常州之紵，舒、蘄、黃岳、荊之火麻，廬、和、晉、泗之𥿄，並第二等。滑、衛、陳、魏、相、冀、德、海、泗、濮、徐、兗、貝、博之絹，楊、湖、沔之紵，徐、楚、廬、壽之火麻，絳、楚、滁之𥿄，並第三等。（下略）[54]

這里布又分為三種：紵、火麻和𥿄，屬麻布類。絲織品則只有一種：絹。太府寺卿是中央太府寺的長官，負責驗收各地錢帛稅

53　Angela Sheng, "Determining the Value of Textiles in the Tang Dynasty," pp. 175-176.

54　《唐六典》卷 20，頁 541。

物。《唐六典》把布和絹，依產地分等，列在太府寺卿的職務之下，顯示這種分等是有意義的，應當意味著，不同產地的布和絹，會有不同的估價。在交河郡市估案中，我們也見到，常州的布、梓州的小練、蒲陝州的絁，都有自己的估價[55]，顯示這幾個州的產品，有別於他州，可以得到比較高的估價。用作貨幣時，這些州的布帛產品，應當也可享有更高的「幣值」，估價更高。前面我們見過，唐代的布帛稅物，都會寫上交納者的州縣和鄉里。這等於它的「產地來源」，十分有現代意識，就像現代的出口貨品一樣。這意味著，唐代貨幣系統中的每一段布帛，都必定附有最可靠的「產地來源」證明，可以被追蹤，也正好可以用來區分各地的產品，從而決定其高低不等的估價。我們或可想像，前面那位行客任惣子，到敦煌賣粟，在估價時，買賣雙方除了參考市估案之外，應當也曾經仔細檢查過，那 60 疋生絹的產地來源，最後才達致每疋定 380 文的估價。

第二類「複雜」的織品，如錦、綺和綾，因為織法比較複雜，各家織坊又各有自家的設計和式樣，沒有必要制定標準、統一的規格，應當也不受官府「作樣」的管制，也不適合用作貨幣。然而，唐代農民交稅時，應當也不會自討苦吃，也沒有這樣的技術，去花時間和精力，去紡織這種複雜的織品來繳稅。它們往往是江南等地的貢品，由皇室命令地方刺史和節度使，在當地有名的織造坊生產，需要更複雜的織機，由專業的織工，才能完成，專門供宮廷和皇室貴族使用。所以它們也不會大量流入貨幣系統。若有人拿這類織品，到市場去當作貨幣來買東西，那恐怕是在京師都城，富豪人家或皇族成員偶一為之，或潦倒沒落時所

---

55 池田溫，《中國古代籍帳研究：概觀・錄文》，頁 448-449。

為，並不常見。這類織品也較難以估價，要視其織法、材質、花紋等因素而定，可能要由買賣雙方協商一個價錢。商人收到這樣的織品，大概也不會再把它當成貨幣使用（除了特殊情況），而會把它當成一件精美織品，轉賣給其他有興趣的買家。

在交河郡市估案中，我們可以發現，售賣布帛的商行有兩種。第一種叫帛練行，售賣簡單織品，如練、絹等，都以疋估價，顯示是以整疋出售，如「大練一疋」，上估 470 文，中估 460 文，下估 450 文。第二種叫彩帛行，售賣複雜織品，如綾，不以疋估價，卻以尺估算，如「紫熟綿綾壹尺」，上估 46 文，中估 45 文，下估 44 文，顯示這些複雜織品價格比較昂貴，都論尺買賣。[56]一家彩帛行所賣的綾，極可能數量極少，只有數尺左右的存貨，不足疋（40 尺），因此也不可能拿這種織品，來交稅和當貨幣使用。從這樣的區分看來，簡單織品用於縫製整件衣服和交稅；複雜織品，則不是用來縫製整件衣物，只用於鑲邊裝飾服裝上的某一小部分（比如胸前和袖口），論尺售賣，正好符合顧客的需求，類似絲路上那些非漢人旅者的常見習俗，以動物皮裘來裝點衣物一樣。[57]

複雜的織品，因為織法複雜，一般也算是第三類「奢華」織品。例如羅，需要熟練的織工才能織造，織的時間也比織最簡單的絹，多達九倍。這類織品，更不可能出自農家稅物，應當都由皇家設在宮中或河北鎮州、江南潤州、四川成都等地的專門作坊織造，只專供皇室或貴族成員使用。它可能偶爾會流入市場，但恐怕不是當成貨幣使用，而是作為一件奢華的織品來買賣、收

---

56 池田溫，《中國古代籍帳研究：概觀‧錄文》，頁 468-469。

57 Angela Sheng, "Determining the Value of Textiles in the Tang Dynasty," p. 194.

藏，甚至可以成為藝術品，具有文化和象徵意涵。[58]官府也禁止民間私造「綾錦」這種高級絲織品。[59]

　　《通典・食貨典》引開元二十年（732）九月制：「綾羅絹布雜貨等，交易皆合通用。如關市肆，必須見錢，深非道理。自今以後，與錢貨兼用，違者准法罪之。」[60] 這裡提到「綾羅」，好像「綾羅」這種高級奢華的絲織品，也可以當成貨幣來使用。若真的有人拿「綾羅」去購物，看來也是可行的，但這在一般的買賣中，恐怕是一大「奢華的浪費」，在小額交易中恐怕也行不通。但它可能用於大宗交易，比如買了十頭驢，估價達數十貫，賣方又願意接受，則可用綾羅來付賬。然而，制文中的「綾羅」兩字，可能也只是絲帛的代稱，並不指真正的「綾」和「羅」。

　　同理，唐代文獻常見「綾絹」兩字，往往只是絲絹或布帛的代稱，並不真的包含「綾」這種高級織品。例如，敬宗皇帝在長慶四年（824）正月丙子即位詔中說：「軍吏及城內諸軍，賞物節級有等，仍於內庫更出綾絹共二百萬匹度支，充邊軍春衣。」[61]邊軍的「春衣」，何需用「綾」來製作？不可能。這裡的「綾絹」，應當只是代指一般最簡單的織品罷了。陸贄提到兩稅法時說：「定稅之數，皆計緡錢；納稅之時，多配綾絹。往者納絹一疋，當錢三千二三百文；今者納絹一疋，當錢一千五六百文。往輸其一者，今過於二矣。」[62] 在開頭一句，陸贄因為對仗

58　Angela Sheng,"Determining the Value of Textiles in the Tang Dynasty," p. 188-195.

59　徐暢〈唐代多元貨幣體制的運營——基於中央的視角〉，頁 77-78。

60　《通典》卷 9，頁 201。

61　《冊府元龜》卷 81，頁 946。

62　王素校注《陸贄集校注》卷 22（北京：中華書局，2006），頁 725。

需要，才用上「綾絹」兩字，以便跟「縑錢」對舉。但在下一句，他就單單只提到最普通的「絹」（「納絹一疋」），不再提「綾」，可證前一句的「綾絹」，只是個泛稱代指。從我們對兩稅法的理解，這個「綾絹」也僅代指布帛。除非特殊情況，農民一般只交最簡單的絹等類織品為稅物。

　　第三點，如果我們對布帛作為貨幣，還有疑慮的話，那不妨看看，從漢末到唐末的大約六七百年，布帛一直是最主要的貨幣之一，而且是十足的貨幣。經過如此漫長的時間考驗，布帛的貨幣地位，應當可以確立無疑。它的統一標準規格，也不成問題了。

　　第四點，在世界史上，在中國以外的其他地區，也可以找到不少織品作為貨幣的案例。例如，在十二和十三世紀的北歐維京世界，有一種稱為 wadmal 的毛織品，曾經是主要的貨幣估算單位，跟當時的銀幣一起使用。另一有名的例子，是在十八九世紀的非洲，布曾經是主要貨幣之一，連同鹽。在上古、中古和現代，這類以織品當貨幣的案例，還有不少。[63]唐代以布帛為貨幣，可以放在這個世界史的大視野下來評估。

（二）銅錢

　　銅錢在唐代都由官方鑄造，不允許民間私鑄，以銅混合少量的鉛和錫生產，事實上不完全是銅，而是一種銅合金。但也因為如此，它有先天的限制。前文已論及，唐代的銅產有限，開採不易，成本高，官方難以大量鑄造銅錢。這造成唐代的開元通寶等銅錢，其鑄造量和供應量，從唐初到唐末，始終不足夠應付需

63　Helen Wang, "Textiles as Money on the Silk Road?" pp. 172-173.

要，無法完全替代布帛的貨幣地位。很可能也正因為唐代還有布帛可用作貨幣，可以解決許多交易和支付問題，所以官府也不急於鑄造太多的銅錢，沒有鑄造更多銅錢的急迫性，故任由銅錢長期短缺。

此外，銅錢還有一大致命缺點：面值太小，一個銅錢只值一文，以致一貫（一千文）重達 4.25 公斤，比絹和練還重（見上），不適合長途運輸到外地，不適合遠程商販，也不適合用於大宗交易。一般鮮少用於鄉下農村，只行用於城市和周邊地區，供居民、工匠和商人購買民生日用品之用，且大都為小額交易。[64] 除此之外，銅錢還有被仿冒的風險，更有惡錢問題，如《舊唐書・食貨志》所記：「顯慶五年（660）九月，敕以惡錢轉多，令所在官私為市取，以五惡錢酬一好錢。百姓以惡錢價賤，私自藏之，以候官禁之弛。高宗又令以好錢一文買惡錢兩文，弊仍不息。」[65] 除了交易，銅錢無其他實際用途，不像布帛貨幣還可以縫製衣物，穀物貨幣還可以食用。布帛和穀物，也可以轉售，甚至多次轉賣牟利，既是貨幣，又是商品，對某些商人（特別是四處販賣的流動行商）特別有好處，更靈活。銅錢卻不可能當商品來轉售。

銅錢的長途運輸困難，在《舊唐書・韓滉傳》中，有一個生動有趣的實例：

〔元〕琇以京師錢重貨輕，切疾之，乃於江東監院收穫見錢四十餘萬貫，令轉送入關。〔韓〕滉不許，乃誣奏云：

---

64 李埏，〈略論唐代的「錢帛兼行」〉，《不自小齋文存》，頁 242-252。
65 《舊唐書》卷 48，頁 2095。

「運千錢至京師，費錢至萬，於國有害。」請罷之。上以
問琇，琇奏曰：「一千之重，約與一斗米均。自江南水路
至京，一千之所運，費三百耳，豈至萬乎？」上然之，遣
中使齎手詔令運錢。滉堅執以為不可。[66]

《資治通鑑》繫此事於德宗貞元二年（786）。元琇當時任
鹽鐵使，韓滉為浙江東西節度使兼江淮轉運使，但兩人不合，因
此兩人對德宗，都在各說各話。韓滉說從江東鹽鐵監院，運送每
一千文銅錢至京，運費高達一萬，為銅錢面值的十倍，「於國有
害」，看起來誇大，但他可能借用了唐代「斗錢運斗米」那種民
間流行的說法。據孫彩虹的研究，唐後期運送江南租米至京，費
用多在每斗二三百文之間。[67]這樣看來，元琇的說法比較可信，
但似乎又低估了。既使是三百文，也等於一千文的 30%，也是
相當高昂的運費，可證唐代的銅錢，不適合長途運送。最後，德
宗皇帝派中使「齎手詔令運錢」，但韓滉仍然堅決不運錢，認為
「不可」。他敢於這樣公開反抗皇命，看來此事的確也有它不可
行之處，有運輸上的困難，或他認為，京師缺銅錢，其來有自，
長期如此，影響不大，並非什麼生死大事，因為京師肯定還有布
帛貨幣可用。

這個案例，給我們的最大啟示是：如果江南一帶兩稅所收到
的銅錢，也要如此長途運輸回京，運費肯定是個棘手問題。在這
種情況下，朝廷是否還會堅持說，兩稅真的非收銅錢不可嗎？還

66　《舊唐書》卷 129，頁 3601-3602。

67　孫彩虹，〈「用斗錢運斗米」辨——關於唐代漕運江南租米的費用〉，《中
　　國農史》2002 年第 2 期，頁 62。

是可以折納為他物？若收銅錢，是否又都運回長安（至少上供部分，本該運回）？但銅錢運費之高，卻是朝廷不能不去考慮的。或許，它有變通辦法。比方說，江南一帶的兩稅，可以不必都繳銅錢，可多繳布帛。這樣，布帛的運費至少可以節省一半以上。同理，唐後期在江南收到那麼多的鹽稅收入，如何處理，也應當放在這個角度下來看。事實上，元璹令韓滉運回京的這「四十餘萬貫」銅錢，正是江東鹽鐵監院所收到的鹽利，乃賣鹽所得，但韓滉不肯運回京，看來也只能讓該監院，在當地支用，充當鹽鐵官員們的俸料等行政支出了，或者像第五琦那樣，轉「市輕貨」（布帛），再運回長安。

此外，元璹還提供了一個極有意義的細節：「一千之重，約與一斗米均」。唐代一斗米的重量，約為 6.25 斤（等於 4.25 公斤）。元璹這句話，無疑是唐人親口證實了，唐斗米的重量，跟一千文銅錢的重量（4.25 公斤）相同。元璹又說，兩者從江南運送回京，「費三百耳」。然而，兩者其實有一重大區別——米是長安的重要生活物資，但銅錢卻不是。因此，米的運費，即使再高昂，朝廷仍然每年要把大量的江淮租米，轉運到京，否則皇帝官員們都沒飯吃了。這就是為什麼陸贄說，江南歲運租米到京，乃「國之大事，不計費損，故承前有用一斗錢運一斗米之言，雖知勞煩，不可廢也。」[68] 然而，銅錢卻不像租米那樣重要，因為它有布帛貨幣可以替代，不算「國之大事」。韓滉很可能是在這種思維下，拒絕運錢回京，而德宗皇帝對此事也心知肚明，沒有再追究下去，不了了之。另外，運送這「四十餘萬貫」的銅錢上京，其中的風險，也顯然遠遠高於運米，不划算。

---

68 《陸贄集校注》卷 18，頁 592。

銅錢運費之高，我們還有一個更好的證據，見於《唐會要》所載韓洄的一篇奏文：

> 建中元年九月〔780〕，戶部侍郎韓洄上言：「江淮錢監，歲出錢四萬五千貫，輸於京師，度工用轉送之費，每貫計錢二千，是本倍利也。今商州紅崖冶出銅益多，又有洛源監，久廢不治。請增工鑿山以取銅，洛源故監置十爐鑄之，歲計出錢七萬二千貫，度工用轉送之費，貫計錢九百，則利浮本矣。其江淮七監請皆停罷。」從之。[69]

韓洄原本是諫議大夫，在建中元年三月癸巳，德宗才剛命他為戶部侍郎、判度支[70]，成了掌管全國財政的特使。九月，他就呈上這篇奏狀，所奏正是他的職務事，證據充分，詳實可信。據他的奏文，江淮錢監所鑄的銅錢，運到京師，其「工用轉送之費」，每貫竟高達 2000 文，為銅錢面值的兩倍。這個「工用轉送」費，應當包括銅原料、鑄工成本，以及「輸送」費，可惜全都加總在一起，我們不知「轉送」費占多少。但韓洄又告訴我們，如果在商州的洛源監鑄錢，則其「工用轉送之費」，每貫只要 900 文。商州（今陝西商州市），就在長安東南約 140 公里，運費果然可以大減。我們把 2000 文減去 900 文，就是朝廷能夠省下的運錢費，竟高達每貫 1100 文。這比元琇所說，每貫只要 300 文運費，又高出許多。正因為在商州鑄錢，可以節省一大筆運費，所以德宗批准了韓洄的奏狀，把江淮七監廢了。這個案例顯示，

69　《唐會要》卷 89，頁 1931。
70　《舊唐書》卷 12，〈德宗紀〉，頁 325。

唐官府鑄錢，不但要考慮鑄錢的成本，還要評估運輸的費用。兩者都不輕。難怪唐朝始終沒有太大意願，去大量鑄銅錢，而任由銅錢長期短缺，因為它一直還有布帛貨幣，可以依賴。銅錢短缺，雖然對城市及周邊地區的生活有些不便，但影響層面不大，不是太迫切的問題。

前面論及銅錢的幾個缺點。最後，我們卻不得不提，錢的一大優點：因為它是十進制，最便於用作估算單位，是以唐代的估價和玄宗朝開始的估稅，幾乎全以錢數來估算。唐人又更進一步，有了「虛擬錢」的概念，純粹以錢為估算單位，但卻不以實體銅錢來付賬，常改用布帛，也大大解決了銅錢不足的棘手問題。

唐代為了解決銅錢短缺，還有另一個做法，實施所謂的「除陌錢」，也就是（比如說），把 850 文當成 1000 文一貫來使用。百姓可以用 850 文，在市場上買到價值 1000 文的東西。這種除陌錢，原本是民間為了解決銅錢不足，因應而生的創新點子。只要大家都遵從這樣的用錢規則，它就可以在市場上順暢運作。後來官方也承認這種做法，甚至頒布敕令，規定每一貫可以合法減少多少文。如天寶九載（750）二月十四日敕：「除陌錢每貫二十文」[71]。意思是，每一千文可以減少 20 文，把 980 文當成一貫來使用。長慶元年（821）和會昌五年（845），官府規定 920 文可成一貫。唐末天祐二年（905），甚至規定在河南府洛陽市，850 文就可以成一貫。整個趨勢是持續向下，顯示銅錢流通量，越到唐末，越不足夠市場所需。

---

71 《唐會要》卷 66，頁 1364。

　　宋代的銅錢依然短缺，甚至 770 文，就能成一貫。[72]然而，這種除陌錢，只在京師等城市及鄰近地區實施，也只能局部舒緩這些地區銅錢的短缺，並不能徹底解決問題。至於唐代廣大鄉下農村地區，越遠離城市的，就越不需要使用或鮮少使用銅錢。這種除陌錢，對絕大數農民百姓來說，並無太大意義。唐後期仍然以布帛為主要貨幣，特別是用於大宗交易。[73]

（三）穀物

　　穀物之為貨幣，較少為人所知，但唐代貨幣史家，一般都承認，穀物是唐代的三大貨幣之一。它的缺點是，不耐久貯，約數年即腐壞，也比布帛和銅錢都重，不適合長途運輸作貨幣。優點

---

72 除陌錢是個複雜問題，見拙文〈唐代除陌法和除陌錢新解〉，《唐史論叢》第 23 輯（2016）。現亦收在本論文集。

73 全漢升〈中古自然經濟〉，原載《中央研究院歷史語言研究所集刊》第 10 本（1948），頁 73-173，後收入《中國經濟史研究》（台北：稻鄉出版社，1991），頁 1-141，有一個著名的論斷：從漢末到安史之亂前後的大約五百年餘年時間，中國是個自然經濟的時代，也就是以穀物、布帛等實物，作為最主要的貨幣。這點學界大抵同意，沒有太大爭論，除了何茲全提過一點異議，見〈東晉南朝的錢幣使用與錢幣問題〉，《中央研究院歷史語言研究所集刊》第 14 本（1949），頁 21-56。但全漢升又說，自安史亂後，布帛實物貨幣就衰落，銅錢又再度興起代之，似又把銅錢取代布帛的時間，推論定得太早一些，早了至少 150 年。但事實上，全漢升並未論及唐後期和五代的情況，論據似不足，學界也未採納。例如，李埏便認為，「錢帛兼行是與唐朝相始終的。因此，儘管唐代後期有許多變化，整個唐代仍屬於錢帛兼行時期。」見〈略論唐代的「錢帛兼行」〉，《不自小齋文存》，頁 265。又見宋傑〈貨幣與物價〉，收在寧可主編，《唐代經濟通史‧隋唐五代經濟卷》，頁 429-543；盧華語，《唐代桑蠶絲綢研究》（北京：首都師範大學出版社，1995），頁 145-165。本文引用過的不少唐代史料，也可證明唐後期，布帛仍然是一大通行貨幣，沒有被銅錢取代的跡象。

是：可由農民自行生產，一般不會像銅錢那樣短缺，也可分成小額的升斗使用。除貨幣功能外，它還可食用，也無仿冒的風險。它是交納租稅的最主要貨幣之一，亦可交兩稅，可用於賒賬、借貸和還債[74]，也可用來估算其他物品價格，如一升鹽值一斗米，但穀粟以升斗石等容量單位來計算，非十進制，其估算功能遠不如錢數。但唐代官員的祿，一般還是以多少斗粟來估算（如上引李景玉案例）。不過，整體而言，穀物作為貨幣，不如布帛和銅錢那麼重要。

然而，在特殊的時間和環境，穀物也可以成為最主要的地區性貨幣。最好的一個案例，是在晚唐五代的敦煌。據法國敦煌學家童丕的研究，從八世紀中以後，整個唐帝國都面臨銅錢短缺，特別是在西域偏遠地區。在敦煌，情況更為嚴峻——各種銅錢完全消失了，時間至少長達二百年。從八世紀末到大約 1030 年（即敦煌的吐蕃占領時期和歸義軍時代），所有敦煌財政和經濟類文書顯示，當地世俗民眾、僧徒、宗教組織和民政機關，他們在各種交易支付結帳時，用的都是穀物或織品。在佛教寺院（出土文書例證最清楚），從九世紀初起，交易時大部分是以穀物支付結帳，只偶爾用織品。以織品付賬時，也多以麻、紵或絁布，罕用絲帛。這情況一直持續到 1030 年左右。比如，在敦煌文書 P.2032，沙州的淨土寺，即使在購買農田時，也常以穀物付賬：

---

74 羅彤華，《唐後期五代敦煌寺院的放貸業》（台北：新化圖書，2000）；羅彤華，《唐代民間借貸之研究》（台北：臺灣商務印書館，2005）；羅彤華，《唐代官方放貸之研究》（台北：稻鄉出版社，2008）；童丕（Eric Trombert），《敦煌的借貸：中國中古時代的物質生活與社會》，余欣、陳建偉譯（北京：中華書局，2003）。

「麥貳拾碩，粟貳拾碩，買羅家地價用」。[75]

　　不過，童丕沒有論及敦煌的情況為何如此。我想，應當是八世紀中，安史之亂後，唐軍撤離了整個西域。從此，唐皇朝再也沒有必要，運送布帛織品到那裡去供軍。敦煌和中原的往來，也幾乎完全停頓。這導致敦煌原本就稀少的銅錢，再也沒有新的來源，逐漸完全消失。唐不再運送織品，也使得敦煌的整個絲帛類來源中斷，原有的也慢慢耗盡，只剩下當地還能生產的麻、紵和絁布，但這些布類的產量，遠不足以充作主要貨幣。於是，敦煌只好以當地生產的麥粟類穀物，作為最主要的貨幣了，不但用於支付，也用於估算其他物品的價格，如「布一匹，折麥肆碩二斗」。[76]

　　正因為唐人在日常生活，使用了這三種貨幣，於是便有了換算的需要。換算的一個最重要基礎，便是估價。布帛和穀物都有自己的估價，其他任何物品也都可以有估價，而且照例都是以錢為估算單位。這樣各種物品之間，就可以進行交換和買賣了，脫離了所謂以物易物的簡單模式。錢（虛擬的錢數即可）是估價的最重要媒介。以前面引用過的出土文書為例，粟有錢數的估價，生絹也有錢數的估價，多少斗的粟，等於多少疋的生絹，有了錢數的估價，可以輕易計算出來。如果沒有這種錢數估價，唐代的

---

75 Eric Trombert, "The Demise of Silk on the Silk Road: Textiles as Money at Dunhuang from the Late Eighth Century to the Thirteenth Century," *Journal of the Royal Asiatic Society,* 23:2（April 2013）, pp. 328-332. 更多的例證，見蘇金花，〈唐、五代敦煌地區的商品貨幣形態〉，《敦煌研究》1999 年第 2 期，頁 92-100。

76 鄭炳林，〈晚唐五代敦煌貿易市場的等價物〉，《中國史研究》2002 年第 3 期，頁 85-94。

這類交易和付賬，勢必無法進行。唐代之所以那麼盛行估價，就是為了要解決官府付賬、支付俸祿和百姓交稅等等問題，是因為唐人行用了三種貨幣，彼此之間常常需要折算，以便從一種貨幣（比如粟），換算為另一種貨幣（比如絹或練）。以十進制的錢數，來估算任何物品的價值，最方便這樣的折算和交換。

六、估價在內陸唐人生活中的使用實況

前文釐清了唐人常以錢數來定某一物品的估價，但在實際交付時，又改以布帛或其他等值物（包括穀物）來支付結帳。唐代估價之盛行，遠遠超過現代。唐人對物品估價的「迷戀」和熟悉程度，也是我們今人難以想像的。前面，我們已經見過幾個西域敦煌和吐魯番的實例。現在，讓我們來看看三個唐代內地的案例，以見一斑。

第一例見於李肇（818-821 年間任翰林學士）的《唐國史補》：

> 澠池道中，有車載瓦甕，塞於隘路。屬天寒，冰雪峻滑，進退不得。日向暮，官私客旅群隊，鈴鐸數千，羅擁在後，無可奈何。有客劉頗者，揚鞭而至，問曰：「車中甕直幾錢？」答曰：「七八千。」頗遂開囊取縑，立償之，命僮僕登車，斷其結絡，悉推甕於崖下。須臾，車輕得進，群噪而前。[77]

77　《唐國史補》卷上（上海：上海古籍出版社，1979），頁 24-25。

這一例頗有名，顯示當時（約九世紀初）唐人在日常生活中，交易時幾乎都要涉及估價。今人在類似場合，大概會問：「這些甕賣多少錢？」因為今人想要知道的是物價，不是估價。但行客劉顛卻不是這樣問。他問的是：「車中甕直幾錢？」（車中的甕值多少錢？）換句話說，他想要知道的，不是物價，而是這些甕的錢數估價。他了解，當時的習慣，估價都是以錢數來估算（「直幾錢」）。甕主人便告訴他，「七八千」，即七八千文。劉顛於是打開行囊，不是取錢，而是取出縑這種織品貨幣，立刻付賬，買下這些甕，再請僮僕把甕都推到山崖下去，替眾人解決了中古時代澠池道上塞車的問題。

這個故事至少透露兩件事。第一，唐人在日常生活中，不但知道凡物品都可以用錢數來估價，但又可以用布帛來支付結帳，而且他通常還很熟悉，錢數和布帛的比價，可以很快就把錢數，換算為布帛的疋數。第二，此例顯示，即使到了唐後期，布帛類的織品，還是相當通行的貨幣，比銅錢更方便，特別是用於「七八千」這種算是大宗的交易。劉顛這個「客」，出遠門做生意，囊中帶的就是縑，顯然也考慮到縑比銅錢輕，更方便攜帶。

第二例見於德宗貞元十八年（802）十月詔：

> 京畿諸縣百姓，應今歲青苗錢，其中有便於納粟者，計約時估價納之，如便於納錢，不于于納粟者，宜聽，委京兆府專督其務。[78]

青苗錢是一種農耕稅，以錢數定稅，但這也只是一種稅的估值而

已（一如兩稅）。實際交納時，可以繳納布帛或他物。德宗這道
詔令的目的，就是要規定，京畿諸縣今年的青苗錢，也可以用粟
代錢。至於要交多少粟，那就需要先確定粟的估價。所以，詔書
中又特別規定，「約時估價納之」──以當時粟的估價為準。假
設一個農民的青苗錢估稅額，是 100 文。當時粟估價，每斗 20
文，那麼他就要交納 5 斗粟（100 ÷ 20）。如果粟的時估價升
到 25 文，則他可以少繳，交 4 斗粟即可（100 ÷ 25）。但如果
時估價下跌到每斗 22 文，那他就要繳 4.5 斗粟（100 ÷ 22）。
換句話說，以錢數來定額估稅，但卻以穀物來支付結帳，農民所
交的粟數量，會隨著時估價上下浮動，並不固定，是一種潛在的
風險。兩稅法最初也以錢數定稅額，但數年後，布帛的時估價大
跌，造成農民要繳交更多的布帛，所以才引發大問題。從這裡也
可看出，唐以錢數定稅額，對官府比較有利。優點是可以保障官
府的稅收，免受物價起落的風險，而把這風險，轉嫁到農民納稅
人身上。[79]

　　第三例是元稹在〈處分幽州德音〉中，代穆宗所寫的一段
話：

> 尚念幽州將士，夙著勳庸，易帥之初，諒宜優錫，共賜錢
> 一百萬貫，以內庫及戶部見在匹段支送，充賞給幽州盧龍
> 並瀛、莫等州將士。[80]

這裡也涉及一種估價，但有些隱晦不顯，或需說明。前面說皇帝

79　但此事還牽涉到其他問題，這裡不能深論，擬另撰文通盤處理。
80　《元稹集校注》卷 40，頁 1013。

要「賜錢一百萬貫」給幽州將士，但給的其實不是實體銅錢。「一百萬貫」只是一個錢數估價，一個紙上的估算總值。皇帝真正要賜給的，最後「支送」的，是後面所提到的「內庫及戶部見在匹段」。「匹段」即布帛織品的代稱，存放在京師大明宮左藏內庫和戶部的庫房。那麼，一百萬貫（10 億文）等於多少匹段？這便需要先知道當時匹段的估價，才能算出。假設以唐代生絹每疋大約 380 文的估價計算，一百萬貫可換得約 2,631,579 疋生絹，是個不小的數目。然而，穆宗要從長安運送這麼大批的布帛，到遙遠的幽州（今北京一帶）去犒賞軍士，也是一大運輸難題，但總比運送一百萬貫更笨重的銅錢，節省至少一半以上的運費。

　　以上三例，只是隨機選出，是唐人使用估價法來支付結帳的最簡單案例。類似例子還有許多，舉不勝舉，不具引。下面擬引用幾則比較複雜的案例，來看看唐人在多元貨幣環境下，如何進行交易。

　　韓愈在〈論變鹽法事宜狀〉中說：

> 臣今通計所在百姓，貧多富少，除城郭外，有見錢糴鹽
> 者，十無二三。多用雜物及米穀博易。鹽商利歸於己，無
> 物不取，或從賒貸升斗，約以時熟填還。用此取濟，兩得
> 利便。[81]

這篇奏狀，是韓愈呈給皇帝參考，響應當時財臣張平叔所擬的變鹽法提案。奏文裡面的意見，應當是韓愈深思熟慮的結果，而且

81　《韓昌黎文集校注》卷 8，頁 646。

應當都有充分的證據和事實根據，斷不會在皇帝面前無的放矢，胡亂發言。所以，這篇奏文，無疑是第一手的最佳史料，反映了晚唐人如何使用多種貨幣來買鹽，透露了一些極生動立體的細節。據韓愈說，在他所居住的長安城郭外，能有「見錢」（現錢，實體銅錢）買鹽的人，十個不到二三個。其他人多用「雜物及米穀博易」，看來他們連布帛都沒有，無布帛可用。但鹽商為了做生意，卻「無物不取」。問題是，這樣的鹽交易該怎樣進行？關鍵就在估價。簡單說，他們是以一種「湊數」的方法來交易。

韓愈寫此奏時（約 822 年），長安地區的鹽價（估價）大約是每斗 250 文，以錢數估算。[82]但這些長安城郭外的居民，可以用「雜物及米穀」來付賬。雜物，不管是何物，當然都會有市估案之類的估價可參考，而既然鹽商為了做生意，又「無物不取」，那麼買方就可以把這些「雜物及米穀」，比如說，一雙線鞋（或一隻雞）、二升米，依其估價，湊足 250 文，便可以買到一斗鹽了。這樣湊數的交易模式，比今天的複雜，但卻是中古時代很通行常見的一個交易形態，也遠比單純的一物易一物交易（所謂物物交換），更合理，更有效率多了。整個交易的關鍵處，就在唐代的民生物品，莫不皆有官方的估價。原始的物物交易，還未具備像唐代那樣成熟的估價制度，無法有效地、大規模運作，一般只限於陌生人之間的少量物品交換。[83]

唐代的這種交易，完全不需要使用開元通寶類銅錢，卻能讓買賣雙方都不吃虧。其秘訣就在於，它經過一個合理的估價程

82　李錦繡《唐代財政史稿》第 5 冊，頁 181-183。

83　David Graeber, *Debt: The First 5,000 Years,* pp. 21-42.

序。因此，這是比較高層次的、公平的、有效率的交易買賣活動，絕非亞當・史密斯（Adam Smith）等十八世紀經濟學家所說的那種無效率的「以物易物」（barter）。他們把古代的貿易簡化了，沒有注意到西方古代也跟唐代一樣，早已有了估價制度（詳見下）。

有了物品估價，我們可以想像唐代這樣一幅場景：在某個城市邊緣的農村，有一個流動商販，很有生意頭腦，運載了一牛車的民生貨品來販賣，都是農人生活所需要的，比如鹽、鐵製農具、生活器皿、衣物鞋子等等。農民完全沒有銅錢，但他們有粟，也有麻布。交易該如何進行？有了物品的錢數估價，一切好辦。假設農民買了半斗鹽、一個盛水陶器、一雙布鞋。商販只要把這三樣物品的錢數估價，連同他應有的利潤，加總起來就可以了。假設交易總錢數達到 100 文。如果當時粟的估價，是每斗 25 文，則農民只要付 4 斗的粟（100 ÷ 25），就能輕易完成交易。這 4 斗粟，等於是商販收到的付賬貨幣，但在他接下來的販賣行程中，又可以搖身一變，變成他的「商品」，可以再轉售給其他收成不佳、缺粟的農民，讓商販可以再賺一筆。這樣的交易，是否還算是「物物交易」？恐怕不是，而是相當有效率，又合理的商業買賣，也適用於大宗交易，接近後世的市場經濟水平了。甚至，可能還會出現一種賒賬的狀況。這位商販因為常來這農村販賣，早跟農民混熟了，他還可以賒賬給這位農民 100 文，等秋熟後，他再回來領取這 4 斗的粟。

這正是韓愈在那篇奏文中，告訴我們的另一個難得一見的貨幣史細節。那就是「賒貸升斗，約以時熟填還」，也就是鹽商向農民提供賒貸，約定若干「升斗」（穀物），等秋熟時，以穀物償還。穀物又再次發揮它的貨幣功能。這無疑是一種信用貨幣

（credit money）：農民以自己的信用，向鹽商賒貸買鹽。從韓愈此文來判斷，唐代這種信用貨幣，其運用範圍，應當相當普遍廣泛，連鄉下農村地區買鹽，都可賒賬。至於城市和大宗交易，那就應當更為普遍使用賒貸，因為城裡買賣雙方，生意做大了，做久了，必然相識相熟，更容易建立賒賬的基礎。只可惜這一類史料多隱晦，常為貨幣和經濟史學者所忽略，極有待深入開掘和研究。

最後，我們來看看另一個案例，也跟鹽交易有關：

> 且據山南一道明之，興元巡管，不用見錢，山谷貧人，隨土交易。布帛既少，食物隨時，市鹽者或一斤麻，或一兩絲，或蠟或漆，或魚或雞，瑣細叢雜，皆因所便。今逼之布帛，則俗且不堪其弊，官中貨之以易絹，則勞而無功，伏惟聖慮裁擇。84

跟韓愈一樣，這是中書舍人韋處厚，就張平叔的鹽法改革方案，呈上給皇帝參考的奏狀。他曾經在山南西道的開州（約今四川開縣南）任刺史，熟悉那地區的狀況。所以他舉興元巡管（今陝西漢中一帶）為例，說那裡「不用見（現）錢」。這是他的親身見證說詞，又見於呈給皇帝的奏狀，證據力十足。據他說，那裡的「山谷貧人」，買鹽時是以「一斤麻，或一兩絲，或蠟或漆，或魚或雞」來進行。如果朝廷採納張平叔的鹽變法，迫使這些貧人，全以布帛來交易，那就是「俗且不堪其弊」，「勞而無功」了。也正因韓愈和韋處厚等官員的這些反對奏狀，穆宗皇帝最後

84　《唐會要》卷 59，頁 1194。

並沒有採用張平叔的鹽變法。

比起韓愈所寫的長安「城郭」外居民，韋處厚筆下的那些「山谷貧人」，顯然處於唐代社會的更下層。然而，就在這樣一個「不用見錢」，完全沒有銅錢的山區，他們還是可以照常買到鹽，照常生活。他們用的，仍然是估價和湊數方法。先把「一斤麻，或一兩絲，或蠟或漆，或魚或雞」等物，以估價法換算為錢數，再湊足一斗鹽所需的 250 文，就能順利買鹽了。值得注意的是，他們用來買鹽的物品，有布帛類（麻或絲），有食物（魚或雞），還有用品（蠟或漆），確實如韋處厚所說，「隨土交易」。

七、世界史上的類似案例

韓愈和韋處厚向穆宗皇帝講述的這兩個案例，發生在唐代。但這樣的估價和湊數交易法，在中國很可能有非常久遠的歷史，並非到了唐代才產生，很可能早在先秦時代即已出現，再歷經漢魏晉南北朝，一直沿用到唐代。只是史料匱乏隱晦，這種交易法不顯，還有待學者去進一步發掘和發現。

這裡之所以這樣推論，是因為我們可以在距今約三千多年前的埃及法老時代，找到類似的交易法。

目前我們所知西方最早的錢幣（coin），出現在西亞的小亞細亞（今土耳其），在呂底亞（Lydian）國王克羅斯（Croesus）在位時（西元前 561-546 年），距今約 2500 年。在法老時代，距今約三千多年前，錢幣還沒有發明，埃及並沒有使用錢幣。然而，貨幣史家發現，當時的兩張典型買賣契約，卻清楚顯示買賣交易，是如何可以在完全沒有錢幣下，順利完成，非常類似唐代

的估價和湊數方法。

　　在拉美西斯二世（Rameses II）十五年（西元前約 1275 年），一名商人向埃及女士伊任諾費（Erenofre）兜售一個敘利亞女奴，經討價還價後，價錢以古埃及的白銀重量單位來估算，定為 4 德本（deben）又 1 凱特（kite）（約 373 公克）的白銀。但這樣重量的白銀，只是個估價，類似唐代的錢數，買方並不需要支付白銀，可以用他物來取代。於是，那位埃及女士，找來一些衣服和毛毯，估價值 2 德本 2 又 3 分之 1 凱特，然後她再跟鄰居借了一批物品，包括一些銅器、一壺蜂蜜、10 件衫、10 德本的銅錠，直到湊足了買奴所需的估價。

　　第二件契約，是關於一頭牛的買賣，定價為 120 德本的銅。但這同樣只是估價單位。買方最後是以 2 壺的油脂（值 60 德本），5 件好衫（25 德本），1 件裙（20 德本）和 1 件皮革（15 德本），買下這頭牛。這宗交易，也非常類似韋處厚筆下那些「山谷貧民」買鹽的方法。

　　以上這兩張古埃及契約，是英國劍橋大學的錢幣學教授菲立‧格爾遜，在 1970 年的一次著名演講〈錢的起源〉中引用過的[85]。另一位貨幣學者，則在這研究發現上進一步申論：西方的錢，實起源於法老埃及時代。德本這種估算單位，起源於一套會計系統，當初是為了計算法老王室財產和全國稅收。錢的起源，最初是為了估算，不是為了支付結帳。錢的估算功能，遠比它的支付結帳功能，更古老，更重要。[86]

85　Philip Grierson, *The Origins of Money*（London: Athlone Press of the University of London, 1977）, p. 17.

86　John F. Henry, "The Social Origins of Money: The Case of Egypt," *Credit and State Theories of Money: The Contributions of A. Mitchell Innes,* ed. L. Randall

　　格爾遜也指出，這種以某一估算單位來估價，又以他物來支付結帳的方法，在西方歷史上，是「相當常見的現象」。它甚至也可以發生在那些已經在使用錢幣的社會，原因可能有兩個。一是錢幣供應短缺（這讓我們想起唐代的銅錢不足），特別是在中古歐洲的初期，經常發生。二是錢幣的價值很不穩定，或交易額異常龐大，商販寧願全部或部分收取實物貨品（寧不收錢幣），因為他希望，可以再把這些貨品拿去轉賣，再賺一筆。[87]這一點，也讓我們想起唐代的案例，特別是 P.3348 背面的那個行客任惣子的案例。他賣了一批粟給豆盧軍，最後收取的是 60 疋生絹。對他來說，絹更輕便，更方便攜帶，而且還可以轉賣給別人。若他收銅錢，不但比生絹笨重，還不能轉賣。

　　古埃及和唐代的這些案例，給了我們一個重要啟示：貨幣的估算功能，其實是可以跟它的支付結帳功能分開的，並不一定必須兩者合一。也就是說，人們並不一定要以同一種貨幣來估價，又以同一種貨幣來支付結帳，而可以用某一種貨幣來估價，但以另一種貨幣來支付結帳，如敦煌文書 P.3348 背面的那些實例，以錢數估價，但以布帛支付結帳。現代貨幣學者也發現，這樣做其實有它的優點，主要是可以避開物價（或現代匯價）上下起落的風險。[88]現今世界各國的現代貨幣，其估算和支付結帳功能，基本上是合一的。也就是說，我們是以單一貨幣（如人民幣）來估價（或定價格），也以人民幣支付結帳，以致現代人常誤以

Wray（Cheltenham, UK: Edward Elgar, 2004），pp. 92-96.

87　Philip Grierson, *The Origins of Money*, p. 17.

88　Young Sik Kim and Manjong Lee, "Separation of Unit of Account from Medium of Exchange," *Journal of Money, Credit and Banking,* 45:8（December 2013），pp. 1685-1703.

為，貨幣的估算和支付結帳功能，必須合一才行，但古代卻未必如此。

事實上，研究世界貨幣史的學者早已發現，在中古歐洲，人們可以分開用不同的貨幣來估算和支付結帳，就像唐代那樣。事實上，分開才是常態，而非例外。比如，在法國，*livre tournois* 這種金幣，在中古和現代初期，數百年來就被當成是估算單位來使用，甚至這種貨幣已不再流通了，作廢了，仍然被拿來作估算單位，但同時期的法國，卻另有支付結帳用的其他貨幣或物品。在中古德國，某些特定的錢幣（如 *Vereinsthaler*），一直被當作是估算單位，即使德國許多廣大地區，都以其他的貨幣或物品來支付結帳。[89]

研究歐洲中古時期經濟史和貨幣史的一位大家契波拉（Carlo M. Cipolla），曾經在他那本知名的演講集《地中海世界的貨幣、物價和文化：第五到第十七世紀》中，論及歐洲中古時代的債務、稅和物品，常常以某一貨幣單位來定值，但都可以用其他貨幣（或其他等值物）來支付結帳，就像唐朝那樣：

> 1107 年 11 月的一篇法國文獻，定明一筆債為 20 *solidi*〔原本指拜占庭帝國的一種金幣〕，但我們從後來另一篇文獻知道，這筆債是以一匹馬來償還。在 905 年的西班牙，一筆 25 *solidi* 的債，是以衣服、牛和白銀來償還。同樣，在 962 年的西班牙，一筆 4 *solidi* 的債，其實是以衣服、食物和飲品來還清，而在 933 年，一筆 600 *solidi* 的債，是以

---

89 Peter Spufford, *Money and its Use in Medieval Europe*（Cambridge University Press, 1988）.

瓶、馬具、馬、華服和銅錢償還。[90]

　　更有趣的是，這種用來定債、定稅和定物價的貨幣，在歐洲中古時代，往往還是一些根本不存在（或早已作廢不再流通）的貨幣，如上段引文中的 *solidi*。契波拉有一絕妙好詞，稱這種貨幣為「幽靈貨幣」（ghost money），[91]就像唐代的銅錢，在估價時，往往變成一種虛擬銅錢一樣。

　　事實上，唐代的實體開元銅錢，只有一種——就只是一個銅錢。這種銅錢上面，其實並沒有任何文字，說它是面值「一文」。但唐人都稱一個銅錢為「一文」。同理，開元銅錢更沒有「貫」的單位。唐朝從來沒有鑄造一種銅錢，說它是「一貫」，但唐人習慣上都把一千個銅錢，稱為「一貫」。在交河郡市估案中，我們還見到，唐人竟以「分」來估價（見上），但唐代從未鑄造過「一分」的銅錢。由此看來，「文」或許還能說有一個相對應的實體銅錢，不全是虛擬，但「貫」和「分」，倒真是唐人想出來的純虛擬貨幣單位，並無相對應的實體銅錢，就像歐洲中古那些「幽靈貨幣」一樣，只是為了估算而虛擬出來，好比是抽象的數學單位。唐人當中，有誰見過（或摸過）「一貫」或「一分」的開元銅錢？從來沒有，可證唐代的「貫」和「分」貨幣單位，都是「幽靈貨幣」，從來沒有實體的存在，只用作計算罷了，只存在於紙面上。宋金和蒙元，倒有面值「一貫」的紙鈔。

　　在埃及法老時代的那兩個買賣實例中，似乎任何物品都可以

90　Carlo M. Cipolla, *Money, Prices, and Civilization in the Mediterranean World: Fifth to Seventeenth Century*（Princeton University Press, 1956）, p. 5.

91　Carlo M. Cipolla, *Money, Prices, and Civilization in the Mediterranean World*, pp. 38-51.

拿來支付結帳──衣服、蜂蜜、油脂、銅器，樣樣都可以。格爾遜認為，這些物品，或許不宜稱之為「貨幣」（money），而是「貨幣代用品」（money substitutes）。同樣，我們也可以把唐代貨幣的使用狀況，構想為一個連續體（continuum）。在連續體的最頂端，是最正規、最十足的貨幣，即布帛、銅錢和穀物三大類，普遍被人接受為貨幣的程度最高，也不需要官府敕令為所謂的「法定貨幣」，民間就能自然接受，因為這對他們是方便的、有好處的。十足貨幣當中，又有高低位階（hierarchy）之差，使用場域之分。比如，大宗交易和遠途經商，用絹練（練又比絹輕，更適合遠途場合）；城市地區和小額交易，用銅錢；兩者皆短缺時，可改用穀物（如九到十世紀的敦煌，見上）。因此，這三大類貨幣，可以互補長短。在連續體的最下層，是格爾遜所說的那些「貨幣代用品」，也就是韋處厚提到的雞、魚、漆、蠟等，普遍被人接受為貨幣的程度最低，恐怕只有到山谷賣鹽的商人，才願意接受。十足的貨幣，用於一般正規的官私交易，而「貨幣代用品」之類，則用於「山谷貧人」當中。連續體中間，還可以有其他區域性的貨幣，如元積在〈錢貨議狀〉中所說：「自嶺已南，以金銀為貨幣；自巴已外，以鹽帛為交易；黔巫溪峽，大抵用水銀、硃砂、繒彩、巾帽以相市。」[92]

　　從這個視角看，唐代的估價和湊數交易法，並非孤立的中國史現象，而是一個古代世界史上的常見現象。在錢幣發明之前，或銅錢短缺時，人們都曉得，先以一種在社會上被視為最珍貴的東西（比如荷馬史詩中的牛）或以最方便估算的東西（比如唐代的錢數），來作估算和估價單位，然後再以湊數的方法，以其他

92　《元積集校注》卷 34，頁 938。

貨幣或代用品，來支付結帳並完成交易。

　　在唐初的租庸調時期，唐不以錢數估稅，而以穀物和布帛為估算單位，來估稅和徵稅。《舊唐書·食貨志》引武德七年令：「賦役之法：每丁歲入租粟二石，調則隨鄉土所產，綾絹絁各二丈，布加五分之一。輸綾絹絁者，兼調綿三兩；輸布者，麻三斤。」[93] 表面上看來，這是要農民繳交實物充稅，但事實上，這樣的租庸調稅法，也可以看作是，唐初在以穀物和布帛為估算單位，來定稅額。而且，這些也只是估算單位罷了。支付結帳（即真正繳稅）時，可以改用他物來折納，不一定就要繳交唐令上所規定的這些實物。比如，江南就常以米代粟，甚至以租布代租粟，如斯坦因在吐魯番發現的那一塊布，上面清楚寫明是「租布」，以布來交租稅，代替原規定要交的粟：「婺州信安縣顯德鄉梅山里祝伯亮租布一端，光宅元年十一月」[94] 然而，以穀物的容量（斗和石等）和布帛的長度（丈和尺等），來估算物品的價值，不如錢數的十進制（文和貫），那樣靈活，於是後來錢數就慢慢成為最主流的估算單位了。

　　大約從玄宗開元年間開始，宇文融向括戶徵稅時，他就已經在用錢數來估稅了：「開元中，有御史宇文融獻策，括籍外剩田、色役偽濫，及逃戶許歸首，免五年徵賦。每丁量稅一千五百錢。」[95] 唐代的戶稅和後來的青苗錢稅及兩稅，也莫不都以錢數來定稅，但都可以折錢為布帛、穀物或他物。這顯示，唐人慢慢發現，以錢數估稅和估價的種種好處。於是唐代的錢，也從原本

93　《舊唐書》卷 48，〈食貨志〉，頁 2088。

94　Valerie Hansen and Helen Wang, "Introduction, Textiles as Money on the Silk Road," *Journal of the Royal Asiatic Society*, 23:2（April 2013），pp. 157-158.

95　《舊唐書》卷 48，〈食貨志〉，頁 2086。

的實體銅錢，逐漸演變成一種虛擬的、抽象的數學單位，專用來估稅和估價，而不再用作支付結帳的主要貨幣，僅用於某些場合，如小額交易、官員的部分俸料（所謂「半錢半物」）等等。

　　這意味著，我們是否應當以一種全新的角度，來看待唐後期（特別是西元約 800 年以後）的唐代銅錢：它是否已經不再是主要的支付結帳工具，讓位給布帛，但它的估算功能卻越來越強化，最後才衍生出宋金的紙鈔？在這方面，最有意義的一點是，宋金的紙鈔（交子、錢引等），居然完全像唐代一樣，以銅錢的錢數（貫和文）為估算單位，比如一百文紙鈔、一貫紙鈔等等，且常在紙鈔上，畫有一貫貫的銅錢圖像。一直到蒙元時代，紙鈔才以白銀的兩為估算單位，取代了銅錢的錢數（文與貫），並一直沿用到明清時代。[96]

八、結語：本研究發現的意義

　　本文論證唐人常以錢數來估價，但支付結帳時，卻又不需要支付開元通寶類銅錢，可以用布帛或他物來付賬。這跟現代人用錢的習慣，很不相同，所以我們很容易把唐代各種估價和定稅的錢數，如青苗稅錢和兩稅錢，誤以為是指實體錢，須交付實體的銅錢。為了釐清此點，本文引用了敦煌吐魯番文書，以及史書上的其他實例，來論析唐人在多元貨幣環境下，這種特殊的用錢慣例，以發其覆。過去，學界當然也知道唐代有所謂「折錢」的做

---

96 Richard von Glahn, "Monies of Account and Monetary Transition in China, Twelfth to Fourteenth Centuries," *Journal of the Economic and Social History of the Orient*, 53（2010）, pp. 463-505.

法，但究竟怎樣實際操作計算，卻無人深論，細節不明。本文跟過去含糊的「折錢」論述最不同的一點，就是它以實例詳細論證，唐代錢數的估算（unit of account）功能，遠比它的支付結帳（means of payment）功能更為重要，且兩者經常可以分開：以錢數估價或估稅，卻不一定要以銅錢來付賬或交稅。唐人就這樣善用估價法和湊數的方式，來進行各種交易買賣和繳稅，從而解決了銅錢長期短缺的問題。唐代的這種用錢現象，也可以在古代世界史上，找到許多類似案例。

　　在唐代社會，錢數是最常用的估算和估價單位，其次是布帛和穀物。但錢往往不是最常見的支付結帳單位（因為錢又笨重，又短缺），而是布帛，其次是穀物（這兩者很少會短缺，布帛也比銅錢輕）。看清了這點，我們今後在唐代文獻和出土文書中，見到那些錢數，應當格外謹慎，要先弄清楚這到底是估價（或估稅）的錢，還是支付結帳（繳稅）的錢。稍不留意，便會誤以為那些錢，是指實體銅錢，用來支付結帳，於是又進一步推論，唐後期在廣泛使用銅錢來交易和付賬，銅錢取代了布帛（如全漢升等人的論斷）。這樣誤會可大了。

　　這樣的研究發現有什麼意義？非常有意義，還可運用來進一步去解決過去一連串唐代經濟史和貨幣史上的棘手課題。但本文已超過三萬字，勢不宜再繼續論述下去，應當就此打住。但在此結語部分，不妨列舉筆者的一些想法，以及筆者將來擬深一層探討的其中三個課題。

　　第一，唐代有不少稅項，常以錢數來定額。例如，玄宗時代的宇文融括戶，他徵收到一大筆常賦以外的額外稅收，史書說他

「得錢數百萬貫。玄宗以為能」。[97]這「數百萬貫」，究竟是實體的開元通寶銅錢？還是估值總價罷了？還是指價值「數百萬貫錢數」的布帛？唐代的戶稅和青苗稅錢，也都以錢數來估算。但這是否表示，老百姓交這些稅時，一定要交實體銅錢？還是可以像韓愈所說長安「城郭」外的居民買鹽那樣，可交「見錢」（即實體銅錢），但也可交「雜物及米穀」？唐人常以錢數來定物價和定稅額，但又未必一定以實體銅錢來付賬或交稅。今後我們可以從唐人用錢的這一特殊習慣，去深入研究這一類的課題。

第二，唐後期德宗時代開始的兩稅法，究竟是交錢，還是納物？還是半錢半物？一直是唐史上的一宗懸案。唐人如陸贄、李翱、白居易和楊於陵等人，也似乎在各說各話，分成兩派。值得注意的是，唐代經常在鬧「銅錢荒」，唐後期尤甚，民間怎麼可能有那麼多的銅錢，拿去交兩稅？何況，若以銅錢交稅，則銅錢之笨重，在兩稅送州、送使和上供的過程中，都涉及長途的運輸，肯定會造成更多頭痛問題。若交布帛，至少載重量和腳錢，就可節省一半以上。布帛又是農民自行生產，不會像銅錢那樣短缺。在這種情況下，朝廷還要不要像某些學者所說，「堅持」它的「理想」，兩稅一定要收實錢？還是堅持說，兩稅必須以錢數來定稅額，作估稅單位，但又可以折納布帛？這是不同的兩回事（我認為應當以後者為是）。可見這裡面大有文章，內情不簡單，值得再細考。這懸案有沒有可能破解？筆者已掌握了一些初步的破案線索，認為應當從唐代的多元貨幣環境、估價法和銅錢短缺等方向，去下手偵辦，才有可能破案。

第三，跟兩稅相關的虛估和實估，也是個棘手問題，而且涉

---

97 《舊唐書》卷 48，〈食貨志〉，頁 2086。

及唐後期的許多領域，諸如稅法、鹽法、官員俸祿、和糴，宮市以及更重要的國家稅收。這基本問題不解決，許多相關課題也無法釐清。就筆者所見，虛估和實估都跟唐代的估價有關，而且虛估和實估，都是官方所為。但問題是，為什麼官府要去「虛估」？也就是不按時價來估，而把物品價值，包括鹽價（史料中常稱為「鹽估」）刻意抬高許多來估算，且可高達四倍或以上？這樣的虛估，對國家和百姓，又有什麼好處？虛估和實估，並未隨著唐亡而消失。宋代仍然有虛估和實估，顯示它依然有繼續存在的理由。

原載《中華文史論叢》2016 年第 3 期，頁 61-111。

附圖一、圖二

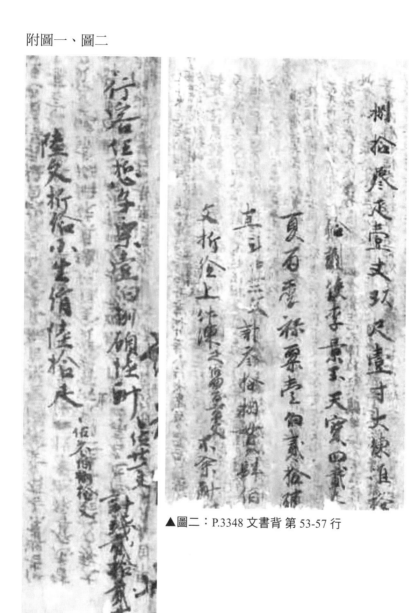

▲圖二：P.3348 文書背 第 53-57 行

◀圖一：P.3348 文書背 第 17-18 行

唐代除陌法和除陌錢新解

　　唐史學界有一個糾纏不清的老問題，姑且稱之為「除陌錢問題」，[1] 大約從司馬光寫《資治通鑑考異》時就存在，至今仍然無解，只有各家的「猜想」，眾說紛紜。這裡擬提出一個新解，求教於方家。先看最關鍵的三條史料，依年代排列：

　　第一條是玄宗天寶九載（750）二月十四日敕：

　　除陌錢每貫二十文。[2]

1　鞠清遠，《唐代財政史》（上海：商務印書館，1934），頁 98-99；陳明光，〈唐代「除陌」釋論〉，《中國史研究》1985 年第 4 期，頁 113-120；井上泰也，〈短陌慣行の再檢討──唐末五代時期における貨幣使用の動向と國家〉，《立命館文學》475-477 號（1985），頁 140-185；宮澤知之，〈唐宋時代の短陌と貨幣經濟の特質〉，《史林》71 卷 2 號（1988），頁 1-32；楊志玖，〈關於唐代除陌錢的幾個問題〉，原發表在吳廷璆編，《鄭天挺紀念論文集》（北京：中華書局，1990），現收入楊志玖，《陋室文存》（北京：中華書局，2002），頁 53-64；杜來梭，〈唐代「除陌」商探〉，《中國史研究》1991 年第 2 期，頁 13-19；陳明光，〈再論唐代的「除陌」──答杜來梭同志〉，《中國史研究》1992 年第 2 期，頁 3-11；井上泰也，〈唐代の除陌錢について〉，《立命館文學》537 號（1994），頁 154-177；孫文泱，〈短陌性質初探〉，《首都師範大學學報》1996 年第 3 期，頁 36-41；李錦繡，《唐代財政史稿》第 5 冊（北京：中國社會科學文獻出版社，2007），頁 225-235；陳明光，〈「短陌」與「省陌」管見〉，《中國經濟史研究》，2007 年第 1 期，頁 169-173；王怡辰，〈論唐代的除陌錢〉，《史學彙刊》第 22 期（2008 年 12 月），頁 19-44。
2　《唐會要》卷 66，〈太府寺〉，頁 1364。

第二條出自德宗建中四年（783）六月趙贊的奏疏，部分保存在《唐會要》：

> 除陌法：天下公私給與貿易，率一貫舊算二十，益加算為五十。[3]

第三條是《新唐書・食貨志》記德宗貞元四年（788）李泌的倡議：

> 李泌以度支有兩稅錢，鹽錢使有筦榷錢，可以擬經費，中外給用，每貫墊二十，號「戶部除陌錢」。[4]

這三條史料，都用了「除陌錢」或「除陌法」一詞，顯然這三者是有關聯的。但什麼關聯？過去的論述沒有說清楚、講明白，都把這三者混為一談。學界大抵深受第二條史料的影響，以為「除陌錢」只有一種，就是商稅。一般的教科書和百度百科等辭典也如此表述。我的看法不同，認為這是三種不同的東西，三種不同的「錢」，但有一個共同點：它們都用了一種「除陌」法去計算，所以都可以說是「除陌錢」。然而，名目雖同，內容卻完全不同，不應混淆。

3　《唐會要》卷84，〈雜稅〉，頁1830。
4　《新唐書》卷55，〈食貨五〉，頁1401。

一、除陌法和除陌短錢

　　所謂「除陌法」，是一種「扣除百分之幾」的計算法。例如，從每 1000 文錢中，扣除 2%，就是除陌法，而除陌所得 20 文，或除陌所剩下的 980 文，據史書中的用法，兩者都可稱為「除陌錢」。用現代話語來說，「除陌錢」意指「扣除百分之幾所得或所剩的錢數」。除陌法可以用來計算任何錢物，包括各種稅錢，以及梁朝和唐朝的所謂除陌「短錢」。說穿了，它只不過是一種簡單的百分計算法。「除陌」的「陌」字，原本就是個「百」字。「除陌」即「除百」是也。

　　中國史上所知最早運用到除陌法的，是南朝蕭梁武帝中大同（546）年間出現的除陌短錢。《隋書‧食貨志》有一段記載：

> 自破嶺以東，八十為百，名曰東錢。江、郢已上，七十為百，名曰西錢。京師以九十為百，名曰長錢。中大同元年，天子乃詔通用足陌。詔下而人不從，錢陌益少。至於末年，遂以三十五為百云。[5]

這裡的「陌」字，即「佰」的通假字，也就是「百」的意思。[6]除陌的基本概念是，從一百文錢中「扣除」若干文。所以，「除陌」應當讀作「除百」才是。「足陌」（即「足百」）是一百

5　《隋書》卷 24，〈食貨志〉，頁 690。
6　宋代沈括對《隋書》這段記載有一評語：「今之數錢，百錢謂之『陌』者，借『陌』字用之，其實只是『佰』字，如『什』與『伍』耳。」見胡道靜校證，《夢溪筆談校證》卷 4（上海：上海古籍出版社，1987），頁 192。

文，但當時民間，因為市面上流通的貨幣嚴重不足（或其他原因），大家約定俗成，把 70 文、80 文、35 文，當成 100 文來使用。這樣不「足陌」的錢，又稱「省陌」、「短陌」和「短錢」等。[7]

除陌的錢數，各地也不同。如上引文，梁朝的「東錢」，「八十為百」，意思是把 80 文當成 100 文來使用，即每一陌錢中，只有 80% 的貨幣，被「除陌」了 20%。江郢一帶的「西錢」更「短」，70 文就可成百，被「除陌」了 30%。中大同元年時，梁武帝下詔要用「足陌」錢，不可用短錢。但詔下後，人們不聽從（顯然人們也很無奈，無法聽從），錢幣更少，以致到了末年，市面上甚至有 35 成百的短錢，被「除陌」了 65%。[8] 在這裡，「東錢」和「西錢」，就是「除陌錢」，被扣除了若干百分比的錢（除百錢），跟「足陌錢」（足百錢）相對。為了更精確，本文稱這種「除陌錢」為「除陌短錢」（不足百的短錢），免得跟唐代趙贊的「除陌錢」（一種稅法）混淆。

7　Lien-sheng Yang（楊聯陞）, *Money and Credit in China: A Short History*（Harvard Universtiy Press, 1952）, pp. 34-37; Denis Twitchett, *Financial Administration under the T'ang Dynasty*（Cambridge University Press, 1970）, p. 81; 井上泰也也，〈短陌慣行の再檢討──唐末五代時期における貨幣使用の動向と國家〉，《立命館文學》475-477 號（1985），頁 140-185。楊聯陞把「足陌」英譯為"full string"，把「短陌」英譯為"short string"，甚貼切。古代銅錢皆用繩子串成一串，若不足陌，則繩子會變短，故楊聯陞英譯為"short string"（短繩），即「短陌」之意，也就是本文所說的「短錢」。楊又把「陌」讀作「百」並羅馬化為"pai"，亦見卓識。

8　關於梁武帝時代這個「短陌」現象，最詳細的論述見陳彥良，〈梁、陳幣制變動和通縮通脹──兼論鐵錢與「短陌」〉，《通貨緊縮與膨脹的雙重肆虐：魏晉南北朝貨幣史論》（新竹：清華大學出版社，2013），頁 167-208。

　　這是一種怎樣的現象？這顯示市場上貨幣（銅錢）嚴重不足，百姓沒有足夠的貨幣可用。因為錢少，大家都很看重錢，甚至把錢囤積起來，不願拿去購物，導致穀帛等物乏人問津，需賤價求售。宋代更有個生動的說法，稱此現象為「錢荒」。最精采的描述，見於北宋神宗約熙寧八年（1075），宣徽北院使張方平奏疏中的一段話：

> 自比年以來，公私上下，並苦乏錢，百貨不通，萬商束手。又緣青苗、助役之法，農民皆變轉穀帛，輸納見錢，錢既難得，穀帛益賤，人情窘迫，謂之錢荒。[9]

可知「錢荒」的問題牽涉頗廣，涉及「公私上下」，不只是民間不便，連公府也感困擾。其後果則是「百貨不通，萬商束手」，「穀帛益賤，人情窘迫」。這雖然是北宋史料，但錢荒是中國史上的常見問題，唐代的「窘迫」應當也約略如此。到了宋哲宗元祐元年（1086），右司諫蘇轍也上言：「方是時，東南諸郡猶苦乏錢，錢重物輕，有錢荒之患。」[10] 蘇轍在〈送鮮于子駿還朝兼簡范景仁〉這首詩中，更有詩為證：「錢荒粟帛賤如土，榷峻茶鹽不成市。」[11]

　　為了應付這種錢荒，民間於是有了變通，想出了除陌短錢的方法。乍看之下，好像有些人會因此「損失」錢財，但其實不會。只要大家都遵守這樣的短錢規則，沒有人會有什麼損失。比

9　〔宋〕李燾，《續資治通鑑長編》卷 269，宋神宗熙寧八年十一月壬辰條下（北京：中華書局，1990），頁 6593。

10　《續資治通鑑長編》卷 377，宋哲宗元祐元年五月乙丑條下，頁 9165。

11　《全宋詩》卷 857（北京：北京大學出版社，1993），頁 9931。

如說，一個商販可以信心滿滿，收下你的 70 文，賣給你一個價值 100 文的東西，因為他知道，他也可以用同樣的 70 文，去跟別人買價值 100 文的東西。餘此類推。在唐代，短錢甚至可以用於官府之間的官給錢（見下）。如果每個人都接受這樣的貨幣規則，這個辦法就可以順暢運作，完全不成問題，沒有人會吃虧。這樣做，對大家反而有一個好處──舒緩了貨幣不足的錢荒困擾。這種除陌短錢的辦法，從五代宋金元明清，甚至到民國初年，都在行用，因為錢（銅錢）受到銅產量的先天限制，在中國歷史上始終長期不足，從未徹底解決。[12]

　　唐代也有這樣的短錢，而且長期行用。大家習以為常，不以為意。例如，穆宗長慶元年（821）九月敕就這樣說：

> 敕：「泉貨之義，所貴通流。如聞比來用錢，所在除陌不一。與其禁人之必犯，未若從俗之所宜，交易往來，務令可守。其內外公私給用錢，從今以後，宜每貫一例除墊八十，以九百二十文成貫，不得更有加除及陌內欠少。」[13]

因為民間「比來用錢，所在除陌不一」，顯示民間普遍在行用短錢，只是各地的除陌數不一致（類似梁朝的「東錢」和「西錢」），於是朝廷索性「與其禁人之必犯，未若從俗之所宜」，

12　Lien-sheng Yang, *Money and Credit in China: A Short History*, pp. 37-39. 楊志玖，《關於唐代除陌錢的幾個問題》，頁 57，透露了他自己的一個親身經歷，十分珍貴難得：「在抗日戰爭前〔1937 年〕，我的家鄉〔山東周村〕以五文銅錢為百，當時一銅元當十清制錢，是即以五十文為百。」這無疑是蕭梁武帝時的東錢、西錢和唐代除陌短錢，在民國時代的翻版。

13　《舊唐書》卷 48，〈食貨上〉，頁 2105。

將短錢合法化，且制定全國統一的官價，「每貫一例除墊八十，以九百二十文成貫」，好讓大家遵守，也讓百姓更能安心使用短錢，知道它是合法貨幣，為所有人所接受。

應當強調的是，不止民間交易可以用短錢，敕中還特別明確規定：「其內外公私給用錢，從今以後，宜每貫一例除墊八十，以九百二十文成貫。」換句話說，甚至連「公」部分的「給用錢」，即官府之間的往來經費，也可以用短錢，而且還必須「一例」要「除墊」（即「除陌」）80 文，把 920 文當成 1000 文來使用，只是不得再有「加除及陌內欠少」。這是一種完全合法化的除陌短錢，民間未見反對，大家都高興。事實上，民間比官府更早使用這種短錢來交易，現在官府將之合法化，且涵蓋「公私」兩大領域，更能滿足大家的需要，可長期行用，紓解了錢荒的困境。

武宗會昌五年（845）正月三日南郊赦文，也反映當時銅幣供應仍然不足，仍在使用短錢：

> 京畿內近日足陌用錢，唯益富室。疋帛苦賤，反害疲人。宜卻令依前行墊陌錢，每墊八十文。其公私交關五貫已上，令一半折用足帛。[14]

這裡「墊陌錢」即「除陌錢」，下面再論。有趣的是，在銅幣不足的民間，赦文竟然「怪罪」起「足陌」（足 1000 文一貫者）來了，認為京畿內，近日在通行「足陌用錢」，只益了「富室」。這很可能是因為當時各種原因（如銅幣供應增多，或買氣

14　《文苑英華》卷 429（北京：中華書局，1960），頁 2173。

增加等等），商販開始不願意接受短錢，要求收「足陌錢」，甚至可能連原本可作貨幣使用的「疋帛」也不收了，造成它「苦賤」。但京畿窮人沒有這麼多銅幣，所以「唯益富室」，只有富人才買得起商品。於是，武宗下令「依前行墊陌錢，每墊八十文」，照舊使用除陌的短錢，而且敕定了一個官價，每貫扣除80 文，以 920 成貫，跟穆宗時一樣。此外，武宗還認為，「疋帛苦賤，反害疲人」，規定公私大宗交易在五貫以上者，交付的錢，一半要「折用疋帛」，不能全數用銅幣。武宗這時，會昌滅佛運動已展開，把大量佛像等銅製品熔化，取得不少銅，但鑄造銅幣的成本高，朝廷不太願意大量鑄造，所以要「公私交關」繼續使用 920 文成貫的短錢，而且在大宗買賣（總價超過 5 貫者），必須以一半的「疋帛」來支付，想必是銅幣仍不足，要省點用。

　　從上引穆宗敕令和武宗赦文看來，當時百姓都已習慣使用除陌短錢。不料，到了唐僖宗乾符二年（875），高駢剛到成都任節度使時，卻有一出人意表的舉動，「令民間皆用足陌錢，陌不足者皆執之，劾以行賂，取與皆死。刑罰嚴酷，由是蜀人皆不悅」[15]。此事僅載於《資治通鑑》，過於簡短，背景和細節皆不詳。不過，從這幾句話判斷，在高駢抵成都之前，當時民間都在使用除陌短錢。高駢來了之後，才下令「民間皆用足陌錢」；若不用，「取與皆死」，刑罰十分嚴酷，於是蜀人「皆不悅」。顯然，蜀人樂於使用不足陌的短錢，並不想用「足陌錢」，應當是當時銅幣仍不足，用短錢比較方便交易也。至於為什麼高駢要下令用「足陌錢」？《通鑑》不載原因，不得而知。有可能是高駢

15 《資治通鑑》卷 252，唐僖宗乾符二年三月條下，頁 8178。

剛到成都時，正值南詔圍攻，軍費吃緊。他還曾經「托以蜀中屢遭蠻寇，人未復業」（表示稅賦不足），停掉當時軍中突將的「稟給」，以致「突將皆忿怨」。[16]他下令蜀人用「足陌錢」，或許是為了籌軍費，屬於暫時性的措施。

　　武宗後約六十年，唐朝的末代皇帝哀帝，在天祐二年（905）四月丙辰，發出下面這道敕令，顯示晚唐民間買賣，仍然普遍行用不「足貫」、不「足陌」的短錢：

> 敕：「准向來事例，每貫抽除外，以八百五十文為貫，每陌八十五文。如聞坊市之中，多以八十為陌，更有除折，頓爽舊規。付河南府，市肆交易，並以八十五文為陌，不得更有改移。」[17]

哀帝再次敕定的合法短錢官價，比起穆宗長慶元年和武宗會昌五年以 920 文成貫的短錢更「短」。當時哀帝是朱全忠的傀儡皇帝，在洛陽，那裡的短錢坊市價，「多以八十為陌」，每貫多數隻收 800 文，「更有除折」，違反了舊規（「頓爽舊規」）。現在，哀帝下敕，河南府（即洛陽市）的「市肆交易」，「以八十五文為陌」，以 850 文成貫。我們從其他史料知道，唐代曾經在不同時間，有不同的官定除陌價，如天寶九載（750）的 980，長慶元年（821）和會昌五年（845）的 920，以及如今天祐二年（905）的 850，整個趨勢是持續向下，短錢越來越短，

16　《資治通鑑》卷 252，唐僖宗乾符二年三月條下，頁 8177-8178。
17　《舊唐書》卷 20 下，〈哀帝紀〉，頁 793。

顯示銅幣流通量越到唐末，越不足夠市場所需，[18] 跟梁朝中大同末年相似。

　　哀帝時洛陽的坊市短錢，「多以八十為陌」，表示洛陽的商販們，在銅幣嚴重不足的市場上，為了要刺激買氣，大家約定俗成，多數每貫只收 800 文即可，不惜違反朝廷定的「舊規」，可知哀帝之前，民間就盛行短錢，而且朝廷還定過「舊規」。哀帝這次把官價調高到 850，未說明原因，但洛陽坊市恐怕未必遵守，很可能又會再次回到舊市價 800，所以敕中特別規定，「不得更有改移」，就是要禁止坊市又調低除陌價。由此看來，坊市多數人更喜歡 800 的低除陌價。這樣會形成一種不合法的「黑市價」，跟合法的官價有落差。但「黑市價」應當對他們更具市場優勢，否則大家不會甘冒風險，觸犯敕令而用「黑市價」。哀帝的市場干預，未必有效。

　　到了五代，仍在普遍使用除陌短錢。例如，後唐莊宗同光二年（924）：

> 度支奏請牓示府州縣鎮奏請，軍民商旅，凡有買賣，並須使八十陌錢。[19]

所謂「八十陌錢」，即把 80 文當成足百來使用，以 800 文成貫。

　　後漢隱帝乾佑三年（950），除陌短錢的使用，出現一種特殊的辦法：

18　Denis Twitchett, *Financial Administration under the T'ang Dynasty*, pp. 81-82.
19　《舊五代史》卷 146，〈食貨志〉，頁 1947。

> 官庫出納縑錢，皆以八十為陌，至是民輸者如舊，官給者
> 以七十七為陌，遂為例程。案《歸田錄》：用錢之法，自
> 五代以來，以七十七為百，謂之「省陌」。[20]

這是隱帝即位時，王章為宰相判三司，為了「收聚財賦」而想出來的新點子：民間交稅給官府，跟以往一樣，仍以 80 文為百，但「官給者」卻是以 77 文為百，每百比民間的短少 3 文。80 文為百，跟唐亡前夕，哀帝時民間以 800 文成貫一樣，但王章這時卻令官府把 770 文當成一貫來使用，每貫比民間價短少 30 文。是以史書上說，「章急於財賦，峻於刑法」，「民不堪命」。

二、錢荒的形成及其調節機制

唐和五代這種除陌短錢，是貨幣市場中自然產生的應付之道，是市場自動調節錢荒的機制。在唐代，錢荒形成的過程大致是這樣：因為唐代貨幣，最主要為銅幣，但銅產量稀少，銅嚴重不足，開採成本高，銅價高昂，政府也不想大量鑄造銅幣，因為鑄造成本比銅幣的面值還高。這時，還會有取巧的民眾，把銅幣拿去熔化，製成銅器，就可賺上一筆，比擁有銅幣更划算。武宗開成年間，李珏就說：「今江淮已南，銅器成肆，市井逐利者，銷錢一緡，可為數器，售利三四倍。」[21] 在這種情況下，市面上流通的銅幣會越來越少，被熔化了，或被人囤積起來（等將來繼

---

20 《舊五代史》卷 107，〈漢書・王章傳〉，頁 1410。
21 《舊唐書》卷 176，〈楊嗣復傳〉，頁 4557。

續升值時再拋售），造成市場交易更停滯不便。[22] 現代經濟學稱
之為「通貨緊縮」（deflation）。更精確的說法是「貨幣供應引
起的緊縮」（money supply side deflation）。

　　面對貨幣短缺，市場最直接的反應，便是創出短錢的新點
子。從前需要 1000 文才能成一貫，現在只要 980 文就能成貫。
如果貨幣供應持續嚴重，仍有錢荒，大家也就會像唐末的洛陽那
樣，接受低至 800 文一貫的短錢。商販收到這麼短的短錢，他也
不必擔心，他不會有什麼損失，因為他照樣可以用這樣的短錢去
跟別人交易。這種短錢有了官定價，商家百姓會更有信心，等於
有了官府的保證。整個市場如果都接受短錢，它也就跟「足貫」
錢（一千文一貫），沒有兩樣了。關鍵在於「信任」（trust）兩
字，這是古今中外社會經濟運作的一條關鍵法則，也是現代貨幣
和銀行體系的一條金科玉律。[23] 只要大家都信任市場，對短錢有
信心，知道短錢一定可以當成一貫，在市場上自由使用和被別人
接受，整個短錢制度就可以順暢運作。但一旦民眾失去信心，市
場就會崩盤。

　　貨幣除陌法，不但是市場應付貨幣供應不足的一項武器，而
且還全由市場控制，連政府也無能為力，難以干預。即使下敕令
禁止，也徒勞無功，禁無可禁，結果就會像上引穆宗長慶元年敕
所說的那樣，「與其禁人之必犯，未若從俗之所宜」。最後政府
索性把這種短錢合法化，乾脆定一個短錢的官價，讓大家可以依
從，但坊間很可能還會繼續存在「黑市價」，且其價格可能會隨

22　Denis Twitchett, *Financial Administration under the T'ang Dynasty*, pp. 78-83.

23　Francis Fukuyama, *Trust: The Social Virtues and the Creation of Prosperity*（New
　　York: Free Press, 1996）.

時局和外在條件上下波動，比官價更靈活。這種情況，跟現代一些不自由、受管制的外匯市場，自然會產生黑市價類似。外國遊客或國內百姓若有美金，都喜歡把美金賣給黑市，因為黑市匯率高，政府銀行則往往會刻意壓低美金的官價匯率。

有了這樣的理解，我們回過頭去看梁武帝時的所謂「東錢」和「西錢」，就會發現，站在市場經濟的立場，有不同的東錢和西錢，其實也是很正常的市場反應。這表示，各地的貨幣流通量不一樣。所以，江郢已上，要「以七十為百」，京師則「以九十為百」來調節，說明京師的貨幣流通量比較足夠，錢不如江郢那樣短缺。官府若敕定一個全國統一的官價，反而是一種市場干預，有時未必是好事，也未必有效。有不少學者憑「直觀」反應，以為梁武帝末年，「以三十五為百」，是這時的貨幣「貶值」了，其實應當是「升值」才對，表示貨幣越來越少，物以稀為貴，貨幣更值錢了。如果有人從前把 70 文囤積起來，現在市場 35 文就成百，他足足賺了一倍，等於有了 200 文。

同理，唐末以 850 文成貫，也不是貨幣貶值，而是升值。市場上貨幣更少，不得不把 850 文當成一貫來使用。但百姓可能還是沒有什麼貨幣去購買，市場疲弱，也就是上引北宋張方平奏疏中所說的現象，「百貨不通，萬商束手」，而官府又無足夠的銅去鑄造更多的銅幣，成了一種惡性循環。相比之下，1949 年前夕，民國政府大量印製鈔票，造成貨幣太多，嚴重貶值，人民需要用整麻袋整麻袋的錢，才能買到一斤米。但梁武帝末年「以三十五為百」，過於激烈，恐怕也不是好現象（可能會造成百姓的信心不足，市場崩盤）。最好是錢貨供應之間，保持一種經濟學上所說的「平衡」（equilibrium）。但在唐朝，銅幣供應由銅產量決定，政府就像無米炊的巧婦，所能做的，十分有限，不能

像現代世界各國政府那樣，可以比較隨意調整貨幣供應量或利息率，來調節市場。

那麼，唐代究竟什麼時候開始，也像梁朝那樣，使用不「足陌」的短錢？《唐會要》保存了一條敕令，可以提供一點線索。這樣我們就要回到了上文所引第一條史料的「完整版」（前文只引了一句）：

> 天寶九載〔750〕二月十四日敕：「自今以後，麵皆以三斤四兩為斗，鹽並勒斗量。其車軸長七尺二寸，除陌錢每貫二十文。餘麵等同。」[24]

這裡引用完整版，是為了讓大家清楚看看這條敕令的上下文，非常重要，不至於像鞠清遠等學者那樣，把這條敕令斷章取義。從上下文判斷，這敕令的目的，是要敕定官定的度量衡和貨幣除陌標準，不是要徵稅。比如，一斗（6000 毫升）麵的重量標準是「三斤四兩」（2.21 公斤）。若達不到這個標準，表示這麵有問題，可能混雜了其他比較輕的劣等物質。鹽必須以容積的「斗」來量，不以重量計算和售賣。肅宗乾元元年（758）開始實行榷鹽，鹽的確是以斗計價，當時每斗估價 110 文。[25] 車軸的長度標準必須為「七尺二寸」（2.07 公尺）。[26] 至於「除陌錢」，這裡指貨幣除陌短錢，敕中定為「每貫二十文」，是個官定價，即每貫可以合法除陌 2%，以 980 文成貫。從前面敕定面的重量標

24　《唐會要》卷 66，〈太府寺〉，頁 1364。

25　《新唐書》卷 54，〈食貨四〉，頁 1378。

26　唐制和公制的換算，據胡戟，〈唐代度量衡與畝里制度〉，收在《胡戟文存》（北京：中國社會科學出版社，2000），頁 348-361。

準，車軸的長度標準，鹽須以斗量來看，所謂「除陌錢每貫二十文」，應當也是個官定的貨幣短陌標準，跟徵稅無關。由此看來，唐朝應當早在天寶九載之前，民間就在使用短錢。官方通常都慢一拍，在天寶九載才敕定一個官價標準。

　　然而，不幸的是，天寶九載敕令中「除陌錢每貫二十文」這一句，跟趙贊在德宗建中四年（783）六月所徵抽的軍用稅混淆了，因為趙贊的稅法，也用了「除陌」一詞：「除陌法：天下公私給與貿易，率一貫舊算二十，益加算為五十」，以致有學者誤以為，天寶敕令所定的，也是一種除陌商稅。其實不是，是誤解了「除陌」的多種意涵。天寶敕令所說的「除陌錢每貫二十文」，不是趙贊那種軍用稅的稅率，而如上文所考，是一種民間除陌貨幣短錢的官定價，一種官定標準，以 980 文成貫。這對市場是好事，但趙贊的「除陌法」，卻是 5%的稅，對百姓和市場都是一件壞事，極不受歡迎。也難怪，它只實施半年，民怨四起，德宗又因朱泚之亂，逃命奉天，於是在興元元年（784）正月，匆匆緊急下敕「停罷」，[27] 連同趙贊同時推行的惡名昭彰「間架稅」，以及其他雜稅，以平息民憤。趙贊也落得「巧法聚斂」的罪名。[28] 其實他跟王鉷和楊國忠等「聚斂之臣」不一樣。他是為了替國家籌軍費才不得不徵稅，沒有私心，只是方法太嚴苛，不受百姓歡迎。

27　《資治通鑑》卷 229，唐德宗興元元年正月條下，頁 7392。《舊唐書》卷
　　49，〈食貨志〉，頁 2128，記為「興元二年」罷，誤。
28　《舊唐書》卷 12，〈德宗紀上〉，頁 336。

三、趙贊的除陌稅錢

從梁朝到唐朝貨幣流通的歷史背景看來，趙贊在德宗建中四年，提出所謂的「除陌法」時，這肯定不是他的新發明，而是借用上述的貨幣除陌計算法，來徵收「天下公私給與貿易」的稅罷了。他在奏疏中說：

> 除陌法：天下公私給與貿易，率一貫舊算二十，益加算為五十。給與他物，或兩換者，約錢為率算之。[29]

這裡「率一貫舊算二十」指什麼？內文並沒有說明，但中國學者幾乎都一致認定，它指天寶九載敕中所說的「除陌錢每貫二十文」，跟趙贊的稅法一樣，是一種徵稅的稅率。例如，鞠清遠在 1934 出版的《唐代財政史》中寫道：「另一種商稅是近於交易稅的稅，稱為『除陌』」，接著他引用天寶九載敕為證，然後又說：「建中四年，趙贊又加重除陌錢，每貫五十」。[30] 換句話說，鞠清遠首先把天寶的「除陌錢每貫二十文」，看成是一種商稅，又認為趙贊在這天寶商稅上，再「加重除陌錢」，每貫5%。這個論點，深深影響了幾乎所有後來的國內學者，包括李錦繡和陳明光，[31] 也使得許多通行的隋唐史教科書，至今仍然如此表述。但有趣的是，國外的日本和英國學者，卻從不接受這樣

---

29 《唐會要》卷 84，〈雜稅〉，頁 1830。
30 鞠清遠，〈唐代財政史〉，頁 98。
31 王怡辰，〈論唐代的除陌錢〉，《史學彙刊》第 22 期（2008 年 12 月），頁 21-22，對鞠清遠、李錦繡和陳明光的論點，有詳細的批駁。但王怡辰未引用楊志玖的論文。

的說法，不認為天寶九載的是商稅，而是貨幣除陌短錢的官定價
（詳下），一如本文的論點。

　　天寶九載的「除陌錢每貫二十文」，是一種稅率嗎？就上文
所考，不是。它只是天寶年間除陌短錢的官價。從上下文看，此
敕是要制定幾個度量衡和貨幣標準，不可能突然跳去講一種稅
率。我們也沒有任何其他史料，可以證明天寶年間，曾經實施過
趙贊那種除陌商稅。但不巧的是，趙贊在自己的奏疏上，自稱他
的是「除陌法」，這就跟天寶九載敕中所說的「除陌錢」一詞
混淆了，讓不少後世學者以為兩者相同，都是交易稅。但英國
學者杜希德，曾經形容這其實「只不過是個巧合罷了」（a mere
coincidence），[32] 意思是兩者的名稱只是「剛巧」相同，都用了
「除陌」兩字，實際內容卻完全不同（一是短錢，一是稅錢）。
此說很有眼光，很有道理。

　　其實，早在 1948 年，日本學者加藤繁，就正確解讀天寶敕
令中的「除陌錢每貫二十文」，不是稅率，而是當時的貨幣除陌
官定價，[33] 是一種官定的貨幣短錢標準，跟麵的官定重量標準，
屬於同等性質的東西。杜希德的《唐代財政史》（1963），採加
藤繁此說。[34] 但在中文學界，一直要到 2008 年，才有台灣學者
王怡辰指正這點。[35] 但三人都沒有像本文那樣，把「除陌法」解

32　Denis Twitchett, *Financial Administration under the T'ang Dynasty*, p. 300, n.
　　168.

33　加藤繁，《舊唐書食貨志‧五代史食貨志》（東京：岩波書店，1948），頁
　　37。

34　Denis Twitchett, *Financial Administration under the T'ang Dynasty*, p. 300. 後來
　　的日本學者如井上泰也和宮澤知之，也都跟從加藤繁。

35　王怡辰，〈論唐代的除陌錢〉，《史學彙刊》第 22 期（2008 年 12 月），
　　頁 21。

釋為「扣除百分之幾」的計算方法。

如果我們接納加藤繁、杜希德及其他日本學者的論點，趙贊除陌法所說的「率一貫舊算二十」，並不指天寶九載救令所說的「除陌錢每貫二十文」，那麼它又指什麼呢？事實上，這問題早在 1990 年，就由楊志玖解決了。他認為，趙贊的這個「舊算」，指的正是他自己在一年前，即建中三年（782）九月上奏後實行的常平輕重本錢的徵稅率：

> 建中元年九月，戶部侍郎趙贊請置常平輕重本錢，從之。贊於是條奏諸道津要都會之所，皆置吏，閱商人財貨，計錢每貫稅二十文；天下所出竹、木、茶、漆，皆什一稅之，充常平本錢。時軍用稍廣，常賦不足，所稅亦隨盡，竟莫得充本儲積焉。[36]

從「皆置吏，閱商人財貨」這句話判斷，這是一個商稅，「計錢每貫稅二十文」，稅率為 2%。因此，楊志玖認為：「趙贊在建中三年實行的『每貫稅二十文』，本來是為了充常平本錢的，但因軍用頗大，所稅的錢竟隨抽隨用，充不了本錢，於是在第二年又再每貫加稅錢三十文，成了每貫稅錢五十文。所以說，建中四年的除陌錢，只是建中三年稅錢的繼續。」[37]

這無疑是趙贊「率一貫舊算二十」的最好答案。很可惜，楊志玖的大文最初發表在一本 1990 年出版的論文集《鄭天挺紀念論文集》中，沒有引起後來論述者的注意，以致大家都繼續沿

---

36 《唐會要》卷 84，〈雜稅〉，頁 1830。

37 楊志玖，《陋室文存》，頁 54。

用 1934 年鞠清遠的說法，以為這個「舊算」是「遙指」天寶九載的「除陌錢每貫二十文」。天寶九載距建中四年，有三十三年之久，中間又歷經了一場安史巨變，人事早已全非。趙贊的「舊算」是否真的追溯到那麼久遠的事，頗令人懷疑。但若這「舊算」就指一年前的常平本錢徵稅率，又是趙贊自己提出的，他用「舊算」此詞，那就完全合情合理了。

事實上，《唐會要》便把趙贊建中三年為了常平本錢所徵的商稅，跟他在隔一年所徵的除陌錢，都編在同一個子目「雜稅」之下，顯示編者王溥亦認為，兩者是有密切關係的，同屬「雜稅」。至於天寶九載的那條「除陌錢每貫二十文」敕令，《唐會要》並非放在這個「雜稅」子目下，而是放在卷六十六的「太府寺」下，因為太府寺負責制定度量衡等官定標準。這也構成了另一有力的證據：天寶九載的敕令，並不是要抽商稅，而是要制定除陌短錢的官定價。

順此一提，學界常把趙贊的除陌錢，稱為「商稅」或「交易稅」，恐怕也不妥，因為趙贊的這個稅法，徵抽對像是「天下公私給與貿易」，包括公和私的兩大部分。徵抽私給和民間的貿易稅，固然可以說是商稅或交易稅，但「公給」的部分，即官府之間的經費和官員的俸料等，也要徵抽除陌錢。這當然也是一種稅，但這種公給錢的稅，恐怕不能說成是商稅或交易稅，因為公給錢不涉及交易買賣，並非商業行為。或可仿照《唐會要》的辦法，稱之為「雜稅」可也。本文則以趙贊徵稅的目的，主要為供軍用，故稱之為「軍用稅」。

四、李泌的戶部除陌錢

除了貨幣除陌短錢和趙贊的除陌稅法外，唐代至少還有一種東西，也用了「除陌」一詞，那就德宗貞元四年（788），宰相李泌所推行的「戶部除陌錢」：

> 李泌以京官俸薄，請取中外給用除陌錢，及闕官俸、外〔官〕一分職田，〔停〕額內官俸及刺史執刀、司馬軍事等錢，令戶部別庫貯之，以給京官月俸，令御史中丞竇參專掌之。歲得錢三百萬貫，謂之戶部別處錢，朝臣歲支不過五十萬，常有二百餘萬以資國用。[38]

這裡最關鍵的一句話，就是「中外給用除陌錢」。所謂「中外給用」，即「中外給用錢」，也稱「內外支用錢」、「內外給用錢」，或單稱「給用錢」等等，常見於唐代敕詔。例如，元和十五年（820）六月敕：「其度支所准五月二日勅，應給用錢，每貫抽五十文」；[39] 穆宗長慶元年（821）九月敕：「其內外公私給用錢」；[40] 文宗開成元年（836）正月一日赦詔：「其京兆府附一年所支用錢物斛斗草等」。[41]

中外或內外，指京師和地方。因此，所謂中外或內外給用錢或支用錢，即指朝廷、州及方鎮可以「支用」的預算經費。元和

---

38 《舊唐書》卷13，〈德宗紀下〉，頁364。缺字據何汝泉，《唐財政三司使研究》（北京：中華書局，2013），頁293的引文補。

39 《唐會要》卷91，〈內外官料錢上〉，頁1975。

40 《唐會要》卷89，〈泉貨〉，頁1936。

41 《冊府元龜》卷484，頁5790。

十五年五月，穆宗剛上台頒的一篇詔書，曾經提到這種「內外支用錢」，指的是「送上都及留州、留使、諸道支用、諸司使職掌人課料等錢」。[42] 由此我們得知，這種「給用錢」或「支用錢」，最大宗的就是州和方鎮在兩稅下，送上都和可以留用的部分，以及「諸司使職掌人課料等錢」，也就是官員們的各種俸料錢。[43]

因此，上引文中的「中外給用除陌錢」一詞，意思是：「從中外各種給用錢中，扣除百分之幾所得到的錢。」至於它的除陌扣除率，見於《新唐書・食貨志》：

> 李泌以度支有兩稅錢，鹽錢使有筦榷錢，可以擬經費，中外給用，每貫墊二十，號「戶部除陌錢」。[44]

「每貫墊二十」，除陌率為 2%。這裡的「墊」字跟「除」字同義，唐代敕令中常見，如穆宗長慶元年（821）九月敕：「宜每貫一例除墊八十，以九百二十文成貫」。[45]

因此，我們千萬不要一見到「除陌」兩字，就立刻以為它專指趙贊的除陌稅錢。這樣誤會可大了，會把幾種內容不同的東西混淆了。「除陌錢」並非專稱，而是個通稱，可以指天寶九載的除陌短錢，也可以指李泌的「戶部除陌錢」，甚至可以泛指任何以「扣除百分之幾」計算的錢物。鞠清遠等學者，便是把天寶九

42　《舊唐書》卷 16，〈穆宗紀〉，頁 478。

43　參看陳明光，《唐代財政史新編》（北京：中國財政經濟出版社，1999 年增訂版），頁 321、328-329。

44　《新唐書》卷 55，〈食貨五〉，頁 1401。

45　《唐會要》卷 89，〈泉貨〉，頁 1936。

載的除陌短錢官價，誤以為是趙贊的那種除陌法，誤以為天寶年間，也在實施趙贊那種稅法。

貞元四年（788），李泌向德宗提他的戶部錢構想時，他同樣用的是一種除陌法（即每一貫扣除百分之幾），來徵集戶部錢，目的是為了要給京畿官員增加俸料錢，但他徵集的對象，不是廣大的百姓人民，而是「中外給用錢」。這是李泌最有創意的地方，沒有在常賦（兩稅）之外加斂百姓，沒有增加他們的稅務負擔。這點跟李泌的高人和山人性格，頗為相配。

其實，李泌的戶部錢，徵抽對象為「中外給用錢」，跟趙贊的徵抽對象「天下公私給與貿易」，[46] 有一大部分相同。相同的是，兩人都要徵「中外給用錢」，即官方往來的經費部分。不同的是，趙贊還要加徵「私給與貿易」，即民間私貿易買賣的部分。趙贊之所以失敗，正因為他的稅法，特別是在民間實行時，太複雜，太繁瑣，弄得民怨四起，難以執行，所以不到半年，就匆匆喊停。

李泌就在趙贊失敗後約四年，推行戶部錢。他應當也從趙贊的除陌法得到若干靈感，但他也汲取了趙贊的前車之鑒，變得精明起來，不去碰惹民怨的「私貿易」部分，只徵公家往來給用經費，而且徵收率只有 2%，比趙贊的稅法略低。中外衙司（包含方鎮，至少那些不叛逆的方鎮），以及某些官員們，也就按規定墊付，未聞有反對抗議之聲，無不聽話，圓滿成功，得以長期實行，直到唐亡。[47]

46　《唐會要》卷 84，〈雜稅〉，頁 1830。
47　關於戶部錢的詳細研究，見何汝泉，《唐財政三司使研究》，頁 301-347。

五、司馬光的迷惑和猜想

《資治通鑑》在德宗貞元四年（788）條下，記述李泌的戶部錢時，有一段考證：

> 《考異》曰：《實錄》：「辛巳，詔以中外給用除陌錢給文武官俸料，自是京官益重，頗優裕焉。初除陌錢隸度支，至是令戶部別庫貯之，給俸之餘，以備他用。」按興元元年正月赦，其所加墊陌錢、稅間架之類，悉宜停罷。今猶有除陌錢者，蓋當時止罷所加之數，或私買賣者官不收墊陌錢，官給錢猶有除陌在故也。[48]

看來，司馬光也被這個「除陌錢」迷惑了。他見到《實錄》中有「中外給用除陌錢」一句，就立刻想到趙贊的稅法，於是他接著發出這樣的疑問：趙贊的除陌錢（軍用稅），不是早在興元元年（784）停罷了嗎？怎麼現在德宗貞元四年（788），又還有「除陌錢」？他似乎以為，除陌錢是一個專稱，僅指趙贊的除陌稅。他沒有想到，正如上文所考，除陌錢可以指任何以除陌法計算的錢，可以有種種含義，並非只有趙贊的稅法才叫除陌錢。如果司馬光知道李泌的「中外給用除陌錢」，也是以除陌法計算的另一種東西（戶部錢），也可稱為除陌錢，但跟趙贊的稅錢毫無關係，只不過是名稱「巧合」相同（因為都用了除陌計算法），實際內容卻完全不同，那麼他應當就不會發出那樣的疑問了。所以，他這個疑問，是多餘的，問錯了。

48　《資治通鑑》卷233，唐德宗貞元四年條下，頁7509。

　　為了解決這個原本多餘的疑問，司馬光接著「猜想」：「今猶有除陌錢者，蓋當時止罷所加之數，或私買賣者官不收墊陌錢，官給錢猶有除陌在故也。」這只是他的揣測，沒有任何證據，但看來也頗言之成理。如果司馬光知道「除陌錢」為泛稱，可以指任何以除陌計算的錢，他這個猜想其實是多此一舉的。現代學者的不少「附和」猜想，也是沒有必要的。正確的答案是：趙贊的除陌稅法，和李泌的戶部除陌錢，是兩套不同的徵稅方案，沒有所謂除陌錢「停罷」又再出現的問題。趙贊的除陌錢的確是停罷了，但約四年後，李泌又以除陌法，重新徵集他的戶部除陌錢。李泌的是新方案，是為了給京畿官員加俸料的稅，跟趙贊的軍用稅不同。如此而已。

六、唐代其他「模仿版」的除陌錢

　　陳明光說，「除陌」一語，「在唐代有性質迥異的三種不同內涵」。[49] 這論點是一大突破，比學界過去一直以為，除陌法或除陌錢，就僅指趙贊的那種除陌稅法，是一大進步。不過，我們也可以說，唐代至少有三樣東西，用了除陌計算法：一是民間或官定的短錢（以 980 成貫之類）；二是趙贊的稅法；三是李泌的 2% 戶部錢。其實，唐代用除陌法計算的錢，恐怕還不只這三種。除陌法在李泌之後，漸漸盛行起來，也常用於徵收其他跟戶部錢無關的稅錢，比如臨時性的戰爭稅。這裡再舉另三個唐代這種一次性的徵稅方案，以除陌法去計算，也「模仿」了李泌的戶

---

49 陳明光，〈唐代「除陌」釋論〉，原發表在《中國史研究》，後收在《唐代財政史新編》，附錄二，頁 333。

部錢徵集辦法，但又不經由戶部徵集管理，故可稱之為「模仿版的除陌錢」。然而，有學者見到「除陌」、「抽貫」、「墊陌」等字眼，常又把這些「模仿版」的除陌稅，跟李泌甚至跟趙贊的除陌錢，扯上關係，混為一談。

第一例，見於憲宗元和十三年（819）十一月，國子祭酒鄭餘慶的上奏：

> 祭酒鄭餘慶，以太學荒墜日久，生徒不振，遂請率文官俸祿，修廣兩京國子監，時論美之。[50]

這次是要抽「文官俸祿」的稅，來「修廣兩京國子監」。這是好事，不直接影響百姓，而且只是一次性的徵抽，所以「時論美之」，可惜沒有提到徵稅率和徵抽辦法。

過了一年，鄭餘慶又上奏憲宗，請再徵抽一次類似的稅：

> 十四年十二月，鄭餘慶又奏：「京見任文官一品以下，九品以上，並外使兼京正員官，每月所請料錢，請每貫抽一十文，以充國子監修造文宣王廟及諸屋宇，並修理經壁。監中公廨雜用，有餘，添充本錢及諸色，隨便宜處置。」勅旨：「宜依」。[51]

這次是為了「修造文宣王廟及諸屋宇，並修理經壁」，請在官員的月俸料錢中，「每貫抽一十文」。這正是一種「除陌」計算

50　《唐會要》卷66，〈東都國子監〉，頁1372。
51　《唐會要》卷66，〈東都國子監〉，頁1372。

法，等於說「每貫除陌一十文」，或「每貫墊陌一十文」，即
1%的稅率。憲宗也批示「宜依」。但要注意的是，這次徵收，
跟李泌的戶部錢無關，是額外的一次性加徵，為了修國子監，但
卻是「模仿」了李泌的方法，連「每貫抽」等字眼都很相像。此
外，這次徵收到的稅錢，顯然由國子監自行管理，不經由戶部，
因為奏疏的最後一句說，若稅錢「有餘」，則「添充」作國子監
的「本錢及諸色」（指供廚料的「食本錢」及其他），而且隨國
子監自行「處置」。用現代話來說，國子監等於徵收到一筆可以
自行管理的「私房錢」，並非在動用戶部錢。

　　第二例，隔了約七十年，在唐末昭宗大順元年（890），文
官的月俸料錢，又再一次被徵抽，也是為了「助修國學」：

> 二月丁巳，宰臣兼國子祭酒孔緯以孔子廟經兵火，有司釋
> 奠無所，請內外文臣自觀察使、制使下及令佐，於本官料
> 錢上緡抽十文，助修國學，從之。[52]

這次也只是針對官員們的「本官料錢上緡抽十文」，即施加 1%
的稅，用的同樣是除陌法，為了修孔廟，跟戶部錢的徵集無關，
而跟七十年前鄭餘慶的徵抽相同。不過，有學者說，這是用戶部
錢來修國學，恐誤。

　　第三例，是憲宗元和中的一次戰爭稅特別加徵。當時，李泌
的除陌法，顯然給了宰相兼判度支皇甫鎛一些「靈感」，於是他
便模仿這除陌法來徵收戰爭稅。度支的收入，最大宗的原本是鹽
稅和兩稅，但憲宗元和中討伐淮西和河北時，軍費又吃緊，皇

52　《舊唐書》卷 20 上，〈昭宗紀〉，頁 740。

甫鎛便上奏，請在常設的戶部錢之外，「復抽五十送度支以贍軍」：

> 會吳元濟、王承宗連衡拒命，以七道兵討之，經費屈竭。
> 皇甫鎛建議，內外用錢每緡墊二十外，復抽五十送度支以
> 贍軍。[53]

這是最為明顯在「模仿」戶部除陌錢的徵收方式，來加徵收軍費。上引文「內外用錢每緡墊二十外」一句，指常設的戶部錢徵收率 2%。現在皇甫鎛也打這「內外用錢」的主意，要在戶部錢之上，再加「抽」五十文（5%）以助軍，比戶部錢的徵收率 2%還高。然而，他這額外的加徵所得，卻不是送戶部收管，而是「送度支」，因為度支使負責各方鎮兵出界征討的糧料費，可證這次加徵跟李泌的戶部錢無關，而是度支使「模仿」了李泌除陌錢的加徵法。這當然也是一種「除陌錢」，可稱之為「度支除陌錢」（跟「戶部除陌錢」相對），但「送度支」收管，不經過戶部。然而，有學者誤以為，李泌的戶部除陌錢又提高徵收率了，且度支使在利用戶部錢來贍軍。事實上，是度支使皇甫鎛自行上奏皇帝，加徵 5%的戰爭稅來贍軍。他不是利用戶部所徵到的除陌錢來贍軍。晚唐的度支使，權勢很大（比戶部使更強大），[54]又是皇帝特使，可以主動上奏皇帝，獲准後就可自行徵稅來籌軍費，完全不須經過戶部，只是「模仿」了戶部的除陌法。

---

53 《新唐書》卷 54，〈食貨四〉，頁 1389。
54 何汝泉，《唐財政三司使研究》，頁 224。

七、結語

　　除陌錢並非專稱，並不專指天寶九載的除陌錢，也不專指趙贊的除陌稅，亦不專指李泌的除陌戶部錢。所謂「除陌錢」，是個通稱，可以指任何「扣除百分之幾」計算出來的錢。天寶九載的「除陌錢」是皇帝敕定，官方民間都可以從每一貫銅幣（1000文）中，合法扣除 2%，成為 980 文，但仍當作一貫來使用。這根本不是稅錢，而是貨幣除陌短錢（類似梁朝的除陌短錢），以應付貨幣短缺（錢荒）問題。三十多年後，趙贊從「天下公私給與貿易」中，扣除 5%徵收到稅錢，以給軍用，所以他的也是除陌錢。又過四年，李泌對「中外給用錢」扣除 2%徵收到戶部錢，以增京畿官員俸料，所以它同樣也是一種除陌錢。

　　除陌法最早用於貨幣除陌短錢上，見於梁武帝時的「東錢」和「西錢」。在唐代，最早正式見於天寶九年敕令中的「除陌錢每貫二十文」。趙贊應當是借用了這種貨幣除陌法，來徵抽他的軍用稅。他的稅法引起強烈民怨，在半年後就被廢除，但貨幣除陌短錢依然通行，仍見於穆宗、武宗，甚至唐末代皇帝哀帝的敕令中，一直沒有被廢除，也沒有必要廢除，因為這不是一種稅，而是市場為了應付錢荒，自然產生的變通辦法，是一件好事。

　　但學界常把天寶的這種貨幣除陌短錢，當成是趙贊的那種除陌稅錢，然後又把李泌的戶部除陌錢，跟趙贊的除陌稅錢，全都搞在一起，越論越亂。這是三種不同的東西，不同的錢，原本不應當混淆，但不幸當時的敕令和奏疏等文獻，「不巧」都用上了一詞多義的「除陌錢」，把不明內情的後人迷惑了。但只要大家弄清楚「除陌」的真義，這迷惑應當就可以化解了。

原載《唐史論叢》第 23 輯（2016 年 10 月），頁 1-19。

第三輯

唐人怎樣做官

唐代的待詔

前言

　　唐代有兩個詩人，曾經當過待詔這個職位。一個是初唐的王績（590-644），任門下省的待詔。另一個是盛唐的李白（701-762），任翰林院的待詔。然而，待詔到底是一種怎樣的官職？清代的顧炎武，在他的《日知錄》中，對唐代的待詔有過一段精闢的考據。[1] 近人對這官職也發表過幾篇論文。但唐代文學界的學者，在論及王績和李白的生平仕歷，碰到這個官名時，幾乎毫無例外地引用《舊唐書·職官志》或《新唐書·百官志》等書中的材料，沒有再細考，以致造成種種誤解和不確的推論。唐史學界的學者，在研究唐的翰林院和翰林學士時，不免得談到翰林侍詔的問題，但研究仍有待深入，更沒有澄清翰林待詔、門下省待詔以及集賢院待詔這三者的性質與分別。

　　本文擬詳考唐代門下省、翰林院及集賢院的待詔，探討這個官職的幾種形式及其歷史演變。我想從唐史上當過待詔那些人的生平經歷著手，以正史列傳、石刻史料、筆記雜史、醫書和佛藏等文獻，來考釋待詔制度的實際運作。這樣，我們將可以更合理的解釋，何以李白沒有參加過任何科舉考試，卻能當上翰林待詔。也可以明白，為何玄宗皇帝最初對李白寵愛無比，甚至親手

1　《日知錄》卷 25（台北：文史哲出版社，1979），頁 702。

調羹餵他吃飯，但最終卻又把他「賜金」放還。我們把李白的待
詔，拿來和其他翰林待詔，如琴待詔、棋待詔、書待詔、畫待
詔、醫待詔等排比對照後，將可以更清楚看到，李白那些年在唐
代宮廷中當待詔的真正面貌。然後，我們更可了解，何以王績的
門下省待詔，不同於李白的翰林待詔。最後，我們也將看看集賢
院的待詔，到底又是一種怎樣的官職。

一、唐代的兩類待詔

　　從現有的史料看，唐代的待詔可以分成兩大類。他們各有區
別特徵，不應混淆。

　　第一類待詔的特徵有四：（一）他們都是從科舉或制舉出
身，已有功名，或為功臣，名位崇高，或有文詞者；（二）他們
待詔的主要職務是掌制誥、修撰或參政議事；（三）他們通常是
在仕宦中途，或在事業聲望達到高峰時，出任待詔一段時間，過
後又轉任他官；（四）他們是在翰林院以外的官署待詔，比如在
門下省或集賢院。

　　第二類待詔的特徵往往和第一類的相反：（一）他們通常憑
著自己本身的特殊技藝，如書、畫、棋、醫等成為待詔，身分比
第一類待詔低下，而且他們當中有許多是沒有功名科第的，未曾
從科舉或制舉出身；（二）他們待詔的主要職務，是服侍皇帝或
皇室在書、畫、棋、琴、醫、僧道、天文、五行等「術數工藝」
方面的需要；（三）他們可能長期甚至一輩子都在當待詔，但有
極少數人可能從待詔升為正式朝官；（四）他們都在翰林院待
詔，因此一般被稱為「翰林待詔」或「翰林供奉」。

　　這兩類待詔唯一的共同點在於，他們都是「待候皇帝詔命」

的，所以都叫「待詔」。而且，他們都是由皇帝（或以皇帝名義）任命，非經吏部銓選。但他們的才能、出身、經歷、身分、地位是如此的不同，我們應當加以細分，才能弄清這兩類待詔的真正面貌。

二、王績和第一類待詔

初唐詩人王績可說是第一類待詔的好例子。他的好友呂才（600?-665）為他的文集所寫的〈王無功文集序〉，是關於王績生平的最佳第一手材料。序文中有一段描寫王績怎樣開始他的待詔生活：

> 武德中，詔徵以前揚州六合縣丞待詔門下省。時省官例日給良醞三升。君第七弟靜，時為武皇千牛，謂君曰：「待詔可樂否？」曰：「待詔俸祿殊為蕭瑟，但良醞三升，差可戀爾。」侍中江國公，[2] 君之故人也。聞之，曰：「三升良醞未足以絆王先生也。」特判日給王待詔一斗，時人號為「斗酒學士」。[3]

呂才寫這篇序時，正好在唐宮廷中擔任太常丞。他對唐代官制的運作當然是熟悉的。他這一段話，透露了幾個很有意義的細

---

2 即陳叔達（卒於 635），陳朝陳宣帝的第十六子。他在隋平陳後北上仕隋唐。武德四年（621）任侍中（門下省的最高長官），武德五年（622）被封為江國公。見《舊唐書》卷 61，〈陳叔達傳〉，頁 2363。

3 金榮華校注，〈王無功文集序〉，《王績詩文集校注》（台北：新文豐，1998），頁 11。

節。其中最主要的訊息是，待詔是一種非正式官位，沒有官品，屬於一種使職（類似宋代的差遣），所以王績出任此職，要帶一個「本官」，即「以前揚州六合縣丞待詔門下省」，以便計算俸祿、定大朝會的班位等。[4] 這跟後來的集賢院學士和翰林學士等使職，例必帶一個本官一樣，如張說即以尚書左丞相充集賢院學士。[5] 唐玄宗「召拜〔張〕九齡為秘書少監、集賢院學士，副知院事」，[6] 也屬這種例子，即張九齡以秘書少監去出任集賢院學士，並「副知院事」（這也是個使職）。白居易則以左拾遺這個官位，去「充翰林學士」。[7]

實際上，王績當揚州六合縣丞，還在隋朝大業九年（613）。他當時才 24 歲，但他當了一年的六合縣丞，即退官歸隱。唐武德中，又「詔徵」他以這個隋朝的前官去出任門下省待詔。看來，唐初承認士人在隋朝所得的官資，所以王績才能以「前揚州六合縣丞待詔門下省」。

其次，待詔通常是「詔徵」的，即由皇帝下詔任命。由於待詔沒有官品，屬非正式使職，一般人自然無法從吏部的「常調」、「常選」中去求得此職（王績的下一個官位「太樂丞」，屬正規的職事官，倒是他自己去吏部「赴選」爭取得來的）。[8] 從現存的唐代文獻看，待詔此職例必是由皇帝下詔親授。後來的李白，以及翰林院的許多書畫棋醫待詔，也都不是由吏部選拔，

---

4 賴瑞和，《唐代高層文官》，頁 6-9。
5 〈贈張說太師詔〉，《全唐文》卷 30，頁 337。
6 《舊唐書》卷 99，頁 3099。
7 朱金城，《白居易年譜》（上海：上海古籍出版社，1982），頁 41。
8 〈王無功文集序〉，《王績詩文集校注》，頁 12：「貞觀中，以家貧赴選。」

而是由皇帝詔授。至於門下「省官例日給良醞三升」，則可反映初唐省官的「副食配給」。「省官」指尚書、門下等六省的官員。

　　王績是在隋朝大業十年（614），他 25 歲那年，應孝悌廉潔制科登第出身的。他的第一個官位是在京城秘書省當正字，但不久就「以疾罷，乞署外職」，到揚州六合縣當外官。這是隋朝末年的事。隋末唐初戰亂期間，王績又棄官而去，「客遊河北」。所以，武德中他實際上是以隋朝的功名科第、隋朝的「前官」六合丞，被「詔徵」為唐朝的待詔。[9] 這是他的第三個職位。

　　初唐的這種「詔徵」，有它的歷史原因和背景。《新唐書‧選舉志》說：

> 初，武德中，天下兵革新定，士不求祿，官不充員。有司移符州縣，課人赴調，遠方或賜衣續食，猶辭不行。至則授用，無所黜退。[10]

王績極可能是在武德中這種官員短缺的背景下被「詔徵」的。他被派到門下省去待詔，很可能也跟門下省的首長侍中江國公陳叔達有關係。陳叔達曾在王績的老家絳州擔任刺史。他跟王績和王績的哥哥隋末大儒王通都是好朋友。王績被詔徵為門下省待詔，可能也出於陳叔達的推薦。他後來「特判日給王待詔一斗」酒，正是格外照顧老友的行為。

9　《新唐書》卷 196，〈王績傳〉，頁 5595 書：「高祖武德初，以前官待詔門下省。」

10　《新唐書》卷 45，頁 1174。

　　像王績這類有科第功名，以前官或本官當待詔的，在唐初還有一些人，比如高宗時的許敬宗。《舊唐書‧高宗本紀》：「〔永徽六年，即 655〕十二月，遣禮部尚書、高陽縣男許敬宗每日待詔於武德殿西門。」[11] 換句話說，許敬宗是以禮部尚書的本官當待詔（高陽縣男是他的封爵）。《新唐書‧許敬宗傳》進一步透露他為什麼會成為待詔：

> 帝將立武昭儀，大臣切諫，而敬宗陰揣帝私，即妄言曰：「田舍子剩穫十斛麥，尚欲更故婦。天子富有四海，立一後，謂之不可，何哉？」帝意遂定。王后廢，敬宗請削後家官爵，廢太子忠而立代王，遂兼太子賓客。帝得所欲，故詔敬宗待詔武德殿西闈。頃拜侍中，監修國史，爵郡公。[12]

他是因為贊同高宗廢除王皇后，改立武則天，高宗「得所欲」，才叫他每天在武德殿西門待詔。這樣的待詔等於是一種賞賜。又如高宗朝的韓思彥，也曾當過待詔：

> 韓思彥字英遠，鄧州南陽人。游太學，事博士谷那律。律為匪人所辱，思彥欲殺之，律不可。萬年令李乾佑異其才，舉下筆成章、志烈秋霜科，擢第。授監察御史，昌言當世得失。高宗夜召，加二階，待詔弘文館，仗內供奉。[13]

11　《舊唐書》卷 4，頁 75。

12　《新唐書》卷 223 上，頁 6336。

13　《新唐書》卷 112，頁 4163。

他是制舉登科，授監察御史，才去當弘文館待詔，亦屬唐初的第一類型待詔。但韓思彥當待詔的時間不長，因為不久他就「巡察劍南」去了。他後來官至蘇州錄事參軍、乾封縣丞和賀州司馬。[14] 又如睿宗朝的李適：

> 李適字子至，京兆萬年人。舉進士，再調猗氏尉。武后修三教珠英書，以李嶠、張昌宗為使，取文學士綴集，於是適與王無競、尹元凱、富嘉謨、宋之問、沈佺期、閻朝隱、劉允濟在選。書成，遷戶部員外郎，俄兼修書學士。景龍初，又擢修文館學士。睿宗時，待詔宣光合，再遷工部侍郎。卒，年四十九，贈貝州刺史。[15]

他以進士出身，官至戶部員外郎，才待詔宣光閣，情況正和王績、韓思彥等人類似。

《舊唐書‧職官志》在追敘玄宗朝翰林待詔的起源時，特別列出了武德到開元年間一些擔任過待詔的人：

> 武德〔618-626〕、貞觀〔627-649〕時，有溫大雅、魏徵、李百藥、岑文本、許敬宗、褚遂良。永徽〔650-655〕後，有許敬宗、上官儀，皆召入禁中驅使，未有名目。乾封〔666-667〕中，劉懿之、劉禕之兄弟、周思茂、元萬頃、范履冰，皆以文詞召入待詔，常於北門候進止，時號北門學士。天后〔690-705〕時，蘇味道、韋承慶，皆待詔禁

14　《新唐書》卷 112，頁 4163-4164。

15　《新唐書》卷 202，頁 5147。

中。中宗〔705-710〕時，上官昭容獨當書詔之任。睿宗〔710-712〕時，薛稷、賈膺福、崔湜，又代其任。玄宗〔712-756〕即位，張說、陸堅、張九齡、徐安貞、張垍等，召入禁中，謂之翰林待詔。16

這一段文字可能根據韋處厚的〈翰林院廳壁記〉：

唐有天下，因襲前代。爰自武德，時有密命，則溫大雅、魏徵、李百藥、岑文本之屬視草禁中。乾封年，則劉懿之、周思茂、范履冰之倫秉筆便坐，自此始號北門學士，皆自外召入，未列秘署。玄宗開廣視聽，搜延俊賢，始命張說、陸堅、張九齡、徐安貞筆待詔翰林，厥後錫以學士之稱，蓋由德成而上，與夫術數工藝，禮有所異也。17

以及李翰的〈翰林志序〉：

初，國朝修陳故事，有中書舍人六員，專掌詔誥。雖曰禁省，猶非密切。故溫大雅、魏徵、李百藥、岑文本、褚遂良、許敬宗、上官儀，時召草制，未有名號。乾封以後，始曰北門學士，劉懿之、劉禕之、周思茂、元萬頃、范履冰為之。則天朝，蘇味道、韋承慶。其後，上官昭容獨掌其事。睿宗則薛稷、賈膺福、崔湜。玄宗改為翰林待詔，張說、陸堅、張九齡、徐安貞相繼為之，改為翰林供奉。

16　《舊唐書》卷43，頁1853-1854。
17　《全唐文》卷715，頁7351。

開元二十六〔738〕年，劉光謹、張垍乃為學士，始別建學士院於翰林院之南。[18]

三者可以相互參看。綜合這三項記敘，我們可看出以下幾點：（一）武德、貞觀時的溫大雅等人，到永徽後的許敬宗和上官儀，他們被「召入禁中驅使」當待詔，是「未有名目」的。（二）乾封中，劉懿之等人「以文詞召入待詔」，常於北門候進止。他們的名號是「北門學士」，相對於武德時溫大雅等人的「未有名目」。（三）從武則天到睿宗朝，從蘇味道到崔湜，他們當待詔的「名目」則不詳。（四）玄宗剛即位時，張說等人當待詔，則被稱為「翰林待詔」，但後來又改稱「翰林學士」。

　　不管「未有名目」或名曰「北門學士」，這些高祖到玄宗開元年間的「待詔」，都跟王績一樣，屬於第一類的待詔，身分地位崇高。他們有的負責起草詔書；有的從事「修撰」著作；有的參決「朝廷疑議及百司表疏」。但最主要的是，他們都屬皇帝身邊一批最親信、最能幹的臣子，而且他們都是以宰相或中書舍人等高官出任待詔的。待詔也不是他們的第一個職位。

　　這當中，溫大雅和魏徵都屬唐開國的功臣，為高祖和太宗的親信的近臣。李百藥則是太宗朝的中書舍人，「受詔修定《五禮》及律令，撰《齊書》」。又侍講於弘教殿，輔佐太子。[19]岑文本曾任中書舍人，負責起草詔誥：

貞觀元年，除秘書郎，兼直中書省。遇太宗行藉田之禮，

18　《全唐文》卷721，頁7415。
19　《舊唐書》卷72，頁2573。

文本上藉田頌。及元日臨軒宴百僚，文本復上三元頌，其辭甚美。文本才名既著，李靖復稱薦之，擢拜中書舍人，漸蒙親顧。初，武德中詔誥及軍國大事，文皆出於顏師古。至是，文本所草詔誥，或眾務繁湊，即命書僮六七人隨口並寫，須臾悉成，亦殆盡其妙。[20]

至於許敬宗和褚遂良，更是太宗到高宗朝初期的親信重臣，名位清望。

上引《舊唐書・職官志》所列出的「北門學士」名單，只有五個人：劉懿之、劉禕之兄弟、周思茂、元萬頃、范履冰。實際上，北門學士應該還包括《舊唐書・元萬頃傳》所提到的另兩人：苗神客和胡楚賓。[21] 這當中，周思茂、范履冰、苗神客三人，「供奉左右，或二十餘年」，待詔時間相當長。

這些「北門學士」當待詔的職務，一方面是「修撰」著作，一方面是參決「朝廷疑議及百司表疏」，「以分宰相之權」：

時天后諷高宗廣召文詞之士入禁中修撰，萬頃與左史范履冰、苗神客，右史周思茂、胡楚賓咸預其選，前後撰〈列女傳〉、《臣軌》、《百僚新誡》、《樂書》等凡千餘卷。朝廷疑議及百司表疏，皆密令萬頃等參決，以分宰相之權，時人謂之「北門學士」。[22]

20　《舊唐書》卷 70，頁 2536。
21　孟利貞、高智周、郭正一等三人可能也屬北門學士。見《舊唐書・劉禕之傳》。
22　《舊唐書》卷 190 中，頁 5011。

　　則天朝的蘇味道,「趙州欒城人也。少與鄉人李嶠俱以文辭知名,時人謂之蘇、李。」他以進士出身,官至鳳閣侍郎、同鳳閣鸞台平章事(即宰相)。他在則天朝待詔,文辭之美,到玄宗朝還為玄宗皇帝提起:「時李乂為紫微侍郎,與〔蘇〕頲對掌文誥。」他日,上〔指玄宗〕謂頲曰:「前朝有李嶠、蘇味道,謂之蘇、李;今有卿及李乂,亦不讓之。」至於韋承慶,他在則天朝長壽(692-693)中,「累遷鳳閣舍人」(即中書舍人)。「屬文迅捷,雖軍國大事,下筆輒成,未嘗起草。」[23]

　　上官昭容是中宗的妃子,身分非常特殊,「獨當書詔之任」,可說是個罕例。睿宗朝的薛稷曾任太常少卿、黃門侍郎等高官,「參知機務」;[24] 賈膺福曾任右散騎常侍;[25] 崔湜曾為中書令,並監修國史。他們三人都曾出任昭文館學士。[26] 至於玄宗朝的張說、陸堅、張九齡、徐安貞等人,也都各有功名,官至中書舍人或宰相等高位,文詞雅麗。

　　要之,從高祖到玄宗朝前期的這一批初唐待詔,都是高官,或名位崇高,或有文詞者。在唐初這段期間,我們還沒有見到第二類待詔,即那些身分低下的琴棋書醫等所謂「翰林待詔」。他們要到玄宗朝後期才出現。

　　要留意的是,玄宗即位初年,張說、陸堅、張九齡、徐安貞等一批親信,被召入禁中,也被稱為「翰林待詔」。這個稱號很容易跟玄宗後期的那些琴棋書醫等「翰林待詔」混亂。因此,張

23　《舊唐書》卷88,頁2864-2865。

24　《舊唐書》卷7,頁154。

25　《舊唐書》卷83,頁3652。

26　事見〔唐〕史崇〈妙門由起序〉中所列的各人全套官銜,《全唐文》卷923,頁9621-9622。

說、陸堅、張九齡等人後來都被改稱為「翰林學士」，以便和身分低下的「翰林待詔」區分開來。上引韋處厚的〈翰林院廳壁記〉說：「始命張說、陸堅、張九齡、徐安貞輩待詔翰林，厥後錫以學士之稱，蓋由德成而上，與夫術數工藝，禮有所異也。」他所指的，便是張說等人最初名為「翰林待詔」，後又改稱「翰林學士」這件事，因為張說等高官待詔，和後來的琴棋書醫翰林待詔的「術數工藝，禮有所異也」。

三、唐初待詔的南北朝遺風

從歷史上看，唐初以文詞之士或高官充當待詔，還很有些南北朝和隋朝的遺風。《梁書·到沆傳》說：

> 齊建武中，起家後軍法曹參軍。天監初，遷征虜主簿。高祖初臨天下，收拔賢俊，甚愛其才。東宮建，以為太子洗馬。時文德殿置學士省，召高才碩學者待詔其中，使校定墳史，詔沆通籍焉。時高祖燕華光殿，命群臣賦詩，獨詔沆為二百字，三刻使成。沆於坐立奏，其文甚美。俄以洗馬管東宮書記、散騎省優策文。[27]

當年待詔文德殿的，還可舉數人，如（一）王僧孺：「天監初，除臨川王后軍記室參軍，待詔文德省。尋出為南海太守。」[28]（二）張率：「天監初，臨川王已下並置友、學。以率

27　《梁書》卷49，頁686。
28　《梁書》卷33，頁470。

為鄱陽王友，遷司徒謝朏掾，直文德待詔省，敕使抄乙部書，又使撰婦人事二十餘條，勒成百卷，使工書人琅邪王深、吳郡范懷約、褚淘等繕寫，以給後宮。」（三）許懋：「天監初，吏部尚書范云舉懋參詳五禮，除征西鄱陽王諮議，兼著作郎，待詔文德省。」這些都是帶本官出任待詔的例子，名位崇高。

北齊以高官或文詞之士出任待詔之風更盛。《北齊書》中可找到十多個例子，且舉三例：（一）王晞：「歷東徐州刺史、秘書監。武平初，遷大鴻臚，加儀同三司，監修起居注，待詔文林館。」[29]（二）蕭退：「歷著作佐郎，待詔文林館，卒於司徒從事中郎。」[30]（三）元行恭：「美姿貌，有父風，兼俊才，位中書舍人，待詔文林館。」[31]

北朝的三個大詩人盧思道、薛道衡及李德林，也都當過待詔。（一）盧思道：「魏處士道亮之子，神情俊發，少以才學有盛名。武平末，黃門侍郎，待詔文林館。」[32]（二）薛道衡：「待詔文林館，與范陽盧思道、安平李德林齊名友善。」[33]（三）李德林：「祖珽奏立文林館，於是更召引文學士，謂之待詔文林館焉。……覆命中書侍郎李德林續入待詔。」[34] 他們三人可說是初唐詩人王績當門下省待詔的先聲。

一般待詔都在文林館、集賢院之類的文學館，但隋朝卻有待詔於御史台的例子，如《隋書‧陸知命傳》所說：

29　《北齊書》卷 31，頁 422。
30　《北齊書》卷 33 補，頁 443。
31　《北齊書》卷 38 補，頁 505。
32　《北齊書》卷 42，頁 557。
33　《北齊書》卷 57，頁 1406。
34　《北齊書》卷 45，頁 603-604。

時見天下一統，知命勸高祖都洛陽，因上太平頌以諷焉。
文多不載。數年不得調，詣朝堂上表，請使高麗……書
奏，天子異之。歲餘，授普寧鎮將。人或言其正直者，由
是待詔於御史台。[35]

但隋代的待詔主要是在「禁中」，如《隋書·虞綽傳》所說：

及陳亡，晉王廣引為學士。大業初，轉為秘書學士，奉詔
與秘書郎虞世南、著作佐郎庚自直等撰《長洲玉鏡》等書
十餘部。綽所筆削，帝未嘗不稱善，而官竟不遷。初為校
書郎，以藩邸左右，加宣惠尉。遷著作佐郎，與虞世南、
庚自直、蔡允恭等四人常居禁中，以文翰待詔，恩盼隆
洽。[36]

從南北朝和隋代這種以高官或文學之士待詔的制度，看王績和初
唐的待詔，則其淵源與傳承當更清楚。這些全都可歸納為第一類
型的待詔。

四、翰林待詔和翰林學士

唐玄宗即位，剛創建翰林院時，出現了一種新型的待詔。這
就是上面提到的第二類待詔。他們專以本身的才藝待詔翰林。唐
代的文獻，統稱這一類待詔為「翰林待詔」，但往往又有更進一

---

35 《隋書》卷 66，頁 1560。
36 《隋書》卷 76，頁 1739。

步的劃分，把他們更明確地稱為書待詔、畫待詔、棋待詔、琴待詔、醫待詔等等。

然而，翰林院剛創建時，像張九齡、徐安貞這類有功名、本官的第一類待詔，也在翰林院供奉。他們當時也叫「翰林待詔」，很容易和琴、醫等待詔的「翰林待詔」混淆。

後來，為了區別這兩類身分、地位都很不同的待詔，開元二十六年（738）便在翰林院之南建立學士院，專處張九齡等第一類待詔。學士院建立後，這些原稱為「翰林待詔」的，也就改稱為「翰林學士」了。

韋執誼的〈翰林院故事記〉，對翰林院、學士院、技藝待詔和張九齡等翰林學士，做了很清楚的區分：

> 翰林院者，在銀台門內麟德殿西重廊之後，蓋天下以藝能伎術見召者之所處也。學士院者，開元二十六年之所置，在翰林之南，別戶東向。……玄宗以四隩大同，萬樞委積，詔敕文誥，悉由中書。或慮當劇而不周，務速而時滯，宜有偏掌，列於宮中。承導遹言，以通密命。由是始選朝官有詞藝學識者入居翰林，供奉別旨。於是中書舍人呂向、諫議大夫尹愔首充焉。雖有密近之殊，然亦未定名。制詔書敕，猶或分在集賢。時中書舍人張九齡、中書侍郎徐安貞迭居其職，皆被恩遇。至開元二十六年，始以翰林供奉改稱翰林學士。由是遂建學士〔院〕，俾專內命。[37]

---

37 《全唐文》卷 455，頁 4648。

　　這清楚說明翰林院和學士院的區別，也說明翰林待詔和翰林
學士的不同。翰林院是安置各色技藝待詔的，學士院是安置翰林
學士的。在學士院成立之前，張九齡等人還被稱為翰林待詔或翰
林供奉。至到開元二十六年，玄宗才改稱他們為翰林學士，而且
為他們建了學士院。

　　比較混亂的是，韋執誼此文提到開元二十六年建立學士院
後，還有一大段話，常令人迷惑，應當細考：

> 由是遂建學士〔院〕，俾專內命。太常少卿張垍、起居舍
> 人劉光謙等首居之。而集賢所掌，於是罷息。自後給事中
> 張淑、中書舍人張漸、竇華等相繼而入焉。其外，有韓
> 翃、閻伯璵、孟匡朝、陳兼、蔣鎮、李白等，在舊翰林
> 中，但假其名，而無所職。至德以後，軍國務殷，其入直
> 者，並以文詞共掌詔敕，自此北翰林院始無學士之名。[38]

這裡說「韓翃、閻伯璵、孟匡朝、陳兼、蔣鎮、李白等，在舊翰
林中，但假其名，而無所職」，意思是說，李白等人在「舊翰
林」院（所謂「舊」，即相對於新的「學士院」），也有翰林學
士的名目，但那隻是假借其名，「而無所職」。至德以後，因為
安史之亂，戰爭頻繁，「北翰林院」才沒有學士之名。（這裡的
「北翰林院」即前面所說的「舊翰林院」，相對於坐落在南面的
新「學士院」）。

　　這段話可以幫助我們理解，為什麼唐代文獻有時稱李白為翰
林待詔，有時又稱他為翰林學士。李白以布衣之身，沒有功名，

---

38 《全唐文》卷 455，頁 4648。

也沒有以任何本官供奉玄宗，正是我們所說的第二類型待詔，性質和翰林院中那些沒有功名的畫待詔、醫待詔完全一樣，而跟張九齡這些有功名、本官的待詔（即真正的翰林學士）不同。李白之所以又被稱為翰林學士，是因為從開元二十六年到至德年間，翰林院中的某些人，如韓翊、閻伯瑓、孟匡朝、陳兼、蔣鎮和李白等，「但假其名」（借用學士之名），「而無所職」。李白是在天寶元年到二年（742-743）年間出任翰林待詔，正好落在韋執誼所說的這段時間內。所以，李白的翰林學士，正如韋執誼所說，「但假其名，而無所職」。從許多材料看，李白確實只是個翰林待詔，因為他只是寫寫詩，娛樂娛樂玄宗和楊貴妃而已，跟棋待詔、琴待詔不相上下。他根本不曾，也沒有機會執行翰林學士的任務。我們將在下一節更詳細探討李白待詔的實質內容。

唐人對李白型的待詔，和張九齡型的待詔，其實分得很清楚。比如韋處厚的〈翰林院壁廳記〉便說：

> 玄宗開廣視聽，收延俊賢，始命張說、陸堅、張九齡、徐安貞輩待詔翰林，厥後錫以學士之稱，蓋由德成而上，與夫術數工藝，禮有所異也。[39]

「術數工藝」即指書畫琴醫等待詔（李白以他專有的詞章之藝服侍玄宗，正可歸入此類）。張九齡等人原本也待詔翰林，沒有名目，極易和「術數工藝」之流的待詔，在身分地位上混雜。玄宗後來之所以要「錫以學士之稱」，也正因為他們非「術數工藝」之輩，「禮有所異也」。

---

39 《全唐文》卷 715，頁 7351。

又如，德宗貞元初，陸贄和吳通玄同時任翰林學士，但兩人
「爭寵，頗相嫌恨。贄性褊急，屢於上前短通玄」。陸贄甚至
「以通玄援引朋黨，于禁中力排己」，請求廢除翰林學士，但他
所提的一番理由，倒可以讓我們看到，當時唐人眼中翰林待詔和
翰林學士的分別。他說：

> 承平時工藝書畫之徒，待詔翰林，比無學士，只自至德
> 後，天子召集賢學士于禁中草書詔，因在翰林院待進止，
> 遂以為名。奔播之時，道途或豫除改，權令草制。今四方
> 無事，百揆時序，制書職分，宜歸中書舍人。學士之名，
> 理須停寢。[40]

但「德宗不許」。[41] 翰林學士到唐末仍存在。

清代的顧炎武，是第一個對唐代翰林待詔有所考釋的學者。
他在《日知錄》中說：

> 舊書言翰林院，有合練僧道卜祝，術藝書奕，個別院以廩
> 之。職官志。陸贄與吳通玄有隙，乃言承平時，工藝書畫
> 之徒，待詔翰林，比無學士，請罷其官。通玄傳。其見於
> 史者，天寶初嵩山道士吳筠，乾元中占星韓穎劉烜，貞元
> 末奕碁王叔文，侍書王伾，元和末方士柳泌，浮屠大通，
> 寶曆初善奕王倚，興唐觀道士孫准，待詔翰林。小說，玄
> 宗時有翰林善圍碁者王積薪。又如黎干雖官至京兆尹而其

---

40 《舊唐書》卷 190 下，頁 5057。
41 《舊唐書》卷 190 下，頁 5057。

初亦以占星待詔翰林。而貞元二十一年二月丙午,罷翰林
醫工相工占星射覆冗食者四十二人。順宗紀。寶曆二年,
十二月庚申,省教坊樂官,翰林待詔伎術官,並總監諸色
職掌內冗員,共一千二百七十人。文宗紀。此可知翰林不
皆文學之士矣。趙璘因話錄云,文帝賜翰林學士章服,續
有待詔欲先賜,本司以名上,上曰,賜君子小人不同日,
且待別日。雍錄曰,漢吾丘壽王以善格五,召待詔,坐法
免,上書願養馬黃門。金日磾與弟倫,沒入官,輸黃門養
馬。師古曰,黃門之署,職任親近,以供天子,百物在
焉。故亦有畫工。又武帝令黃門畫周公負成王圖,以賜霍
光。則是黃門之地,凡善格五者,能養馬者,能繪畫者,
皆得居之。故知唐世雜藝之士,供奉翰林者,正用此則
也。[42]

這裡指出道士吳筠、奕碁王叔文、侍書王伾等人皆為待詔,「此
可知翰林不皆文學之士矣」。又引唐代趙璘的《因話錄》,以證
翰林待詔和翰林學士的不同。兩者的身分、地位都很懸殊。用
《因話錄》所引文宗的話來說,學士是「君子」,待詔是「小
人」。在文末一段,顧炎武又引宋代程大昌的《雍錄》,指出唐
代的翰林待詔,正是用了漢代待詔的辦法。這整篇文章引證豐
富,確實為後來的唐代待詔研究,提供了許多方便和思考基礎。

　　然而,在今天,顧炎武的這篇考據,在史料上還有許多可以
補充的地方。清末民初以及過去數十年來出土的大量唐代碑刻和

42　《日知錄》卷 25,頁 702。

墓誌，可以讓我們發掘出更多翰林待詔的名字。[43] 顧炎武也沒有談到王績、張九齡等第一類待詔和翰林待詔的分別，亦未論及安史之亂以後，在代宗朝出現的另一種待詔：集賢院待詔。這些正是下文要考釋的項目。

就目前所能見到的材料，唐代翰林待詔可分為下列九種：（一）書；（二）畫；（三）琴；（四）棋；（五）醫；（六）陰陽五行；（七）天文；（八）僧；（九）道士。我們可將之統稱為「技術待詔」。他們的詳細名單，已有學者編列成表。[44] 本文不擬重複編表，僅想補充一些前人未論及的細節，特別是他們的官銜、出身和後來的授官。

在這九大類待詔當中，書待詔的人數最多，約有三十人。這一方面可能反映，翰林院的工作範圍，主要掌管詔誥文書的撰寫批答，在在需要比較多的善書者。但另一方面，可能也因為這些翰林書待詔，經常奉敕書寫墓誌碑文，或「奉敕篆額」（以篆體書寫碑額），或「奉敕篆蓋」（「蓋」指墓誌蓋）。隨著這些石刻的出土，他們的名字才流傳後世至今。否則，以他們的卑微出身和地位，要想名留青史恐怕也不容易。

---

43 毛蕾，《唐代翰林學士》，第五章〈附論：唐代的翰林院與翰林待詔〉，頁156-180，即利用《金石萃編》、《唐代墓誌彙編》等石刻史料，發掘到不少待詔的名字，特別是書待詔。

44 孫永如，〈唐代的翰林待詔〉，《揚州師院學報》1995 年第 3 期；毛蕾，《唐代翰林學士》，第五章〈附論：唐代的翰林院與翰林待詔〉，頁 156-180。

五、棋待詔王叔文和書待詔王伾

在那麼多唐代翰林待詔當中，最有名的有兩個人：一個是棋待詔王叔文，一個是書待詔王伾。我們不妨就以他們兩人為例，做一個深入的個案研究，看看這兩個身分低微的待詔，卻如何取得大權，左右了順宗朝的政局至為深遠。詩人柳宗元、劉禹錫和二王的結交，更影響了他們後來的仕途和整個生命歷程。唐代文學史上所謂的「永貞革新」和「八司馬事件」，也和王叔文、王伾絲絲相關。但許多學者似乎沒有注意到，二王原本其實都是翰林待詔，出身低微。有的學者甚至說王叔文是「翰林學士」，王伾是「殿中丞、左散騎常侍」，完全不提他們的翰林待詔出身，更沒有深究他們是怎樣得到這些官位的。我們若細究他們怎樣從待詔步步陞官，怎樣結交宦官李忠言「以干國政」，怎樣利用柳宗元和劉禹錫等文人，將可以更清楚地看到，唐代翰林待詔的真正本質和真實面貌。

要了解二王如何亂朝政，最好的史料莫如韓愈的《順宗實錄》和他的〈永貞行〉。《順宗實錄》的敘事首尾相連，細節比兩《唐書》相關的本紀和列傳部分都來得豐富，而且經常清楚交代了事件的始末，很有助於我們理解順宗朝複雜的歷史。

比如，《順宗實錄》一開始寫順宗李誦在貞元二十一年（805）正月二十六日即位登基，緊接著就馬上追述二王如何取得李誦的信任：

> 上學書於王伾，頗有寵；王叔文以碁進：俱待詔翰林，數侍太子碁。叔文詭譎多計，上在東宮，嘗與諸侍讀並叔文論政。至宮市事，上曰：「寡人方欲極言之。」眾皆稱

讚，獨叔文無言。既退，上獨留叔文，謂曰：「向者君奚
獨無言，豈有意邪？」叔文曰：「叔文蒙幸太子，有所
見，敢不以聞。太子職當侍膳問安，不宜言外事。陛下在
位久，如疑太子收人心，何以自解？」上大驚，因泣曰：
「非先生，寡人無以知此。」遂大愛幸。與王伾兩人相依
附，俱出入東宮。45

二王皆為德宗的翰林待詔，卻被派去東宮服侍太子李誦，教太子
書藝，陪他下碁，亦可知翰林待詔的服務對象，不僅僅限於皇帝
而已。李誦跟王伾學書，書法是不錯的。《順宗實錄》說他「善
隸書，德宗之為詩並他文賜大臣者，率皆令上書之。」46 韓愈用
了一個生動的細節，描寫王叔文如何以言宮市事，取得李誦的
「大愛幸」。

　　現存的唐代史料，對二王的評價都不高。《舊唐書·王伾
傳》形容「伾闒茸，不如叔文，唯招賄賂，無大志，貌寢陋，吳
語，素為太子之所褻狎」。又說：「伾與叔文及諸朋黨之門，車
馬填湊，而伾門尤盛，珍玩略遺，歲時不絕。室中為無門大櫃，
唯開一竅，足以受物，以藏金寶，其妻或寢臥於上。」47

　　至於王叔文，《舊唐書·王叔文傳》說他「以棋待詔，粗知
書」，48 似乎只是粗略識字而已。他和王伾兩人都從未曾參加過
科舉或制舉，沒有任何科第功名，讀書不多，僅以布衣之身待詔
翰林。兩人的權力基礎，完全建立在他們和李誦的親密關係上。

45　《順宗實錄》卷1，《韓昌黎文集校注》，頁696。
46　《順宗實錄》卷1，《韓昌黎文集校注》，頁694。
47　《舊唐書》卷135，頁3736。
48　《舊唐書》卷135，頁3733。

兩人後來的官位，都是在李誦上台後，在短短幾個月內取得的。

李誦上台時，王伾還只是個「殿中丞皇太子侍書翰林待詔」。可是，李誦在貞元二十一年正月二十六日即位不到一個月，在二月壬戌那一天，王伾就被升為「左常侍」，王叔文則被升為「起居舍人、翰林學士」。[49] 到三月辛未，王伾再次陞官，「以翰林待詔王伾為翰林學士」。[50] 到五月辛卯，「以王叔文為戶部侍郎，職如故，賜紫」[51]（此「職」指翰林學士）。兩人陞官之快，在唐史上可稱第一，也是兩人自導自演的一齣好戲。韓愈在〈永貞行〉中為此賦了兩句詩：

夜作詔書朝拜官，超資越序曾無難。[52]

但順宗在位不到五個月，因為病重，不得不讓位給皇太子李純（即憲宗）。從此，二王的權力基礎便整個落空，失勢了。皇太子監國後，第一件事便是把王伾貶為開州司馬，王叔文貶為渝州司戶，「明年乃殺之」。王伾後來病死貶所。[53] 這兩個待詔便以這樣的命運收場。

過去，學界對王叔文、王伾的所作所為，似乎感到難以理解，以致評價不一。但如果我們把這兩人放在唐代的待詔制度下看，一切便容易理解得多。說穿了，二王骨子裡只不過是待詔罷了。他們以順宗皇帝作靠山，攬大權、亂朝政，完全符合一個得

---

49 《順宗實錄》卷 1，《韓昌黎文集校注》，頁 699。

50 《順宗實錄》卷 2，《韓昌黎文集校注》，頁 702。

51 《順宗實錄》卷 3，《韓昌黎文集校注》，頁 708。

52 《韓昌黎詩系年集釋》卷 3，頁 333。

53 《順宗實錄》卷 5，《韓昌黎文集校注》，頁 721-722。

到皇帝「大愛幸」的待詔的行為模式，正像中晚唐某些宦官的行事方式一樣。

翰林待詔雖然可以親近皇帝，到底還是有些「弄臣」的性質，不是朝官，更不是清望官。這就是為什麼王叔文在順宗即位後的一個月，在二月丙午那天，「罷翰林陰陽星卜醫相覆碁待詔三十二人。初，王叔文以碁待詔；既用事，惡其與己儕類相亂，罷之。」[54] 連他自己都看不起待詔這種官了。

從外廷朝官對二王攬權後的敵視態度，我們也可看出待詔這種官在士大夫心目中的卑下地位。最明顯的例子是尚書左丞韓皋。他把待詔出身的二王視為暴發戶似的「新貴」：

> 皋自以前輩舊人，累更重任，頗以簡倨自高，妒叔文之黨，謂人曰：「吾不能事新貴人。」

又如《順宗實錄》卷二所記：

> 丁酉，吏部尚書平章事鄭珣瑜稱疾去位。其日，珣瑜方與諸相會食中書——故事，丞相會食，百寮無敢謁見者——叔文是日至中書，欲與執誼計事，令直省通執誼。直省以舊事告，叔文叱直省，直省懼，入白執誼。執誼逡巡慚赧，竟起迎叔文，就其合語良久。宰相杜佑、高郢、珣瑜皆停箸以待。有報者云：「叔文索飯，韋相已與之同餐合中矣。」佑、郢等心知其不可，畏懼叔文、執誼，莫敢出言。珣瑜獨嘆曰：「吾豈可復居此位！」顧左右取馬徑

54　《順宗實錄》卷1，《韓昌黎文集校注》，頁697-698。

歸，遂不起。前是，左僕射賈耽以疾歸第，未起；珣瑜又
繼去。二相皆天下重望，相次歸臥，叔文、執誼等益未所
顧忌，遠近大懼焉。[55]

鄭珣瑜、韋執誼等宰相在中書省吃飯，王叔文竟不顧習俗和禮
節，大罵當值官，硬生生闖進來見他的同黨韋執誼。兩人交談良
久，害得宰相杜佑等人要停下筷子來等待。結果，鄭珣瑜受不了
叔文這種無禮，當下就騎馬離去，當天就稱病辭去宰相。

　　王叔文這種無禮舉動，似乎很難理解，但如果考慮到他的待
詔出身，「粗知書」而已，則又變得很可理解了。畢竟，他不是
知書識禮的真正朝官，真正的士大夫。難怪鄭珣瑜氣得不願再跟
這樣的人為伍。宰相賈耽稱病去職，也正是看不起叔文這種待
詔。

　　韓愈在他的名詩〈永貞行〉中，更是把二王直呼為「偷國
柄」的「小人」：

君不見太皇諒陰未出令，小人乘時偷國柄。[56]

這讓我們想起趙璘《因話錄》中一段記載：

文宗賜翰林學士章服，續有待詔欲先賜，本司者以名上。
上曰：「賜君子小人不同日，且待別日。」[57]

55　《順宗實錄》卷 2，《韓昌黎文集校注》，頁 704。
56　《韓昌黎詩系年集釋》卷 3，頁 332。
57　《因話錄》卷 1（上海：上海古籍出版社，1979），頁 72-73。

如此看來，待詔在唐人（特別是皇帝和士大夫）的心目中並不高，「小人」而已。二王的所謂「永貞革新」，始終沒有得到外廷朝官的廣泛支持，更得不到杜佑等宰相的呼應，只能吸引到諸如韋執誼、韓泰、柳宗元、劉禹錫等十多人的擁護罷了。但這些人卻是韓愈所說「當時名欲僥倖而速進者」[58]：他們只是想攀結二王，僥倖快點得到仕進的人（韋執誼就在順宗即位後，立刻從翰林學士當上宰相）。柳宗元和劉禹錫結交二王，導致後來他們被貶，長流在外，更是讓韓愈和後世同情柳、劉者深深感到惋惜的。[59]

二王的失敗，原因當然很多。但他們卑微的待詔出身，他們沒有功名，他們和那些登科及第的士大夫根本不屬於同一階級，甚至被士大夫視為「小人」，得不到支持，恐怕正是失敗的最核心原因。探討二王的所謂「永貞革新」，實不能不先深究他們的待詔背景。[60]

58　《順宗實錄》卷 5，《韓昌黎文集校注》，頁 721。

59　顧學頡，〈白居易和永貞革新〉，《文史》第十一輯（1981 年）；周勳初，〈韓愈的〈永貞行〉以及他同劉禹錫交誼的始末〉，《中華文史論叢》1987 年第 2-3 期。

60　研究唐代文學的學者，一般頗「同情」二王，且有「永貞革新」的提法，可能因為二王和唐代兩位大詩人柳宗元及劉禹錫的關係密切。這方面的論述極多，可舉傅璇琮為代表，見其〈唐永貞年間翰林學士考論〉，《中國文化研究》（北京），2001 年秋之卷，頁 93-100。但近年唐史學界比較傾向於接受韓愈的觀點，對二王無好感，且反對「永貞革新」的提法，詳見黃永年，〈所謂「永貞革新」〉，載《唐代史事考釋》（新北：聯經出版公司，1998），頁 373-400。但不論是文學界或史學界，都未深究二王的待詔背景及唐代的待詔制度。

六、李白的翰林待詔——「皇帝侍文」

　　辯析了翰林待詔和翰林學士的分別，也見過了王叔文、王伾這兩個翰林待詔的真正面貌後，我們再來考察李白的翰林待詔，許多問題應當可以看得更加清晰了。

　　和二王的「永貞革新」問題一樣，李白生平研究中的若干疑難課題，也常因為不理解唐代翰林的待詔制度而長期無法解決。但如果我們把李白放在待詔制度下來考察，則許多疑難都可以迎刃而解。

　　李白當年一到長安唐宮，就受到玄宗皇帝的熱情接待。李陽冰為李白詩文集所寫的〈草堂集序〉有一段生動的描寫：

> 天寶中，皇祖下詔，徵就金馬，降輦步迎，如見綺、皓。以七寶床賜食，御手調羹以飯之，謂曰：「卿是布衣，名為朕知，非素蓄道義，何以及此？」[61]

過去，大家普遍認為這是一段誇張的描寫，小說家者言。玄宗豈能「降輦步迎」一個朝臣？一個天子又豈能「御手調羹以飯之」？如果我們把李白當作一個普通的朝官看待，李陽冰的這段記載的確是很難令人相信的。天子不可能「降輦步迎」一個朝官。「輦」是皇帝的一種坐具，一般由宮女抬著行走（參看閻立本的名畫〈步輦圖〉）。「降輦步迎」表示玄宗從輦上走下來，步向李白，歡迎他。

61　此序收在安旗主編，《李白全集編年註釋》（成都：巴蜀書社，2000 年新版），頁 1831。

　　但李白並非朝官。他是個待詔。他是以布衣身分，以他的特殊詩才去當翰林待詔的。玄宗見到他時，還稱他為「布衣」，可見玄宗並非以君臣之禮來迎接李白。正因為這不是君臣之禮，玄宗才有可能「降輦步迎」李白，才有可能為李白「御手調羹以飯之」。這是一個天子歡迎一個「名動京師」的天才的特殊禮遇，熱烈且誠心。像李白那樣的天才，第一次來見天子，來當他的待詔，天子當然份外高興，對他也特別好一些，自願「降輦」出迎。李陽冰的描寫一點也不誇張，反而很能反映待詔制度的歷史真相。

　　李白在唐宮中的種種放蕩行為，恐怕都要從這個待詔角度，才能得到合理的解釋。比如《舊唐書‧李白傳》的這段記載：

> 白既嗜酒，日與飲徒醉於酒肆。玄宗度曲，欲造樂府新詞，亟召白，白已臥於酒肆矣。召入，以水灑面，即令秉筆，頃之成十餘章，帝頗嘉之。嘗沉醉殿上，引足令高力士脫靴，由是斥去。[62]

這的確不像是一個朝官如翰林學士所應為，所能為的。翰林學士都有固定的當值、宿值任務，不可能像李白那樣成天在外飲酒。至於「引足令高力士脫靴」一事，更不可能是一個翰林學士所敢做的，因為當時高力士已經權傾朝野，連玄宗都敬他三分。然而，李白這些放蕩行為，唐人詩文中屢屢提及，又為正史采入傳，應當不假。這該如何解釋呢？

　　確實，如果把李白看成是「真正」的翰林學士，像張說、張

62　《舊唐書》卷 190 下，頁 5053。

九齡那樣的早期翰林學士，或者像白居易、元稹那樣的晚期翰林學士，則他這些醉酒、「引足令高力士脫靴」的行徑，都是不可思議的、荒唐的。然而，李白可不是「真」的翰林學士。[63] 他只是個翰林待詔，一個「暫時」得到玄宗寵幸的「弄臣」式人物。他跟翰林院那些有才華，但沒有科第功名，也沒有本官的書畫琴棋待詔一樣，在皇帝的寵幸下，偶爾或可踰越禮節。以李白的性格，「引足令高力士脫靴」，也就不足為奇了。[64]

　　不過，李白也為他的放蕩付出沉重代價，待詔不多久就被玄宗「賜金」放還。賜金放還這種遣散方式，也顯示玄宗對待詔的態度，及待詔和皇帝的那種「私」關係。李白「名為朕知」時，玄宗可以詔徵他前來。一旦覺得他不合用，又可以立刻「賜金歸之」。若是朝官或翰林學士，那就不可能賜金放還，而是要貶官了。

　　李白醉酒後還能寫詩，「頃之成十餘章」，玄宗「頗嘉之」。這正是皇帝對翰林待詔的典形態度。待詔若能討得皇帝歡心，可以「引足令高力士脫靴」。但反過來說，待詔若有那一點讓皇帝不悅，則又很可能召來一頓臭罵。《唐語林》就記載著一個琴待詔被玄宗叱罵出去的生動細節：

　　玄宗性俊邁，不好琴。會聽琴，正弄未畢，叱琴者曰：

63　近人已力證李白非翰林學士，見傅璇琮，〈李白任翰林學士辨〉，《文學評論》2000 年第 2 期，頁 5-11。又見傅璇琮，〈翰林供奉〉，《文史知識》2001 年第 10 期，頁 61-63。

64　近人朱玉麒有一文〈脫靴的高力士：一個文學配角的形成史〉，載《唐研究》第 7 卷（2002 年），頁 71-90，探討高力士替李白脫靴的傳說及其文化意義。

「待詔出！」謂內官曰：「速令花奴將羯鼓來，為我解
穢。」[65]

可見皇帝和待詔的關係，是很個人化的。待詔完全沒有朝中品官
那種身分地位和尊嚴可言。皇帝也不把待詔當朝官看待，高興時
可以「嘉之」，不高興時又可以隨時把待詔叱罵趕出去，還不客
氣的「速令花奴將羯鼓來，為我解穢。」彷彿琴聲把玄宗的耳朵
弄髒了，需要找點羯鼓的音樂來「解穢」。玄宗這回真不給這個
琴待詔一點面子。

　　待詔是一種卑下的職位。它甚至不是唐代職官制中的一員，
連「流外官」都算不上。這就是為什麼《唐六典》和杜佑的《通
典》，在描述唐代職官時，竟無一語提到待詔。從服務性質和對
象來看，待詔倒很接近宦官。兩者其實有不少相同之處，都是為
皇帝提供「私人服務」的。宦官提供的是一般的個人服務，待詔
提供的卻是比較「專業化」、多屬於「心靈層面」的個人服務，
照顧到皇帝在書、畫、詩、琴、棋、占卜天文、僧道等方面的需
要。這些是普通宦官辦不到的。

　　從這個角度來，李白真可說是個「詩待詔」。唐代文獻當然
並沒有這樣稱呼李白。然而，敦煌唐人詩集殘卷中，卻正好有一
個和「詩待詔」很相近的稱呼，把李白稱為「皇帝侍文」。現藏
巴黎的敦煌文書 P.2567 和 P.2552 號殘卷，抄錄了李白的〈宮中
三章〉等詩，題下所署的作者，就是「皇帝侍文李白」。近人傅
璇琮對此有所申論：

65　《唐語林校證》卷 4（北京：中華書局，1987），頁 328。原出自失傳的
　　《羯鼓錄》。

關於李白任翰林供奉，唐代的人就有種種說法。有的把李白即說成翰林學士，有的說他直接參與政事，製作詔書。我以為這些都是不確切的。這次我在此書〔指徐俊纂輯的《敦煌詩集殘卷輯考》〕上編法藏部分，看到伯二五六七、伯二五五二所錄唐詩叢鈔，有李白〈宮中三章〉，即其〈宮中行樂詞八首〉的前三首，原卷題下所署作者為「皇帝侍文李白」，這對我忽似一大發現。據考此卷傳鈔時間為天寶十二載（753）之後，順宗李誦即位（805）之前。可見這一距李白時間很近的鈔錄者，確把李白僅僅視為「皇帝侍文」，這是最為切合李白當時身分的。[66]

這也跟本文從待詔制度下所考察到的李白待詔身分，正相吻合。

德宗、順宗朝的王伾和王叔文，沒有功名科第，僅以書、棋藝當上翰林待詔。順宗即位後，他們更爬升為翰林學士和其他高官，權傾朝野。可見翰林待詔和宦官一樣，因為親近皇帝，有可能奪得大權，推行改革。李白身為翰林待詔，如果真想幹一番大事業，其實正可利用這個職位。但李白似乎沒有好好運用他當待詔的機會，扶搖直上。他也沒有二王那樣的政治手腕和經驗，廣結人緣，以實現他在詩文中常常透露的政治理念。他似乎只興趣於飲酒，陪同皇帝玩樂而已。唐代的待詔制度，曾經「培育」過二王那樣的人物，但李白卻沒有從中嘗試達成他的政治理想。今後我們評價李白的所謂「政治活動」時，應當也可拿二王來做比

---

66 傅璇琮，〈序〉，《敦煌詩集殘卷輯考》，徐俊纂輯（北京：中華書局，2000），頁2。

較，看看李白在相同的翰林待詔位置上時，又做了些什麼。

像二王因親近皇帝而奪權的翰林待詔，在唐史上畢竟是僅有的兩個。絕大部分的待詔，倒真是沒沒無聞，連兩《唐書》中都沒有傳。李白還算能以他的詩名流芳後世。

七、翰林待詔的社會地位

傅璇琮在《唐永貞年間翰林學士考論》中有一段話，頗能代表目前學界的看法：

> 在唐代，其社會聲譽和政治待遇，翰林學士是明顯高於翰林待詔或翰林供奉的，但待詔、供奉中仍有出色的人才，如玄宗時著名書法家蔡有鄰、韓擇木，書寫有不少碑文，見宋佚名《寶刻類編》；中唐時書法家唐玄度、韓秀實，見宋陳思《寶刻從編》；唐玄度還是一位字體專家，於開成時曾據《說文》，勘正古今異體字，覆定九經字樣，見《玉海》卷 43。大曆時江南著名詩人張志和，也曾為翰林待詔，顏真卿〈張志和碑〉記張年輕時受到肅宗的賞識，「令翰林待詔，授左金吾衛錄事參軍」。至於大詩人李白於天寶初在長安入翰林供奉，已為大家所知。可見翰林待詔、翰林供奉，在唐代與翰林學士一起，應是一個有較高層次的文化群體，我們今天不應以其品位低而仍輕視之。[67]

唐玄度「勘正古今異體字」，覆定九經石經字樣的事，其實不算

---

67 《唐永貞年間翰林學士考論》，頁 94。

什麼成就，因為此事當時就被名儒認為「又乖師法」，石經立後數十年也不去看它，「以為無累甚矣」。[68] 但這僅是枝節，可不必細論。傅先生的主要論點是，翰林待詔和翰林學士在一起，「應是一個有較高層次的文化群體」，我們今天不應當輕視待詔。

在歷史上，翰林待詔確是受到輕視的一群。傅先生籲請「我們今天不應以其品位低而仍輕視之」，為待詔請命，爭取一點「歷史正義」，非常令人激賞。筆者深為贊同。今天的史家的確應當以一種「溫情和了解」，來看待唐代的翰林待詔，不應當輕視他們。但在歷史上，翰林待詔是不是「一個有較高層次的文化群體」，恐怕還很成疑問。這涉及唐代的社會心理，涉及當時人（特別是士大夫階層）以怎樣的眼光來看待詔，也涉及待詔自己怎麼看待這種職位。明白了這種唐代（甚至整個古代）的社會心理，我們才能理解翰林待詔為什麼會被「輕視」。而有了這種理解，我們現代人才能以「溫情和了解」來看待唐代的翰林待詔，不再「輕視」他們。

傅璇琮說翰林待詔是「一個有較高層次的文化群體」時，他所舉的例證是，這些待詔當中，有好些「出色的人才，如玄宗時著名書法家蔡有鄰、韓擇木，……中唐時書法家唐玄度、韓秀實」。但書法好，就是有文化嗎？現代人可能會這麼想。然而，唐人對書畫琴棋、醫道五行等「技藝」的看法，恐怕跟今人很不一樣。

最好的反證，莫如唐代更知名的一個書法大家柳公權（778-865）的案例。《舊唐書》說柳公權：「進士擢第，釋褐秘書省

68　《舊唐書》卷 17 下，頁 571。

校書郎。李聽鎮夏州，闢為掌書記。穆宗即位，入奏事，帝召見，謂公權曰：『我於佛寺見卿筆跡，思之久矣。』即日拜右拾遺，充翰林侍書學士。」[69] 柳公權進士出身，是讀書人、士大夫。他和沒有功名科第的唐玄度等翰林待詔相比，顯然屬於不同的階層。所以，穆宗在佛寺中見到他的筆跡即召他入宮，不但給了他一個職事官銜「右拾遺」，而且要他充任的不是翰林待詔，而是「翰林侍書學士」，等於翰林學士一類，高一級。這跟李白、吳筠等人沒有科第功名，沒有本官，只能充當沒有官銜的翰林待詔很不一樣。在唐史上，翰林學士很常見；唐代翰林侍書學士卻唯此一見。據所知，唐代也只有柳公權一人做過翰林侍書學士。這職位顯然是專為他一人而設。在中國書法史上，柳公權是大家公認的大師，而唐玄度、韓秀實等翰林待詔，恐怕只能算是書匠，沒有什麼名氣。

但可能很令現代人驚訝的是，柳公權以他出色的書法出任翰林侍書學士，「歷穆、敬、文三朝，侍書禁中」，又有「右拾遺」等的官銜，竟然「恥之」。據《舊唐書・柳公綽傳》說：「公綽在太原，致書於宰相李宗閔云：『家弟苦心辭藝，先朝以侍書見用，頗偕工祝，心實恥之，乞換一散秩。』乃遷右司郎中，累換司封、兵部二郎中、弘文館學士。」為什麼公權「恥之」？因為侍書的工作「頗偕工祝」，頗好像古代掌管占卜算命之官。於是「乃遷右司郎中，累換司封、兵部二郎中、弘文館學士」。但還有下文：「文宗思之，復召侍書，遷諫議大夫。俄改中書舍人，充翰林書詔學士。」[70] 看來，儘管柳公權「恥之」，

69　《舊唐書》卷 165，頁 4310。
70　《舊唐書》卷 165，頁 4310。

他還是被迫擔當了好些年的侍書工作，「歷穆、敬、文三朝」。幸好，他做的還是比較清高的翰林侍書學士。如果他做的是低下的翰林待詔，那豈不更讓他覺得丟臉？

柳公權的這個案例，很能透露唐人對書畫棋醫等技藝的態度。書畫棋醫當然可以作為一個讀書人陶冶性情的消遣，但若靠這些技藝來謀生計，討飯吃，那就無異於「工祝」了，是件不光彩的事，至少讓柳公權這樣的士大夫心中不快。宋人李心傳有一評語，講得更露骨，竟說柳公權「恥以技進」：「唐史本傳，誠懸〔公權的字〕初為侍書學士，恥以技進，求換散秩，改弘文館學士。」[71] 唐宋士大夫心理率皆如此。從這種士大夫心理去看翰林待詔，我們就很難責怪韓愈等士大夫，對王叔文、王伾這些以技藝討生計的待詔，充滿所謂的「偏見」和輕視了。即使二王后來「夜作詔書朝拜官」，升為翰林學士了，他們還是脫不掉待詔的本色。在唐人眼中，他們到底還是跟白居易等有科第出身的翰林學士不一樣。這恐怕也是研究翰林學士的現代學者，應當檢討的一點：即某些翰林學士，如二王，出身待詔，沒有什麼讀書學養，而且以非常手段成為翰林學士，是否應當和一般正統出身的翰林學士放在一起討論，得到同等待遇？

唐史上至少還有另一個人，跟二王一樣，是以特殊途徑成為翰林學士的。他就是甘露事變中的主角之一鄭注。他和二王一樣，非科第出身，而是靠他的方伎，靠他精湛的藝術，從襄陽節度衙推起家，官至邠寧行軍司馬、昭義行軍司馬、翰林學士、工部尚書、鳳翔節度使。但他出身低微，非士大夫階層。《舊唐

71　〔宋〕李心傳，《舊聞證誤》卷 1（北京：中華書局，1956 年校點本），頁10。

書》說：「鄭注，絳州翼城人，始以藥術游長安權豪之門。本姓魚，冒姓鄭氏，故時號魚鄭，注用事時，人目之為『水族』。」他之所以能成為翰林學士，是因為他曾經以他高明的醫術，治好文宗皇帝的「風疾」。《資治通鑑》文宗太和七年十二月條說：「庚子，上始得風疾，不能言。於是王守澄薦昭義行軍司馬鄭注善醫；上徵注至京師，飲其藥，頗有驗，遂有寵（胡注：甘露之禍胎成矣）。」[72] 當時唐宮中有尚藥局，有侍醫。翰林院中應當也有醫待詔等人，但整個宮中居然無人可治文宗的風疾，而要不辭勞苦，從千里外偏遠的昭義（治所在今山西長治）召一個行軍司馬來醫病。看來鄭注很有本事。從此他便「多在禁中」。太和九年八月，他就被召為翰林學士，但只做了一個月，同年九月就出為鳳翔節度使，但文宗仍「詔月入奏事」。今人盧向前認為，「其用意不言自明，就是要利用他的精湛醫術」。[73]

在歷史上，鄭注多被人「惡」，正是因為他以「技進」。而甘露事件的另一主角李訓，則多被人「惜」，卻又是因為他是肅宗時宰相李揆的族孫，進士出身，屬士大夫階層。《新唐書》的贊說「李訓浮躁寡謀」，不算很壞的評語，但卻稱「鄭注斬斬小人」，[74] 明顯含有輕視之意，「與他們的不同社會出身、社會地位是大有關係的；時人的惜訓和惡注亦不為無因了」。[75]

更有意思的是，文宗以鄭注的醫術高明，欲召他入「翰林伎

72　《舊唐書》卷 169，頁 4399；《資治通鑑》卷 244，頁 7894。

73　盧向前，〈「惡注惜訓」與時人心態——甘露事件研究之三〉，《唐研究》第 6 卷（2000 年），頁 242。盧教授此文以唐人輕視技藝的「心態」，來探討鄭注和李訓在歷史上所得到的評價，很有新意。

74　《舊唐書》卷 169，頁 4395；《新唐書》卷 179，頁 5326。

75　盧向前，〈「惡注惜訓」與時人心態〉，頁 245。

術院」，也就是入翰林待詔院做待詔，沒想到鄭注竟不答應。此事見於李德裕的《文武兩朝獻替記》。此書今已失傳，但為《資治通鑑·考異》所引用：「〔太和〕八年〔834〕春暮，上對宰相嘆天下無名醫，便及鄭注，精於服食。或欲置於翰林伎術院，或欲令為左神策判官。注自稱衣冠，皆不願此職。〔王〕守澄遂〔劉〕從諫奏為行軍司馬。」[76] 這段引文有幾點很可留意。第一，文中稱翰林待詔院為「翰林伎術院」。據筆者從檢索唐代文獻所知，這是史料中的唯一用例，但卻是一個非常恰當、非常精確的稱呼，因為此院所安置的，正是書畫琴醫等伎術待詔。和「翰林伎術院」相對的，是「翰林學士院」，用以處翰林學士。引文中用了「伎術院」這說法，即明確把翰林待詔和學士區分開來，把鄭注這類醫師，視為「伎術」，和「衣冠」劃清界線。

　　其次，鄭注不願任翰林待詔，他的理由是「自稱衣冠」，即自以為是衣冠出身。換句話說，連他自己都看不起翰林醫待詔這種職位，不願屈就。這跟王叔文從翰林待詔升為翰林學士後，即「罷翰林陰陽星卜醫相覆碁諸待詔三十二人」的心理是一樣的。「初，王叔文以碁待詔；既用事，惡其與己儕類相亂，罷之。」[77] 明白了唐人這種「恥於技進」和普通看不起「伎術待詔」的心態，我們才能看清翰林待詔在唐人眼中的真正面貌，才能看清他們當時的社會地位和社會身分。他們之所以受輕視，並非如傅璇琮所說的「品位低」，而是因為他們的出身寒微，以及以「技進」造成他們的社會地位身分低下。像王叔文，後來官至戶部侍郎、度支鹽鐵轉運副使。王伾也官至右散騎常侍。這樣的

76　《資治通鑑》卷 244，頁 7893-7894。

77　《順宗實錄》卷 1，頁 697-698。

品位並不低，但依然被士大夫階層看不起。

　　大詩人李白任翰林待詔，也應放在這觀點下來考察。但李白到底還是讀書人出身，和二王不一樣，又是以文詞而非伎術待詔，倒是個很特殊的案例。我們不禁要問：他那些年處身在那些伎術待詔當中，不知是否有「同流合污」的感覺？又是否造成他的不樂，以致終日飲酒，最後求去呢？

　　其實，伎術待詔的社會地位和身分低下，不屬於士大夫階級，在漢代就已開始。顧炎武《日知錄》指出，漢代「凡善格五者，能養馬者，能繪畫者」，都稱作待詔。漢東方朔亦「以方士待詔公車」。漢代嫁給匈奴單于的王昭君，也是個待詔，待詔掖庭也。《漢書・元帝紀》：「賜單于待詔掖庭王檣為閼氏。」應劭曰：「郡國獻女未御見，須命於掖庭，故曰待詔。王檣，王氏女，名檣，字昭君。」漢代又有「本草待詔七十餘人」。顏師古曰：「本草待詔，謂以方藥本草而待詔者。」[78]

　　尤有甚者，從宋代開始，待詔更走出宮廷，淪為民間手工藝者的通稱。這在通俗小說中最常見。《水滸全傳》第四回，魯智深遇見的那個打鐵的，就叫做待詔：「智深走到鐵匠鋪門前看時，見三個人打鐵。智深便道：『兀那待詔，有好鋼鐵麼？』那打鐵的看見魯智深腮邊新剃暴長短鬚，獳獳地好滲瀨人，先有五分怕他。那待詔住了手道：『師父請坐。要打什麼生活？』智深道：『灑家要打條禪杖，一口戒刀。不知有上等好鐵麼？』待詔道：『小人這裡正有些好鐵……』」同書第二十回，有個篦頭理髮的，也叫待詔：「只見那漢去路邊一個篦頭鋪裡問道：

78 《日知錄》卷25，頁702；《史記》卷126《滑稽列傳》，頁3208；《漢書》卷9，頁297；卷25下，〈郊祀志〉，頁1258。

『大哥，前面那個押司是誰？』篦頭待詔應道：『這位正是宋押司。』」在《三遂平妖傳》第二十四回，有個「做皮鞋的待詔」。在《警示通言》第八卷〈崔待詔生死冤家〉，這個崔待詔則是個「碾玉的待詔」。在《喻世明言》第三十卷，有一家人「將紅蓮女嫁與一個做扇子的劉待詔為妻」。在《醒世姻緣》第九十三回，有這麼一句：「原來這人是剃頭的待詔。」[79]

　　以上所引，都是待詔從宮廷職官，演變為民間稱呼的好例子，也反映了歷史上待詔這行業原來的伎藝本色。二王的待詔，以及他們的社會地位，應當放在這個大歷史背景下看，才能看得更真切。

八、翰林待詔的命運

　　翰林待詔的出身、地位和身分不但低下，命運也可能相當悲慘。就命運而言，唐史上的翰林待詔大略可分三類，差別頗大。第一類寂寂無聞，默默走完一生，連名字也沒留下。第二類以他們的書法、畫作等，留下名字和他們所書的石碑，或文獻上的一小段記載。第三類享有大名，官位高，名列正史，但幾乎都沒有好的下場，往往是被「賜死」，如王叔文、黎幹、韓穎、劉炟等人（詳見下）。

---

[79] 《水滸全傳》第 4 回（上海：上海人民出版社，1975 年排印本），頁 69；第 20 回，頁 296；《三遂平妖傳》第 24 回（北京：人民文學出版社，1985 年排印本），頁 238；《警世通言》第 8 卷（北京：人民文學出版社，1957 年排印本），頁 73；《喻世明言》卷 30（北京：人民文學出版社，1958 年排印本），頁 450；《醒世姻緣》第 93 回（北京：人民文學出版社，1983 年排印本），頁 1140。

　　這當中，書、畫、琴等待詔一般屬第一、第二類，沒有大名，但倒也平安無事度過一生。任醫待詔和任五行占卜等待詔，人生起伏最大。得意時，可以得到皇上的「大愛幸」和賞賜，步步高升；失意時，又可能遭到殺身之禍。

　　例如，高宗時的一個侍醫，因治好高宗的腦疾，武則天還親自持著「銀錦等」賞賜他：「高宗腦癰殆甚，待詔秦鳴鶴奏曰：『須針百會方止。』則天大呼曰：『天子頭上，可是出血處？』上曰：『朕意欲針。』即時眼明，云：『諸苦悉去，殊無妨也。』則天走於簾下，自負銀錦等賞賜，如向未嘗怒也。」[80]這是在禁中任醫者得意的一面。但柳泌等翰林醫待詔，煉丹給憲宗皇帝服食，不料憲宗吃了「躁渴」死去。結果穆宗一上台，就下令把柳泌等人「痛杖一頓處死」或「流嶺南」：「山人柳泌，輕懷左道，上惑先朝，罔求牧人，貴欲疑眾，自知虛誕，仍更遁逃。僧大通，醫方不精，藥術皆妄，既延禍釁，俱是奸邪。邦國固有常刑，人神所宜共棄。宜付京兆府決痛杖一頓處死。翰林醫官董宏景、程准、山人李元戩、田佐元並流嶺南。」[81]同樣的，懿宗時的翰林醫待詔韓宗紹等人，也因治不好同昌公主的病，結果被殺，還連累親族三百餘人。《舊唐書・懿宗紀》說：「咸

80　《唐語林校證》卷 5，頁 438。其實，在高宗時代，待詔還有北齊和隋的遺風，指高官或文詞待詔，尚未用待詔來稱呼行醫者。《舊唐書》卷 5，〈高宗紀〉，頁 111；《新唐書》卷 76，〈高宗則天武后傳〉，頁 3477；以及《資治通鑑》卷 203，頁 6415，都記載此事，但全都稱秦鳴鶴為「侍醫」。《唐語林》此條出自《芝田錄》，把秦鳴鶴改稱待詔，恐怕是中晚唐時的改動，仿翰林待詔之例。《大唐新語》卷 9（北京：中華書局，1984 年校點本），頁 141，也有一條類似記載，亦稱秦鳴鶴為「侍醫」。《太平廣記》卷 218，頁 1671 引《譚賓錄》，也作「侍醫秦鳴鶴」。

81　〈誅流方士柳泌等詔〉，載《全唐文》卷 65，頁 690。

通十一年〔870〕八月辛巳朔。己酉，同昌公主薨，追贈衛國公主，諡曰文懿。主，郭淑妃所生，主以大中三年〔849〕七月三日生，咸通九年〔868〕二月二日下降。上尤鍾念，悲惜異常。以待詔韓宗紹等醫藥不效，殺之，收捕其親族三百餘人，繫京兆府。宰相劉瞻、京兆尹溫璋上疏論諫行法太過，上怒，叱出之。」[82] 韓宗紹等人其實沒有做錯什麼，只不過公主病死了，皇上「悲惜異常」，認為「待詔韓宗紹等醫藥不效」，才把他們給殺了，可見任醫待詔是如何危險的行業，連親族也會被株連。

天文五行待詔韓穎以他個人的天文曆法才華，從翰林待詔官至司天監，又因和中人李輔國「暱狎」，而官至秘書監，到最後也是被賜死。至於賜死的原因，《舊唐書‧代宗紀》說：「甲午，秘書監韓穎、中書舍人劉烜配流嶺表，尋賜死，坐狎暱李輔國也。」但《資治通鑑‧考異》所引的《代宗實錄》（今已失傳），則有另一套說詞，比較可信：「秘書監韓穎、中書舍人劉烜善候星曆，乾元中待詔翰林，頗承恩顧，又與李輔國暱狎。時上輇憂憂山陵，廣詢卜兆，穎等不能精慎，妄有否臧，因是得罪，配流嶺南，既行，賜死於路。」[83] 這跟韓宗紹醫不好同昌公主的病被殺，幾乎一模一樣。又如黎幹，和韓穎一樣，也是「以善星緯數術進，待詔翰林」，官至京兆尹。但他最後同樣是被賜死：

> 黎幹者，戎州人。始以善星緯數術進，待詔翰林，累官至諫議大夫。尋遷京兆尹，以嚴肅為理，人頗便之，而因緣

---

82 《舊唐書》卷 19 上，頁 675。
83 《資治通鑑》卷 222，頁 7130-7131。

附會，與時上下。大曆二年〔767〕，改刑部侍郎。魚朝恩
伏誅，坐交通出為桂州刺史、本管觀察使。至江陵，丁母
憂。久之，會京兆尹缺，人頗思幹。八年〔773〕，復拜京
兆尹、兼御史大夫。幹自以得志，無心為理，貪暴益甚，
徇於財色。十三年〔778〕，除兵部侍郎。性險，挾左道，
結中貴，以希主恩，代宗甚惑之。時中官劉忠翼寵任方
盛，幹結之素厚，嘗通其奸謀。及德宗初即位，幹猶以詭
道求進，密居興中詣忠翼第。事發，詔曰：「兵部侍郎黎
幹，害若豺狼，特進劉忠翼，掩義隱賊，併除名長流。」
既行，市裡兒童數千人噪聚，懷瓦礫投擊之，捕賊尉不能
止，遂皆賜死於藍田驛。[84]

換句話說，唐史上幾乎所有著名的翰林待詔，都沒有好的下場。
但棋待詔王叔文和書待詔王伾，既不當醫生，又不是五行占卜
的，為什麼也沒有好下場呢？其實二王並沒有做錯什麼，更算不
上是壞人。他們初奪大權時，罷宮市，「出後宮並教坊女妓六百
人」等新政，甚至還贏得「人情大悅」。[85]歸根結柢，恐怕還是
他們的出身寒微，又做了待詔這種行業，社會地位低下，以致不
但被鄭珣瑜、賈耽等士大夫看不起，最後還被剛上台的憲宗賜死
或被貶而病死於貶所。從這角度看，二王的命運悲慘，不在自己
的掌控之中，最終落得和柳泌、韓宗紹以及韓穎、劉烜和黎幹等
人一樣下場。我們現代人若能拋開鄭珣瑜等士大夫的階級意識，
應當可以更了解和同情二王的處境。

---

84 《舊唐書》卷 118，頁 3426。

85 《順宗實錄》卷 2，頁 702。

九、集賢院待詔

　　唐代除了翰林院有待詔外，集賢院也曾經有過待詔，但意義不同，且為時短暫，僅出現在代宗永泰元年（765）間，以左僕射裴冕等十三個高官，出任集賢院待詔。《舊唐書‧代宗本紀》略載此事：

> 〔永泰元年即 765〕三月壬辰朔，詔左僕射裴冕、右僕射郭英義、太子少傅裴遵慶、檢校太子少保白志貞、太子詹事臧希讓、左散騎常侍暢璀、檢校刑部尚書王昂、高昇、檢校工部尚書崔渙、吏部侍郎李季卿、王延昌、禮部侍郎賈至、涇王傅吳令瑤等十三人，並集賢院待詔。上以勳臣罷節制者，京師無職事，乃合于禁門書院，間以文儒公卿，寵之也。仍特給饌本錢三千貫。[86]

　　這十三人原都有本官或散官銜，身分地位都很崇高。這又回到北齊、唐初那種以高官當待詔的作法，屬於本文所說的第一類待詔。永泰元年，才剛平定安史之亂不久。這樣做的目的，正是為了「寵」這些「勳臣」也。

　　《新唐書‧獨孤及傳》中保存了一篇獨孤及的上疏，提到永泰元年三月壬辰，詔令裴冕等十三人待詔集賢院的事，認為只是虛應文章，且透露當年這十三人待詔集賢的實際內容：

> 陛下屢發德音，使左右侍臣得直言極諫。壬辰詔書，召裴

　　冕等十有三人集賢殿待制，以備詢問。此五帝盛德也。然
　　頃者陛下雖容其直，而不錄其言，所上封皆寢不報。有容
　　下之名，無聽諫之實，遂使諫者稍稍自箝口飽食，相招為
　　祿仕，此忠鯁之人所以竊嘆，而臣亦恥之。[87]

　　由此看來，代宗永泰元年的這些集賢院待詔，和二王的翰林伎術
待詔大不相同，反而類似王績等人的第一類型待詔。獨孤及的上
疏，明確告訴我們，裴冕等十三人的職務，只是「以備詢問」而
已。那正是第一型待詔的職務，比較清高，不涉及書棋醫等「伎
術」。然而，這十三位高官的待詔，後來沒有下文。從此，唐史
料中再也沒有集賢院待詔的記載。

　　這次集賢院設十三人待詔，唯一還值得一考的是「特給飧本
錢三千貫」這件事。「飧本」一詞極罕見。據筆者在唐代史料中
檢索，發現它只出現在上引《舊唐書・代宗紀》中。但什麼是
「飧本」？「飧」即「夕食」，晚飯也；「本」即「本錢」。

　　唐代經濟史上有個很常見的名詞叫「食本」，即由公家提
供一筆「本錢」去放高利貸，然後用利息錢供各官署官員「會
食」。[88]「會食」即所有大小官吏坐在一起吃公家飯。此即柳宗
元在〈鼇屋縣新食堂記〉所說：「得羨財，羞膳以充。」而且，
除了有公家飯可吃之外，食本的每月利息，如果吃不完，剩下

87　《新唐書》卷162，頁4991。
88　關於「食本」更詳細的討論，見陳明光《唐代財政史新編》（北京：中國財
　　政經濟出版社，1991年初版，1999年增訂版），頁115-120。此書海外罕
　　見不易得，承陳教授惠贈一冊，特此致謝。最新的論述見羅彤華，〈唐代食
　　利本錢初探〉，載中國唐代學會、國立中正大學中文系、歷史系主編，《第
　　五屆唐代文化學術研討會論文集》（高雄：麗文文化，2001）。

的錢還可以分給署中官員。此即柳宗元在另一篇文章〈唐故秘書少監陳京行狀〉中所說:「始御府有食本錢,月權其贏以為膳。有餘,則學士與校理官頒分之。學士常受三倍,由公而殺其二。」[89] 這是指陳京判集賢院事(即出任長官)時,集賢院內的情況:從前吃不完的利錢,由學士與校理官去分。學士分到的,常為校理官的三倍。陳京來了之後,「殺其二」,即減去兩倍。換句話說,陳京比較照顧職位比較低的校理官,為他們爭取到更多的福利,所以他是個公平的仁慈長者。

其實,唐代史料中的「會食」,指的都是中午的聚餐。官員們吃完飯就下班回家了,並無晚飯。「飧本」倒特別指明是「晚飯」,而這又是唐史料中的唯一用例,顯得非常特殊。所以,這個「飧本」很可能即指「食本」,很可能是《舊唐書》在後代傳抄刻印之誤,或把「飧」當作為是「食」的通假字來使用。應當注意的是,這次的「飧本」,高達「三千貫」,是一筆很龐大的數目。唐代一貫為一千,「三千貫」即三百萬。據《唐六典》卷六所載:「凡京司有別借食本。中書、門下、集賢殿書院各借本一千貫,尚書省都司、吏部、戶部、禮部、兵部、刑部、工部、御史台、左‧右春坊、鴻臚寺、秘書省、國子監、四方館、弘文館各百貫,皆五分收利,以為食本。諸司亦有之,其數則少。」[90] 依此,整個中書、門下、集賢殿書院的食本,才不過一千貫。至於吏部、秘書省、國子監等官署,才不過「百貫」。然而,永泰元年設集賢院待詔,十三人的「飧本」竟高達「三千貫」,可以想見其數目之龐大(如果不是刻印之誤)。那十三位

89　《柳宗元集》卷26,頁700;卷8,頁194。
90　《唐六典》卷6,頁195。

待詔，每月除了有免費餐食外，應當還可以分到不少的利錢。難怪上引《舊唐書·代宗紀》說，這是「寵之也」，一種「特給」。也難怪獨孤及的上疏說：「遂使諫者稍稍自箝口飽食，相招為祿仕。」[91] 那些集賢待詔原本是應當向皇上進諫的（「諫者」），但他們卻閉嘴不說話（「箝口」），然而又「飽食」，用典極妙，嘲諷意味也就更濃厚了。

十、結語

唐代有兩種類型的待詔。一種屬高官或文士，如王績、北門學士等人。他們原都已有官銜，以本官充任待詔的主要職務是掌制誥、修撰、備顧問，或應皇帝文章唱和。他們多在初唐的文館（如弘文館）和官署（如門下省）待詔，很有北齊「待詔文林館」的遺風。安史亂後，代宗朝的「集賢院待詔」也屬此類。

另一種是翰林待詔。他們大多身分低下，沒有功名科第，純以個人才藝如書、畫、琴、棋、醫、五行、僧道等被皇帝召入翰林院待詔。他們的選拔非經吏部詮選。當待詔數年之後，他們可能取得官銜，包括散官和職事官，甚至勳官銜。翰林待詔當中，有官銜高至從三品的司天監和秘書監，也有低至九品的參軍和主簿。有些翰林待詔還掛職京外官。

翰林待詔因為親近皇帝，和宦官一樣，有可能奪得大權，權傾朝野，如德宗、順宗朝的棋待詔王叔文和書待詔王伾。他們是唐代上最有名的兩個待詔，後來更「夜作詔書朝拜官」，自導自

91　「箝口」即「閉口」，典出《淮南子·本經訓》：「今至人生亂世之中，含德懷道，拘無窮之智，箝口寢說，遂不言而死者，眾矣。」

演，升為翰林學士，但行事表現不脫待詔本色。李白以詩才亦被召入翰林院待詔，為時三年，但沒有作為，也沒有得到任何官銜。過去我們對李白在翰林院的種種荒誕行為，頗難理解，但在待詔制度下，可以得到合理解答。

　　翰林待詔所帶的職事官銜，也反映唐中葉以後，職事官逐漸被階官化。這些官銜可以為我們考察唐代官制的演變時，提供許多非常珍貴的材料。

原載《中國文化研究所學報》
（香港中文大學中國文化研究所），
新第 12 期（2003），頁 69-105。

唐代的翰林待詔和司天台
——〈李素墓誌〉和〈卑失氏墓誌〉再考

　　1980 年在西安出土的〈李素墓誌〉和他夫人的〈卑失氏墓誌〉，為一個波斯景教家族在中國做官的情況，提供了絕佳的材料。筆者最近始有機會拜讀北京大學榮新江教授的大文〈一個入仕唐朝的波斯景教家族〉，[1] 頗感興趣和興奮。此文對李素（744-817）和他兒子李景亮（生於約 792 年後；活躍於 817-847）的波斯背景，他們的入仕始末，以及他們的景教信仰，都有很精闢的考釋，但對李素父子任翰林待詔，以及翰林待詔的官銜問題，可惜卻著墨不多。筆者年來研究唐代職官，涉及正字、校書郎、縣丞、縣尉和翰林待詔等一系列官職，深感〈李素墓誌〉和〈卑失氏墓誌〉不但有助於我們了解一個波斯家族在中國的生活，而且更有助於我們考察唐代的翰林待詔制度以及翰林待詔的官銜。且草此文，就教於榮新江教授及其他專家。

1　榮新江，〈一個入仕唐朝的波斯景教家族〉，原載《伊朗學在中國論文集》第 2 集（1998），海外不易見到，現收入他的《中古中國與外來文明》（北京：生活・讀書・新知三聯書店，2001），頁 238-257，筆者始有緣讀到。

一、翰林待詔制度及其官銜解讀

李素任職於唐代司天台，歷代、德、順、憲四朝，這點榮新江的大文已有詳細討論，此不贅述。但應當注意的是，李素在司天台任職期間，又同時是個「翰林待詔」。據〈李素墓誌〉，當初他的父親在廣州都督府任別駕，李素原本跟隨他父親在廣州。大曆（766-779）中，「特奉詔旨，追赴闕庭」，「除翰林待詔，四朝供奉，五十餘年」。他夫人的〈卑失氏墓誌〉，更透露他以翰林待詔任司天監時的全套官銜：「夫皇朝授開府儀同三司行司天監兼晉州長史翰林待詔上柱國開國公食邑一千戶李素」。[2] 這長串官銜，意味著什麼？底下將細考。

更可留意的是，李素本人在元和十二年（817）去世時，皇帝為了感謝他長期的服務，還特別召他的兒子李景亮為翰林待詔：「帝澤不易，恩渥彌深，遂召子景亮，詰問玄微，對揚無玷，擢升祿秩，以續闕如，起復拜翰林待詔襄州南漳縣尉。」換句話說，李景亮也跟他父親一樣，以翰林待詔起家（「襄州南漳縣尉」是翰林待詔例常所帶的職事官銜，下面再論）。此後，據我們所知，他一直都在任翰林待詔，並任職於司天台。最後，他也跟他父親一樣，官至司天監（司天台的長官，從三品的高官）。

2　〈李素墓誌〉和〈卑失氏墓誌〉的錄文見周紹良，《唐代墓誌彙編》（上海：上海古籍出版社，1992），頁 2039-2040、2072-2073。又見《全唐文補遺》第 3 輯（西安：三秦出版社，1996），頁 179、186。但榮新江上引文說：「周編所據揭本欠佳，錄文有些缺誤，本文據圖版重錄。」因此筆者引此兩墓誌，皆根據榮新江的最新錄文，見榮書，頁 239-243。下同，不另出注。

晚唐大詩人李商隱（812-858）在大中元年（847）任桂管觀察使
鄭亞的幕僚時，曾經代鄭亞（滎陽公）[3] 寫過一篇〈為滎陽公賀
老人星見表〉。文一開頭就說：「臣得本道進奏院狀報，司天
監李景亮奏：八月六日寅時，老人星見於南極，其色黃明潤大
者。」[4] 這是筆者無意中發現的一條極佳史料，過去似未曾為人
注意和引用。李商隱此表的寫作年月很清楚。文中所說的「進奏
院」，又是其「本道」即桂管派駐京城的機構。它從京城所發來
的「狀」，消息當最及時、準確、可信，[5] 可證李景亮於大中元
年（847）八月正在任司天監。從元和十二年他初任翰林待詔算
起，李景亮此時已經在唐宮中服務至少三十年了。

　　除李商隱此文之外，《南部新書》也收了一條關於李景亮的
資料，並且引了他的一小段奏文，可以證明李景亮一直到大中九
年還在任司天監：

3　鄭亞生平事蹟最詳細的考訂，見周建國，〈鄭亞事蹟考述〉，《文史》第
　　31 輯，1988 年。

4　劉學鍇、余恕誠校注，《李商隱文編年校注》（北京：中華書局，2002），
　　頁 1563。劉、余兩氏把此文繫於「大中元年八月底或九月初」。張采田，
　　《玉溪生年譜會箋》卷 3（上海：上海古籍出版社，1983），頁 131，同樣
　　繫於大中元年，但未繫月份。

5　關於唐代的進奏院，較早的研究見張國剛，〈唐代進奏院考略〉，《文史》
　　第 18 輯（1983）。更詳細的研究，見王靜，〈朝廷和方鎮的聯絡樞紐：試
　　談中晚唐的進奏院〉，收在鄧小南主編，《政務考察與信息渠道：以宋代為
　　中心》（北京：北京大學出版社，2008），頁 235-273。至於「進奏院狀」
　　這種公文的格式和內容，見張國剛，〈敦煌唐代「進奏院狀」辨〉，《唐代
　　政治制度研究論集》（台北：文津出版社，1994），頁 267-286，引兩件敦
　　煌發現的「進奏院狀」文書，考辨詳細而清晰。李商隱所見到的其本道進奏
　　院狀，應當和在敦煌所發現者相同或相似。

　　大中九年，日官李景亮奏云：「文星暗，科場當有事。」
　　沈詢為禮部，甚懼焉。至是三科盡覆試，宏辭趙秬等皆落
　　下。6

按「日官」指古代掌天文曆算之官，典出《左傳》桓公十七年：
「天子有日官，諸侯有日御。」李景亮任司天監時，應當也跟他
父親一樣，還帶有翰林待詔等官銜，下面將再細論。這樣說來，
李素和李景亮便是父子兩代都曾擔任翰林待詔和司天台的工作，
而且前後時間竟長達約七八十年，很有漢代司馬談、司馬遷父子
兩代都為太史令的遺風，也讓我們想起高宗、玄宗朝印度籍天文
學家瞿曇羅、瞿曇悉達和瞿曇譔等人，接連幾代都在唐天文機構
擔任要職的事。7

　　但什麼是翰林待詔？這是一種怎樣的官職？為什麼司天台的
工作，要由翰林待詔來擔任？而且，為什麼翰林待詔除了司天監
這職稱外，又還有「兼晉州長史」這樣的職事官銜？有什麼意
義？這些正是本文所要討論的。

　　唐代大詩人李白，當年到長安大明宮，風光一陣，還要高力
士為他脫靴。8 當時他任的正是這個翰林待詔。筆者已有一篇三

6　〔宋〕錢易，《南部新書》戊卷，黃壽成點校（北京：中華書局，2002）。
　　關於大中九年這場考試風波的詳細背景和討論，見王勳成，《唐代銓選與文
　　學》，頁 290-291。

7　江曉原，〈六朝隋唐傳入中土的印度天學〉，《漢學研究》第 10 卷第 2
　　期，1992 年；葛承雍，〈唐代長安印度人之研究〉，《唐研究》第 6 卷，
　　2000 年，頁 314-315。按漢代的太史令，既管天文，又是史官。唐代的司天
　　台早期即稱為「太史局」，司天監為「太史令」。詳見《唐六典》卷 10，
　　頁 302；《新唐書》卷 47，頁 1215-1216。

8　朱玉麒有一文〈脫靴的高力士：一個文學配角的形成史〉，載《唐研究》

萬多字的長文〈唐代的待詔〉（現收入本論文集），專論唐代兩種類型的待詔（王績等人的門下省待詔和李白、王叔文、王伾等人的翰林待詔），以及翰林待詔的官銜、社會地位、命運等課題，此不再論。至於翰林院的發展脈絡，翰林待詔和翰林學士的分別，翰林供奉的指稱意義，近年的專書和論文甚多，所論已詳，[9] 這裡只簡單交代。

　　唐代的翰林院是在玄宗開元初即位時設立，但設置年月史書不載，難以考訂。早期的翰林院有兩種人：一種是像張說、張九齡等有文采的高官，負責掌制誥，備顧問等，地位崇高；另一種是書畫工藝、醫卜天文等雜色人，地位卑下。這兩類人當時都泛

第 7 卷，2001 年，頁 71-90，探討高力士替李白脫靴的傳說及其文化意義，很有新意。

9　袁剛，〈唐代翰林院諸伎術雜流〉，《江西社會科學》1990 年第 1 期，以及孫永如，〈唐代的翰林待詔〉，《揚州師院學報》1995 年第 3 期，最先提及翰林待詔和翰林學士的區別。毛蕾的專書《唐代翰林學士》，第五章〈附論：唐代的翰林院與翰林待詔〉（北京：社會科學文獻出版社，2000），頁 156-180，則更深入和全面探討此課題。毛蕾此書也對翰林院的前後發展脈絡有清楚論述。過去中、日、韓、英、法學者對翰林院論述甚多，詳見胡戟等編，《二十世紀唐研究》（北京：中國社會科學出版社，2001），頁 95 的學術史回顧。主要論文有劉健明，〈論唐代的翰林院〉，《食貨》第 15 卷第 7-8 期合刊，1986 年；辛德勇，〈大明宮西夾城與翰林院學士院諸問題〉，《陝西師範大學學報》1987 年第 4 期；袁剛，〈唐代的翰林學士〉，《文史》第 33 輯，1990 年；趙雨樂，〈唐代翰林學士院與南北司之爭〉，《唐都學刊》2001 期第 1 期；杜文玉，〈唐大明宮內的幾處建築物的方位與職能——以殿中內省、翰林院、學士院、金吾仗院、望仙觀為中心〉，《唐史論叢》第 19 輯（2014 年 10 月），頁 23-42。傅璇琮一系列論翰林學士的論文，現收在他的《唐翰林學士傳論》（瀋陽：遼海出版社，2005），以及《唐翰林學士傳論・晚唐卷》（瀋陽：遼海出版社，2007）。又見馬自力，〈唐代的翰林待詔、翰林供奉、翰林學士〉，《求索》2002 年第 5 期。

稱「翰林供奉」。但從開元二十六年（738）起，為了把張說、張九齡等文詞高官和書畫醫卜等雜色供奉分開來，翰林院之南便另外建了一座學士院，專處像張說、張九齡等高官。從此，翰林院便分為兩個部分：一為翰林待詔院，一為翰林學士院。在待詔院供奉的，稱為翰林待詔。在學士院供奉的，稱為翰林學士。至於「翰林供奉」，可說是個不明確的統稱。在開元二十六年之前，它可以指翰林雜色待詔，也可以指張說等高官。但自從翰林學士院成立之後，翰林供奉這個職稱在史料中便越來越少見，中晚唐偶爾出現，一般也多指翰林待詔。

翰林待詔是一種沒有官品的使職。[10] 任此官者大多出身寒微，沒有功名科第，純以個人才藝如書、畫、琴、棋、醫、天文、五行、僧道等入翰林院待詔，以侍候皇帝在這些方面的需要。他們都以皇帝名義徵召，非經吏部銓選，可說是皇帝的近侍。任待詔數年之後，他們可能取得各種官銜，包括散官、職事官、勳官、甚至爵位。翰林待詔當中，有官銜高至從三品的司天監和秘書監，也有低至八、九品的參軍和主簿。有些翰林待詔還掛外官職，如「晉州長史」等等。

例如，翰林待詔中有一位書待詔唐玄度，身分地位不高，在兩《唐書》中都無傳。然而，由於他是個書待詔，曾經負責為不少墓誌碑石篆蓋或篆額，結果他的名字、手跡和結銜，反而保存在出土石刻。從這些石刻材料，可以考見他任翰林待詔十多年的官銜變化，見表一：

10　關於使職的性質和定義等等，詳見拙書《唐代高層文官》，頁 17-52。

表一：石刻中所見唐玄度的待詔年代和官銜表[11]

所書碑誌及年代	碑上結銜	材料出處
〈左威衛將軍李藏用碑〉（大和四年 830）	禮部侍郎翰林學士王源中撰；翰林待詔唐玄度篆額	《集古錄目》卷九，葉 11 下
〈六譯金剛經〉（大和六年 832）	經刻於上都升唐寺，文宗詔取其本使待詔唐玄度集王羲之書	《集古錄目》卷九，葉 12 上
〈升元劉先生碑〉（大和七年 833）	刑部侍郎馮宿撰；右司郎中柳公權書；翰林待詔唐玄度篆額	《集古錄目》卷九，葉 12 下
〈新加九經字樣序〉（開成二年 837）	覆定石經字體官朝議郎權知沔王友翰林待詔上柱國賜緋魚袋唐玄度撰	《金石萃編》卷一〇九，葉 16 下
〈唐玄度十體書〉（無年代）	翰林待詔沔王友唐玄度書	《集古錄目》卷十，葉 3 上
〈何進滔德政碑〉（開成五年 840）	翰林承旨兼侍書學士工部侍郎柳公權撰並書；翰林待詔梁王府司馬唐玄度篆額	《集古錄目》卷十，葉 2 上下
〈大唐故安王墓誌銘並序〉（開成五年 840）	翰林待詔朝議郎守梁王府司馬上柱國賜緋魚袋臣唐玄度奉敕篆額	《唐代墓誌彙編續集》，頁 940

11　此表據毛蕾《唐代的翰林學士》，頁 159-162 的〈唐代書待詔表〉重編。但筆者所用《集古錄目》為清繆荃孫校輯。台北藝文印書館 1967 年《石刻史料叢書乙編》本，卷數和毛蕾所引不同。此外，〈安王墓誌〉和〈劉沔神道碑〉為筆者所添補。安王即李溶，唐穆宗的第四子。此碑為唐玄度「奉敕篆額」，可知翰林書待詔和皇帝的親近，經常在皇室的敕命下從事書碑篆額的工作。

《司徒劉沔神道碑銘》 （大中二年 848）	翰林待詔朝議郎守越州都督府司馬上柱國元□模勒並篆額	《八瓊室金石補正》卷七四，頁512

　　從上表看來，唐玄度在大和三年到七年當翰林待詔，是沒有任何職事官銜的，僅有翰林待詔的名號。七年後，到了開成二年，我們才見到他有了「覆定九經字體官朝議郎權知沔王友」等官銜。「覆定九經字體官」亦非唐代九品三十階內的職事官，僅是臨時編派的一個使職。《舊唐書・文宗紀》開成二年條下，仍稱唐玄度為「翰林勒字官」，[12] 可證這才是他在翰林待詔院的職稱（一種使職）。至於「朝議郎」，為正六品上的文散官，「沔王友」則是他掛職領俸的寄祿官。沔王即李恂，憲宗的兒子，在長慶元年（821）封王。

　　到了開成五年，我們又在兩通石碑上見到唐玄度新的職事官銜：「梁王府司馬」，而且還知道他的勳官銜「上柱國」。他顯然陞官了，但此時他已經在翰林院充當了至少十年的待詔。又過了約八年，在大中二年，唐玄度的名字又再次出現在石碑上，這回是替一個高官司徒劉沔的神道碑「模勒並篆額」。此時他任翰林待詔應當已有至少十八年了，而且他的職事官銜也改為「越州都督府司馬」，顯然又陞官了。[13]

　　唐玄度的這個案例，很清楚地顯示翰林待詔的整套官銜結構是怎樣的。其中最特別的一點，就是翰林待詔竟帶有一個「虛」

12　《舊唐書》卷 17 下，頁 571。

13　因為避諱的關係，唐玄度的名字也常作「唐元度」。劉沔神道碑上雖缺「度」字，但從官銜和時代來看，應當是「元度」，亦即唐玄度無疑。

的職事官銜。他顯然並沒有擔當該職事官銜所標示的職務。我們知道，唐玄度一直都在長安大明宮中任翰林待詔。這是表一中他八個結銜唯一固定不變的職稱。他不可能又同時在越州都督府任司馬。此職事官銜是個「虛位」，類似宋初官制中所謂的「寄祿官」。[14] 像唐代翰林待詔所帶的這種職事官銜，也正是宋代「寄祿」制度的淵源。這也意味著，翰林待詔除了帶有使職官名以及文散官外，他們還帶有一職事官以「掛職領俸」。這雖然有些類似唐代以某某「本官」去出任某某使職的辦法，[15] 但可能因為翰林待詔是一種技術官僚，是一種「濁官」，不同於尚書、侍郎等「清官」，所以翰林待詔所帶的這些職事官，在唐史料中並沒有被稱為是「本官」，而另成一套系統。

　　細讀這些翰林待詔的官銜，可以發現，他們的官銜不管怎樣改變，但「翰林待詔」這一個卻始終是恆常不變的。這意味著，翰林待詔一旦進了待詔院，他就永遠是待詔一個。相比之下，翰林學士被召入翰林學士院服務，一般只有短短的幾年，他們就會「出院」，繼續到其他官署做官。出院以後，他們就不再是翰林學士了。然而，翰林待詔一般卻沒有「出院」這回事。除了少數特殊案例，如王叔文和王伾等人外，翰林待詔的職稱是固定不變的，比如唐玄度和李素父子，在待詔院數十年，都帶有這官銜。

　　像唐玄度這種翰林待詔的結銜，有散官，有勳官，又帶個「虛」的職事官銜者，墓誌中還有不少。且再舉數例如下：

---

14 關於宋初的寄祿官制，見梅原郁，〈宋初的寄祿官及其周圍〉，原載《東方學報》（京都：京都大學人文科學研究所）第 48 冊（1975），中譯本見《日本學者研究中國史論著選譯》第 5 冊（北京：中華書局，1993），頁 392-450。

15 賴瑞和，《唐代高層文官》，頁 6-9。

1.將仕郎守衡州司倉參軍翰林待詔毛伯良書[16]

2.承務郎行饒州餘干縣尉翰林待詔郜從周撰並書[17]

3.朝議郎守梁州都督府長史武陽縣開國男翰林待詔韓秀實書[18]

這三個例子也顯示，翰林待詔若服務一段時間以後，有了官銜，則他們的官銜包含至少兩個部分，一是散官，如上引的「將仕郎」、「承務郎」和「朝議郎」等；另一則是職事官銜，如「衡州司倉參軍」、「饒州餘干縣尉」和「梁州都督府長史」等。第三例的韓秀實，甚至還多了個爵號「武陽縣開國男」。再如書待詔劉諷的官銜變化，更可讓我們考察他的陞遷：

1.翰林待詔儒林郎守常州司倉參軍騎都尉劉諷書（大和三年）[19]

2.翰林待詔儒林郎守汴州司戶參軍騎都尉劉諷書（大和九年）[20]

劉諷從大和三年到大和九年，都在任翰林待詔。他結銜上唯一的改變，是他的職事官銜，從「常州司倉參軍」改為「汴州司戶參軍」。常州和汴州都在外地，離長安千里以上。劉諷既然在

---

16 周紹良、趙超編，《唐代墓誌彙編續集》（上海：上海古籍出版社，2002），頁 800。

17 《唐代墓誌彙編續集》，頁 859。

18 〔清〕胡聘之編，《山右石刻叢編》卷 7（太原：山西人民出版社，1988年影印清光緒辛丑 1901 年原刻本），頁 37。

19 《唐代墓誌彙編續集》，頁 898。

20 《唐代墓誌彙編續集》，頁 921。

長安宮中任翰林待詔，當不可能又同時在常州或汴州任判司（唐制：諸曹參軍通稱「判司」），可證他的兩個判司職都是「虛」銜，亦可證翰林待詔的陞遷，可以用這種職事銜的官品上升來表示，並非以散官。他的文散官儒林郎和勳官騎都尉，六年之間反而都沒有改變。事實上，到了唐後期，散官的作用只是決定官員們的章服顏色，並不表示官位的陞遷。

又如另一個書待詔毛伯貞：

1. 朝議郎行吉州司功參軍上柱國翰林待詔毛伯貞撰並書（開成元年）[21]
2. 翰林待詔朝請大夫行舒州長史上柱國賜緋魚袋毛伯貞撰並篆（大中五年）[22]
3. 翰林待詔朝請大夫守襄州長史上柱國賜緋魚袋毛伯貞篆蓋（大中十二年）[23]

毛伯貞此例最值得注意的是，他在翰林待詔的年歲相當長，至少從開成元年到大中十二年都在任翰林待詔，前後長達二十二年。（李素父子不也待詔長達數十年嗎？）他所掛的職事官都是外官，從司功參軍升到長史。他的上柱國是勳官當中最高的一轉。

再如張宗厚：

21　《唐代墓誌彙編續集》，頁 927。
22　《唐代墓誌彙編續集》，頁 991。
23　《唐代墓誌彙編續集》，頁 1015。

1. 翰林待詔將仕郎前守右威衛長史臣張宗厚奉敕書（咸通四年）24
2. 翰林待詔將仕郎守涼王府諮議參軍臣張宗厚奉敕書（咸通七年）25

　　和毛伯貞不一樣的是，張宗厚似乎沒有勳官。他的結銜有「奉敕」兩字，因為他是奉皇帝的敕命，去為兩通公主的墓誌書志。他掛的兩個職事官，都屬京官（其中「右威衛長史」，也出現在李景亮的官銜中）。但這並不表示，翰林待詔只能單掛京官，或單掛外官。我們也找到先掛外官，後掛京官的例子，如董咸：

1. 翰林待詔承奉郎守建州長史董咸書篆（咸通五年）26
2. 翰林待詔承奉郎守殿中省尚藥奉御臣董咸奉敕篆蓋（咸通七年）27

　　即先掛外官「建州長史」，兩年後即有陞遷，改掛京官「殿中省尚藥奉御」。董咸第二例有「奉敕」兩字，因為他也是奉皇帝敕命，去給文宗第四女的墓誌〈唐故朗寧公主墓誌銘〉「篆蓋」。這顯示翰林待詔和皇室的「私密」程度。隔了約五年，在咸通十二年的一通墓誌上，我們又發現董咸，這回他又陞官了，不但有上柱國的最高勳銜，還有賜紫金魚袋，而且他的文散官也

24　《唐代墓誌彙編續集》，頁 1044。
25　《唐代墓誌彙編續集》，頁 1065。
26　《唐代墓誌彙編續集》，頁 1051。
27　《唐代墓誌彙編續集》，頁 1069。

從承奉郎（從八品上）升為朝散大夫（從五品下）：

> 翰林待詔朝散大夫守殿中省尚衣奉御上柱國賜紫金魚袋臣
> 董咸奉敕篆蓋[28]

　　從唐代官制演變上看，翰林待詔以職事官作為他們的「寄祿」官，並以之表示陞遷，很有意義。這類似唐代許多官員，經常以某某職事官為「本官」，去出任種種使職一樣。但這也往往構成一個「陷阱」。現代學者一不小心，往往會誤以為這些職事官是實有其職。

　　上引的石刻史料例子，全屬中晚唐時期，這是因為中晚唐的例子最多，但唐前期的例子也並非沒有，只是比較少見，如《集古錄目》卷七錄〈禮部尚書徐南美碑〉，下云：

> 大理評事陶翰撰，翰林待詔左衛率府兵曹參軍蔡有鄰八分書。……碑以天寶九年〔750〕立。[29]

　　即為可考的最早一例。這位翰林待詔蔡有鄰所帶的職事官「左衛率府兵曹參軍」，應當只用作他的寄祿官而已。此外，上元二年（761）所立的〈劉泰芝志〉，由「朝議郎行衛尉寺丞翰林待詔劉秦書」，[30] 劉秦所帶的職事銜「衛尉寺丞」，也僅是他的寄祿官。由此可證，石刻中的翰林待詔結銜，可以為我們查考

28　《唐代墓誌彙編續集》，頁 1091。
29　歐陽棐，《集古錄目》卷 7，葉 5 上。
30　周紹良，《唐代墓誌彙編》，上元 001。

的唐代職事官，如何演變成寄祿官，且沿用到北宋，提供許多珍貴的補證資料。〈李素墓誌〉和〈卑失氏墓誌〉保存了唐代兩個天文待詔的名字和官銜，更是罕見而珍貴。

二、李素父子的入仕和官銜

不過，以上所引用的翰林待詔全套結銜，全都屬於書待詔的。由於書待詔的工作之一，是負責書寫碑石，所以他們的結銜才得以隨著碑石在近代出土而流傳下來。至於畫待詔、醫待詔和其他色藝待詔，他們的結銜又是怎樣的呢？據筆者所知，其他色藝待詔的官銜，在墓誌中偶爾可見，但為數不多。至於天文待詔的官銜，則僅見於〈李素墓誌〉和〈卑失氏墓誌〉了。

了解了翰林待詔的這種官銜，我們回過頭來看波斯人李素父子以翰林待詔任職司天台時的官銜，當會有新的領悟。〈李素墓誌〉和〈卑失氏墓誌〉，除了透露一個波斯家庭在中國朝廷任官的史事外，還有最珍貴、最重要的一點，就是它們保存了唐代翰林天文待詔的全套官銜。這是其他地方找不到的，也是極罕見的史料。正因為罕見，毛蕾在她那本專書中，一時不察，以為墓誌上所見的翰林待詔，都是書待詔，結果把李素父子錯列入書待詔來製表，不知道這對父子原來是管天文的。31

李素在大曆中，「特奉詔旨，追赴闕廷」，「除翰林待詔」時，他的職事官銜是什麼？可惜他的墓誌未書，我們不得而知。或許他跟李白一樣，初任翰林待詔，可能一時並沒有職事官銜也說不定。至於朝廷為何萬里迢迢，把一個波斯人從廣州召到長安

31　毛蕾，《唐代翰林學士》，頁161。

京城任翰林待詔，管天文星曆？榮新江已有一解：「顯然，李素
所學的天文曆算之學，不是中國傳統的一套，而是另有新意，否
則唐中央朝廷似不會如此遠求賢才。另外一個原因，恐怕是執
掌司天台的印度籍司天監瞿曇譔於大曆十一年（776）去世，需
要新的人才補充其間。」[32] 這當然都是可能的事。不過，筆者認
為，《唐會要》有一條材料，或許更能夠解釋為什麼李素會被萬
里徵召：

> 大曆二年正月二十七日敕：「艱難以來，疇人子弟流散，
> 司天監官員多闕，其天下諸州官人百姓，有解天文玄象
> 者，各委本道長吏具名聞奏，送赴上都。」[33]

李素被召，正是在「大曆中」，跟上引此敕的年代完全相
合，看來主要原因是當時安史亂後，「疇人子弟流散，司天監官
員多闕」。而且，他極可能是由廣州嶺南道的長吏（甚至他自己
的父親廣州都督府別駕），「具名聞奏，送赴上都」的（上都指
長安）。按李素死於元和十二年（817），享年 74，則他當生於
天寶三載（744），大曆中還非常年輕，才不過二十剛出頭。他
剛被召回時，應當也只是以翰林待詔的名義，在司天台從一個低
層小官做起。這裡可以注意的是，李素入仕，是被皇帝徵召為翰
林待詔，非經吏部銓選。這點也跟李白、吳筠等人被召為待詔的
過程，完全一樣。

大曆十一年，印度籍司天監瞿曇譔去世時，李素也才不過

---

32 榮新江，《中古中國與外來文明》，頁 246。
33 《唐會要》卷 44，頁 933。

33 歲，似乎太年輕，不足以當上司天監這種從三品的高官。他當上司天監，應是後來的事。至少，我們從其他史料知道，德宗貞元八年（792）的司天監都還不是他，而是徐承嗣。《唐會要》卷四十二〈日蝕〉部分記錄了德宗朝的七次日蝕。且看其中一次的記載：

〔貞元〕八年十一月壬子朔，日有蝕之，上不視朝。司天監徐承嗣奏：「據曆數，合蝕八分，今退蝕三分，計減強半。准占，君聖明則陰匿而潛退。請宣示朝廷，編諸史冊。」詔付所司。[34]

唐代的司天監只有一員。[35] 貞元八年，李素才 49 歲，還算中年。這年的司天監是徐承嗣，不是他。他死時 74 歲，墓誌上的確有司天監的職稱：「公往日歷司天監，轉汾、晉兩州長史，出入丹墀」。看來他很可能是在 50 歲以後，繼徐承嗣之後，才當上此官的；至少，應當是在 792 年以後的事。

徐承嗣也是唐代有名的天文曆算家。《資治通鑑》建中三年（782）條下載：「司天少監徐承嗣請更造《建中正元曆》。從之。」[36] 可知他早在十年前就當上司天少監（司天台的第二號人物），而且請更造「建中正元曆」。此曆到宋代猶存。《宋史‧藝文志》即列有「徐承嗣《唐建中貞元曆》三卷」，又列他的另

---

34 《唐會要》卷 42，頁 890。此條亦見於《舊唐書》卷 36，〈天文志〉，頁 1318，但文字略簡。

35 《舊唐書》卷 43，〈職官志〉，頁 1855。

36 《資治通鑑》卷 227，頁 7337。

一天文著作「《星書要略》六卷」。[37]

　　我們不禁要問：德宗建中三年，李素不也正在司天台任職嗎？而且已經服務十多年了（從大曆中他被召回長安算起），資歷不可說不深，但為何造德宗建中正元曆的，不是他，而是徐承嗣？或許李素那時的資歷，還不如徐承嗣？

　　更進一步考察，憲宗朝又頒行新曆。《新唐書・天文志》說：「憲宗即位，司天徐昂上新曆，名曰《觀象》。起元和二年用之。」[38] 這裡僅稱徐昂為「司天」，不知是否脫一「監」字？李素這年 64 歲，亦不知是否已升任司天監。但顯然他並沒有參與徐昂所上的《觀象曆》。到了長慶二年（821），穆宗即位後，更把徐昂的《觀象曆》改編為《宣明曆》來頒行。[39] 如此看來，李素墓誌上所說「四朝供奉，五十餘年」的真正含義，以及他對唐代司天台的真正貢獻，或許應當重新檢討。

　　順此一提，〈李素墓誌〉說他「四朝供奉，五十餘年」，恐怕只是一個大略的說法，並非表示他真的在司天台工作了五十餘年，因為，即使他早在大曆二年那道徵「解天文玄象者」的敕令發出時，就馬上被召回長安，到他 817 年去世時，也只不過是剛好五十年罷了。這五十年的算法，也假設他一直工作到去世時的高齡 74 歲為止，不曾退休。

　　李素剛入翰林待詔，是否帶有職事官銜，史料不詳。不過，在他死後，他的兒子繼承父業任待詔，倒是很快就有一個職事官銜：「起復拜翰林待詔襄州南漳縣尉」。「襄州南漳縣尉」即他

37　《宋史》卷 206，頁 5233。「貞元曆」應為「正元曆」之誤。新舊《唐書》的〈天文志〉和〈曆志〉中，只有「正元曆」，沒有「貞元曆」此詞。

38　《新唐書》卷 30 上，〈曆志〉，頁 739。

39　《資治通鑑》卷 242，頁 7823。

任待詔時的職事官銜。按李素死於元和十二年（817），於元和十四年遷葬，〈李素墓誌〉即刻於 819 年。李景亮的這個職事官銜，見於〈李素墓誌〉，所以應當是他在 817 到 819 年之間任待詔時所獲得的。如果和上引唐玄度待詔了約七年始有職事官銜相比，李景亮可說很快就獲授職事官銜。但這也是很可理解的，正如墓誌上所說，可視為「帝澤不易，恩渥彌深」的結果，是一種恩澤，因為他父親曾以翰林待詔在司天台工作長達四五十年。榮教授說：

> 李景亮「襲先君之藝業，能博學而攻文，身沒之後，此乃繼體」，「起復拜翰林待詔襄州南漳縣尉」（〈李素志〉），是諸子中唯一繼承父業的人。襄州在山南道，〈卑失氏志〉說他任「宣德郎起復守右威衛長史翰林待詔賜緋魚袋」，表明他後來回到京城，在右威衛任長史，但不知他以後的情形如何。[40]

　　從這段引文看來，榮教授顯然把李景亮的「襄州南漳縣尉」和他後來的「右威衛長史」，都看成是「真有其事」的實職，即他曾經去襄州擔任過南漳縣尉，後來又回到京城十六衛之一的右威衛任長史。但從我們以上所考的翰林待詔官銜結構看來，這是不太可能的事，因為第一，翰林待詔許多照例都帶有一個「寄祿」的職事官銜。第二，皇帝既然召他任翰林待詔，又怎麼會同時要他跑去襄州南漳任縣尉？此「襄州南漳縣尉」，應當只是他的寄祿官而已。至於「右威衛長史」，應當跟上引唐玄度的「沔

40　榮新江，《中古中國與外來文明》，頁 253。

王友」和「梁馬府司馬」等官一樣，也都是寄祿官。否則，李景亮又怎能「襲先君之藝業」？他的「先君」所任的，不就是翰林待詔和司天台的工作嗎？

　　再深一層考察，我們知道，李景亮的那兩套官銜，都有很明確的年代。他最初的「起復拜翰林待詔襄州南漳縣尉」，見於元和十四年他父親的墓誌上。至於「宣德郎起復守右威衛長史翰林待詔賜緋魚袋」，則見於長慶三年他母親的〈卑失氏墓誌〉上。但兩者都有「翰林待詔」此銜，可以證明這才是他一直都在擔任著的職務，而且可知他至少從 819 年到 823 年都在任翰林待詔，已有大約四年。但由於翰林待詔本身沒有官品，所以他的陞遷，是以職事官銜「襄州南漳縣尉」升為「右威衛長史」來表示。這跟上引許多翰林待詔的官銜是一致的。

　　其實，唐代中葉以後這種用職事官來「寄祿」的方式，並不只限於翰林待詔而已。據筆者的考察，舉凡沒有官品的使職，都可能用此方法。比如，最常見的翰林學士，即例必帶一個職事官銜。白居易任此職時，即以「左拾遺」這個職事官銜，「充翰林學士」。[41] 他自己也常以此兩官並提，如在〈香山居士寫真詩並序〉即說：「元和五年，予為左拾遺、翰林學士。」[42] 又在〈曲江感秋二首並序〉中說：「元和二年、三年、四年，予每歲有〈曲江感秋〉詩，凡三篇，編在第七集卷。是時予為左拾遺、翰林學士。」[43]

　　唐代的集賢院校理，跟翰林學士及翰林待詔一樣，也是個沒

41　朱金城，《白居易年譜》（上海：上海古籍出版社，1988），頁 41。

42　《白居易集》卷 36（北京：中華書局，1979），頁 824。

43　《白居易集》卷 11，頁 224。

有官品的使職，所以集賢校理例必帶一職事官銜，尤以帶縣尉職最常見。例如，段文昌「授登封尉、集賢校理」。[44] 又如馮宿的弟弟馮定：「權德輿掌貢士，擢居上第，後於潤州佐薛蘋幕，得校書郎，尋為鄠縣尉，充集賢校理。」[45] 再如楊鏻，「登第後補集賢校理，藍田尉。」[46]這樣的例子太多了，不贅引。這三個集賢校理所帶的「登封尉」、「鄠縣尉」和「藍田尉」，都是寄祿官。他們真正的工作場所，是在長安大明宮中的集賢院。李景亮「起復拜翰林待詔、襄州南漳縣尉」，應當也作如是觀。

　　榮新江說「不知他以後的情形如何」。其實，我們對李景亮後來的情況，倒是略知一二。白居易的文集中還保存了當年李景亮獲授另一官的任命敕：

　　翰林待詔李景亮授左司御率府長史，依前待詔制
　　敕：某官李景亮：夫執藝事上者，必揆日時計勞績，而後進爵秩，以旌服勤。況待詔宮闈，飭躬晨夜，比於他職，宜有加恩。宮坊衛官，以示優獎。可依前件。[47]

這是他獲授「左司御率府長史」的敕書。「左司御率府長史」是太子東宮中的一個職事官，但此敕上清楚註明「依前待詔」。換句話說，李景亮得了「左司御率府長史」這個職事銜，只是「宜有加恩」，「以示優獎」他的「勞績」而已。他還是「依前待詔」，即繼續擔任翰林待詔。這點正可證明前面所說，翰林待詔

的職事官銜，是為了陞遷和寄祿罷了。可惜的是，白居易所寫的這篇敕，沒有明確的日期。但我們知道，他是在元和十五年十二月二十八日（821）開始以主客郎中的身分「知制誥」，[48] 到次年長慶元年（821）十月十八日，他即「轉中書舍人」。[49] 所以此敕應當作於 821 年。如此看來，李景亮的官職變化可以列如下表二：

表二：已知的李景亮官銜和年代

年代	官銜	出處
元和十四年（819）	翰林待詔襄州南漳縣尉	〈李素墓誌〉
長慶元年（821）	翰林待詔李景亮授左司御率府長史，依前待詔	〈白居易文集〉卷五一
長慶三年（823）	宣德郎起復守右威衛長史翰林待詔賜緋魚袋	〈卑失氏墓誌〉
大中元年（847）	司天監	李商隱〈為滎陽公賀老人星見表〉
大中九年（855）	日官（司天監）	《南部新書》戊卷

上引李商隱的〈為滎陽公賀老人星見表〉，可證李景亮在大中元年時為司天監，但他是在哪一年成為司天監的？又在哪一年離職？可惜史料殘缺，我們不得而知，只知道晚至開成年初，他還不是司天監，因為文宗開成年間有一位司天監叫朱子容，見於

48　《白居易年譜》，頁 110。
49　《白居易年譜》，頁 117。

《舊唐書・天文志》：

> 開成二年……三月甲子朔，其夜，彗長五丈，岐分兩尾，
> 其一指氐，其一掩房，在斗十度。丙寅夜，彗長六丈，尾
> 無岐，北指，在亢七度。文宗召司天監朱子容問星變之
> 由，子容曰：「彗主兵旱，或破四夷，古之占書也。然天
> 道懸遠，唯陛下修政以抗之。」[50]

可知 837 年的司天監是朱子容。李景亮任司天監應當至少在
朱子容之後，即 837 年之後。但他終於最遲在 847 年當上司天
監，此時距離他剛開始待詔翰林那年（817），已有足足三十年
之久了。然而，司天監是從三品的高官。這樣的高官得花上三十
年才能當上，亦不出奇。

此外，李商隱也沒有告訴我們，李景亮任司天監時的全套官
銜是什麼。但我們推測，他任司天監時，應當也帶翰林待詔，更
帶另一職事官銜，以及散官、勳官、爵和食封等等，正如他父親
李素官至司天監時的官銜一樣：

> 開府儀同三司行司天監兼晉州長史翰林待詔上柱國開國公
> 食邑一千戶

李素的每個官銜都很高。「開府儀同三司」是從一品的文散
官；「司天監」和「晉州長史」都是職事官；「上柱國」是最高

一轉的勳官;「開國公食邑一千戶」是正二品的爵和食封。[51] 這
裡最可注意的是,以李素為例,翰林待詔若出任司天監,則司
天監本身已經是個很高層的職事官(從三品),但他依然照例
「兼」(同時帶有)另一個職事官,而且是官品較低的「晉州長
史」(晉州屬上州,長史從五品上)。這可能是翰林待詔出任司
天監時的特殊情況,也反映翰林待詔任職司天台是一種特別安
排,因為天文星曆不但是一種專業,而且還是一種相當「機密」
的工作(論見下)。翰林待詔屬皇帝的近侍。由他們來出任司天
台機密的工作,正是很巧妙的安排。

　翰林待詔的種類很複雜,主要有書待詔、畫待詔、棋待詔、
醫待詔、琴待詔、僧道、五行待詔等等,各以個人的本事服侍皇
帝。他們一般隸屬翰林待詔院(翰林學士則在翰林學士院輪直,
和翰林待詔不同),但史料上可以發現,翰林待詔可能奉皇帝所
召,充當指派的工作。例如,永貞事件的主角王叔文,任的是棋
待詔,但他卻是被派去陪皇太子下棋的,而且時間長達十八年之
久。另一主角王伾,任的是書待詔,他也是被派去東宮,教李誦
寫字:

　　上(指順宗李誦)學書於王伾,頗有寵;王叔文以碁進:
　　俱待詔翰林,數侍太子碁。[52]

51　關於食封,見韓國盤,〈唐代的食封制度〉,《唐代社會經濟諸問題》(台
　　北:文津出版社,1999),頁 127-142;黃正建,〈關於唐代封戶交納封物
　　的幾個問題〉,《中國史研究》1983 年第 4 期。

52　《順宗實錄》卷 1,收在《韓昌黎文集校注》(上海:上海古籍出版社,
　　1987),頁 696。

難怪二王可以和李誦建立那麼深厚的友誼和信任，以致在李誦上台後迅速奪得大權。

波斯人李素，專長天文星曆，比書畫琴待詔等待詔更專業，看來需有專門儀器以觀察天文星象。所以他任翰林待詔時，奉皇帝之命，派駐司天台。也因為這樣，他最後才得以官至司天台的長官司天監。但值得注意的是，他任司天監時，依然還保留翰林待詔的職稱，而且跟許多翰林待詔一樣，還兼帶另一個「虛」的職事官「晉州長史」。這可說是天文待詔和其他待詔有些不同的地方。

還可一提的是，李素和他兒子李景亮，顯然皆非科第出身，[53] 純以本身專業的天文星曆知識入仕。這樣的入仕，不在吏部的銓選範圍內。最好的辦法自然是由皇室徵召為翰林待詔，就像李白、王叔文、王伾等人入仕的方法一樣。印度籍天文學家瞿曇羅、瞿曇悉達和瞿曇譔幾代，是否也如此以待詔辦法入仕，史料闕如，不得而知。但李素父子以翰林待詔官至司天監，在唐史上卻不是唯一的案例。唐代至少還有一人，即肅宗朝的韓穎，也

---

53 〔清〕徐松，《登科記考》卷 27（北京：中華書局，1984），頁 1098，引韓愈〈李素墓誌〉，即〈河南少尹李公墓誌〉，把一位李素列為明經及第。但韓愈的〈河南少尹李公墓誌〉，《韓昌黎文集校注》卷 6，頁 367 說：「元和七年二月一日，河南少尹李公卒，年五十八。」這位李素不論在官職、去世年月和年齡各方面，都跟本文所論的司天監李素不合，顯然另有其人。《登科記考》卷 13，頁 493，又引《冊府元龜》和《唐會要》，說有一位李景亮中制科。細查《唐會要》卷 76，頁 1645，此李景亮乃貞元十年（794）十二月中制舉及第。但本文所論的李景亮生年雖不詳，卻應當生於貞元八年（792）以後，因為他父親李素，是在他元配夫人去世後，「以貞元八年，禮聘卑失氏」的，而李景亮是卑失氏的「長子」（俱見〈李素墓誌〉），在 794 年若已出生，最多也只有三歲，不可能制舉及第，所以《唐會要》和《登科記考》中的李景亮，也是另有其人。

像李素父子一樣，既是翰林待詔，又是司天監。

三、韓穎和司天監

關於韓穎，我們不但可以考他任翰林待詔陞官的年月，還可以明確知道他如何執行司天監的職務。《新唐書・曆志》說：

> 至肅宗時，山人韓穎上言《大衍曆》或誤。帝疑之，以穎為太子宮門郎，直司天台。又損益其術，每節增二日，更名《至德曆》，起乾元元年（758）用之，訖上元三年（762）。[54]

《唐會要》卷四十二《曆》條下說：

> 乾元元年六月十七日，頒山人韓穎等所造新曆，每節後加舊曆二日。[55]

《資治通鑑》肅宗乾元元年條下的記載當即根據以上兩條：

> 山人韓穎改造新曆，〔六月〕丁巳，初行穎曆。[56]

剛開始待詔時，韓穎顯然沒有官銜，所以《新唐書》、《唐

54　《新唐書》卷 27 下，頁 635。
55　《唐會要》卷 42，頁 880。
56　《資治通鑑》卷 220，頁 7056。

會要》和《資治通鑑》都只稱他為「山人」，即從事占卜五行職業者。[57] 他上言唐僧一行所創的《大衍曆》[58]「或誤」，於是肅宗就給了他「太子宮門郎」的職事官銜，令他「直司天台」。這是典型的以某一職事官任某一使職的辦法。到了乾元元年六月十七日，他所創的新曆《至德曆》，便取代沿用了數十年的《大衍曆》。再隔不到四個月，在乾元元年十月一日的時候，我們發現他竟陞官了，升為「權知司天監」。從太子宮門郎（從六品下）升為司天監（從三品），韓穎可說是陞官極快。《唐會要》說：

> 乾元元年十月一日，權知司天監韓穎奏：「司天台五官正，既職配五方，上稽五緯。臣請每至正冬朔望朝會及諸大禮，並奏本方事，各依本方正色，其冠上加一星珠，仍永為恆式。」從之。[59]

《通典》亦載此事，但文字略有不同：

---

57 關於唐代的占卜，見黃正建，《敦煌占卜文書與唐五代占卜研究》（北京：學苑出版社，2001）。

58 關於一行和他的大衍曆的計算，詳見曲安京，〈正切函數表在唐代子午線測量中的應用〉，《漢學研究》第 16 卷 1 期（1988）；又見 Ang Tian Se（洪天賜）的博士論文（由何丙郁教授指導）"I-Hsing（683-727 AD）: His Life and Scientific Work"（Ph.D. Dissertation, Kuala Lumpur, University of Malaysia, 1979），最新的一行生平研究見 Jinhua Chen, "The Birth of a Polymath: The Genealogical Background of the Tang Monk-Scientist Yixing（673-727）," *T'ang Studies*, 18/19（2000-2001）: pp.1-40. 此文也細考一行應當生於 673 年，非過去學界所接受的 683 年。

59 《唐會要》卷 44，頁 933。

乾元元年十月，知司天台事韓穎奏：「五官正，奏敕創置，其官職配五方，上稽五緯。臣請冠上加一星珠，衣從本方正色。每至正冬朔望朝會及諸大禮，即服以朝見，仍望永為恆式。」奉敕旨宜依。[60]

從他所奏的事項看來，韓穎明確地是在行使司天監的職務，代表司天台條陳他台內的事。「五官正」是乾元元年剛設的官職，為正五品官，「有春、夏、秋、冬、中五官之名」。[61] 他此奏的主旨，就是要替五官正這些新官，爭取在他們的「冠上加一星珠，衣從本方正色」。值得注意的是，《唐會要》稱他為「權知司天監」，《通典》則稱他為「知司天台事」，兩者含義約略相同，也就是請他去「知」（負責）司天台的職務。

到了上元二年，史籍已稱他為司天監，如《舊唐書・天文志》：

其年建子月癸巳亥時一鼓二籌後，月掩昴，出其北，兼白暈；畢星有白氣從北來貫昴。司天監韓穎奏曰：「按石申占，『月掩昴，胡王死』。」[62]

至於韓穎的翰林待詔職稱，見於《新唐書》：「有韓穎、劉烜善步星，乾元中待詔翰林，穎位司天監，烜起居舍人，與輔國暱甚。」[63] 又見於《代宗實錄》（據《資治通鑑考異》所引）：

60　《通典》卷57，頁1615。亦見《唐會要》卷31，頁675，文字略同。

61　《舊唐書》卷43，頁1856。

62　《舊唐書》卷36，頁1325。

63　《新唐書》卷208，頁5882。

「乾元中待詔翰林，頗承恩顧，又與李輔國暱狎。」[64] 但這時他又「權知司天監」，的確在行使司天監的職務，可知他一邊保留翰林待詔的職稱，一邊又在執行司天監的職務。換言之，他是以翰林待詔的身分出任司天監的，和後來的李素一樣。

李素和李景亮父子以翰林待詔任職司天台，其方式應當也像韓穎一樣。不同的是，韓穎更官至秘書監（皇帝藏書庫秘書省的長官，但這裡用作寄祿官，無實職）。而且，天文待詔有其職業上的「危險」。韓穎沒有好的下場，因其專業而丟了命。《新唐書》說：

> 有韓穎、劉烜善步星，乾元中待詔翰林，穎位司天監，烜起居舍人，與輔國暱甚。輔國領中書，穎進秘書監，烜中書舍人，裴冕引為山陵使判官，輔國罷，俱流嶺南，賜死。[65]

《資治通鑑考異》引用今已失傳的《代宗實錄》，對此事有進一步的交代：

> 秘書監韓中書舍人劉烜善候星曆，乾元中待詔翰林，頗承恩顧，又與李輔國暱狎。時上軫憂山陵，廣詢卜兆，穎等不能精慎，妄有否臧，因是得罪，配流嶺南，既行，賜死於路。[66]

64　《資治通鑑》卷 222，頁 7130。
65　《新唐書》卷 208，頁 5882。
66　《資治通鑑》卷 222，頁 7130。

　　據此看來，韓穎和劉烜善之所以被賜死，主要不是因為他們跟宦官李輔國「暱甚」，而是因為他們在代宗築墳陵時，卜兆失準，因是得罪而被賜死的。天文待詔管天文占卜等事，若有占卜失誤，可能召來殺身之禍，其實可算是一種「危險行業」。這令人想起懿宗朝的翰林醫待詔韓宗紹等人，因治不好同昌公主的病，結果被殺，還連累親族三百餘人。[67] 幸好，李素父子入仕唐朝，倒沒有遇到這樣不幸的事。

　　最後，還有兩點可以進一步申論。一是翰林待詔的服務年月都很長，更有父子相繼為待詔的事，如李素父子。二是司天台的工作屬「高度機密」，所以司天台官員，常由皇帝身邊的親信如翰林待詔來出任。

四、翰林待詔的服務年月

　　前文提過，翰林待詔不屬於吏部銓選的範圍。出任待詔者，幾乎也全都沒有科第，如李素父子、李白、王叔文、王伾等人。他們全都純以個人所專長的本事入仕。由於不在吏部的銓選範圍，待詔照例由皇室徵召任命，屬於一種使職（即宋代的差遣），而且可以長期任官，不受一般品官每任一官只有三、四年，即需「守選」的限制。[68] 王叔文任待詔即長達十八年。上引書待詔如毛伯貞，任待詔長達二十二年。李素任待詔達四五十年。他兒子李景亮任待詔也至少有三十年。由於服侍皇室的年月

67　《舊唐書》卷 19 上，頁 675。

68　「守選」制度過去幾乎無人提及。王勳成，《唐代銓選與文學》，頁 102-137、304-310，在這方面有極詳細清晰的論述。

如此長，待詔這種近侍，也像宦官一樣，很容易和皇帝建立起感情和親信。李素死後，他的兒子馬上就被召為待詔，正是這種親密關係的延續。王叔文和王伾能奪大權，更和他們的長期待詔背景有關，可惜今人幾乎毫不注意。

　　至於翰林待詔子承父業的事，也不只限於李素家一例。比如，晚唐有個能棋善琴的「前翰林待詔」王敬傲，即自稱：「某家習正音，奕世傳受，自由德、順以來，待詔金門之下，凡四世矣。」[69] 這比李素兩代相傳更進一步。又如咸通五年〈金氏夫人墓銘〉載，她的祖父是「翰林待詔檢校左散騎常侍內府監內中尚使」。她父親也任待詔，全銜是「翰林待詔將作監丞充內作判官」，可知父子兩代都待詔翰林。更可一提的是，她的「親叔」竟也是翰林待詔，職事官銜為「前昭王傅」。[70] 又如〈翰林待詔陳府君故夫人楊氏墓誌銘〉，誌主楊氏夫人（793-867）的丈夫陳克敬，本身已是翰林待詔，先她而去。她有兒子五人。長子正珣，也繼承父業，任翰林待詔：「去大中四年六月十五日入院充翰林待詔」，「去咸通八年五月十四日賜緋魚袋，依前翰林待詔」，[71] 待詔了十七年之久。

五、司天台的機密性質

　　上文說過，李素父子都是從翰林待詔起家，而且以翰林待詔的身分官至司天監。這是〈李素墓誌〉和〈卑失氏墓誌〉上清楚

69　《太平廣記》卷 203，頁 1541。

70　《唐代墓誌彙編續集》，頁 1051。

71　《唐代墓誌彙編續集》，頁 1085。

記載著的，也是此兩誌最有史料價值的部分。畢竟，唐代翰林天文待詔的材料太少了。過去，我們只知道肅宗朝的韓穎，既是待詔，又是司天監。如今多了李素父子的案例，我們應當可以合理地推測，司天台內恐怕還有不少翰林待詔，只不過他們沒有像李素父子和韓穎那樣，官至司天監，所以才籍籍無名，沒有在史料中留下名字。

　　榮教授的大文中，引《通志》，也提到波斯天文曆算著作《聿斯四門經》，由一位「唐待詔陳輔重修」的事。[72] 這位陳輔顯然也跟李素父子一樣，以翰林待詔的身分任職於司天台。唐司天台官員眾多，看來不可能全部都由待詔出任，但其中的主要官員，應當有不少帶有翰林待詔的身分。唐代翰林待詔原是皇帝私人的近臣，而司天台則為行政機構，兩者初看似不應當有關聯，但由於中國歷史上的司天台、太史局或欽天監等天文機構，掌管天文、曆算、占卜等重大事項，一向是「皇帝的禁臠」，是皇權統治的重要工具。[73] 天文和星占始終息息相關，緊緊結合在一起，不像現代天文學已跟星占學分離。這導致唐皇室經常需選派它所信任的翰林待詔到司天台任職，形成司天台和皇室極密切的關係，有異於一般的行政單位。

　　司天台的工作，由翰林待詔這種皇室親信來出任，其實也是很恰當的一種安排，因為司天台還有一點有別於一般行政機構，即它的工作許多時候屬高度「機密」性質，最好當然由皇室的親近人員如待詔等來充任。天文知識、天文書和天文器物都是「高度敏感」的東西，朝廷亦常有敕令不得「私習天文」。《唐律疏

72　榮新江，《中古中國與外來文明》，頁249。

73　江曉原，《天學外史》（上海：上海人民出版社，1999），頁28-29。

議》即規定：

> 諸玄象器物，天文，圖書，讖書，兵書，七曜曆，太一，
> 雷公式，私家不得有，違者徒二年。私習天文者亦同。[74]

這類禁令在唐史上常出現，如《舊唐書・代宗紀》大曆二年
條下：

> 天文著象，職在於疇人；讖緯不經，蠹深於疑眾。蓋有國
> 之禁，非私家所藏。……其玄象器局、天文圖書、七曜
> 曆、太一雷公式等，私家不合輒有。今後天下諸州府，切
> 宜禁斷，本處分明榜示，嚴加捉搦。先藏蓄此等書者，敕
> 到十日內送官，本處長吏集眾焚燬。限外隱藏為人所告
> 者，先決一百，留禁奏聞。所告人有官即與超資注擬，無
> 官者給賞錢五百貫。兩京委御史台處分。各州方面勳臣，
> 洎百僚庶尹，罔不誠亮王室，簡於朕心，無近憸人，慎乃
> 有位，端本靜末，其誡之哉！[75]

舉報者還可「超資」注官，或「給賞錢五百貫」。既然唐皇
朝禁止私習天文，我們要問：天學知識又如何傳授？朝廷怎麼培
養天學人才？答案應當是在司天台內師徒相授。《唐律疏議》有
一條疏解釋說：「習天文業者，謂在太史局天文觀生和天文生，

74　《唐律疏議》卷 9，頁 196。關於此條律文的解讀，見劉俊文，《唐律疏議
　　箋解》（北京：中華書局，1996），頁 768-770。

75　《舊唐書》卷 11〈代宗紀〉，頁 285-286。此敕又見於《全唐文》卷 410，
　　頁 4203-4204，署常兗撰，《禁藏天文圖讖制》，文字略有不同。

以其執掌天文。」[76]「太史局」即唐初天文台的名稱，後來改稱司天台。[77] 據《舊唐書‧職官志》，司天台有「天文觀生九十人，天文生五十人，曆生五十五人」。[78] 學生人數真不少。

天文生若犯了流、徒等罪，甚至連懲罰的方式都另有一套規定，跟其他人不同：「天文生等犯流罪，並不遠配，各加杖二百」。「犯徒者，皆不配役，准無兼丁例加杖。……還依本色者，習天文生還歸本局。」[79] 似乎不願讓習天文生流徒，只是加杖，仍要他們還歸本局。由於天學在古代中國是「皇權的來源」和「皇權的象徵」，所以「天學是一門被嚴厲禁錮的學問」，[80] 不輕易外傳。洋州刺史趙匡著名的《舉選議》，其中一條即建議不考天文律曆：「天文律曆，自有所司專習，且非學者卒能尋究，並請不問。惟五經所論，蓋舉其大體，不可不知。」[81] 即透露天文等學問，「自有所司專習」，但傳統五經中的天文律曆，「蓋舉其大體」，則當時舉人又不可不知。

在這樣的歷史背景下，司天台恐怕是唐代所有官署當中最機密的機構。這點在《唐會要》所收的一道敕中，頗有詳細的說明和透露：

> 開成五年十二月敕：「司天台占候災祥，理宜祕密。如聞

76　《唐律疏議》卷 3，頁 75。

77　《舊唐書》卷 43，頁 1855-1856；《新唐書》卷 47，頁 1215-1216。

78　《舊唐書》卷 43，頁 1856。

79　《唐律疏議》卷 3，頁 75。

80　江曉原，《天學真原》（瀋陽：遼寧教育出版社，1991），頁 62-68、113-122。

81　《通典》卷 17，頁 423。

近日監司官吏及所由等，多與朝官並雜色人交遊，既乖慎
守，須明制約。自今以後，監司官吏並不得更與朝官及諸
色人等交通往來，仍委御史台訪察。」[82]

此敕說「司天台占候災祥，理宜祕密」，在天文星占皆為皇
帝禁臠的中古唐代，自然很可理解，似不為奇。但最讓人驚訝的
是，司天台的「官吏及所由」（「所由」指下層胥吏）竟也被禁
止和「朝官」及「雜色人」交遊，以免洩漏「玄機」。在這種講
求機密的環境下，司天台的好些官員和司天監，由皇室親近的翰
林待詔來出任，而且讓他們長期服務，可以嚴防天文玄機的洩
漏，看來正是最妥當的刻意安排。這可以充分解釋，為什麼李素
父子既是翰林待詔，又曾任職司天台，而且最後兩人都官至司天
台的長官司天監。

像韓穎和李素父子以翰林待詔官至的司天監的例子，在五代
還可找到至少一個，即趙溫珪和趙廷義（有些史料作「乂」）父
子。此例不但讓我們知道，天學有所謂「家法」，司天監有父子
相傳的習性，而且也讓我們看到司天監和皇帝的密切利害關係，
對於我們了解李素父子任司天監的處境，很有些幫助。《舊五代
史·趙廷義傳》說：

趙廷義，字子英，秦州人。曾祖省躬，以明術數為通州司
馬，遇亂避地於蜀。祖師古，黔中經略判官。父溫珪，仕
蜀為司天監。溫珪長於袁、許之術，兼之推步。王建時，
深蒙寵待，延問得失，事微差跌，即被詰讓。臨終謂其子

82　《唐會要》卷 44，頁 933。《新唐書》卷 36，〈天文志〉，頁 1336。

曰：「技術雖是世業，吾仕蜀已來，幾由技術而死，爾輩
能以他途致身，亦良圖也。」廷義少以家法仕蜀，由蔭
為奉禮部、翰林待詔。蜀亡入洛，時年三十。天成〔926-
929〕中，得蜀舊職。[83]

　　這是一段很感人的記載。趙廷義的父親溫珪，仕蜀為司天
監，深受皇帝王建的寵待。可是「延問得失，事微差跌，即被詰
讓」。此即《新五代史》所說：「事蜀王建為司天監，每為建占
吉凶，小不中，輒加詰責。」[84] 可知司天監官雖高，卻不好當，
占卜失準會挨罵，更有可能賠上一命，亦可印證上文「危險行
業」之論。溫珪便「幾由技術而死」。這讓我們想起上引司天監
韓穎，因卜算失準而被賜死的事。溫珪臨終時勸兒子「他途致
身」，不好再任星官。但他兒子似乎別無仕進之途，結果仍以
「家法仕蜀，由蔭為奉禮部、翰林待詔」。所謂「家法」，當指
父子相傳的天學「技術」。所謂「由蔭為奉禮部、翰林待詔」，
更讓我們想起，李景亮在他父親死後，即被召為翰林待詔。
　　趙廷義（896-953）仕蜀任翰林待詔，實際上就是以待詔任
星官。蜀亡，他入洛陽仕後唐，「得蜀舊職」，繼續以待詔任
星官。《資治通鑑・後唐紀》清泰二年（935）六月條下，曾提
到他：「翰林天文趙廷乂」。胡三省註：「翰林天文，居翰林
院以候天文者也。」[85] 可證他是以待詔任司天職。最遲到清泰三
年（936），他41歲時，就已經當上了司天監：「司天監趙廷

83　《舊五代史》卷131，頁1729-1730。

84　《新五代史》卷57，頁666。

85　《資治通鑑》卷279，頁9131。

義亦言星辰失度……。」[86] 後唐於 936 年為後晉所滅。天福六年
（941）六月，他便出任後晉的司天監。[87] 後晉滅於 946 年，入
後漢。《資治通鑑》天福十二年（947），有他任後漢司天監時
介入一場糾紛的記載：「司天監趙廷乂善於二人，往來諭釋，始
得解。」[88] 到乾祐三年（950），他依然是後漢的司天監，而且
跟皇帝很親近：「帝召司天監趙廷乂，問以禳祈之術，對曰：
『臣之業在天文時日，禳祈非所習也。然王者欲弭災異，莫如修
德。』」[89] 入後周，廣順二年（952）九月，周太祖又「以司天
監趙廷乂為太府卿兼判司天監」。[90] 從他仕蜀為翰林待詔算起，
趙廷乂可說長期從事天文工作，事前蜀、後蜀、後唐、後晉、後
漢和後周六朝，官歷非常豐富，更做過後唐、後晉、後漢和後周
四朝的司天監，前後達十多年，可說光前絕後。他和他父親溫珪
相繼為司天監，可以和李素父子經歷相輝映。

　　司天台和翰林院的密切關係，也可見於五代周太祖（在位於
951-954）所發的〈禁習天文圖緯諸書〉：

　　自今後玄象品物、天文圖書讖記、七曜曆、太一、雷公式
　　法等，私家不合有，及衷私傳習。見有者並須焚燬。司天
　　台翰林院本司職員，不得以前件所禁文書，出外借人傳
　　寫。其諸時日五行占筮之書，不得禁限。其年曆日，須候
　　本司算造奏定，方得雕印，所司不得衷私示外，如違准律

86　《舊五代史》卷 48，頁 661。
87　《舊五代史》卷 79，頁 1047。
88　《資治通鑑》卷 287，頁 9372。
89　《資治通鑑》卷 289，頁 9425。
90　《舊五代史》卷 112，頁 1484。

科斷，遍下諸道州府，各令告示。[91]

這裡可說很清楚地把司天台和翰林院本司職員聯繫起來，要他們「不得以前件所禁文書，出外借人傳寫」。所謂「翰林院」，當指翰林待詔院，而非翰林學士院。我們知道，五代後周仍有翰林待詔制度。從這道禁令看來，後周的翰林待詔，顯然仍繼承唐中葉以後的傳統，繼續以皇室近侍的身分，任職於司天台。

六、結語

1980 年西安出土的〈李素墓誌〉和他夫人〈卑失氏墓誌〉，有極高的史料價值，不但透露了一個波斯家族入仕唐朝的史事，而且更有助於我們了解唐代翰林待詔制度和官銜的若干細節。李素和他的兒子李景亮，不但曾經在司天台任職了數十年，而且他們都具備翰林待詔的身分，是皇室的親近侍從。為了了解他們入仕的細節和意義，本文把他們放在唐代的翰林待詔制度下來考察。

這兩通墓誌，其中最珍貴的一點是，它們保存了翰林天文待詔的整套官銜。這是其他史料所無者。近世出土的墓誌上，可以找到許多書待詔的結銜，但其他色藝待詔的官銜卻很罕見。天文待詔則僅見於此兩通墓誌。本文把李素父子的官銜，拿來和其他翰林待詔如書待詔的官銜比較，發現它們的結構都是相同的、一致的，而且都帶有一個「虛」的職事官銜。此為宋代「寄祿」官

91　《全唐文》卷 124，頁 1243。

的淵源。

　　唐代翰林待詔的選拔，不屬於吏部的銓選範圍，而由皇帝徵召。他們的服務年限也很長。像李素父子，可長達三四十年，沒有一般品官每任一官只有三、四年的限制。翰林天文待詔當中，甚至有父子相傳的。李素父子當是最佳的佐證。

　　司天台的工作是「機密」的。朝廷亦有敕令禁止司天台官吏和「朝官並雜色人」交往。在這種防範背景下，司天台的官員由皇室親近的翰林待詔出任，也正是最妥當的一種安排。這可以充分解釋，為何李素父子既是翰林待詔，又掛職司天台，而且兩人最後都官至司天台的長官司天監。

　　　　　　原載《唐研究》第 9 卷（2003），頁 315-342。

唐代使職「侵奪」職事官的 職權說質疑

一、前言

　　現代唐史學者有一個說法，常說唐代的使職「侵奪」了職事官的職權，以致到了唐後期，使職變得比職事官更為重要。但這種「侵奪」、「侵權」的背景是什麼？為什麼唐皇朝要委任使職來「侵奪」職事官的職權？是誰最先使用了「侵奪」這一類負面的字眼？使職真的「侵奪」了職事官的職權嗎？我們是否可以不用「侵奪」這種負面用詞，而改用比較正面的用語，比如「取代」或「替代」，從正面和贊同的角度，去看待唐後期不少使職取代職事官的歷史現象？

　　其次，既然是「侵奪」，不少現代學者認為，職事官這種職權的旁落，是一種制度上的崩潰，是一種「破壞」。但實情是否如此呢？真的是一種制度上的崩壞嗎？還是制度上的一種改進，制度上的一大革新？本文擬探討的便是這兩個大問題。

二、唐代三個「侵官」說

　　使職「侵奪」職事官的職權，這種說法其實並不始於現代。唐代也有類似論調，雖然跟現代的「侵奪」說略有不同。讓我們

先細考三件個案。

第一，《唐會要》記載了開元十三年（725）發生的一件事：

> 十三年十二月，封岳回，以選限漸迫，宇文融上策，請吏部置十銓。禮部尚書蘇頲、刑部尚書韋抗、工部尚書盧從願、右散騎常侍徐堅、御史中丞宇文融、朝集使蒲州刺史崔琳、魏州刺崔沔、荊州長史韋虛心、鄭州刺史賈曾、懷州刺史王丘等十人。當時榜詩云：「員外卻題銓裡榜，尚書不得數中分。」尚書裴漼、員外郎張均。其年，太子左庶子吳兢上表諫曰：「臣聞《易》稱『君子思不出其位』，言各止其所，不侵官也，此實百王准的。伏見敕旨，令刑部尚書韋抗等十人，分掌吏部銓選。及試判將畢，遽召入禁中決定。雖有吏部尚書及侍郎，皆不得參議其事。議者皆以陛下曲受讒言，不信於有司也。……況我大唐萬乘之君，卓絕千古之上，豈得下行選曹之事，頓取怪於朝野手？凡是選人書判，並請委之有司，仍停此十銓分選，依舊以三銓為定。」[1]

唐代吏部的銓選，原本由吏部尚書（一人）和吏部侍郎（二人）主持，尚書掌尚書銓，兩侍郎分掌另兩銓，所以吏部的銓選又稱為「三銓」，也就是分三個部分來進行。[2]

據嚴耕望的《唐僕尚丞郎表》，開元十三年的吏部尚書是裴

1　《唐會要》卷 74，頁 1586-1587。

2　詳見王勳成，《唐代銓選與文學》，頁 179-184。

濯，兩位吏部侍郎分別是李元紘和許景光。[3] 但在這年冬天，玄宗封泰山回京後，竟突然臨時把傳統的三銓，改為「十銓」，並且委任了十個當時相當高層的官員來主持這十銓，取代了三銓。

應當注意的是，這十人原本都有本身的職務，如禮部尚書蘇頲、刑部尚書韋抗、工部尚書盧從願、右散騎常侍徐堅等等。他們原本都不是主掌銓選的，卻臨時被召去主持十銓，替代原本掌三銓的吏部尚書裴濯和兩位吏部侍郎李元紘及許景光。換句話說，這是唐代非常典型的委派使職的方式——常常以某某官（職事官）去充任某某職（使職）。這「十銓」並非原本的職官編制，所以可視為臨時因某種需要設立的使職。

我們自然要問：為什麼唐玄宗要這樣做？為什麼要把「三銓」改為「十銓」？《唐會要》所記載的理由是「選限漸迫」。《通典・選舉志》亦載此事，說是「玄宗又以吏部選試不公，乃置十銓試人」。[4] 《資治通鑑》結合這兩個原因，記此事為：「上疑吏部選試不公，時選期已迫，御史中丞宇文融密奏，請分吏部為十銓。甲戌，以禮部尚書蘇頲等十人掌吏部選。」[5] 這似乎頗有綜合各種史料之功，也把設此使職的幕後因由，交代得比較清楚。

從這背景看來，原本主持三銓的書裴濯和李元紘及許景光，可能因「選試不公」或其他原故，遭到撤換（或「架空」），甚至沒有參與十銓。玄宗顯然認為「三銓」不能勝任，所以採取了御史中丞宇文融的「密奏」，改為「十銓」，大幅增加了參與銓

3　《唐僕尚丞郎表》卷 3（台北：中央研究院歷史語言研究所，1956），頁 117。

4　《通典》卷 15，頁 364。

5　《資治通鑑》卷 212，頁 6769。

選的官員，並且親自委任了十個職事官，去充當這種臨時設置的使職。這十人應當是玄宗或宇文融的親信。使職的委任，經常都帶有如此濃厚的「私」因素，不足為奇。

　　此事的時間點很值得注意。我們都知道，從開元九年到十三年左右，宇文融推行了唐史上著名的「括戶」行動，括收到「客戶八十餘萬，田亦稱是」，[6]替玄宗徵收到不少額外的稅收，再貢獻給皇帝的私人財庫大盈庫（非國家的左藏庫），因而得到玄宗的賞識和信任。他因此成了玄宗最寵愛的使者，也成了儒臣所說的「聚斂之臣」。所謂「聚斂之臣」，並非指一般的財臣，而是指那些「刻下以媚上」的財臣，那些向百姓徵收特別稅目再「進奉」給皇帝的財臣。[7]就在這時候，宇文融「密奏」或「密陳意見」，[8]請求把吏部的三銓，改為十銓，看來完全是很自然的事，是一個「得寵使者」想再次立功的表現。此事由他主導，玄宗在幕後支持並推行。「十銓」甚至跟宇文融括戶所派遣的「十道判官」，有某些相同之處，都有個「十」的成分，應當不是一種巧合，而是有意模仿先前「十道判官」的成功先例。

　　然而，有趣的是，當時曾擔任史館史官長達十多年的吳兢（669?-749），卻跳出來堅決反對把三銓改為十銓分選。細察他的反對理由，也相當有意義。他立論的主要依據是引用《易經》所說的那句話：「君子思不出其位」，認為委任十銓新使職，是一種「侵官」的做法，也就是十銓使職「侵奪」了原本三銓職事官的職權。他甚至說出這樣的重話：「況我大唐萬乘之君，卓絕

6　《新唐書》卷 51，〈食貨一〉，頁 1341。

7　賴瑞和，《唐代高層文官》，頁 283。

8　《舊唐書》卷 105，頁 3221。

千古之上，豈得下行選曹之事，頓取怪於朝野乎？」最後，他請求把銓選之事，「委之有司」，停止設立十銓。結果，皇帝還是不顧吳兢的反對，十銓還是實行了，但只行用了一年，第二年就「復故」。[9]

唐代第二個「侵官」說，可以舉憲宗朝左補闕裴潾反對宦官出任館驛使為例：

〔元和〕十二年〔817〕十二月，復以中官為館驛使。六典之制，以監察第二御史主郵驛。元和初，常以中官曹進玉為使，恃恩暴戾，遇四方使多倨詰之，或至捽辱者。內外屢以為言，宰臣李吉甫等論罷之，至是復置。左補闕裴潾上疏曰：「伏以館驛之務，每驛各有專知官主當，又有京兆尹、觀察使、刺史，遞相監臨，台中有御史充館驛使，專察過闕。伏以近有敗事，上聞聖聰。若明示科條，切責官吏，據其過犯，明加貶黜，敢不惕懼，日夜勵精。若令宮闈之臣，出參館驛之務，則內臣外務，職分各殊。切惟塞侵官之源，絕出位之漸，事有不便，必誡於初，令或乖方，不必在大。當埽靜妖氛之日，開太平至治之風。澄本正名，正在今日。」疏奏，不報。[10]

「六典之制，以監察第二御史主郵驛」這句話的意思，並非指《唐六典》的規定，因為查今本《唐六典》，並未說「以監察第二御史主郵驛」。此「六典」當用《周禮》六官的典故，指正規

9　《通典》卷 15，頁 365。
10　《唐會要》卷 61，頁 1251-1252。

官員編制。考唐代開始以「監察第二御史主郵驛」，是在德宗興元元年（784）十月的事。[11] 元和初用兵，為了方便，故「常以中官曹進玉為使」，一度罷去。到元和十二年又「復置」，於是裴潾便上疏反對此事。他認為此事最切要的一點，是要「塞侵官之源，絕出位之漸」。他跟第一例的吳兢一樣，用了《易經》「君子思不出其位」的典故。在他看來，以宦官任館驛使，是一種「侵官」之舉，「侵奪」了原有正統職事官的職權。

　　唐代第三個「侵權」說，最為有名，見於今本《唐會要》所載蘇冕的一段言論：

> 天寶七載〔748〕十一月，給事中楊釗充九成宮使。其使及木炭使，並是岐州刺史勾當。至是，釗欲移奪大權，遂兼監倉、司農出納錢物，召募劍南健兒；兩京太倉，含嘉倉出納，召募河西隴右健兒，催諸道租庸等使。
>
> 蘇氏駁曰：九寺三監、東宮三寺、十二衛，及京兆、河南府，是王者之有司，各勤所守，以奉職事。尚書准舊章，立程度以頒之。御史台按格令，采奸濫以繩之。中書門下立百司之體要，察群吏之能否，善績著而必進，敗德聞而且貶，政有恆而易為守，事歸本而難以失。夫經遠之理，舍此奚據？洎奸臣廣言利以邀恩，多立使以示寵，克小民以厚斂，張虛數以獻忱，上心蕩而益奢，人怨結而成禍。使天子有司，守其位而無其事，受厚祿而虛其用。宇文融

11　《唐會要》卷 60，頁 1244；《冊府元龜》卷 516，頁 6169；《新唐書》卷 54，〈百官志〉，頁 1240。

首倡其端，楊釗〔應作「王鉷」〕[12] 繼遵其軌，楊國忠終
成其亂。仲尼云：「寧有盜臣，而不畜聚斂之臣。」誠哉
是言也。前車既覆，後轍不改，欲求化本，不亦難乎。[13]

按楊釗即楊國忠的本名。此處記載他被任命為九成宮使事，引發
了蘇氏（蘇冕）的一大段評論。蘇冕的生卒年和官歷不詳，但他
是大曆以來著名的學者。李肇的《唐國史補》說：「大曆已後，
專學者有蔡廣成周易……其餘地理則賈僕射，兵賦則杜太保，故
事則蘇冕、蔣乂，曆算則董和，天文則徐澤，氏族則林寶。」[14]
蘇冕早在德宗貞元年間，即蒐集唐高祖到德宗九朝的典章制度，
編成《會要》四十卷。[15] 宣宗時，為了續接蘇冕的《會要》，宰
相崔鉉等人又編成《續會要》。可惜兩書今已不傳。我們現在所
能見到的，是五代王溥所編的《唐會要》，書中常見蘇冕的評
論，應當是王溥保存了蘇冕《會要》的舊文。

　　在這段議論當中，蘇冕以「九寺三監、東宮三寺、十二衛」
等等唐代正規「王者之有司」，來跟後來不斷設立的各種使職對
舉，認為「多立使」是「示寵」，使得「天子有司，守其位而無
其事」，等於職權被剝奪了，而禍害就是「使」職的設立。

12　《資治通鑑》卷 216，頁 6891，此處即作「王鉷」，當據改。
13　《唐會要》卷 78，頁 1701-1702。
14　《唐國史補》卷下（上海：上海古籍出版社標點本，1979），頁 54。
15　董興豔，〈《會要》撰者、成書時間考〉，《唐史論叢》第 12 輯（2010），
　　頁 220-228。

三、唐人對使職的微妙看法

然而，細讀以上三位唐人的論點，可以發現一個有趣之處——唐人對使職看法頗為「微妙」。他們其實並不完全反對設立新使職來取代舊有的正規有司，但他們卻堅決反對讓兩種人充任使職——宦官和聚斂之臣。在他們看來，某些使職是好的，是制度上的一種革新，但某些使職卻是壞的，特別是因為委任了宦官或像宇文融那樣的「聚斂之臣」來擔任，會帶來巨大的禍害。所以，我們應當細心區別唐人對使職持有的這種「微妙」觀點。

以第一例吳兢的「侵官」說為例，他真正反對的，應當是當時一個新貴宇文融在主導此事，而不是一種新設的使職在替代舊有衙司。在開元年間，宇文融的括戶行動所取得的成功，導致他迅速得到玄宗的寵信，成了當朝紅人。何況，宇文融當時只不過是一個中層等級的官員，卻能藉著出任括戶勸農使這種使職，得到皇帝的寵幸，迅速竄紅，難免引起其他正規官員的嫉妒和恐懼。唐代另一位史館史官柳芳，曾經寫過一篇著名的〈食貨論〉，當中有一段話評論宇文融等「聚斂之臣」，正可代表當時某些官員對宇文融等人任使職的負面觀感：

> 天子方欲因士馬之眾，賈將帥之勇，高視六合，慨然有制御夷狄之心，然懼師旅之不供，流傭之未復，思睹奇畫之士，以發皇明，蓋有日矣。而宇文融揣摩上旨，款關謁見，天子前席而見之，恨得之晚。言發融口，策合主心，不出數年之中，獨立群臣之上。無德而祿，卒以敗亡。既而天子方事四夷，國用不足，多融之能，追而悔焉。於是

楊崇禮又以善計財帛見幸，然廉謹自守，與人無害故能獲
終。融死且十餘年，始用韋堅及崇禮、慎矜，皆以計利興
功中人主，脅權相滅，為天下笑。而王鉷、楊國忠威震海
內，尤為暴橫，人反思融矣。大凡數子少者帶數使，多者
帶二十使，判官佐使，遍於天下，客戶倍於往時。主司守
以取決，備員而已。[16]

吳兢的上奏，應當放在這個背景下來考察。他表中有一句話說，
「議者皆以陛下曲受讒言，不信於有司也」，正好透露他反對
的，是宇文融這個人，不是制度本身。他只是反對宇文融主導十
銓，恐懼他的權力越來越大，但吳兢似乎又不便得罪這個當朝得
寵的人，所以用了一個制度上的理由，引用《易經》「君子思不
出其位」的典故，認為不應當設立新使職來剝奪舊有司的職權。

　　若從制度層面看，設十銓到底有什麼壞處？吳兢本人並沒有
申論。假設當時的確是「選限漸迫」，或「選試不公」，原本的
三銓不足以應付，那麼設十銓，委任十個臨時使者來主持銓選，
不也是一種解決之道嗎？

　　在制度層面上，唐前期就曾經設過不少使職，來替代正規的
「有司」，但只要所用之人得宜，並不見有官員反對。例如，吳
兢本人所擔任的史館史官，就是一個使職，取代了傳統「有司」
秘書省的著作郎。錢大昕在《廿二史考異》中有一段話，早已道
出個中奧妙。他首先指出，唐代的「節度、採訪、觀察、防禦、
團練、經略、招討諸使，皆無品秩」，為典型的使職。接著，他
說「元帥、都統、鹽鐵、轉運、延資庫諸使，無不皆然」。然

後，他又說：

> 即內而翰林學士、弘文、集賢、史館諸職，亦係差遣無品
> 秩，故常假以他官。[17]

弘文、集賢諸學士為使職，但不見有唐人反對。錢大昕指出史館史官為使職，過去常為人所忽略。我已在他處詳細檢討過唐代史館史官的使職身分。[18] 然而，史館史官這種使職，早在唐前期就取代了原有的秘書省著作郎這件事，卻從未見有唐人提出異議，更無唐人指史館史官「侵官」，可證唐人並不反對設新使職，只要用人得宜。

　　然而，一旦唐人認為新使職用人不宜時，他們就會像吳兢那樣上表上疏反對。上舉第二例裴潾反對宦官出任館驛使，便是個好例子。他所反對的，並非館驛使這種新使職，而是反對委任宦官出掌館驛使。換句話說，他是針對人，不是針對制度。實際上，在他上疏之前，館驛使早已設立，最初是在德宗興元元年（784），當時是以「監察第二御史主郵驛」。[19] 按監察御史原本的職務是監督百官，並非館驛。興元元年委派監察御史去充館驛使，可能跟當時動亂的局勢有關，出於一種需要，是一種使職的設立。接著元和初討伐劉辟和王承宗，出於戰爭需要，故「常以中官曹進玉為使」。到了元和十二年，為了討淮西節度使吳元

17　方詩銘、周殿傑校點，《廿二史考異》卷 58（上海：上海古籍出版社，2004），頁 849。

18　賴瑞和，《唐代高層文官》，第四部分〈史官〉。

19　《唐會要》卷 60，頁 1244；《冊府元龜》卷 516，頁 6169；《新唐書》卷 54，〈百官志〉，頁 1240。

濟，又「復置」，並且委派宦官出任。

從館驛使這個使職的設置歷史看來，當初委任監察御史為使，並無人反對，無人說監察御史「侵官」。到元和初，「常以中官曹進玉為使」，才有人說他「恃恩暴戾，遇四方使多倨詰之，或至捽辱者。內外屢以為言，宰臣李吉甫等論罷之」。看來宦官充使，特別容易挑起正規官員的敏感神經。裴潾的反對，應當放在這個脈絡下來觀察。他並非反對設館驛使，只是反對宦官任此使職。

館驛使在平時管理各地館驛事，但在戰爭期間，涉及人員和公文傳遞等緊急機密事，所以唐皇室在用兵期間，常會派自己的親信宦官去出任館驛使，也屬常情，無可厚非。《舊唐書‧薛存誠傳》有一段話，頗能幫助我們理解這種微妙的使職安排：

> 存誠進士擢第，累辟使府，入朝為監察御史，知館驛。元和初，王師討劉辟，郵傳多事，上特令中官為館驛使。存誠密表論奏，以為有傷公體。會諫官亦論奏，上乃罷之。[20]

薛存誠本人原本就「入朝為監察御史，知館驛」，在擔任一種館驛使職。元和初，因為討伐劍南劉辟之叛，「郵傳多事」，所以「上特令中官為館驛使」。然而，薛存誠卻「密表論奏，以為有傷公體」。他也跟裴潾一樣，只是反對宦官任館驛使，並非反對設立館驛使這種使職。如果站在制度的立場，派宦官任館驛使有何不可，有何壞處？薛存誠並未申論，只說「有傷公體」，含意不很清楚，但大意應當是指宦官原本只管宮中事，不應插手外廷

---

20 《舊唐書》卷153，頁4089。

國家大事。但站在皇室立使職的角度，使職原本就出於某種需要而設。用兵期間，皇室需要親信宦官，來擔任傳送文書等機密事，以宦官任館驛使，符合這種需求，也合乎情理。

裴潾雖然反對，結果是「言雖不用，帝意嘉之，遷起居舍人」。[21] 看來，淮西用兵，情勢緊急，皇室出於需要，最後還是不得不派自己親信的宦官來充任館驛使。一般的士人官員，可能無法勝任這種使者任務。皇帝顧不得裴潾的諫言，只能「嘉之」，把他陞官為起居舍人了事。

同理，蘇冕反對的，是讓楊釗（楊國忠）這個人任使職。他反對的真正原因，應當是他認為楊國忠當時也是個「聚斂之臣」，像宇文融一樣，向百姓徵收常賦以外的稅收，來「進奉」給皇帝。然而，他所列舉的理由，卻不是楊國忠「聚斂」討好皇帝，而是搬出「侵權」說，認為設立新的使職會導致「天子有司，守其位而無其事，受厚祿而虛其用」。這樣便模糊了論點。假設新使職由一個有品行的君子型官員來擔任，蘇冕應當不會如此劇烈反對。

因此，我們在檢討唐代官員的這些「侵官」、「侵權」議論時，應當仔細分辨，他們這些言論到底是針對個人，還是針對事（制度）而發？到底是反對某些人任某些使職，還是根本就在制度層面上，反對設立新使職來替代原有的「有司」（職事官）？

細察以上三個案例，結論應當是：吳兢只是反對宇文融主導十銓，因而反對設十銓。裴潾是反對宦官越界出任館驛使，但並不反對設館驛使這種使職。同樣，蘇冕的評論只是針對楊國忠的個人「侵權」，並未說整個使職制度「侵奪」了職事官的職權。

21　《舊唐書》卷171，頁4446。

　　實際上，不論是在唐前期或唐後期，我們見不到任何唐官員有反對設新使職的言論。那些看似反對的言論，都是針對某某人而發。因此，使職若用人得宜，便沒有反對言論，比如唐初設宰相、史館史官、翰林學士、集賢學士、觀察使、節度使等使職時，都未出現反對聲音。唐代官員對宦官一向有警戒之心，反對他們任館驛使等等，但宦官任監軍使、神策軍使等，卻無人反對，因為這些原本就屬於他們的勢力範圍，不致構成「侵權」。然而，監軍使和神策軍使等等，其實都是新設的使職。同樣的，唐後期在宮中設立數十種諸司內使，例由宦官出任，亦未引起外廷官員的反對。

　　神龍元年（705）的〈中宗即位赦〉中有一段話說：

> 設官量才，固須稱職。比來委任，稍亦乖方。遂使鞫獄推囚，不專法寺。撰文修史，豈任秘書？營造無取於將作；勾勘罕從於比部。多差別使，又著判官。在於本司，便是曠位。並須循名責實，不得越守侵官。[22]

這是指武則天等前朝廣設使職來取代職事官。如「撰文修史，豈任秘書？」指前朝設立了史館史官這種使職，來代替原來的職事官史官（即秘書省的著作郎和著作佐郎）。表面上看起來，這似乎表示，中宗復辟，極力反對設使職，想恢復從前舊的職事官制度。但我們從其他史料知道，從中宗復辟開始，這些使職依然存在，而且行用多年，已無從復舊。比如，史館史官便一直沿用到唐末。白居易在〈贈樊著作〉這首名詩中，首先提到了陽城、元

22　《唐大詔令集》卷2，頁7。

積等「善人」，然後筆鋒一轉，勸這位失去史官職權的樊宗師
說：「何不自著書，實錄彼善人？」

> 君為著作郎，職廢志空存。
> 雖有良史才，直筆無所申。
> 何不自著書，實錄彼善人？
> 編為一家言，以備史闕文。[23]

因此，上引中宗赦文中的這段話，不能視為唐人反對設使職，只
能說是「後朝在批判前朝」設使職，但又無法恢復所謂的「祖
制」，即舊有的職事官制，只好繼續行用使職。中宗神龍二年
（706）甚至仿照前朝的做法，設了十道巡察使，以按察諸州
府。[24] 使職始終有它們存在的理由，無法廢除。

　　中宗的這篇赦文，讓我們想起唐後期汝州刺史兼防禦使陸長
源，寫給當時宰相一封信中的一段話：

> 且尚書六司，天下之理本。兵部無戎帳，戶部無版圖，
> 虞、水不管山川，金、倉不司錢谷，光祿不供酒，衛尉不
> 供幕，祕書不校勘，著作不修撰。官曹虛設，祿俸枉請。
> 計考者假而為資，養聲者籍而為地。一隅如是，諸司悉
> 然。欲求網目張，裘毛舉，其可得乎？此宰相之職也。[25]

23　《白居易集箋注》卷1，頁29。
24　《唐會要》卷77，頁1674。
25　〈上宰相書〉，收在《唐文粹》卷79（臺灣商務印書館《四部叢刊初編》
　　縮印校宋明嘉靖刊本，1975），頁526。陸長源於貞元五年到貞元十二年
　　（789-796）出任汝州刺史，見郁賢皓《唐刺史考全編》第二冊（安徽大學

陸長源指出了他那個時代，他所見到的一個現象——尚書省的職權，普遍被各種使職取代，以致「兵部無戎帳，戶部無版圖」等等。「著作不修撰」這一句，更可為白居易〈贈樊著作〉詩中的「君為著作郎，職廢志空存」做一註解。那麼，他是否反對設使職？從這封信，我們看不出他有反對之意，只是他認為，這些職事官被使職取代後，造成「官曹虛設，祿俸枉請」，是宰相的失職。

德宗時代的陸贄，在貞元四年（788）曾經上奏說：

> 學士私臣，玄宗初令待詔內廷，止於唱和詩賦文章而已。詔誥所出，本中書舍人之職，軍興之際，促迫應務，權令學士代之。今朝野乂寧，合歸職分。其命將相制詔，請付中書行遣。[26]

表面上看起來，這好像又是一種「侵權」論，好像陸贄在反對設翰林學士這種使職，來代替傳統的職事官中書舍人。但深一層看，我們知道陸贄這樣的上奏，純屬「私心」作怪，因為他當時跟吳通微、吳通玄不和，於是寫了這篇奏狀，希望德宗把掌制誥的職權，歸還給中書舍人，藉以排擠通微、通玄兩人。但德宗看透了他的私心。《舊唐書》記載：「德宗以贄指斥通微、通玄，故不可其奏。」[27] 因此，陸贄這段話，要放在適當的脈絡下來看，不能視為唐人反使職。以陸贄來說，他自己就當過德宗的翰

出版社，2000），頁 720。他這封上宰相書，書前自署官銜為「太中大夫守汝州刺史兼御史中丞本州防禦使陸長源」，所以應當寫於貞元這段時候。

26　王素校點，《陸贄集》補遺（北京：中華書局，2006），頁 775。

27　《舊唐書》卷 139，頁 3817-3818。

林學士。這也再次證實一點：唐人常會因私人理由或擔心某某使職權力過大，而反對某某人任某某使職。這純粹是針對人，而非針對事（制度）的言論。我們應當小心分辨。

四、杜佑和李肇的使職論

唐人當中，有反對某某人任某某使職的議論，但有沒有贊成設立使職的？有。杜佑《通典》中有一段話，便高度評價使職：

> 設官以經之，置使以緯之。……於是百司具舉，庶績咸理，亦一代之制焉。28

杜佑這一番話，出自《通典》卷十九〈職官一・歷代官制總序〉，說明他眼中的唐制，「官」（職事官）和「使」（使職）同樣重要。職事官是「經」，使職是「緯」，兩者都有必要設置。兩者相互配合，才能「百司具舉」，完成「一代之制」。兩者的結合，構成唐代官制的最大特徵29。

李肇在《唐國史補》卷下，也有一大段話，談到唐代的使職：

> 開元已前，有事於外，則命使臣，否則止。自置八節度、十採訪，始有坐而為使，其後名號益廣。大抵生於置兵，盛於興利，普於銜命，於是為使則重，為官則輕。故天寶

---

28 《通典》卷 19，頁 473-474。

29 筆者在《唐代高層文官》頁 17-18，對杜佑的這番話，有進一步的討論。

末，佩印有至四十者；大曆中，請俸有至千貫者。今在朝有太清宮、太微宮使、度支使、鹽鐵使、轉運使、知匭使、宮苑使、閑廄使、左右巡使、分察使、監察使、館驛使、監倉使、左右街使，外任則有節度使、觀察使、諸軍使、押蕃使、防禦使、經略使、鎮遏使、招討使、榷鹽使、水陸運使、營田使、給納使、監牧使、長春宮使，團練司使、黜陟使、撫巡使、宣慰使、推覆使、選補使、會盟使、冊立使、弔祭使、供軍使、糧料使、和糴使，此是大略，經置而廢者不錄。宦官內外悉屬之使。舊為權臣所管，州縣所理，今屬中人者有之。[30]

這條記載的內容非常豐富，可考的細節極多，但這裡只能就本文的論題略為申論。如果和杜佑的言論相比，李肇的記載是平鋪直敘的，語氣是穩靜的、低調的，看起來既不反對使職，但也沒有像杜佑那樣給予使職那麼高的評價。他是比較中肯公正的，把使職取代職事官，視為自然的官制演變過程而已。

「大抵生於置兵，盛於興利，普於銜命」，是以一種平淡的語調，說明使職的起源、興盛和普及的過程。「於是為使則重，為官則輕」，則指出那個時代的一個事實：使職比職事官來得更重要，但他並沒有因此認為使職「侵奪」了職事官的職權。其他敘述大抵也都如此：僅列舉一個又一個的事實，未見有任何褒貶之意，比如「宦官內外悉屬之使」和「舊為權臣所管，州縣所理，今屬中人者有之」這兩件事，都輕描淡寫，不含主觀情緒。

30　《唐國史補》卷下，頁53。

五、現代學者的「侵奪」與「破壞」論

看過了吳兢等人反對某某人任某某使職的議論，以及杜佑對唐代使職的高度評價和李肇的平實記載，我們再回去看現代學者所謂使職「侵奪」職事官職權的說法，應當會有新的視角。我們可以從幾個層面來討論這個問題。

從最單純的用詞來說，唐史學界常用的「侵奪」一詞，很可能源自吳兢等人所用的「侵官」。但應當注意的是，吳兢的「侵官」說，是借用了《易經》「君子思不出其位」的典故，也就是一個君子，不應當越位去侵占別人的官位。換句話說，這是針對某某人而說的。在上引的三個案例中，是針對宇文融、宦官和楊國忠而言。

不過，現代唐史學者的「侵奪」說，卻不是指某某人侵奪別人的官位，而是說某某使職，侵奪了原來某某有司的職權，比如，尚書省各部之職權普遍被各種使職剝奪，淪為空架子。

這等於把侵權的範圍擴大。吳兢等唐人只是指某某人侵權，到了現代，卻變成了整個使職制度在侵權，在侵奪職事官的權力。日本不少學者，如矢野主稅和礪波護等人，認為使職的出現，造成律令制的破壞。他們稱使職為「令外之官」。[31] 所謂「令」，指唐代的《職員令》、《官品令》等「令」，定訂各種正規職事官的員額和官品，如仁井田升所輯的《唐令拾遺》中所收的那些令。但唐代各種使職，卻是新設的，從未載於令中，所

---

31 矢野主稅，〈「使」制度の發生について〉，《史學研究》12 卷 2 號（1940）；礪波護，〈三司使の成立について——唐宋の變革と使職〉，《史林》44 卷 4 期，1961 年。

以他們是「令外之官」。易言之，這些「令外之官」是不正規的，是不規範的，「破壞」了正規的、規範的律令制中的正統職事官制。

這些「侵權」、「破壞」或「崩壞」說，背後都有一個假設：認為舊有的正規官制是美好的，甚至是完美的，不容「侵奪」或「破壞」。但我們最好不要使用「侵奪」等負面且隱含「語言暴力」意味的字眼。站在官制演變的角度，一旦職事官無法應付新的需求，掌權者便會委任使職來執行任務，這是很自然的現象，不應視為「侵奪」或「侵權」，最好以平常心看待，視為「替代」即可。

同理，所謂使職「破壞」正規官制，也是負面的說法，未考慮到官制演變的大規律。不論是在東方或西方，不論古今，從來沒有任何一種正規官制是完美的。一旦時代改變，有了新的需求，舊有的正規職事官無法有效地執行職務時，掌權者自然就會委派他親信的使職去取而代之。這不應當被視為「破壞」，反而應當被視為是制度上的一種革新。

我們都知道，基因突變（gene mutation）是生物演化的一大機制。同理，使職便是官制演變的重要「突變」。假如唐代沒有使職，唐代官制將永遠沒有新的內容，永遠沒有新的演變，等於一直停滯不前，停留在三省六部的舊框框，無法應付不斷改變的新局面。至於官制演變的機制為何？使職何以產生？何以掌權者要委派新的使職來取代舊有的職事官？他背後的動機和運作方式是怎樣的？使職又何以演變出新的官制內容？這些問題正是拙書《唐代高層文官》的主題之一。

六、結語

　　從吳兢、裴漼和蘇冕三人的議論看來，唐人只是認為，某些「聚斂之臣」如宇文融、王鉷和楊國忠等人，以及某些宦官，在擔任某些類的使職時（特別是涉及財稅者或權力太大者），侵奪了職事官的職權。他們並不反對設立新的使職，只要用人得宜。他們也不認為，所有使職都侵奪了職事官的職權，因為唐代有不少使職，如宰相、史館史官、文館學士、觀察使等等，當初設立或後來施行時，並未見有唐人提出異議。簡言之，唐人只是「選擇性」地反對讓某些人擔任某些類的使職。這是針對人，而非針對事（制度）的言論。

　　然而，宇文融和楊國忠少數幾個人所引起的爭議，卻產生「害群之馬」的效應，導致唐代使職整個染上一層負面色彩，讓宋人以及現代學者，都以為使職在侵奪職事官的權力。這是一種負面的評價。本文認為，我們最好不要使用「侵奪」等負面字眼——最好改用「取代」等正面用詞。站在官制演變的角度，一旦職事官無法應付新的需求，掌權者便會委任使職來執行任務，這是很自然的現象，不應視為「侵奪」或「侵權」。同理，日本有學者常說使職「破壞」正規官制，也是負面看待使職的說法，未考慮到官制演變的大規律。

　　在唐人當中，杜佑曾經出任過多種使職，他應當深刻體認到使職的功用和效率，所以他在《通典》中，對使職有正面、高度的評價。我們今人應當也作如斯觀。李肇的中肯觀點也很值得我們參照。

　　原載《唐史論叢》第 15 輯（2012 年 11 月），頁 17-45。

唐代的檢校官制

一、前言

著名的前輩唐史學者岑仲勉，在他那本流通很廣的教科書《隋唐史》中有一段話，可以作為本文討論的起點：

> 唐代官制，異常複雜，稍後更有「官」和「使」的分別，益令初學者難以了解。外官系統較單純，可略而不論，茲只就內官表說其大概。[1]

他在〈依唐代官制說明張曲江集附錄誥命的錯誤〉一文中，對唐代官制的複雜這一點，也有所發揮：

> 唐的官制，比起任何朝代，最為複雜不過，所用的術語又很多，每個術語往往含孕著兩種或兩種以上的意義，這是學習唐史者較難搞通的一件事；像鄭鶴年氏的《杜佑年譜》，就犯了把虛銜和實職等觀的錯誤。說其大概，可分為職事官、散官、爵、勳四項，五品以上的官員，往往各項兼備，最低限度也有職事官和散官兩項。[2]

1　《隋唐史》（石家莊：河北教育出版社，1957 年初版；2000 年重排本），頁 519-520。

2　收在岑仲勉，《金石論叢》（上海：上海古籍出版社，1981），頁 461。西方一位唐史專家 P. A. Herbert 曾經把岑此文節譯為"The T'ang System of

以上這兩段引文所涉及的問題很多，這裡不能一一細論。筆者只想提一提和本文最有關聯的三點。

第一，唐代的官制固然相當複雜，但恐怕還不能說成「比起任何朝代，最為複雜不過」。現代學者一般認為，宋代的官制比起唐制還要複雜好幾倍，[3] 但宋制之所以紊亂，有它在唐代的根源。[4] 換句話說，如果我們要徹底了解宋代的官制，那恐怕還得先去釐清唐制。這也是唐代官制研究的其中一個重要意義——它對宋代官制和唐宋變革等領域的研究，都有幫助和參考作用。

第二，岑仲勉只論及唐代的「職事官、散官、爵、勳四項」，好像唐代的官制只有這四項可以討論。要之，岑仲勉和許多現代學者一樣，似乎過於依賴《唐六典》、《通典》和兩《唐書》的職官記載，以致以為唐代官制之複雜，僅止於職事官、散官、爵、勳四項。實際上，唐制比這還要複雜許多。單單只了解這四項是絕對不足夠的。例如，本文所要討論的「檢校」官，就是唐代中葉以後一種新的演變（相關的還有「試」銜），不在傳統職官書所說的職事官、散官、爵和勳的範圍內。

第三，岑仲勉說「外官系統較單純」，恐怕亦有待商榷。唐後半期在各方鎮幕府或鹽鐵使府任職者，應屬「外官系統」，但他們的官制卻一點也不「單純」，經常帶有本文所論的「檢校」

Bureaucratic Titles and Grades," *T'ang Studies* 5（1987）：25-31，所以岑的說法對西方唐史學界也頗有影響。

3　龔延明在他所編的《宋代官制辭典》（北京：中華書局，1997），總論部分徵引各家所說，詳論此點。又見宮崎市定著、於志嘉譯，〈宋代官制序說——宋史職官志的讀法〉，《大陸雜誌》第 78 卷第 1 期（1989），頁 1-28；梅原郁，《宋代官僚制度》（京都：同朋舍，1985）。

4　孫國棟，〈宋代官制紊亂在唐制的根源〉，載《唐宋史論叢》（香港：商務印書館，2000 新一版），頁 197-210。

官銜（或「試」銜），形成一套相當複雜的系統。若不了解這套官制的意義和運作，我們不但無法把許多後半期的史料讀通，而且恐怕還很容易誤讀許許多多唐人的官歷。

　　本文第三節將討論「檢校」和「試」銜的密切關係和共同特徵，但由於這二種官制涉及的問題太多太廣，非單單一篇論文所能盡，所以本文主要討論檢校官。至於「試」銜，本文在必要時也將略為提及，但詳細的研究則有待將來。

　　清代學者對「檢校」和「試」銜幾乎一無研究，對石刻史料中常見的此類官銜都略而不論，或僅稱之為「虛銜」、「京銜」、「憲銜」等了事。現代學者的做法和清代學者相似，也僅泛稱此類官銜為「虛銜」、「朝銜」或「憲銜」，沒有再深論這些官銜的起源、頒授、應用及其實質意義。據筆者的檢索，在過去一個世紀以來，關於「檢校」和「試」這二種官制的專題論文，一篇也沒有。[5] 若干論唐代官制的專著或唐史教科書，曾約略提及這二種官銜，但可能受限於篇幅或體例，所論都稍嫌簡略，美中不足。[6] 故本文擬詳考檢校官的各個面貌，以及它與「試」銜的關係。

5　見胡戟等編，《二十世紀唐研究》（北京：中國社會科學出版社，2002）等書目指南。本文在 2005 年發表後，筆者才見到一些相關論述，其中最深入的是馮培紅，〈論唐五代藩鎮幕職的帶職現象——以檢校、兼、試官為中心〉，收在高田時雄編，《唐代宗教文化與制度》（京都：京都大學人文科學研究所，2007），頁 133-210。

6　例如，張國剛，《唐代官制》（西安：三秦出版社，1987），頁 168-170。又見王壽南，〈唐代文官任用制度之研究〉，《唐代政治史論集》（台北：臺灣商務印書館，1977），頁 26-27；王壽南，《隋唐史》（台北：三民書局，1986），頁 422。

二、石刻中的例證

　　兩《唐書》職官志不提「檢校」和「試」銜，但這些官銜卻
經常見於兩《唐書》的列傳部分，更十分習見於墓誌、神道碑和
各種唐代石刻題名上。這當中，筆者認為最好的一個例證，就是
元和四年（809）立於西川蜀州（今四川成都）的〈蜀丞相諸葛
武侯祠堂碑〉（以下簡稱〈武侯祠堂碑〉）其碑陰上所刻的一大
段題名。它不但涵蓋了本文所要專論的「檢校」官，而且還包含
了「試」銜，同時更包括了文官和武官，內容非常豐富，值得全
引。為了方便閱讀和討論，筆者在各人結銜之前加上編號，並在
「檢校」和「試」等關鍵詞處畫上底線，同時在方括號內約略說
明各官銜的性質，如使職、文散官、檢校官、勳官、爵號等：

1. 劍南西川節度副大使、管內支度、營田、觀察處置、管押
   近界諸蠻及西山八國、雲南安撫等使〔以上為各種使職〕
   銀青光祿大夫〔文散官〕<u>檢校</u>史部尚書〔檢校官〕兼門下
   侍郎同中書門下平章事〔「兼」字為連接詞，意為「同時
   帶有」另一檢校官〕成都尹〔職事官；尹的地位比刺史略
   高一等〕臨淮郡開國公〔爵號〕食邑三千戶〔食邑〕武元
   衡

2. 監軍使〔真正執行職務的使職〕興〔元〕元從〔指興元元
   從功臣〕朝議大夫〔文散官〕內侍省內常侍員外置同正員
   〔職事官〕上柱國〔勳官〕賜紫金魚袋〔賜章服〕王良會

3. 行軍司馬〔中層幕府使職〕中大夫〔文散官〕<u>檢校</u>太子左
   庶子〔檢校官〕兼成都少尹、御史中丞〔兩個兼官，即

「兼領之官」。其「成都少尹」為職事官，實有其職；御史中丞則無實職〕云騎尉〔勳官〕賜紫金魚袋〔賜章服〕裴堪

4.營田副使〔使職〕朝散大夫〔文散官〕檢校尚書吏部郎中〔檢校官〕兼成都少尹、侍御史〔兩個兼官，其「成都少尹」為職事官，實有其職；侍御史無實職〕賜紫金魚袋〔賜章服〕柳公綽

5.節度判官〔幕府中層文職〕朝散大夫〔文散官〕檢校尚書戶部郎中〔檢校官〕兼侍御史〔兼官〕驍騎尉〔勳官〕張正台

6.支度判官〔幕府中層文職〕檢校尚書禮部員外郎〔檢校官〕兼侍御史〔兼官〕上護軍〔勳官〕賜緋魚袋〔賜章服〕崔備

7.節度掌書記〔幕府基層文職〕侍御史內供奉〔兼官，前面省略「兼」字〕賜緋魚袋〔賜章服〕裴度

8.觀察支使〔幕府基層文職〕殿中侍御史內供奉〔兼官，前面省略「兼」字〕盧士玫

9.觀察推官〔幕府基層文職〕監察御史里行〔兼官，前面省略「兼」字〕李盧中

10.節度推官〔幕府基層文職〕試太常寺協律郎〔試銜〕楊嗣復

11.節度巡官〔幕府基層文職〕試秘書省校書郎〔試銜〕宇文籍

12.知度支西川院事〔真正職務〕承奉郎〔文散官〕殿中侍御史內供奉〔兼官，前面省略「兼」字〕賜緋魚袋〔賜章服〕張植

13. 朝散大夫〔文散官〕守成都縣令〔職事官〕飛騎尉〔勳官〕韋同訓

14. 朝散大夫〔文散官〕守華陽縣令〔職事官〕上柱國〔勳官〕裴儉

15. 左廂都押衙兼右隨身兵馬使〔同時任兩種幕府武職〕奉天定難功臣〔功臣封號〕<u>檢校</u>國子祭酒〔檢校官〕<u>兼</u>御史大夫〔兼官〕李文悅

16. 右廂都押衙兼左隨身兵馬使〔同時任兩種幕府武職〕<u>檢校</u>大理少卿〔檢校官〕<u>兼</u>侍御史〔兼官〕賜紫金魚袋〔賜章服〕渾巨

17. 押衙兼左衙營兵馬使〔同時任兩種幕府武職〕銀青光祿大夫〔文散官〕<u>檢校</u>太子賓客〔檢校官〕<u>兼</u>侍御史〔兼官〕羅士明

18. 押衙〔幕府武職〕銀青光祿大夫〔文散官〕<u>檢校</u>太子賓客〔檢校官〕<u>兼</u>監察御史〔兼官〕上柱國〔勳官〕史綱

19. 押衙知右衙營事〔以押衙身分執行右衙營事〕正議大夫〔文散官〕<u>試</u>太子詹事〔試銜〕王顯

20. 押衙〔幕府武職〕朝議郎〔文散官〕前行江陵尉〔「尉」字疑衍〕府司錄參軍〔前任職官〕李□

21. 押衙〔幕府武職〕朝議大夫〔文散官〕行蜀州長史〔另一職事官〕劉武

22. 左廂兵馬使〔幕府武職〕開府儀同三司〔文散官〕使持節邛州諸軍事行刺史〔持節〕<u>兼</u>御史大夫〔兼官〕充鎮南軍使〔另一使職〕郇國公韋良金

23. 藩落營兵馬使〔幕府武職〕朝請大夫〔文散官〕使持節都督巂州諸軍事守刺史〔持節〕<u>兼</u>御史大夫〔兼官〕充

本州經略使、清溪關南都知兵馬使〔幕府武職〕臨淮郡王〔爵號〕陳孝陽

24. 中軍兵馬使兼西山中北路兵馬使〔兩種武職〕特進〔文散官〕使持節都督茂州諸軍事行刺史〔持節〕<u>兼侍御史</u>〔兼官〕上柱國〔勳官〕隴西郡開國公〔爵號〕李廣誠

25. 左廂馬步都虞候〔幕府武職〕儒林郎〔文散官〕<u>試</u>太僕寺丞〔試銜〕攝監察御史〔攝官〕雲騎尉〔勳官〕韋端

26. 右廂馬步都虞候〔幕府武職〕銀青光祿大夫〔文散官〕<u>檢校少府少監〔檢校官〕兼殿中侍御史</u>〔兼官〕上柱國〔勳官〕李鍠

27. 保定營兵馬使〔幕府武職〕開府儀同三司〔文散官〕<u>檢校太子賓客</u>〔檢校官〕懷德郡王〔爵號〕王日華

28. 西山南路招討兵馬使〔幕府武職〕銀青光祿大夫〔文散官〕<u>試殿中監</u>〔試銜〕歸化州刺史〔職事官〕兼女國王〔此銜不詳〕薊縣開國男〔爵號〕湯立志

29. 征馬使〔幕府武職〕銀青光祿大夫〔文散官〕<u>試太子詹事</u>〔試銜〕<u>兼侍御史</u>〔兼官〕上柱國〔勳官〕賜紫金魚袋〔賜章服〕趙東義[7]

7　陸增祥，《八瓊室金石補正》卷 68（北京：文物出版社，1984 年縮印，1925 年希古樓原刻本），頁 15-17。礪波護，〈唐代使院の僚佐と辟召制〉，載《唐代政治社會史研究》（京都：同朋舍，1986），頁 102-103，也引用此碑陰題名，細考唐代幕府的僚佐組織和幕主自辟班子的辟署制。高文、高成剛編，《四川歷代石刻》（成都：四川大學出版社，1990），頁 119-120，亦有此碑陰題名釋文，但頗多錯誤，特別是在「檢校」兩字之後全都加上一個頓號，顯示該書編者完全不了解這種檢校官制。

這是當年西川節度使及其屬下各大小文武幕僚聯合樹立的一通石碑，很有紀念價值，意義重大，所以各幕僚（以及監軍使、兩個當地縣令以及知度支西川院事一名官員）的名字和官銜，都一一隆重地刻在碑陰上。[8] 也正因為這樣，它為我們研究唐代官制的實際運作和施行細節，提供了非常珍貴的材料。各文武官刻在這石碑上的官銜，都是他們當時實際所擁有的，而且又都刻在石碑上。石碑有它考古學上的重要意義。所以這通〈武侯祠堂碑〉上的碑陰題名，可說是最上好的「考古實物證據」，其立碑地點、年代和緣起都非常清楚且具體，有別於職官書或史書中的紙上記載。

就以上這二十九位文官武的結銜，我們可以先來做幾點初步觀察。

第一，這些結銜都是各人最完整全套的官銜，不但包含了他們實際的官職（如第 3 例的「行軍司馬」和第 5 例的「節度判官」）、散官（如「朝議大夫」、「朝散大夫」等）、勳（如「上柱國」、「云騎尉」等）、爵（如第 1 例的「臨淮郡開國公」等）四大項，而且還列出了各人的「賜章服」（如「賜紫金魚袋」、「賜緋魚袋」等）以及「檢校」和「試」銜（見上畫有底線者）。它甚至還有「食邑」（如第 1 例的「食邑三千戶」），真可謂洋洋灑灑，無所不包。這是唐代官制最生動、最具體的一個記載，刻在石碑上流傳至今，更好比是「活生生的歷

8　此碑今天仍然立在四川成都的武侯祠，筆者在 1990 年夏曾去參觀過，基本完好，並建有碑亭保護，但碑上有些字已漫漶。碑由裴度撰文（他當時任掌書記，後來官至宰相），書法家柳公綽書寫（但碑陰和題名部分似由另一人崔備所書），名匠魯建刻字，因此在今天被旅遊業者美稱為「三絕碑」，作為一個旅遊景點供人參訪。網上有許多最新資料和照片。

史」，讓我們得以看到唐代各種官銜是怎樣搭配起來運用的。而且，這當中不但有文官，還有常為人所忽略的武官。

第二，嚴格說來，唐人往往對實際的職官還有更細緻的區分——常分為「官」和「職」兩種。「官」指「有官品」的職事官，如吏部侍郎、刺史、縣令、縣尉等；「職」指「無官品」的使職，如翰林學士、集賢學士等職，或節度使、行軍司馬、判官、掌書記、推官、巡官、兵馬使、押衙、虞候等幕府文武幕職，或「知制誥」、「知吏部選事」等以「知」字開頭的使職。白居易的〈有唐善人墓碑銘並序〉，在列出墓主人李建的長串官銜時，便對他的「官」與「職」，作了最清楚不過的區分（同時也告訴我們李建的「階」〔即散官〕、「勳」和「爵」是什麼）：

> 公「官」歷校書郎，左拾遺，詹府司直，殿中侍御史，比部、兵部、吏部員外郎，兵部、吏部郎中，京兆少尹，澧州刺史，太常少卿，禮部、刑部侍郎，工部尚書。「職」歷容州招討判官，翰林學士，鄜州防禦副使，轉運判官，知制誥，〔知〕吏部選事。「階」中大夫。「勳」上柱國。「爵」隴西縣開國男。[9]

〈武侯祠堂碑〉碑陰題名上的二十九人，其中絕大部分人所持的，實際上是西川幕府的各種文武「使職」，只有第 13 和 14 例的兩人才有真正的「官」——成都縣令和華陽縣令。這兩人也不屬於武元衡的幕府成員，但由於成都和華陽都在西川幕府的管

9　《白居易集》卷 41（北京：中華書局，1979），頁 904。

區內，這兩位縣令很可能是以「陪位」的方式名列在這碑陰題名上（兩人的排位正好在幕府文職之後，武職之前，看來也頗有「深意」）。他們兩人的官銜書寫結構也和其他另二十八人明顯的不同：先列散官（朝散大夫），然後是他們的職事「官」（縣令），最後才是勳銜（飛騎尉和上柱國）。

但另二十八位文武幕職，他們長串的官銜則都另有一套的排列結構和書寫規則。其基本結構是：文武「職」排在最前面（這也是各人真正的職務），若同時帶有兩個「職」者則用「兼」字連接，如第 15 例的「左廂都押衙兼右隨身兵馬使」，第 16 例的「右廂都押衙兼左隨身兵馬使」，然後是散官、檢校官（或試銜）、御史台官（無實職）、賜章服魚袋，最後是封爵和食邑（無者從略）。這幾項其實都是唐代官銜（特別是發展到唐後半葉最複雜時）的基本組成部分，可證唐代官制不只是岑仲勉所說的「職事官、散官、爵、勳四項」那麼簡單。[10]

第三，這二十九段結銜甚至可以說是唐代官制的一個「縮影」。如果我們能夠充分解讀它們的意義，那麼我們也就等於對唐代官制有了相當深度的了解。反過來說，這大段石刻題名結銜，也可以用來作為非常好的「教學材料」或「考試題目」，可用來「考一考」唐史學者和學生對唐代官制的理解程度如何。比如說，第 15 例中的「奉天定難功臣」一銜，在官制上的意義為何？該作何解？它不是職事官，也不是散官、勳、爵、賜，更不

---

10 當然，岑仲勉本人對唐代的典章制度是非常熟悉的。這裡筆者絕無意暗示岑仲勉不知唐代有檢校、兼和試等制，而是說他（以及不少唐史教科書）單單只提「職事官、散官、爵、勳四項」，等於大大簡化了唐代的官制。這樣做反而更容易令初學者感到混淆，因為初學者在史傳和碑誌中見到大批檢校官銜時，將無所適從，無法解讀，更感迷惑。

是檢校官或試銜。哪它是什麼呢？答案——它是一種功臣封號，在中晚唐、五代和宋初的碑刻上都很常見。《宋史・職官志》更有一章節特別討論此種功臣封號在唐代的起源，以及它在宋代的種種美稱和賜予對象。[11]

第四，碑刻上所見的官銜，常比正史列傳來得完整而詳細。兩《唐書》列傳通常只記載一個人的職事官，鮮少提到他的散官、勳和爵。至於「賜紫金魚袋」等賜章服，也只有在某一官員獲得皇帝這種賜章服時才會提上一筆。但在墓誌和石刻題名史料上，我們卻可以見到唐代官員最完整的整套官銜，如上引二十九例。這是因為這全套官銜通常很複雜冗長，正史列傳都把它簡化成只剩下最重要的職事官銜。除了墓誌和石刻題名等場合外，全套官銜也常用於祭文、行狀、奏表、制誥等正式文書。唐人替他人的文集撰寫序文，或撰寫（和書寫）墓誌碑文時，通常也會署上自己的全套官銜。[12] 這是他官場身分的全部記錄。

第四，過去的唐代官制研究，常常僅以文官來作例子，忽略武官，以致不能取得比較全面的認識。以上二十九段結銜，文官有十四個（第 1 到第 14 例），武官反倒多一些，共有十五個

11　《宋史》卷 169，頁 4062、4080。又見龔延明，《宋史職官志補正》（杭州：浙江古籍出版社，1991），頁 565-566、580。

12　唐代的墓誌或神道碑等，可能由兩個不同的人分別負責「撰寫」和「書碑」（當然也有撰碑和書碑者為同一人）。撰寫者指撰寫碑文者（取其文筆佳），書碑者則負責書寫撰好的碑文（取其書法好），再由石匠刻在石碑上。撰碑者和書碑者往往都是做官的人，所以都可能在寫上他們的姓名時，加署他們的整套官銜。此之所以唐代的碑誌，保存了大量很有價值的全套官銜。從職官研究的角度，不少唐碑的價值往往不在其碑文的實際內容，反而是在撰碑者或書碑者所留下的長串完整官銜。刻字的石匠通常無正式官職，也往往在碑上無名。

（第 15 到 29 例）。這可以讓我們重新認識到，唐代的節度使府，其實都是軍事色彩非常濃厚的組織，武官恐怕遠比文官更為重要，但學界對節度使府的研究，至今卻仍然僅止於文職。武職研究目前幾乎還停留在草創期，[13] 常令人忽視這些武官的存在。然而，在官制研究上，我們卻不能不理會武官，否則難窺全豹。以檢校官和和試銜為例，不但文官可以帶有此類官銜，武官也同樣可以擁有。武官的例子當然更可以為我們提供更多的證據和參考訊息。

　　要之，碑刻上唐人的全套官銜，反映的是唐代官制的實際運用，是最生動、最具體的例證，也是研究唐代官制最好不過的材料，遠比職官書的零星記載來得完整。唐人的全套官銜，在唐後半期最複雜時，可能包括以下幾個組成部分：職事官、散官、檢校官、試銜、勳、賜、爵和食邑，甚至偶爾還有功臣封號，如上引二十九個例子，並非單單只有岑仲勉所說的「職事官、散官、爵、勳四項」而已。這幾個部分當中，學界過去對職事官、散官、勳、賜、爵和食邑等六項所論大體已詳，所以這裡不必贅論，只專論過去為人所忽略的檢校官和「試」銜的關係。

13　嚴耕望，〈唐代方鎮使府僚佐考〉，載《唐史研究叢稿》（香港：新亞研究所，1969），頁 211-236論軍將部分。張國剛，〈唐代藩鎮軍將職級考略〉，載《唐代政治制度研究論集》（台北：文津出版社，1994），頁157-174，對幕府武職有進一步的研究；王永興，〈關於唐代後期方鎮官制新史料考釋〉，載《陳門問學叢稿》（南昌：江西人民出版社，1993），頁394-411，主要以《房山石經題記彙編》中所收的幽州盧龍地區武官官名，考察唐代方鎮的武職制度。

三、檢校官和試銜的基本性質和共同特徵

檢校官和試銜雖然是二種不同的官，但它們卻有一些共同的
基本性質和特徵。

第一，這些官銜可以說都是一種「加官」，最常授給各方鎮
幕府或使府的府主和幕僚，如上引的許多例子。但值得注意的
是，並非只有駐在京城外的方鎮節度使府幕僚才能獲授此類官
銜。它也可以授給駐京某些使府（如神策軍使府）的僚佐（詳見
下）。所以，授官的對像是京城內外各種各樣使府的官員，包括
文武官。這些使府當中，最常見的是各方鎮的節度、觀察使府，
但也可以是財經系統的鹽鐵、轉運使府，或京城使府如神策軍府
等。

第二，各使府方鎮幕佐之所以會獲授這二大類官銜，主要因
為使府幕佐如文職的行軍司馬、判官、掌書記、推官、巡官等，
或武職的押衙、兵馬使和虞候等，都是一種「職」（使職），並
非傳統固定編制有官品的「官」（職事官），所以這些沒有官品
的「職」，照例都帶有檢校和試銜，也就是「加掛」一個京城職
事官的頭銜，以秩品位，「用來表示其地位之尊崇和陞遷之經
歷」，[14] 但他們真正的職務，是在各使府方鎮工作。他們所加掛
的各種檢校和試職事官銜，並無實職。所以清代和現代學者，往
往稱這些官銜為「虛銜」。

簡略而言，檢校銜屬中高層，通常只授給中、高層的使府人
員如節度使、副使、行軍司馬、判官等文職，以及押衙、虞候和
兵馬使等武職。「檢校」通常和京城中高層職事官連用，如上引

---

14 張國剛，《唐代官制》，頁 169。

各例中的「檢校吏部尚書」、「檢校尚書禮部員外郎」、「檢校國子祭酒」、「檢校太子賓客」等。

　　比較特殊的是「檢校太子賓客」和「檢校太子詹事」兩銜。太子賓客和太子詹事都是東宮太子官，而且都是正三品的高官。作為檢校官使用時，此兩官通常只授給方鎮使府的武職，如押衙和兵馬使等（例見上引〈武侯祠堂碑〉題名第 17、18 和 27 例），不授文職僚佐。不過，「檢校太子賓客」和「檢校太子詹事」在史料中卻有時又會寫成「試太子賓客」和「試太子詹事」（例見上引第 19 和 29 例）。據筆者檢索史料的結果，發現此兩官一般還是冠以「檢校」居多。如冠以「試」，可視為一種混用或通用的現象，或一種「不規範」的用法。[15]

　　一般而言，試銜如授給文職僚佐，通常和京城低層職事官連用，最常見的是試校書郎、試大理評事、試太常寺協律郎等，授給剛入仕或只任過兩三任官的基層使府文職，如巡官、推官、掌書記等，例見上引〈武侯祠堂碑〉題名第 10 例「試太常寺協律郎」，和第 11 例「試校書郎」。

　　但試銜若授給幕府武職，則又常跟幾種特定的高層京城職事官連用，最常見的是試殿中監、試光祿卿、試太常卿、試衛尉卿和試鴻臚卿等。這些都是從三品的高官，卻常冠以「試」，如上引〈武侯祠堂碑〉第 28 例中的「試殿中監」。由此看來，唐代

15　「太子賓客」冠以「檢校」的例子，見《唐代墓誌彙編》大和 066、大和 070；冠以「試」的用例，見《唐代墓誌彙編續集》貞元 058、元和 072、大和 023。「太子詹事」冠以「檢校」的用例，見《唐代墓誌彙編》長慶 015、開成 033、會昌 054、大中 082、咸通 066、咸通 092；冠以「試」的例子，見《唐代墓誌彙編》大曆 010 以及《唐代墓誌彙編續集》貞元 003、會昌 029。

試銜有文武之分別。武職所帶的試銜，另外搭配一套職事官，和文職試銜的搭配略有不同。[16]

以上西川節度使的文武幕僚，就跟唐後期許許多多使府幕職一樣，往往都帶有一個御史台官銜，但都無實職。它通常寫在檢校官或試銜的後面，如上引第 6 例：「檢校尚書戶部郎中兼侍御史」。「兼」字為「同時帶有」之意，[17] 表示這位幕僚帶有檢校官尚書戶部郎中，又同時帶有侍御史官銜。唐代御史台有五大類御史：御史大夫、御史中丞、侍御史、殿中侍御史和監察御史。這當中，御史大夫是御史台的首長，御史中丞為副首長，所以這兩種御史台官銜都屬高層，通常授給像節度使那樣的高官。侍御史、殿中侍御史和監察御史是御史台中另三種御史，以侍御史的排位最高，殿中侍御史居次，監察御史最低層。侍御史或殿中侍御史屬中層，通常便授給中層的使府僚佐。監察御史為最低層，通常授給最低層的幕佐如巡官、推官等。

一般而言，帶有「檢校」官，不可能再帶「試」銜，反之亦然。碑刻中有極少數幾個既有「檢校」官，又有「試」銜的個案。但這些恐怕都屬例外，是一種非「規範」的混用。[18]

在本節，我們探討了「檢校」和「試」銜的一些基本性質和

---

16 文武職試銜涉及的問題太多，且超越本文的範圍，這裡無法細論。筆者將來擬另撰一文處理。

17 賴瑞和，《唐代高層文官》，頁 3-6、248-255。

18 例如《唐代墓誌彙編》，頁 2308，有一位兵馬使魏弘章，全銜中便有「檢校秘書監試左金吾衛長史」。同前書頁 2293，有一位十將劉自政，全銜中既有「檢校太子賓客」，又有「試殿中監」。筆者推測，這兩位武職，很可能是從「試」銜陞遷至「檢校」銜，但死後墓誌的全銜卻把生前所帶的所有官銜都列上去，所以造成既有「檢校」又有「試」官的假象。一般全銜僅列死者去世時持有的最高官職，因此不會同時出現「檢校」官和「試」官。

共同特徵，目的在於建立起一個比較大的參考架構，以便把這二種官銜的相互關係弄清楚。這套中晚唐的檢校官制一直沿用到五代和宋初。《宋史·職官志》有一段話，引《三朝志》，頗能道出個中奧妙，很有助於我們了解唐制以及「檢校」和「試」這二者之間的微妙關係：

> 《三朝志》云：檢校、兼、試官之制，檢校則三師、三公、僕射、尚書、散騎常侍、賓客、祭酒、卿、監、諸行郎中、員外郎之類，兼官則御史大夫、中丞，侍御、殿中、監察御史〔可能由於這些御史臺官，常跟「兼」字連用，所以《三朝志》稱這些為「兼官」。但「兼官」並非唐代的專用官制名詞。它的意思，只是「兼領之官」。要注意的是，唐代「兼」字後面所帶的官銜，不一定都是御史臺官，也可以是任何官銜〕，試秩則大理司直、評事、秘書省校書郎〔以上和唐制基本相同：即「檢校」為中高層官銜，「試」為低層，「兼」則常跟御史臺官銜連用〕。凡武官內職、軍職及刺史已上，皆有檢校官、兼官。內殿崇班初授檢校祭酒兼御史大夫〔唐代刺史一般無檢校官，但若由節度使兼領任則可能帶有檢校官。唐無「內殿崇班」〕。三班及吏職、蕃官、諸軍副都頭加恩，初授檢校太子賓客兼監察御史，自此累加焉。廂軍都指揮使止於司徒，軍都指揮使、忠佐馬步都頭止於司空，親軍都虞候、忠佐副都頭以上止於僕射，諸軍指揮使止於吏部尚書。其官止，若遇恩例，則或加階、爵、功臣〔以上大抵為宋制，怎麼樣的武官授怎麼樣的檢校官有很細緻的規定。唐制沒有如此詳細的授官規則，但唐武職一般最常授

的即「檢校太子賓客」，詳見下〕。幕職初授則試校書郎，再任如至兩使推官，則試大理評事。掌書記、支使、防禦團練判官以上試大理司直、評事，又加則兼監察御史，亦有至檢校員外郎已上者〔這幾點和唐制基本相同，即低層幕職如巡官等初授常是「試校書郎」，但「試大理評事」和「試大理司直」通常又比「試校書郎」稍高一階，常授給巡官以上的推官、掌書記和判官等〕。[19]

以上刮弧中的評語為筆者所加，以說明唐制和五代及北宋制的異同，但兩者有相當多相同之處。這也清楚顯示，檢校官和試銜實際上淵源於唐代，但到了宋代已發展為非常成熟的一套官制，有更細緻的運作規則，所以《宋史‧職官志》有一部分專論此制。[20]

四、唐前後期「檢校」的意義和分別

在唐代文獻中，「檢校」一詞有幾種用法和含義。

第一，「檢校」可以當作普通動詞來使用，基本的意思是「負責」、「管理」、「辦理」之意。這種「檢校」的意義在唐前後期相同。例如，唐前期的政書《唐六典》中總共有五個「檢校」用例，但全作動詞使用：

（一）典事掌檢校車乘。

19　《宋史》卷 170，頁 4077。

20　《宋史‧職官志》多達 12 卷，材料非常豐富，但也相當混亂，詳見龔延明，《宋史職官志補正》，〈序論〉，頁 1-21。

（二）九成宮監掌檢校宮苑。

（三）其監門官司檢校者聽從便門出入。

（四）參軍事掌出使及雜檢校事。

（五）參軍事掌出使檢校及導引之事。[21]

唐代史料諸如《唐律疏議》、《通典》、《唐會要》、新舊《唐書》和《全唐文》也很常見這種用例。例如，《舊唐書‧職官志》：「獄丞四人，掌率獄吏，檢校囚徒，及枷杖之事。」[22]《舊唐書‧職官志》：「宮監掌檢校宮樹，供進煉餌之事。」[23]《舊唐書‧玄宗記》：「道士、女冠宜隸宗正寺，僧尼令祠部檢校。」[24]《新唐書‧禮樂志》：「開元十五年〔727〕敕：宣皇帝、光皇帝陵，以縣令檢校，州長官歲一巡。」[25]

此種當作動詞使用的「檢校」，到晚唐仍常見，且意義和初唐相同。例如，晚唐日本僧人圓仁便似乎特別愛用此詞，[26] 在他寫的《入唐求法巡禮行記》中，就有至少下面六例：

（一）申時，鎮大使劉勉駕馬來泊舫之處，馬子從者七八人許，檢校事訖，即去。

---

21 《唐六典》卷 12，頁 361；卷 19，頁 530；卷 25，頁 640；卷 29，頁 732；卷 30，頁 749。

22 《舊唐書》卷 44，頁 1884。

23 《舊唐書》卷 44，頁 1888。

24 《舊唐書》卷 9，頁 207。

25 《新唐書》卷 14，頁 364。

26 董志翹，《入唐求法巡禮行記詞語研究》（北京：中國社會科學出版社，2000），對圓仁此書所用的「中文」（漢文）文體有極精細的分析，並指出那是一種受圓仁本人日文母語影響的中文體，一種「日式中文」，不過董書並未討論「檢校」此詞。

（二）十八日早朝，押官等來檢校此事。

（三）廿四日辰時，第四舶判官已下乘小船來……。齋後差使遣寺，令檢校客房。

（四）十八日，相公入來寺裡，禮閣上瑞像，及檢校新作之像。

（五）申情既畢，相揖下閣。更到觀音院，檢校修法之事。

（六）職方郎中、賜緋魚袋楊魯士，前曾相奉，在寺之時，殷懃相問，亦曾數度到寺檢校，曾施絹褐衫褌等。[27]

以上六例中的「檢校」，都用作動詞，大抵是「處理」、「辦理」、「察看」之意。已故美國學者及曾任美國駐日本大使的賴世和，在他的英譯本中，便把這些「檢校」視情況英譯為不同的字眼。例如，上引第四和第五例中的「檢校」，大約是「察看」之意，所以賴世和在此兩處都用了 "inspect" 一詞來英譯。[28]

第二，「檢校」也是個官制用語，指某一種「檢校官」。檢校官在唐前後期則有不相同的意義。

在唐前期，「檢校官」的意思是「代理某某職務的官員」。

---

27 《入唐求法巡禮行記》卷 1（上海：上海古籍出版社，1986），頁 1；卷 1，頁 11（有兩處）；卷 1，頁 19（有兩處）；卷 4，頁 186。

28 *Ennin's Diary: The Record of a Pilgrimage to China in Search of the Law*, translated by Edwin O. Reischauer（New York: Ronald Press, 1955），pp. 52-53. 中國大陸學界常把 Reischauer 稱為賴肖爾，看來是直接譯音。其實他的正確漢名是賴世和。余英時在一篇悼念嚴耕望先生的文章〈中國史學界的樸實楷模──敬悼嚴耕望學長〉中，曾經回憶他和嚴先生在 1957 年左右，在哈佛大學一起上研究生日文課的情景。當時教他們日文的，正是這位把圓仁此書翻譯成英文的美國學者。余英時稱為他「哈佛燕京學社社長賴世和教授，後來曾出任美國駐日大使」。見《充實而有光輝──嚴耕望先生紀念集》（台北：稻禾出版社，1997），頁 37。

例如《舊唐書・太宗紀》：「民部尚書戴胄以本官檢校吏部尚書，參預朝政。」[29]《舊唐書・竇琮傳》：「及從平東都，賞物一千四百段。後以本官檢校晉州總管。尋從隱太子討平劉黑闥，以功封譙國公，賞黃金五十斤。未幾而卒。」[30]《舊唐書・宇文士及傳》：「太宗即位，代封倫為中書令，真食益州七百戶。尋以本官檢校涼州都督。時突厥屢為邊寇，士及欲立威以鎮邊服，每出入陳兵，盛為容衛，又折節禮士，涼土服其威惠。」[31]

　　這一類例子還有許多，不勝舉，顯示唐初任檢校官者，常帶有一個「本官」（史料若未說明其本官，當是省略），再去「檢校」（即「代理」、「代行」）另一種官的職務。在這種情況下，他應當就只執行檢校官的責任，而不再行使其本官的職責。例如上舉第三例，宇文士及以中書令的本官去「檢校涼州都督」，遠在長安以西千里外的涼州抗禦突厥，他不可能又在京師長安執行其本官中書令的職務。

　　但安史之亂以後，「檢校官」慢慢變成一種虛銜，無實職。中晚唐更成了經常授給使府方鎮文武長官和幕僚的一種加官，以獎軍功或用以提升幕佐的地位。嚴耕望先生指出，唐初至肅宗朝的檢校官「皆掌本職，與正員不異」，然而自「代宗以後，純虛銜，非實職」，[32] 經常成了方鎮和使府幕僚所常帶的一種加官銜，但不執行該官的職務，如〈武侯祠堂碑〉的碑陰題名所示。

　　唐後期的這種檢校銜，雖無實職，但對後世閱史研究者來

29　《舊唐書》卷 3，頁 39。
30　《舊唐書》卷 61，頁 2367。
31　《舊唐書》卷 63，頁 2410。
32　嚴耕望，《唐僕尚丞郎表》（台北：中央研究院歷史語言研究所，1956），第 1 冊，頁 1。

說，仍具有幾個重要意義，不宜掉以輕心。

　　首先，須能分辨這些無實職的檢校銜，且充分了解其含義，否則將無從解讀中晚唐史傳、墓誌和石刻史料中隨處可見的這一類檢校銜，並且很可能會把許許多多唐人的官歷弄錯了。更值得注意的是，這種檢校銜有時甚至會省略「檢校」兩字，變成好像和真正的職事官銜沒有兩樣，以致不明就裡者往往會誤墜陷阱，增加了研究的難度。這就是嚴耕望在其〈唐僕尚丞郎表〉序文中所提到的其中一個研究難題：「唐世史傳碑誌所題先人或他人官銜，每多檢校、致仕、追贈之官而不明言。（書本人銜幸少此類。）有可考而知者，有不可考者，棄之不宜，收之或誤。」[33]

　　要之，唐前期的檢校官主要是一種「代行」職務的官員，案例也不算太多，沒有什麼複雜問題，前面已經約略觸及，底下就不再論及。唐後期的「檢校官」在文獻和石刻中則幾乎隨處可見，案例極多，問題也比較複雜。下文將專論這些唐後期無實職檢校官銜的等級、頒授對象、用途以及它在唐代官制史上的意義等課題。

五、唐後期檢校官制的始創和各種用途

　　如上所說，唐後期的檢校官已無實職，變成一種虛銜，好比散官和勳銜一樣。但這種檢校官是在什麼時候開始頒授，又因何頒授呢？細察唐代史料，這應當是在安史亂中代宗剛上台不久的事，而當時最主要的目的，是為了「嘉獎」和「安撫」那些投降歸順的史思明「叛將」。最早的一條記錄見於《舊唐書・代宗

33　《唐僕尚丞郎表》序，頁 2。

紀》寶慶元年（762）條下：

> 冬十月……丁酉，偽恆州節度使張忠志以趙、定、深、
> 恆、易五州歸順，以忠志檢校禮部尚書、恆州刺史，充成
> 德軍節度使，賜姓名曰李寶臣。於是河北州郡悉平。賊范
> 陽尹李懷仙斬史朝義首來獻，請降。34

隔了幾個月，在寶慶二年初，還有更多的降將被授以這種檢校官
銜：

> 閏月戊申，以史朝義下降將李寶臣為檢校禮部尚書、兼御
> 史大夫、恆州刺史、清河郡王，充成德軍節度使；薛嵩為
> 檢校刑部尚書、相州刺史、相衛等州節度使；李懷仙檢校
> 兵部尚書、兼侍中、武威郡王、幽州節度使；田承嗣檢校
> 戶部尚書、魏州刺史、鴈門郡王、魏博等州都防禦使。35

代宗之前的肅宗朝，未發現有這樣的授官。以上張忠志（李寶
臣）、薛嵩、李懷仙、田承嗣等人，都是史思明的舊將，原本統
領著河北一大片遼闊的土地。史思明被殺後，他們群龍無首，只
得「歸順」。唐室也就頒給他們這種新的檢校官，讓他們掛著種
種無實職的六部尚書高官以及其他官銜，並且讓他們繼續以刺史
或節度使的名目管理原先所統領各州。

　　換言之，唐後期這種檢校官完全是「因時勢需要而產生」

34　《舊唐書》卷 11，頁 270-271。

35　《舊唐書》卷 11，頁 271。

的，是一種非常典型的「時代產物」，讓我們可以清楚看到檢校官制是如何誕生的。當年，唐室若要「嘉獎」這些歸順的義士，原本大可採用當時現成的勳銜（如上柱國之類的），但李寶臣等人不是等閒之輩，而是擁有龐大軍隊、廣大人民和廣闊土地的一方之霸，顯然不是上柱國那些區區幾個勳銜所能滿足，所以唐室不得不因應時代的需要，特別頒給這些將領六部尚書這樣的高官虛銜，而開創了此後大盛的「檢校」官制，一直到唐末，且為五代和宋初所沿用。這也正是唐代宗以後，舉凡節度使幾乎都帶有「檢校某部尚書」或「檢校尚書僕射」等高層檢校官的肇因。

從此以後，唐室授檢校高官給歸降的首領，成了一種例常的辦法。《冊府元龜》在〈帝皇部‧招懷〉部分，對這些授官有大量的記載，例子之多，舉不勝舉，且引下面三條，以見一斑：

〔唐德宗建中三年〕三月，田悅將攝雒州刺史田昂以州降，授檢校右常侍兼雒州刺史、御史中丞，實封一百戶。[36]

〔唐德宗建中三年〕十月，李希烈偽署滑州節度李澄以所部歸順，加澄檢校兵部尚書、汴滑節度使。次月封武威郡王，賜實封五百戶。[37]

十四年正月，淄青偽署海州沭陽縣令兼鎮過兵馬使梁洞以縣降於楚州刺史李聰，詔授洞檢校殿中少監兼侍御史，知沭陽縣事，賜實封一百戶，賞錢五千貫，並令淮南節度使李夷簡授之重職，其縣權隸楚州，加聰兼御史大夫。[38]

36　《冊府元龜》卷165，頁2。
37　《冊府元龜》卷165，頁5。
38　《冊府元龜》卷165，頁17-18。

以上第三個案例也清楚顯示，檢校官和兼官可以同時授予。「兼侍御史」和「兼御史中丞」也都是無實職的御史台官銜，其作用和檢校官相同，用以酬降將或獎軍功等。

除了開始時授給降將外，檢校官後來的用途和使用範圍越來越廣，主要有五種功能：（一）獎軍功；（二）用以「姑息」跋扈的將領；（三）授駙馬都尉；（四）授回紇等外族將領；以及（五）授使府及方鎮高層長官和中層文武僚佐（低層幕僚則授「試」銜）。這當中，又以第五類的案例最多也最常見，前引〈武侯祠堂碑〉上的題名都屬此類。授神策軍將也屬此類，因為神策軍實際上是一種使府編制（詳見下）。

（一）獎軍功

檢校官作為獎軍功之用，從德宗朝開始到唐末都很為常見，史書上常有記載。《冊府元龜》把許多這類案例編在〈將帥部‧立功〉部分，最便查考，且引下面兩例，以見其概：

> 劉沔為鹽州刺史、天德軍防禦使。唐寶曆間在西北邊累立奇效。太和末，河西党項羌叛沔，以天德之師屢誅其酋渠，授振武節度使、單于大都護。開成中，党項雜虜大擾河西。沔率吐渾、契苾、沙陀三部落等諸族萬人，馬三千，騎徑至銀夏討襲大破，俘獲萬計，以功加檢校戶部尚書。會昌三年，回鶻部飢，烏介可汗奉太和公主至漢南求食，過把頭峰，犯雲朔北川，朝廷移沔為河東節度使，加檢校左僕射，與幽州張仲武協力招撫，竟破虜寇，迎公

主還宮，以功進檢校司空。[39]

時溥為武寧軍節度，光啟中，黃巢攻陳州，秦宗權據蔡州
與賊連結。徐蔡相近，溥出師討之，軍鋒甚盛，每戰屢
捷。巢之敗也，其將尚讓以數千人降溥。溥將林言又斬巢
首歸徐州。溥功居第一，累授檢校太尉、中書令，封鉅鹿
郡王。[40]

從這些案例來看，檢校官甚至可以有所「陞遷」，好比職事官、
散官一樣。例如第一例中的劉沔，他最先得到「檢校戶部尚
書」，然後「加檢校左僕射」，最後「以功進檢校司空」，便
標誌著他的檢校官步步高升。第二例中的時溥，「累授檢校太
尉」。「累授」兩字便表示這是他屢次陞遷所得的檢校官。「檢
校太尉」是個非常高階的檢校官銜，在史料中相當少見，比一般
最常見的「檢校司空」還高約二階。按唐制，正一品有六個職事
官位，從高到低的排秩為：太師、太傅、太保、太尉、司徒、司
空。[41]

（二）用以「姑息」跋扈的將領

安史亂後，唐室對河北等幾個重要地區已經失去控制能力，
對於那些一方之霸的「軍閥」式節度使，只好採取所謂的「姑
息」態度，任由他們自行擁有土地、重兵、人民和財賦。唐室在
無能力對付這些不聽命令的地方將領時，便不時授以高官，以示

39　《冊府元龜》卷 359，頁 27-28。

40　《冊府元龜》卷 359，頁 31。

41　《舊唐書》卷 4，頁 1791。

「安撫」。德宗以後，授予檢校官銜便成了最常用的一種辦法，例如下例所說：

> 文宗大和元年〔827〕五月丙子，以天平軍節度使守司徒同中書門下平章事烏重胤為橫海軍節度使，兼滄州刺史，充滄、景、德、棣等州觀察處置等使，以前攝橫海軍節度副使，檢校國子祭酒、滄州長史、侍御史李同捷起復為雲麾將軍守右衛大將軍員外置同正員，檢校右散騎常侍，兼兗州刺史、御史大夫，充兗、海、沂等州節度觀察處置等使，就加魏博節度使檢校司空史憲誠檢校司空同中書門下平章事。丁丑，就加幽州節度使檢校戶部尚書李載義檢校尚書右僕射，平盧軍節度使、檢校工部尚書康志睦為檢校戶部尚書，鎮州節度使、檢校司空王庭湊為檢校司徒。是時既以李同捷節度兗海，尚虞羣帥生事，故咸有就加之命，以寵安之。42

這是把檢校官授給河北好幾位「跋扈」將帥的好例子。文末所謂「虞羣帥生事，故咸有就加之命，以寵安之」，更是說得沉痛，頗能透露唐室之無奈。這一類「寵安」跋扈將領的檢校官，和當初用以酬降將的檢校官，真不可同日而語，可說是檢校官制一種新的演變，新的功用。

唐後期的檢校官，功能越來越多，不但可以用來酬勳臣、獎軍功、安撫跋扈將領，甚至還可以用來授給駙馬都尉和外族首領。

42　《冊府元龜》卷 177，頁 21。

（三）授駙馬都尉

授駙馬都尉，最有名的兩個例子是，平定安史之亂的名將郭子儀，他的兒子郭曖和孫子郭鏦，都娶皇帝之女，而且都因而獲得檢校官銜：

> 曖字曖，以太常主簿尚昇平公主。曖年與公主侔，十餘歲許昏。拜駙馬都尉，試殿中監，[43] 封清源縣侯，寵冠戚里。大曆末，檢校左散騎常侍。[44]
>
> 鏦字利用，尚德陽郡主。詔裴延齡為主營第長興里。順宗立，主進封漢陽公主，擢鏦檢校國子祭酒、駙馬都尉。[45]

衛次公的兒子洙，也屬此類：

> 子洙，舉進士，尚臨真公主，檢校秘書少監、駙馬都尉。[46]

宣宗朝更有一敕，對駙馬都尉的授官有明確的規定：

> 其年〔大中四年 850〕二月敕：「諸縣主婿選尚之初，多無

---

43 殿中監為從三品的高官。按中高層職事官冠以「檢校」，低層則冠以「試」的原則，此處的「試殿中監」似應作「檢校殿中監」為是。但殿中監和太常卿、衛尉卿、鴻臚卿等官一樣，常冠以「試」，不用檢校，是一種特殊用法。詳見上文第三節。

44 《新唐書》卷 137，頁 4611。

45 《新唐書》卷 137，頁 4612。

46 《新唐書》卷 164，頁 5046。

官緒，或正員初秩，授檢校朝官，從前條流，都未詳備。
自今以後，縣主婿如先有官，宜超資與進改，如未有官
者，且授檢校官，待三周年後，與第二任正員官。仍委宗
正卿檢勘聞奏。」[47]

（四）授外族將領

以檢校官授外族，最常見者為授新羅、渤海及回紇首領或將
領，且常派專使前去授官。《冊府元龜》卷九六五〈外臣部・封
冊第三〉中，有極多的例證，且舉三例如下。

> 貞元元年〔785〕正月，以秘書丞孟昌源為國子司業、兼御
> 史中丞、新羅弔祭冊立使。先是，建中四年，新羅王金乾
> 運卒，無子，國人立其上相金良相為王。至是詔授良相檢
> 校太尉、都督雞林州刺史、寧海軍使，遣昌源弔冊之。[48]
> 〔貞元〕十四年〔798〕三月，加渤海郡王、兼左驍衛大將
> 軍、忽汗州都督大嵩璘銀青光祿大夫、檢校司空，冊為渤
> 海國王，依前忽汗州都督。[49]
> 武宗會昌二年〔842〕六月，封天德降到回鶻首領唱沒斯
> 為懷化郡王，賜牙旗豹尾，尋加檢校工部尚書，兼歸義軍
> 使。[50]

47　《唐會要》卷 6，頁 85。
48　《冊府元龜》卷 965，頁 9。
49　《冊府元龜》卷 965，頁 11。
50　《冊府元龜》卷 965，頁 17。

（五）授方鎮使府長官和僚佐

不過，唐後期檢校官最重要、最廣泛的用途，卻是作為使府（包括京城使府如神策軍）和方鎮長官及僚佐的一種加官銜，也就是我們在上引〈武侯祠堂碑〉的碑陰題名所見各例。安史亂後，陳少游獲授「檢校郎官」是最早的案例之一：

> 至德〔756-758〕中，河東節度王思禮奏為參謀，累授大理司直、監察殿中侍御史、節度判官。寶應元年〔762〕，入為金部員外郎。尋授侍御史、迴紇糧料使，改檢校職方員外郎。充使檢校郎官，自少游始也。[51]

據此，陳少游獲授「檢校郎官」當在寶應元年之後，代宗朝之初，正好也是代宗開始用各種檢校官銜酬獎歸順降將的時候（見上）。不同的是，酬降將用的是比較高層的檢校官，如檢校某部尚書或檢校僕射之類。陳少游所得卻是一個比較中層的官位「檢校職方員外郎」。「職方員外郎」屬於唐代尚書省二十六司的員外郎之一，他們和二十六司的郎中，統稱為「郎官」，所以陳少游得「檢校職方員外郎」，史稱「充使檢校郎官，自少游始也」。這意味著，從此唐室經常以中層的郎官等職位，作為檢校官，授給那些在使府或方鎮任中層僚佐的官員，又以比較高層的檢校官，如檢校某部尚書或僕射，授予使府和方鎮的長官，成了一種慣例。中晚唐許許多多在使府或幕府任職的士人，都曾經得過這種檢校官，是他們整套官銜的一部分，和上述酬勳臣將領之用的檢校銜，又稍有不同。我們故且稱之為「使府方鎮檢校

---

51 《舊唐書》卷126，頁3563。

官」，並在下一節中詳論。

六、使府方鎮檢校官

唐中葉以後，使職盛行，主要有方鎮系統的節度使、觀察使、經略使等，有財經系統的鹽鐵轉運使、度支使等，更有長駐京城的特殊使職，如神策軍使等。方鎮其實是使府的一種，但歷來又習慣稱之為「幕府」和「藩鎮」。[52] 清代吳廷燮作《唐方鎮年表》，特別把方鎮系統的節度等使和財經系統的鹽鐵等使區分開來，以致「方鎮」似乎自成一類。為了清楚起見，本文用「使府方鎮」一詞，以涵蓋鹽鐵轉運、神策等使府和中晚唐的各大小方鎮（盛時達到約五十個）。值得注意的是，唐代洛陽的東都留守，實際上也是一種方鎮的編制：東都留守等於是方鎮的節度使；他的幕僚班子也正像一般節度使的幕府。[53]

在官制上來說，使府方鎮的一大特色是，它們的長官如節度使、鹽鐵使等，文職僚佐如行軍司馬、判官、掌書記、推官和巡官等，以及武職僚佐如押衙、虞候和兵馬使等，全都是一種沒有官品的「使職」（即上引白居易所說的「職」，和有官品的「官」相對）。因此，使府方鎮的長官和僚佐，照例除了職稱外，還帶有一個無實職的「官」（或稱「本官」），以秩品位，作為他們做官資歷和陞遷的一種憑證。

---

52 《新唐書》特別把河北那些長期叛逆的方鎮和其他方鎮分開來，另立〈藩鎮傳〉處理，以致「藩鎮」似乎含有貶義，專指那些背叛唐室的方鎮。

53 程存潔對此有詳細的研究，見其《唐代城市史研究初篇》（北京：中華書局，2002），第二章〈唐代東都最高行政長官東都留守的演變〉，頁 37-57。

　　唐後期的檢校銜，可按它所連帶職事官的官品而分為好幾個等級，並授給不同等級的方鎮使府文武職。怎樣的檢校銜會授給怎樣的文武職，大抵都有一定的對應規律。筆者現根據〈武侯祠堂碑〉、周紹良《唐代墓誌彙編》及《唐代墓誌彙編續集》中所收的約六千多篇墓誌，以及兩《唐書》列傳中所爬梳到的例證，把這種對應關係列在下面表一。

表一　唐代常見的檢校官銜及授給對象[54]

檢校官銜	授給對象	文武等級
檢校太尉、檢校司徒、檢校司空、檢校僕射、檢校某部尚書、檢校太子庶子、檢校散騎常侍等	節度使、東都留守、鹽鐵使、轉運使、神策軍使、團練使、觀察使等	高層文武職 [55]
檢校某司郎中、檢校某司員外郎等	營田副使、判官、節度參謀等	中層文職
檢校國子祭酒、檢校大理少卿、檢校少府少監、檢校秘書監等	都虞候、都押衙、都知兵馬使等	一般為高層武職
檢校太子賓客、檢校太子詹事等	虞候、押衙、兵馬使等	一般授中層武職，但有時也授高層武職

　　從表一，我們可以做幾點觀察，看看唐後期實行這種檢校官制的一些大原則和特徵。

　　第一，「檢校」只跟京城某些官署的職事官連用。上引《宋

54　此表並非完整的名單，只是最「常見」的一些檢校官銜和授給對象。
55　唐代的節度使等官屬於文官系統，然而亦經常由武人出任。

史‧職官志》說：「檢校則三師、三公、僕射、尚書、散騎常侍、賓客、祭酒、卿、監、諸行郎中、員外郎之類。」唐制也大略如此。

這顯示，唐代的檢校官，理論上雖然可以跟任何京官職事銜連用，但在實際施行時，顯然又有所「偏愛」，只有某幾種京官才特別拿來作檢校官使用，而某些官（如六部侍郎）則從來不會用作檢校官。最常見的即以上表一所列的數種，其中又以武職帶「檢校太子賓客」為最習見。

第二，高層的檢校銜授給高層的文武官，中層的檢校銜頒給中層的文武官，且文武有嚴格區分。例如，像檢校司空等銜，便只授予節度使等高層文官，不授武官（但武人出任節度使亦可獲授）。檢校某司郎中或員外郎等所謂「檢校郎官」，則經常授給判官等中層文職，但從不會授予中層武職。同理，像檢校太子賓客等銜，則經常授給中層武職，但從不授予中層文職僚佐。

第三，檢校官屬於中高層文武官專用的官銜，所以基層或低層幕職如掌書記、推官和巡官等，不會得檢校銜，而是得「試」銜（晚唐五代有掌書記和推官，得到檢校某司郎中或員外郎的少數幾個案例，但這些屬當時亂世的一種「亂象」）。也正因為如此，如果我們在史傳和碑刻中見到某某人帶有檢校銜，那幾乎可以肯定他必屬中高層文武職，而且往往可以從他所帶的檢校銜，輕易判定他是文職或武職，中層或高層。

除了方鎮使府官員可以獲得檢校官外，中晚唐那些被派往國內或國外執行特別任務的特使，如河北宣慰使、新羅弔冊使、回鶻冊立使、吐蕃盟會使等等，也經常在任命的同時，獲授檢校官銜以及各種「兼」官銜。例如，《舊唐書‧回紇傳》長慶元年〔821〕條下：

四月，正衙冊回鶻君長為登羅羽錄沒密施句主錄毗伽可汗，以少府監裴通為檢校左散騎常侍、兼御史大夫，持節冊立、兼弔祭使。……五月，回鶻宰相、都督、公主、摩尼等五百七十三人入朝迎公主，於鴻臚寺安置。敕：太和公主出降回鶻為可敦，宜令中書舍人王起赴鴻臚寺宣示；以左金吾大將軍胡證檢校戶部尚書，持節充送公主入回鶻及冊可汗使；光祿卿李憲加兼御史中丞，充副使；太常博士殷侑改殿中侍御史〔此當亦為「兼官」銜；史書省略「兼」字〕，充判官。[56]

　　唐後期皇權最重要的支柱左右兩大神策軍，由神策軍使總管，駐在京師長安及其周圍，實際上是使府編制的一種，所以神策軍使、押衙、虞候、正將等軍職，也和方鎮長官和僚佐一樣，經常獲授檢校官銜。詩人杜牧在晚唐任知制誥時，便寫過好幾篇這樣的授官文書，現仍收在他的文集中，可以讓我們見到當年這種任命文書的真貌，以及杜牧本人的文采，如〈梁榮幹除檢校國子祭酒兼右神策軍將軍制〉：

　　敕：北落親軍，夾峙宮省，選忠勇者，為吾爪牙。右神策軍奉天鎮都知兵馬使、銀青光祿大夫、檢校國子祭酒、兼右威將軍、御史大夫、上柱國、安定郡開國公食邑二千戶梁榮幹，射必落鵰，力能扼武，自晦雄毅，益守謙恭。故能塞護長榆，兵分細柳，恩加士卒，名著勳勞。今日擢掌五兵，榮懸三綬，勉礪鋒鍔，上答寵光。可檢校國子祭

> 酒、兼右神策軍將軍知軍事、御史大夫、充馬軍都虞候，
> 散官勳封如故。[57]

這位神策軍將所獲授的檢校官為「國子祭酒」，屬比較高層，和上引〈武侯祠堂碑〉中的幾個武職一樣，顯示這是較高層武官最常帶的檢校銜之一。

日本僧人圓仁晚唐在長安求法時，曾經得到一個神策軍押衙的許多幫助，並且以一種感性的筆調，這樣描寫這個武官：

> 左神策軍押衙、銀青光祿大夫、檢校國子祭酒、殿中監察
> 侍御史〔「監察」兩字疑衍〕、上柱國李元佐，因求歸國
> 事投，相識來近二年，情分最親。客中之資，有所闕者，
> 盡能相濟。……在府之間，亦致飯食，毯縟等，殷懃相
> 助。[58]

這位好心腸的「左神策軍押衙」，他的檢校官為「國子祭酒」（國子監首長，好比現代的大學校長），屬比較高層武官所常帶者，官位相當高。值得一提的是，美國學者賴世和英譯圓仁此書，一般上極優秀、精確、可讀，但在檢校官制上卻常出問題。他把這個「檢校國子祭酒」譯成「acting Rector of the University for Sons of the State」，[59] 把此處的「檢校」理解成「acting」（代行），可說誤解了中晚唐無實職的檢校官制，猶以為這位押

57　《樊川文集》卷 19（上海：上海古籍出版社，1978），頁 284。
58　《入唐求法巡禮行記》卷 4，頁 184。
59　*Ennin's Diary*, p. 364.

衙是唐前期那種代行職務的檢校官。賴世和英譯本中還有許多此類官制誤解和誤譯，或可引此以為戒。

七、檢校官是一種「新官制」嗎？

檢校官是否為「職、散、勳、爵」以外的一種「新官制」？這個問題或許可以有三種看法。

第一種看法是：「職、散、勳、爵」是唐代官制的「正宗」。《通典》、兩《唐書》職官志等政典，僅提及「職、散、勳、爵」四項，始終未提「檢校官」，顯然並不承認檢校官是一種新官制。唐人如陸贄，在他那篇著名的〈又論進瓜果人擬官狀〉中，特別指出：

> 謹按命秩之載於甲令者，有職事官焉，有散官焉，有勳官焉，有爵號焉。[60]

換句話說，「職、散、勳、爵」四項是「載於甲令者」，是原有的正統官制。陸贄認為不應當以「試官」等授「進瓜果人」，從而「破壞」了「職、散、勳、爵」的傳統。從陸贄的觀點看，檢校官並未「載於甲令」，所以它不算是一種新官制。

而且，檢校官僅在唐安史之亂後開始行用，到北宋元豐改制時便廢除，所以它只能說是一種「暫時」的、過渡期的措施，並不足以構成一種「新官制」。

第二種看法是：檢校官不同於「職、散、勳、爵」四項，行

60　《全唐文》卷 469，頁 4797。

用於唐後半期、五代及北宋初，前後長達約三百年之久。史料碑刻中又屢屢可見各種各樣的檢校官，而且還是這時期文武官員整套「正式」官銜的一部分（如上引〈武侯祠堂碑〉上的二十多例），又跟「職、散、勳、爵」連在一起書寫，顯然成了一種不同的官制，稱之為「新官制」，不亦宜乎？

第三種是「折中」的看法，認為《通典》和兩《唐書》採取的是一種「規範」式（prescriptive）的處理方式：其編纂者可能認為檢校官是一種「不規範」的、「變體」的官制，乖離了「職、散、勳、爵」的「規範」原則，所以才把檢校官排除在「正規」的、「規範」的官制之外，隻字不提，不予處理，不承認它為「新官制」。這就像正規的、「規範」式的詞典，照例是不收社會上那些新創的詞語一樣，直到這些新詞成為大家都能接受的所謂「規範」用詞為止。

在這個脈絡下看，檢校官正像一個因應時代需要而「新創」的「非規範」詞語。從正統「規範」的觀點，它當然不能說是「新官制」，因為它最終並沒有成為「規範」，在北宋元豐改制時就被廢除了。但站在和「規範式」相對的「描述式」（descriptive）的立場，檢校官即使不能說是「新官制」，應該也可以說是一種「新創的變體」，是舊有官制下的一種「新演變」。

因此，筆者在此認為，檢校官是否為一種「新官制」，應該放在上述的角度下來理解。但這種爭論，其實是觀點不同而已，可不必強求統一或單一觀點。重要的是，站在「務實」的立場，既然中晚唐在行使這種檢校官，那麼唐史教科書等現代著作，應該對檢校官也有所討論，有所交代才對，不應只提「職、散、勳、爵」四項了事，否則中晚唐史料中隨處可見的檢校官將無從

解讀。筆者在本文中也並無意爭論檢校官是否為一種「新官制」（這種爭論其實也沒有什麼太大意義），亦不以「新官制」來形容檢校官，只是把它放在唐人整套官銜的脈絡下來討論，逕稱之為「檢校官」。

八、結語

　　唐代碑誌和文獻上所見的唐人全套官銜，在中晚唐最複雜時，可能包含大約十二個組成部分：職事官、散官、勳官、爵號、使職、檢校官、兼官、試銜、功臣、持節、賜章服、死後贈官。一般唐史教科書只提到職事官、散官、勳官和爵號四項。本文認為這過於簡化，易生誤解，且無從解說中晚唐那些冗長複雜的全套官銜。故本文細考了這十二個組成部分當中比較複雜的檢校官，並且探討了檢校官和試銜的關係，希望能解開中晚唐全套官銜中的若干「謎團」，或可對後世閱史讀碑者有所幫助。

　　唐前後期的檢校官意義不同。唐前期的檢校官有實職，安史之亂後則都演變為無實職的虛銜。「檢校」一詞也可以當作動詞使用，意為「處理」和「察看」等意。在肅宗時代，唐皇室為了安撫「歸順」的史思明的降將，授給他們「檢校禮部尚書」、「檢校刑部尚書」等高官，而創立了一種檢校官制。這種檢校官後來也授給其他文官或武官，用以獎軍功，用以「姑息」跋扈的將領，用以酬駙馬都尉以及新羅、回紇等外族將領。但檢校官在中晚唐最大的用途，是授給各使府及方鎮的高層長官和中層文武僚佐，作為他們的一種加官（低層文職僚佐則獲授「試」銜），以致中晚唐的石刻和文獻上，幾乎隨處可見這種無實職的檢校官銜。

　　從官制演變的角度看，檢校官可以視為唐代「職事官的本官化和使職化」的現象之一。[61] 中晚唐檢校官銜廣泛應用，也導致這時期的唐人全套官銜，變得相當冗長，往往長達三四十字，不易解讀。檢校官制一直沿用到五代和北宋中期，成了宋初官制之所以「紊亂」的一大原因，直到北宋神宗元豐年間大改官制，把檢校官廢除為止。[62]

61　拙書《唐代高層文官》的主題之一，便是唐代許多職事官，如何在唐初就變得無效率，淪為閒官，最後再成為各種使職的本官。

62　關於元豐改制，見張復華，《北宋中期以後之官制改革》（台北：文史哲出版社，1991）；龔延明，〈北宋元豐官制改革論〉，《中國史研究》1990 年第 1 期，頁 132-143；宮崎聖明，〈元豐官制改革の施行過程について〉，《史朋》37 號（2004 年 12 月），頁 20-39。

唐代的州縣「攝」官

　　《唐六典》和兩《唐書》職官志等典志，都曾經對唐代州縣官員的員額、官品和職掌等有所描寫。這些典志也成了今人了解和研究唐代地方行政制度最主要的依據。但如果完全依賴這些典志，我們對唐代地方行政的認識恐怕是不完整的，因為唐代制度的運作，許多時候是乖離了典志上的規定，也有許多做法是隨著時代或形勢需要應運而生的，是典志完全沒有提到的。要言之，唐代典志根據的主要是律令，是一種「理想化」的、「規範」式的描寫。律令條文容易變為「僵化」，往往跟不上時代變遷和時代需要，因此和當時實際的運作情況常常不盡相同。

　　例如，以唐代州縣官來說，《唐六典》等書便規定，州縣官由中央朝廷委任，有一定的官品和員額。然而，我們卻經常在史料和碑刻上發現，唐代後期出現了一種稱為「攝」的州縣官。他們不由朝廷委派，而是由地方長官自行選任「辟署」，好比幕府的僚佐一樣。這種州縣「攝」官，背離了典志上所描寫的「理想」或「規範」，所以有些唐史學者——特別是那些專門研究律令的「律令派」學者——會認為這是中晚唐地方行政的一種「亂象」，一種「不正常」的現象，[1] 但我們卻也不能否認，不管是否「亂象」，當時的歷史實況就是如此。歷史學者應當也研究這樣的「實況」，而不只是典志上所規定的制度條文。研究唐代地

1　這是台灣某位律令派的資深前輩學者，親口跟我說的。

方行政，我們當然要看典志上怎麼規定，但也應當深入考察當時
制度運作的一些細節，特別是那些乖離制度律令條文的部分，否
則難窺全豹。唐後期盛行的「攝」州縣官，便是一個好例子。唐
史學界過去對這課題關注的不多，[2] 這裡擬更深入研究。

一、朱巨川的案例

　　現藏台北國立故宮博物院的一件唐代告身〈朱巨川告身〉，
其開頭部分記錄了朱巨川（725-783）被任命的官職：

> 睦州錄事參軍朱巨川
> 右可試大理評事兼豪州鍾離縣令[3]

台北國立故宮博物院所藏的〈朱巨川告身〉

2　學界過去對攝官的研究不多，比較重要的論述見陳志堅，《唐代州郡制度
　　研究》（上海：上海古籍出版社，2005），頁 85-97，論「州縣官中的差遣
　　職」一節，以及石云濤，《唐代幕府制度研究》（北京：中國社會科學出版
　　社，2003），頁 339-343，論「兼攝州郡縣官」一節。
3　詳見台北國立故宮博物院官網上的〈朱巨川告身〉彩色照片。此告身影印
　　件，也收在好幾種該博物院的出版品，例如何傳馨等編，《晉唐法書名蹟》
　　（台北：國立故宮博物院，2008）。

這官銜本身便頗不尋常。為什麼一個縣令又會掛一個「試大理評事」的官銜？這是其他一般縣令所沒有的。我們知道，幕府的基層幕佐如巡官、推官和掌書記等，常常會有「試大理評事」、「試校書郎」、「試大理司直」這樣的「試」銜。[4] 但朱巨川並非幕佐，而是縣令。為何他也有這樣的「試」銜？大理評事是唐京城大理寺中的一個八品官，「掌出使推核」。[5] 那麼朱巨川到底是在京城當大理評事，還是在豪（元和三年改為「濠」）州鍾離縣（今安徽鳳陽縣）當縣令？為什麼一個縣令要帶這樣的京銜？「試」的含意又是什麼？這些正是本節所要探討的課題。

說穿了，朱巨川當時並不是唐代一般普通的正規縣令，不是中央朝廷任命的，而是一個被當地長官所「辟署」的「攝」縣令。這種攝縣令和相關的州縣攝官，在中晚唐相當普遍，在墓誌中尤其常見。

朱巨川後來的官歷顯赫，官至中書舍人高官，所以在他死後，他的朋友李紓給他寫過神道碑曰〈故中書舍人吳郡朱府君神道碑〉。碑文這樣記載了他的出身和他的官歷：

> 年二十明經擢第。……御史大夫李季卿實舉賢能，授兵左衛率府曹參軍。戶部尚書劉晏精求文史，改睦州錄事參軍。濠州獨孤及懸托文契，舉授鍾離縣令兼大理評事。[6]

這是一段特殊的官歷，有些地方涉及唐代刺史或使府辟人和使府

4　詳見拙書《唐代基層文官》，第五章〈巡官、推官和掌書記〉，第四節「幕佐的官銜」。

5　《舊唐書》卷44，頁1884。

6　《全唐文》卷395，頁4019-4020。

複雜的幕府官銜制度，稍嫌「晦澀」，需要解讀。

　　據李紓寫的這篇神道碑，朱巨川死於「建中三年」（783），「遘疾終於上都勝業里私第，春秋五十有九」，則他當生於開元十三年（725）。他 20 歲考中明經，當是天寶四載（745）。「御史大夫李季卿實舉賢能，授左衛率府兵曹參軍」這件事，發生在安史亂末的代宗廣德（763-764）中，當時李季卿正以御史大夫的身分為江淮宣撫使。這時朱巨川已經 39 歲左右，才得到他的第一個官銜「左衛率府兵曹參軍」。他 20 歲考中明經，到 39 歲才有官做，足足等待了十九年之久。不過，這可能是受到安史之亂的亂世影響。

　　筆者懷疑，朱巨川這個「左衛率府兵曹參軍」恐怕跟他後來的「試大理評事」一樣，也只是個「試」銜而已。他其實並未到長安京城任此京官，很可能只是出任江淮宣撫使李季卿的一個幕佐，幕職不詳，或許是巡官或推官之類的基層幕職。李季卿於是替他上奏，請朝廷授予他「試左衛率府兵曹參軍」的官銜。唐中葉以後，使府僚佐有許多都帶有「左衛率府兵曹參軍」這樣的試銜，但墓誌和史書經常省略這個「試」字，容易造成誤解。果真如此，則朱巨川後來被鹽鐵使劉晏賞識，接下來的兩任官又都在江淮，也就更合情合理。他是更後來才回到朝中任左補闕內供奉，最後官至中書舍人。

　　「戶部尚書劉晏精求文吏，改睦州錄事參軍」這一句，指的是唐代理財專家劉晏在大曆元年（766）「充東都京畿、河南、淮南、江南東西道、湖南、荊南、山南東道轉運、常平、鑄錢、鹽鐵等使」[7]事，權勢很大，辟朱巨川為「睦州錄事參軍」。睦

---

[7]　《舊唐書》卷 11，〈代宗紀〉，頁 282。

州屬江南東道，就在劉晏的管區內。這件事可以證明，唐代的鹽鐵轉運使，也跟節度使或觀察使一樣，有「辟署」自己班底的權力。劉晏就是因為「精求文吏」，所以才辟朱巨川為「睦州錄事參軍」。

濠州刺史獨孤及「舉授」朱巨川為鍾離縣令，是在大曆四年（769）。這時朱巨川已經擔任睦州錄事參軍約三四年，其時年約 45 歲。值得注意的是，獨孤及當時只是一個刺史，不是節度使（他從來也沒有任過節度使），可是他卻和節度使一樣，可以「舉授」朱巨川為他的鍾離縣令。

這種「舉授」，也就是中晚唐詔敕中常提到的「奏州縣官」事。例如，蕭宗〈申戒刺史考察縣令詔〉所說「比來刺史之任，皆先奏州縣官屬」。[8] 又如大和元年〈請定諸道奏補及致仕章服等例奏〉所謂「諸道應奏州縣官銜、散、試官，及無出身人幕府遷授致仕官」，指的便是刺史或節度使等使府，自行辟署州縣官事。

任命州縣官，原本是朝廷的權力，但在中晚唐，卻有不少方鎮，甚至像鹽鐵使如劉晏和刺史如獨孤及等人，都可以自行委任州縣官，再奏請朝廷批准，並請朝廷授予這些州縣官一個朝銜（或稱京銜）。

於是，朱巨川便獲得「試大理評事兼豪州鍾離縣令」這樣一個特殊的官銜。他的實際任務是在鍾離縣任縣令，不是在京城任大理評事。這個京銜只是個秩階的所謂「虛銜」，所以前面有一個「試」字，以示分別。不過，唐代史料經常省略這個「試」字。比如朱巨川的神道碑文，便只說是「舉授鍾離縣令兼大理評事」，略去「試」字。現代讀者若不明其中奧妙，很可能會誤以

8　《全唐文》卷 43，頁 474。

為朱巨川任鍾離縣令，又同時在京城出任大理評事。

二、趙州的攝州縣官

這種由方鎮使府或刺史所辟的縣令，和朝廷任命的正規縣令不同，所以又常稱為「攝某某縣令」，以示其「假攝」、「權充」等意。例如，著名的〈趙州刺史何公德政碑〉，其碑陰題名部分，便列了趙州及其屬下八個縣的一系列州縣官和武官的名字及官銜，內容極為豐富，為我們考察唐代後期的地方行政制度和州縣官制度，提供了第一手絕佳的史料。其中涉及縣官的部分，裡面便有許多「攝」某某縣之縣令、縣丞、主籍和縣尉的資料。但為了完整起見，這裡連州官的部分也一起全引如下，以彰顯中晚唐州縣攝官之盛行：

1. 檢校官朝散大夫試司馬高神都
2. 朝散大夫試大理少卿上柱國兼別駕畢華
3. 朝散大夫試少府監兼別駕賜紫金魚袋上柱國平聯
4. 朝散大夫兼殿中侍御史攝別駕呂詔
5. 朝散大夫前衛州司馬賞紫金魚袋上柱國攝長史孫□嗣
6. 朝議郎守司馬賞緋魚袋李□
7. 朝散大夫司馬賞魚袋兼知臨城縣事韓綺
8. 判官朝議郎前行易州遂城縣尉攝司功參軍張仙□
9. 判官朝議郎前行易州淶水縣丞攝司法參軍宋承仙
10. 判官朝議郎前行易州易縣主簿劉蓉
11. 判官朝議郎試左金吾衛兵曹參軍攝寧晉縣鄭楚玉
12. 攝錄事參軍賞緋魚袋郭傑
13. 朝散大夫行司功參軍賜魚袋□□□高弈

14. 朝散大夫兼司功參軍潘謙光

15. 朝議郎行司戶參軍閻同

16. 朝散大夫試太子左贊善大夫攝司戶參軍上柱國師珎

17. 朝散大夫行司田參軍宋演宗

19. 朝散大夫試司兵參軍裴芮

20. 宣義郎前行司戶參軍攝司兵參軍□穎

21. 朝議郎行司法□□

22. 朝散大夫行司士參軍賜魚袋上柱國趙暹

23. 朝議郎行參軍尹問

24. 朝散大夫行錄事上柱國成朝巖

25. 宣義郎前行平棘縣尉攝昭慶縣令張□

26. 主簿劉□

27. 尉段怡

28. 攝尉賈詠

29. 承務郎前行寧晉縣尉攝寧晉縣令閻庭皐

30. 丞胡庭望

31. 主簿張東門

32. 尉鄭寧□

33. 尉陳□□

34. 登仕郎守昭慶縣令賞緋衣袋攝平棘縣令劉琦

35. 攝丞畢昇

36. 主簿胡志□

37. 尉趙金

38. 攝尉張□

39. 攝尉楊

40. 朝散大夫行元氏縣令槁審

41. 丞賈蕚

42. 主簿楊游岩

43. 尉郎濟

44. 尉□□

45. 朝散大夫試光祿卿前兼長史賜紫金魚袋上柱國攝柏鄉令
　　賈庭瑤

46. 攝丞□重溫

47. 主□□□光

48. 尉劉沔

49. 尉王光信

50. 臨城縣丞王覿

51. 攝主簿曹季璘

52. 攝尉田季揚

53. 攝尉張飛

54. 朝散大夫行高邑縣令杜惠

55. 丞歐陽烜

56. 攝主簿劉備真

57. 攝尉盧岑

58. 攝尉劉幼□

59. 朝議郎前行易州容城縣丞攝贊皇縣令宋庭俊

60. 攝丞李敬簡

61. 攝主簿周陟

62. 尉孟□[9]

9　〔清〕陸增祥編，《八瓊室金石補正》卷 63（北京：文物出版社縮印本，
　　1984），頁 29-31。

這一大段碑陰題名和官銜，清楚顯示唐代州縣官和攝官制度的實際運作。它不但可以讓我們考察中晚唐「攝」官之盛行，更可以讓我們窺見一個州及其屬下八個縣有哪些州縣官以及他們的一些特色。

趙州屬河北道，治所在平棘縣（今河北趙縣）。它也是成德節度使屬下的四個州之一，另三個是恆州（後改為「鎮州」）、冀州和深州。成德節度又是唐代著名的河北三鎮之一，長期不聽命於朝廷。所以成德節度使屬下的趙州八縣，竟有那麼多攝州縣官，一點也不稀奇，因為這些攝官，應當都是成德節度使自行辟署的。不過，它也有一些看似朝廷任命的「正規」州縣官，所以成德和朝廷的關係，又非完全徹底的對抗。它有時也樂於接受朝廷的一些任命。

趙州屬下有八個縣：平棘、寧晉、昭慶、柏鄉、高邑、臨城、贊皇、元氏。這是新舊《唐書》地理志上的排名秩序。這八個縣的縣令、縣丞、主簿和縣尉，都在上述〈趙州刺史何公德政碑〉的碑陰上一一題名，連同別駕、司馬和各曹參軍，構成一幅相當完整的唐代州縣官圖。

不過，這些屬縣在此碑陰上的排位秩序，和兩《唐書》地理志的秩序有點不同：先是昭慶（望縣）、然後是寧晉（緊縣）、平棘（上縣）、元氏（上縣）、柏鄉（上縣）、臨城（中縣）、高邑（中縣）和贊皇（中縣）。由此看來，〈趙州刺史何公德政碑〉碑陰題名中這些縣的秩序，完全是按照縣的等級來排列（由望縣到中縣），可證縣的等級在唐代當時人的心目中自有其份量，連石碑題名上縣的排序都得視其等級而定。

從這一大批州縣官的題名，我們可以作幾點觀察。

第一，「攝官」的數量非常之多，幾乎占了正規州縣官的一

半左右。這顯示中晚唐方鎮自辟州縣官的風氣是如何盛行。這些方鎮所辟的縣官，不單只限於縣令，還包括縣丞、主簿和縣尉。州官方面，則包含別駕、長史、司功參軍、司法參軍和錄事參軍等等。

第二，在縣官題名中，似乎只有縣令才有全套完整的官銜，包括散官、前官等，如 1、5、10、16、21、35 等例。但他們屬下的縣丞、主簿和縣尉，只有現職官名，沒有散官或前官等官銜。這有兩種可能。一是他們的散官等銜被省略了。二是他們的確沒有散官或其他官銜。果如此，則唐代某些縣官地位之低，可見一斑。

第三，兩《唐書》職官志等政書，都列舉一個縣應當有的全部縣官及其人數，如縣令一人、縣丞一人、主簿一人和縣尉二人等等。但這只是一種「理想化」的員額分配。在實際運作時，不是每個縣都能做到，也不是每個縣都按照政書上的規定來執行。比如，臨城縣就顯然沒有縣令，由一個縣丞充數。昭慶縣則沒有縣丞。照職官志的規定，上縣的縣尉人數是兩人，中縣及以下縣為一人。但平棘為上縣，卻有三個縣尉。高邑和臨城都是中縣，卻有兩個縣尉，而非一個，都跟典志不合。贊皇縣只有一個縣尉倒符合規定。這顯示，唐代地方行政的運作，不能以職官書上的規定作準。石刻材料反而更能夠反映真實情況。

第四，如前所說，方鎮在辟署州縣攝官時，通常會上奏朝廷批准，並請朝廷授予這些攝官一個京官銜。例如，李商隱和崔致遠的現傳世的文集中，便保存了好幾篇他們當年在幕府任職時，代幕主所寫的這一類奏官文書。文書中最典型的一個特色，便是文末結尾所用的一句「套語」，不外乎「事須差攝豐水縣令」、

「事須差攝靈川縣主簿」、「事須差攝滁州清流縣令」等等。[10]

　　這樣的奏官例證，在上述碑陰題名中，在攝州官方面尤其明顯清楚。例如，第 2 例「試大理少卿」，第 3 例「試少府監」，第 11 例「試左金吾衛兵曹參軍」等，都是節度使為這些攝州官所奏得的京銜。州官當中，也有不少人帶有「賜紫金魚袋」、「賜緋」或「賜魚袋」等章服賞賜。這些也是節度使為他們奏授所得。

　　攝縣官方面，卻似乎只有一人得到這樣的京銜，即第 45 例：「朝散大夫試光祿卿前兼長史賜紫金魚袋上柱國攝柏鄉令賈庭瑤」。這個「試光祿卿」就是成德節度使為賈庭瑤向朝廷所奏得，其性質就跟朱巨川任鍾離縣令時所得的「試大理評事」一樣。只不過「試光祿卿」又比「試大理評事」高一等，是個相當高層的試銜，通常只頒給武官，所以賈庭瑤很可能是以武官身分去攝縣令。

　　那麼，為什麼上述其他攝縣官，除了賈庭瑤之外，都沒有帶這樣的「試」銜？這有幾種可能。第一，成德節度使可能還沒有為他們奏請京銜，甚至很可能也還沒有奏請朝廷批准這樣自行辟署的攝官。第二，可能奏請了，但還沒有得到朝廷的批准，因為整個奏請過程可能需花費一兩年的時間。例如，韓愈在貞元十二年（796）就到汴州的董晉幕府任推官，可是他一直要等到大約兩年後的貞元十四年，才得到一個「試校書郎」的京銜。[11]

　　除了〈趙州刺史何公德政碑〉之外，中晚唐的墓誌中也經常

10　詳見《全唐文》卷 778 所收李商隱的這一類奏文，以及《全唐文》附《唐文拾遺》卷 40 所收崔致遠文。

11　詳見拙書《唐代基層文官》，頁 64-65 的討論。

可以見到方鎮所辟的州縣官，過去一直為學界所忽略。他們大部分也都帶有「試」銜。

例如，《唐代墓誌彙編》貞元 116 所收的〈唐故朝散大夫試大理司直兼曹州考城縣令柳府君靈表〉，其墓主柳均（720-774），便曾經兩度出任使府所辟的縣令。且看他的墓誌如何記載他起家以後的官歷：

> 轉授越州司倉，太子通事舍人、溧陽令。……滿歲，授大理司直、考城令。[12]

對唐人來說，這樣的敘事應當不構成問題，但對現代讀者來說，恐怕有些隱晦，很容易便把這裡的五個官名，解讀成誌主做了五任官。

實際上，這裡只記載了柳均三個真正的官職：越州司倉、溧陽縣令和考城縣令。「太子通事舍人」並非他的實職，而是他任宣州溧陽（今江蘇溧陽市西北）縣令時所帶的京銜，其實是一個相當常見的「試」銜，但墓誌略去「試」字，以致現代讀者容易誤讀。柳均接著充當曹州考城（今河南民權縣東南）縣令，帶有「大理司直」的京銜。但墓誌文中又照唐人慣例省略了「試」字，然而墓誌標題倒沒有省略，清楚說是「試大理司直兼曹州考城縣令」。這跟朱巨川的正式全套官銜「試大理評事兼鍾離縣令」類似。唐代擁有這樣官銜的州縣官，都是刺史或方鎮使府自行辟署的州縣官，都是所謂的「攝官」。

---

12 周紹良編《唐代墓誌彙編》（上海：上海古籍出版社，1992），頁 1922-1923。《唐代墓誌彙編》的錄文標點有誤，這裡不跟從而重新標點。

　　《唐代墓誌彙編》大和 037〈唐故承務郎試左武衛兵曹參軍攝無極縣令天水趙公墓誌銘並序〉，也是個極佳的攝官個案，可以讓我們更清楚看到，方鎮所辟的攝州縣官會是一個怎樣的人。據墓誌，誌主趙全泰（777-830）的身世和官歷如下：

> 常山郡真定人也。考諱融，易定節度參謀、支度營田副使、朝請大夫、檢校尚書兵部郎中、兼御史中丞、賜紫金魚袋、上柱國。公至學之歲，曾讀詩書，冠帶之年，留好文藝。起家攝定州無極縣主簿，再為府掾，五宰屬城。……殁世之年，五十有四。時則大和四年〔830〕十二月廿九日。……以太和五年正月廿七日遷窆於州城西北七里瞿村平原，禮也。[13]

這段敘事有幾點很可注意。第一，墓誌說趙全泰是「常山郡真定人」；他死後葬在「州城西北」。此「州城」應當指常山郡的州城（也就是恆州城，元和十五年避穆宗諱改為鎮州）。這篇墓誌最初就收在清代所編的當地金石錄《常山貞石志》卷十內。這可以證明常山真定即趙全泰的真正故里，是他經常居住的地方，不是他的郡望。

　　第二，有意義的是，他起家「攝定州無極縣主簿」的地點。這個定州無極縣（今河北無極縣），離趙全泰的故里恆州真定縣（今河北正定縣南）非常接近，距離只有大約 60 公里。唐代州縣官員有所謂「迴避本貫」的規定，不能在自己的家鄉任

13　《唐代墓誌彙編》，頁 2122。

官，[14] 但趙全泰起家到如此近距離的鄰縣去任主簿，實際上也和他在「本貫」任官無甚差別。不過，他之所以如此，很可能是因為他這個起家官，不是他去吏部赴選求得，由朝廷委派，而是個「攝」官，由易定節度使所辟，所以可以不必理會這些規定。

更可留意的是，他的父親是「易定節度參謀、支度營田副使」。所謂「易定節度」，即義武節度，管易、定兩州。如此看來，趙全泰不單是在離他故里很近的地方做官，而且他做官的地方，根本就在他父親的管區內。他之所以能夠獲得「攝定州無極主簿」這個起家官，恐怕是靠了他父親的「裙帶關係」。[15] 這正是中晚唐使府所辟之「攝州縣官」的一大特色：他們不但可以不守「迴避本貫」的規定，而且他們大多也是方鎮使府自己的門生故吏或與其有裙帶關係者，帶有非常濃厚的私交色彩。他們甚至也可以不必是科第出身者。

第三，趙全泰任起家官後，還「再為府掾，五宰屬城」。「府掾」一般指州的列曹參軍。趙全泰後來還繼續在易定節度的管區「五宰屬城」。志文雖未明說，但這些應當也都是「攝官」。果如此，則他一生都在出任攝州縣官，但這種攝官看來卻一點也不遜於正規州縣官。至少，他任官地點都不出易、定兩州。他可以不必宦遊，不必遠行，也不必遠赴京城參加常選。這些正是充當攝州縣官的一些特徵和「好處」。

---

14 呂慎華，〈唐代任官籍貫迴避制度初步研究〉，《中興史學》第 5 卷（1999）。

15 戴偉華，《唐方鎮文職僚佐考》（天津：天津古籍出版社，1994），頁236，也認為「其攝定州無極縣主簿，當因其父的關係。」

三、州縣攝官的起源和興盛

州縣攝官早在唐前期即已出現，不過是在西州、敦煌等邊區，屬於特殊狀況，這裡不擬討論。本文關注的是內地的州縣攝官。他們在安史之亂的後期也已出現。例如，元結在乾元三年（760）所寫的〈請省官狀（原注：乾元三年上來大夫）唐鄧等州縣官〉中，便提及唐、鄧兩州的幾個縣，在安史亂後，戶口大減，但每縣卻有「正員官和攝官」多達「六十人」，必須簡省以自救：

> 右方城縣，舊萬餘戶，今二百戶已下，其南陽、向城等縣更破碎於方城。每縣正員官及攝官共有六十人。

> 以前件如前。自經逆亂，州縣殘破。唐、鄧兩州，實為尤甚。荒草千里，是其疆畎。萬室空虛，是其井邑。亂骨相枕，是其百姓。孤老寡弱，是其遺人。哀而恤之，尚恐冤怨。肆其侵暴，實恐流亡。今賊寇憑陵，鎮兵資其給養。今河路阻絕，郵驛在其供承。若不觸事救之，無以勞勉其苦。為之計者，在先省官。其方城、湖陽[16]等縣正官及攝官，並戶口多少，具狀如前。每縣伏望量留〔縣〕令並佐官一人，餘並望勒停。謹錄狀上。[17]

---

16 湖陽亦屬唐州，但元結此狀前面未見此縣名，可能有傳抄之脫漏。

17 《元次山集》卷 7（上海：古典文學出版社，1957），頁 99-100；又收在《全唐文》卷 381，頁 3867。

元結當時在沁陽（即唐州）一帶招輯義軍，對抗史思明的叛軍。他的身分是山南東道節度使的節度參謀，所以他在唐、鄧等州所見到的「州縣殘破」景象，正是他的親身見聞。這篇「請省官狀」下有自注：「乾元三年上來大夫」。來大夫即來瑱，於該年四月才剛剛接任山南東道節度使。所以唐、鄧等州的這些「攝官」，應當不是來瑱所辟，而是前任節度使或刺史或甚至當地豪強所自署。元結上書的目的，正是要請求新任節度使，把數目如此多的「正員官及攝官」加以省減以救困。[18]

代宗的〈令舉堪任刺史縣令判司丞尉詔〉，也對安史亂後攝官趁亂世湧現，發出這樣的感嘆：

> 自頃中原多故，迄未小康。州縣屢空，守宰多闕。攝官承乏者，頗無舉職之能。懷才抱器者，或有後時之嘆。朕所以宵夜不寐。[19]

「州縣屢空，守宰多闕」，所以要由「攝官承乏」，但這些攝官卻「無舉職之能」，以致代宗「宵夜不寐」，憂心不已。史料中沒說這些攝官的來源，但他們應當是由當地牧守或豪強自行辟用的。

唐後期攝州縣官之盛行，在沈既濟著名的〈選舉雜議〉中也有所反映，不過沈的觀點相當新穎、特殊。他不是站在朝廷的立場來反對攝官，反而是贊成攝官制度，認為它有可取之處，值得

---

18 關於元結此狀的寫作時間和背景，詳見孫望，《元次山年譜》（上海：古典文學出版社，1957），頁 39-41。又見楊承祖，《元結研究》（台北：國立編譯館，2002），頁 93-94。

19 《全唐文》卷 46，頁 508。

留意。這是貞元時期的事，當時沈既濟任禮部員外郎，就見到「州縣有攝官」現象：「頃年嘗見州縣有攝官，皆是牧守所自署置」。他並且把攝官和「常調之人」（即通過吏部常調委任的正規州縣官）作了一個非常有趣的比較：

> 若職無移奪，命自州邦，所攝之官，便為己任，上酬知己，下利班榮，爭謁智力，人誰不盡？今常調之人，遠授一職，已數千里赴集，又數千里之官，挈攜妻孥，復往勞苦，必一周而在路，料閒歲而停官，成名非知己之恩，後任可計考而得，此之不苟，而誰為苟！[20]

這是說攝官，因為感激當地牧守的委任，會盡「己任」，會「爭謁智力，人誰不盡？」反觀「常調之人」，為了做官，千里奔波，「已數千里赴集，又數千里之官，挈攜妻孥，復往勞苦」，消耗不少精力。這樣他們怎麼能好好盡責當官？（「此之不苟，而誰為苟！」）

所以，沈既濟贊成攝官制度。且看他的建議：

> 州府佐官（別駕、少尹、五府司馬、赤令，不在此例）右自長史以下，至縣丞、縣尉（諸州長史、司馬，或雖是五品以上官，亦同六品官法）。請各委州府長官自選用，不限土、客。其申報正、攝之制，與京官六品以下同。其邊遠羈縻等州，請兼委本道觀察使，共銓擇補授。[21]

20　《通典》卷18，頁449。
21　《通典》卷18，頁451。

這裡明確建議讓各州府長官自行辟州縣官（「州府長官自選用」），而且還「不限土、客」，即不理這些州縣官是當地人還是外地人，打破了所謂「迴避本貫」的規定。這樣的建議很有劃時代的意義，但沒有被朝廷採納。

雖然如此，唐後期的中央朝廷，實際上也無法阻擋這股州縣攝官湧現的時代潮流。它所能做的，只是盡力設下種種限制，免得其自身權力被地方長官過分侵蝕。

中央朝廷對州縣攝官的最大要求，就是他們必須是夠資歷者，最好是「前資官」。例如，早在安史亂末的永泰元年（765），就有一敕：

> 諸州府縣，今後有才不稱職，及犯贓私，即任本使及州府奏人請替，餘並不在奏請。其所許奏人，仍須灼然公清，曾經驅使者，課效資歷當者，兼具歷任申授年月，並所替官合替事由同奏。[22]

這是說州府若有「才不稱職，及犯贓私」的州縣官，「本使及州府」可以「奏人請替」，但這些人必須是「灼然公清，曾經驅使者，課效資歷當者」，也就是有「課效」、有「資歷」的前任官員。

會昌元年五月中書門下的〈請停散、試官攝州縣事奏〉也提及「前資官」的事：

> 州縣攝官，假名求食，常懷苟且，不恤疲人。其州縣闕少

---

22 《唐會要》卷69，頁1441。

官員，今後望委本州刺史於當州諸縣官中，量賢劇分配公事勾當。如官員數少，力實不逮處，即於前資官選擇清謹有能者差攝，不得取散、試官充。[23]

這裡指令兩件事。第一，州縣如果缺少官員，本州刺史應當在「當州諸縣官中，量賢劇分配公事勾當」。這也就是（比如說）把縣丞派去充當縣令，或以縣尉兼主簿之類的做法。貞元元年（785）五月，當時宰相張延賞，在一篇討論如何省減官員的奏疏中，便透露他當年任荊南節度使的真實經歷：

臣在荊南，[24] 所管州縣闕官員者，不下十數年，吏部未嘗補授，但令一官假攝，公事亦治。以此言之，官員可減，無可疑也。請減官員，收其祿俸，以資募士。[25]

這種「但令一官假攝，公事亦治」的辦法，顯然不只用於張延賞的荊南節度管區，亦普遍行於唐後期許多州縣。而且，所謂「但令一官假攝」，並非吏部所「令」，而是地方長官下的命令。

　　第二，如果「官員數少，力實不逮處」，那麼可以選取「前資官」當中「清謹有能者差攝」，但「不得取散、試官充」。上引〈趙州刺史何公德政碑〉碑陰題名中，有三個是前某某縣尉（例 25、例 29）和縣丞（例 59），攝今某某縣之縣令。他們就

23　《全唐文》卷 967，頁 11043。

24　張延賞於大曆十一年至十四年（776-779）任荊南節度使。見戴偉華，《唐方鎮文職僚佐考》，頁 328。

25　《唐會要》卷 69，頁 1449。《舊唐書》卷 129，〈張延賞傳〉，頁 3609，亦引用此奏。

是以前資官任攝官的好例子。實際上這也等於解決了前資官守選等待做官的問題。

會昌五年（845）六月敕，則對攝官的「出身」有所限制：

> 諸道所奏幕府及州縣官，近日多鄉貢進士奏請。此事已曾釐革，不合因循，且無出身，何名入仕。自今以後，不得更許如此。仍永為定例。26

所謂「鄉貢進士」，指那些由地方上貢的進士考生，還未中舉的士人。他們還沒有出身，本來不可以當官，但方鎮仍常奏請這樣的人任「幕府及州縣官」，所以朝廷曾經有過禁令（「此事已曾釐革」），現在又再重申。但看來這種禁令的效果不彰。我們在中晚唐的石刻史料中，經常可以見到這些「鄉貢進士」攝州縣官的例子。例如，《唐代墓誌彙編》中和 001 有「前攝滄州司馬鄉貢進士徐膠」。又如《唐代墓誌彙編》咸通 083，也有「鄉貢進士前攝幽州大都督府參軍許舟」。

綜上所述，唐後半期許多州縣的州縣官（包括縣令），經常由地方長官自辟的所謂「攝官」取代，不再由中央朝廷委任。這方面的史料除了前面引用過的之外，還有不少，但限於篇幅，這裡無法一一引用。且引大和四年中書門下的一篇奏文，因為它很能展現時代精神，而且生動描述了當時的情況：

> 〔大和〕四年〔830〕五月，中書門下奏：「准大和元年九月敕，釐革兩畿及諸州縣官，唯山劍三川、峽內，及諸州

比遠，許奏縣令、錄事參軍，其餘並停。自敕下以來，諸
道並有奏請，如滄、景、德、棣，敕後已三數員。伏以敕
令頒行，不合違越，苟有便宜，則須改張。自今以後，山
劍三川，峽內，及諸道比遠州縣官，出身及前資正員官人
中，每道除〔縣〕令、錄事外，望各許奏三數員。如河北
諸道滄、景、德、棣之類，經破蕩之後，及靈、夏、邠、
寧、麟、坊等州，全無俸料，有出身及正員官，悉不肯
去，吏部從前多不注擬。如假攝有勞，望許於諸色人中，
量事奏三數員。其餘勒約及期限，並請依大和元年九月
十九日敕處分。」從之。[27]

這篇奏文的內容非常豐富，反映了中晚唐州縣攝官最關鍵的幾個
面貌，還可以作進一步討論。

　　奏文最主要涉及中晚唐州縣攝官盛行的地區。大和元年敕允
許地方牧守自辟（即「許奏」）縣令和錄事參軍的地方，計有
「山劍三川」、「峽內」和「諸州比遠」三大塊。山劍三川和峽
內都比較容易理解，比較難理解的是「諸州比遠」。

　　「比遠」原為「偏遠」之意，但「比遠州縣」在唐代另有其
他含意。我們不妨引用另一條材料來說明何謂「比遠」：

元和八年十二月，吏部奏：「比遠州縣官，請量減選：四
選、五選、六選，請減一選。七選、八選，請減兩選。十
選、十一選、十二選，各請減三選。伏以比遠處都七十五
州，選人試後，懼不及限者，即狀請注擬。雖有此例，每

---

27 《唐會要》卷74，頁1601。

年不過一百餘人。其比遠州縣，皆是開元、天寶中仁風樂
土。今者或以俸錢減少，或以地在遠方，凡是平流，從前
不注。至若勸課耕種，歸懷逃亡，其所擇才，急於近地。
有司若不注授，所在唯聞假攝，編甿益困，田土益荒。請
減前件選。」敕旨：「宜依。」[28]

據此，「比遠」有兩層意思：「地在遠方」者，固然是「比
遠」，但那些「俸錢減少」的地方，選人不願去，也號稱「比
遠」。這也就是大中五年十月中書門下另一奏文所說：「其河
東、潞府、邠寧、涇原、靈武、振武、鄜坊、滄德、易定、夏
州、三川等道，或道路懸遠，或俸料單微，每年選人，多不肯
受。」[29]

「比遠州縣」其實也包含嶺南等南方地區。開成五年
（840）嶺南節度使盧鈞的奏文便說：

每年吏部選授，道途遙遠，瘴癘交侵。選人若家事任持，
身名真實，孰不自負，無由肯來。更以俸入單微，每歲號
為比遠。……臣到任四年，備知情狀。其潮州官吏，伏望
特循往例，不令吏部注擬，且委本道求才。若攝官廉慎有
聞，依前許觀察使奏正。事堪經久，法可施行。敕旨依
奏。[30]

28　《唐會要》卷74，頁1589。
29　《唐會要》卷79，頁1717。
30　《唐會要》卷75，頁1624。

　　曾任嶺南節度使的孔戣，在他寫的奏文〈奏加嶺南州縣官課料錢狀〉中，也說嶺南的許多州縣官是「一例差攝」的：

> 伏以前件州縣，或星布海壖，或雲絕荒外。首領強黠，人戶傷殘。撫御緝綏，尤藉材幹。刺史縣令，皆非正員，使司相承，一例差攝。31

　　元和年間的韓佽，剛上任南方桂管觀察使時，他所管的二十幾州，便有不少他前任觀察使所自辟的官員：「自參軍至縣令無慮三百員，吏部所補纔十一，餘皆觀察使商才補職。」他的本傳生動記載了當時地方補官的一些細節：

> 〔韓〕朝宗孫佽，字相之，性清簡。元和初第進士。自山南東道使府入為殿中侍御史。累遷桂管觀察使，部二十餘州，自參軍至縣令無慮三百員，吏部所補纔十一，餘皆觀察使商才補職。佽下車，悉來謁，一吏持籍請補缺員，佽下教曰：「居官治，吾不奪；其不奉法，無望縱舍。缺者，須按籍取可任任之。」會春服使至，鄉有豪猾厚進賄使者，求為縣令，使者請佽，佽許之。既去，召鄉豪責以橈法，笞其背，以令部中，自是豪右畏戢。32

　　韓佽一到任，「悉來謁，一吏持籍請補缺員」。這看來是桂管地區長久以來的陋規，韓佽也不得不容許它的存在，只是強調「居

31　《全唐文》卷 693，頁 7110。
32　《舊唐書》卷 118，頁 4274。

官治，吾不奪」云云，並且設法約束地方「豪強」而已。

　　除此之外，咸通十二年（871）中書門下還有一道奏文，則等於把唐末州縣攝官實行的一些細節和盛行的地區，作了一個總結：

> 准今年六月十二日敕，釐革諸道及在京諸司奏官並請章服事者。其諸道秦州縣官司錄、縣令、錄事參軍，或見任公事，敗闕不理，切要替換，及前任實有勞效，並見有闕員，即任各舉所知。每道奏請，仍不得過兩人。其河東、潞府、邠寧、涇原、靈武、鹽夏、振武、天德、鄜坊、滄德、易定、三川等道觀察防禦等使及嶺南五管，每道每年除〔縣〕令、錄〔事參軍〕外，許量奏〔主〕簿、〔縣〕尉及中下州判司及縣丞共三人。福州不在秦州縣官限。[33] 其黔中所秦州縣官及大將管內官，即任准舊例處分。……其幽、鎮、魏三道望且准承前舊例處分。[34]

---

[33] 此奏也收在《唐會要》卷 79，頁 1719-1720；《全唐文》卷 968，頁 10055，但「福州」兩字在《唐會要》和《全唐文》都因形近而誤為「偏州」。此處的「福州」，當指福州觀察使的管區，即整個廣闊的福閩地區，不僅只是福州一州而已。它之所以「不在秦州縣官限」，很可能因為福閩地區長久以來即由當地人自任州縣官。韓愈在悼念他的朋友歐陽詹的古文名篇〈歐陽生哀辭〉中便說：「歐陽詹世居閩越，自詹已上皆為閩越官，至州佐縣令者，纍纍有焉。」見《韓昌黎文集校注》卷 5，頁 301。《新唐書》卷 203，〈歐陽詹傳〉，頁 5786，也說：「歐陽詹字行周，泉州晉江人。其先皆為本州州佐、縣令。」可證中晚唐福閩地區的州縣官不但由當地人出任，甚至有「世襲」現象。美國學者 Hugh R. Clark, "Bridles, Halters, and Hybrids: A Case Study in T'ang Frontier Policy," *T'ang Studies* 6（1988）: 49-68，討論過福閩地區這種特殊的任官制度。

[34] 《舊唐書》卷 19 上，〈懿宗紀〉，頁 678。

結果是「敕旨從之」。據此，唐後期「每道」都可以奏請自辟州縣攝官，然而可辟署的人數不同。大原則是「每道奏請，仍不得過兩人」。但州縣攝官盛行的地區如河東、潞府、邠寧、涇原、靈武、鹽夏、振武、天德、鄜坊、滄德、易定、三川等道，以及「嶺南五管」，「每年除〔縣〕令、錄〔事參軍〕外，許量奏〔主〕簿、〔縣〕尉及中下州判司及縣丞共三人」，即總共五人。南方只有「福州不在奏州縣官限」。至於黔中和幽、鎮、魏三道，則「准承前舊例處分」。

所謂「准承前舊例處分」，即按照從前的慣例來處理。我們知道，河北的幽、鎮、魏三道，是長期不聽中央命令的地區，其州縣官也大多自辟。河東等道每年只能奏請州縣官當中最主要的縣令和錄事參軍，及其下屬官「三人」。但河北三道可以奏請的官員數目，若照「舊例處分」，則恐怕遠遠不止此數，而可能多達上百人。這方面最好的例證，便是元和七年（812）魏博的奏文：

> 〔元和〕七年十二月，魏博奏：「管內州縣官二百五十三員，內一百六十三員見差假攝，九十員請有司注擬。」從之。[35]

魏博的州縣官，竟有約三分之二是由它自辟的攝官「假攝」，只有約三分之一請中央「有司注擬」。至於幽（范陽節度）、鎮（成德節度）和黔中的情況，沒有其他史料可證，但恐怕也約略如此。

---

35 《唐會要》卷 75，頁 1615。

　　唐末這種州縣攝官，到了五代更為盛行，在邊遠地區甚至演變成攝官驅逐正授官的局面，例如後晉一個地方官何光乂在他的〈進策〉中所說：

> 竊見諸處邊郡小縣，多是山鄉。雖舊有敕，正官滿時不許差攝充替。無那遠地，多越明規。攝官既已到來，見任豈敢違拒？況聞所差攝者，大半是本州府使長臨時與旋署虛銜，強替見任正授官員。[36]

其後果便是後晉中書舍人李慎儀在〈請委銓曹檢點選格奏〉中所說：「諸道州縣，皆是攝官」。[37]

四、結語

　　綜上所考，唐後期的地方行政實呈現一種錯綜複雜的現象。其州縣制度並非像《唐六典》、兩《唐書》職官志或《通典》等政書所描寫的那樣「井然有序」。[38] 學界過去似乎也沒有注意

36　《全唐文》卷 850，頁 8925。

37　《全唐文》附《唐文拾遺》卷 46，頁 10899。

38　一般唐史教科書或通史類著作，甚至像薛作雲《唐代地方行政制度研究》（台北：臺灣商務印書館，1974）那樣早期的著作，常根據這些職官書和政書來描寫唐代的地方行政，實無法掌握當中複雜的真貌。嚴耕望的《中國地方行政制度史》，原有意涵蓋隋唐部分，但可惜最後僅寫到南北朝為止，未及隋唐，所以隋唐的地方行政，至今仍然是一大片尚未有人深耕的研究領域。英國學者 Denis Twitchett 在他的 *Financial Administration under the T'ang Dynasty*（2nd ed.; Cambridge: Cambridge University Press, 1970），pp. 120-123，倒是對唐代地方行政的複雜面貌作了簡要的敘述。

到，中晚唐州縣有一大批地方長官自辟攝官的存在，而且分布極廣。不單河北跋扈的三鎮和嶺南、黔中等南方邊區有州縣攝官，甚至連河東潞澤、關內鄜坊、涇原等地都有這些非正規的官員。這種州縣攝官制度，可以讓我們更深入了解唐後期地方行政的真貌，也反映了中央朝廷在中晚唐真正能控制的州縣，主要集中在東西兩京赤畿地區，以及汴河及大運河流域的江南地區。

原載《唐史論叢》第 9 輯（2007 年 1 月），頁 66-86。

唐代的侍御史知雜

一、前言

唐末趙璘《因話錄》卷五，有一段關於唐代御史台的詳細記載，經常為人引用，但其開頭有一段話頗不易理解：

> 御史台三院：一曰台院，其僚曰侍御史，呼為「端公」。見宰相及台長，則曰「某姓侍御」。知雜事，謂之「雜端」。見台長，則曰「知雜侍御」。雖他官高秩兼之，其侍御號不改。見宰相，則曰「知雜某姓某官」。[1]

什麼是「雖他官高秩兼之，其侍御號不改」？因為趙璘沒有提供例證，這句話相當費解。據筆者所知，歷來研究唐代御史制度的學者，從來沒有注意到這問題，更沒有論及御史台中一個極重要的關鍵人物——侍御史知雜。[2]

---

1 《因話錄》卷 5（上海：上海古籍出版社，1979 年點校本），頁 100-101。

2 例如，胡滄澤《唐代御史制度研究》（台北：文津出版社，1993）。Charles O. Hucker, *A Dictionary of Official Titles in Imperial China*（Stanford: Stanford University Press, 1985），p. 431 甚至說侍御史知雜事是「五代到宋」的制度，完全不知此制早在中晚唐即出現。Hucker 這本辭典是西方漢學界在中國官制方面最重要的參考工具書。馬同勳有一短文〈知雜御史與雜端〉，

二、知雜的幾種稱號

　　侍御史知雜又稱「知雜御史」或「知雜侍御史」（以下簡稱
「知雜」）。例如，《唐會要》載，「大和四年三月，御史台
奏：『三院御史盡入，到朝堂前無止泊處。請置祗候院屋。』知
雜御史元借門下直省屋後簷權坐，知巡御史元借御書直省屋後簷
權坐。」[3]《舊唐書・鮑防傳》：「為禮部侍郎時，嘗遇知雜侍
御史竇參於通衢，導騎不時引避，僕人為參所鞭。」[4]

　　知雜此官在唐前半期史料中難得一見。筆者只能找到一例，
在《唐會要》：

　　　　〔天寶〕四載〔745〕十一月十六日敕：「御史宜依舊制，
　　　　黃卷書缺失，每歲委知雜御史長官比類能否，送中書門
　　　　下，改轉日褒貶。」[5]

但此官在安史亂後便很常見，特別是從憲宗朝開始。例如，《舊
唐書・憲宗紀》：元和四年夏四月甲辰，「以刑部郎中、侍御
史知雜李夷簡為御史中丞。」[6]《舊唐書・文宗紀》：大和元年
六月丙申，「左司郎中、兼侍御史知雜溫造權知御史中丞。」[7]

　　載陳國燦、劉健明編，《全唐文職官叢考》（武漢：武漢大學出版社，
　　1997），頁 390-394，跟本文的觀點不同，可參閱。
3　《唐會要》卷 62，頁 1282。
4　《舊唐書》卷 146，頁 3956。
5　《唐會要》卷 62，頁 1281。
6　《舊唐書》卷 14，頁 427。
7　《舊唐書》卷 17上，頁 526。

《舊唐書‧文宗紀》：大和九年秋七月癸丑，「以右司郎中、兼侍御史知雜事舒元輿為御史中丞。」[8]《舊唐書‧竇參傳》：「參轉殿中侍御史，改金部員外郎、刑部郎中、侍御史知雜事。無幾，遷御史中丞，不避權貴，理獄以嚴稱。」[9]

　　從以上這幾條書證及其他史料看來，知雜經常升任或「權知」御史中丞，可證此官是御史台的靈魂人物。如果我們對知雜的選任及其尊貴地位不了解，則唐代許多史料也將不易解讀，比如上引趙璘「雖他官高秩兼之，其侍御號不改」一句。這裡擬詳考此「知雜」制度，為趙璘這篇珍貴的記載做一個註腳。

三、知雜的尊貴地位

　　御史台有三院：台院、殿院和監院。台院的御史稱為侍御史，殿院的稱殿中侍御史，監院的則稱監察御史。這是大家熟悉的。在台院侍御史當中，其實又有一名侍御史專門負責所謂的「知雜」，其地位最高超，可說是眾侍御史的「頭目」。所以趙璘一開頭就提到這位關鍵人物。過去我們對「知雜」的含意不甚了了，可能也就誤解了「侍御史知雜」的地位，誤以為他只不過「知雜」事，不甚重要。實際上，知雜事等於無事不管，總攬大權，也就是《通典》所說的「台事悉總判之」。[10] 用現代話來說，或可比作「總幹事」，其尊貴地位和重要性可想而知。

　　顏真卿著名的行草手稿〈與郭僕射書〉，是他寫給尚書右僕

8　《舊唐書》卷 17 下，頁 559。

9　《舊唐書》卷 136，頁 3746。

10　《通典》卷 24，頁 672。

射郭英義的一封信。內容涉及代宗廣德二年（764）朝廷班位的
爭論和侍御史知雜的坐次問題。此手稿有一個很生動的別名〈爭
座位帖〉，當係後人所題。當時，郭子儀擊退吐蕃大軍回京師。
代宗命百官在長安開遠門迎接他，並為他辦了個「興道之會」。
郭英義為了討好宦官魚朝恩，特別把他的座位排在朝廷上位。此
事惹惱了顏真卿。他在會後給郭英義寫了這封信，即〈爭座位
帖〉，指責郭英義安排坐次的不當，並對朝廷的班位，有一段極
生動具體的描寫：

> 前者菩提寺行香，僕射指麾宰相與兩省台省已下常參官並
> 為一行坐，魚開府〔魚朝恩有從一品的散官階「開府儀同
> 三司」〕及僕射率諸軍將為一行坐。若一時從權，亦猶未
> 可，何況積習更行之乎？一昨以郭令公以父子之軍，破犬
> 羊凶逆之眾，眾情忻喜，恨不頂而戴之，是用有興道之
> 會。僕射又不悟前失，竟率意而指麾，不顧班秩之高下，
> 不論文武之左右，苟以取悅軍容為心，曾不顧百寮之側
> 目，亦何異清晝攫金之士哉。……宗廟上爵，朝廷上位，
> 皆有等威，以明長幼。……從古以然，未嘗參錯。至如
> 節度軍將，各有本班。卿監有卿監之班，將軍有將軍之
> 位。……如魚軍容〔魚朝恩有使職「觀軍容使」〕階雖開
> 府，官即監門將軍，朝廷列位，自有次序。但以功績既
> 高，恩澤莫二，出入王命，眾人不敢為比，不可令居本
> 位，須別示有尊崇，只可於宰相師保座南，橫安一位，如
> 御史台眾尊知雜事御史，別置一榻，使百寮共得瞻仰，不
> 亦可乎？聖皇時，開府高力士承恩傳宣，亦只如此橫座，

亦不聞別有禮數，亦何必令他失位？[11]

顏真卿特別把知雜的特殊坐次提出來，可知這人是御史台中的「眾尊」，而且與眾不同，「別置一榻，使百寮共得瞻仰」。顏真卿在信中勸郭英義，不可為了魚朝恩而改變朝廷高官坐次。若魚朝恩「功績高」，「須別示有尊崇」，「只可於宰相師保座南，橫安一位」，如知雜侍御史那樣「別置一榻」。他這封信細寫他當年朝廷禮儀坐次，論證生動，又提到知雜「別置一榻」的特殊禮儀，以及玄宗時宦官高力士的座位安排，充分反映了當時的實況，可說是極珍貴的第一手材料。

　　顏真卿的〈爭座位帖〉，在中國書法史上極其重要，跟他的〈祭姪稿〉和〈祭伯父文〉並稱「三稿」，歷代為習字者摹寫的對象，但恐怕沒有多少人注意到，它的內容竟涉及唐朝廷高官們在「爭座位」，以及知雜可以「別置一榻」的特殊禮儀。

---

11 《全唐文》卷 337，頁 3411。〈爭座位帖〉原為顏真卿寫信的草稿真跡，傳有七紙，宋時曾歸長安安師文。安氏以此上石，石在陝西西安碑林，真跡已不傳。此帖信筆寫來，蒼勁古雅，與王羲之〈蘭亭序〉並稱。北京國家圖書館藏有北宋和南宋兩種搨本。上海圖書館藏有南宋長安搨本。筆者所用為日本東京二玄社 1990 年影印本（據東京國立故宮博物院藏本影印），在《原色法帖選》第九冊。

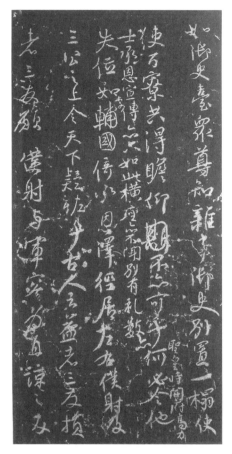

顏真卿〈爭座位帖〉

　　唐代還沒有現代形式的「椅子」，也就是那種可以讓人垂腳坐的坐具。唐人一般席地而坐，許多時候為盤腿坐，沒有使用坐具，類似現今日本、韓國和伊斯蘭世界的居家習慣。但在宮廷和士人之家，卻有一種比較低矮的坐具叫「榻」（也稱為「床」），高約一尺，讓人可以盤腿坐在上面，但還不能垂腳

坐。讓客人坐「榻」，表示尊敬。例如，《舊唐書・竇羣傳》
說，「羣嘗謁王叔文，叔文命撤榻而進」，[12] 意思是王叔文對竇
羣來訪，很不高興，於是「撤榻」（把榻搬走）後才讓竇羣進
來。榻很輕便，可輕易「撤」去。

敦煌第 9 窟供養人坐的榻，榻底中空，很輕便，不用時可收起，或掛在牆
壁上。

　　知雜可以「別置一榻，使百寮共得瞻仰」，這句話的含義很
豐富。第一，這表示他的「榻」跟其他官員「百寮」的分開，是

12　《舊唐書》卷 155，頁 4120-4121。

特別為他設置的。第二，「瞻仰」兩字，表示「抬頭看」。這就暗示「百寮」很可能沒有坐榻，只是坐在地上（可能有地毯）。只有知雜一人「別置一榻」坐在上頭，使他看起來高過其他人，真的如鶴立雞群，讓「百寮」可以「瞻仰」他。

知雜的這張「榻」，在其他史料中亦可見到。例如，《通典》就對它有過一段生動、詳細的描寫：

> 其知雜事者，謂之「雜端」，最為雄劇。食坐之南設橫榻，謂之「南床」。殿中、監察不得坐。亦謂之「痴床」，言處其上者，皆驕傲自得，使人如痴，是故謂之「痴床」。凡侍御史之例，不出累月，則遷登南省，故號為「南床」。13

趙璘的《因話錄》也寫到這張「南榻」：

> 每公堂食會，雜事〔知雜事的簡稱〕不至，則無所檢轄，唯相揖而已。雜事至，則盡用憲府之禮。雜端〔跟前面的「雜事」同義〕在南榻，主簿在北榻〔兩「榻」字在《因話錄》作「揖」，無意義，據《唐語林》改〕，兩院則分坐。雖舉匕筋，皆絕談笑。14

綜上所考，可知侍御史知雜絕非等閒人物，而是侍御史當中「最為雄劇」者。他甚至在御史台台院擁有自己專用的「榻」，

13　《通典》卷 24，頁 672。
14　《因話錄》卷 5，頁 101。

「殿中、監察不得坐」。

侍御史知雜（「雜端」）居三院御史領袖地位，也可從一件小事看出。趙璘《因話錄》說：

> 若雜端失笑，則三院皆笑，謂之「哄堂」，悉免罰矣。[15]

這一細節也見於《唐國史補》，文意更為清楚：

> 凡上堂絕言笑，有不可忍，雜端大笑，則合座皆笑，謂之「哄堂」。哄堂不罰。[16]

可見眾御史皆視侍御史知雜為龍頭老大，連上堂會食（眾官員一起吃午飯）時的笑與不笑，都得看知雜的臉色。知雜不笑，不可笑，否則會被罰。知雜忍不住大笑，舉座始能「哄堂」。這也是成語「哄堂大笑」的出典。

四、以郎官任知雜

中晚唐的侍御史知雜，照例是由郎官（尚書省二十六司中的郎中或員外郎）出任。晚唐詩人杜牧所寫的〈鄭處晦守職方員外郎兼侍御史知雜事制〉，提供最好的例證：

> 御史中丞韋有翼上言曰：「御史府其屬三十人，例以中台

---

15 《因話錄》卷5，頁101。
16 《唐國史補》卷下，頁52。

郎官一人稽參其事，以重風憲。如曰處晦〔有些史料作
「誨」〕族清胄貴，能文博學，人倫義理，無不講求，朝
廷典章，飽於聞見，乞為副貳，以佐紀綱。」……可守本
官兼侍御史知雜事，散官勳賜如故。[17]

這是宣宗朝的事。《舊唐書・宣宗紀》大中三年〔849〕十一月
條下亦有記載：「以刑部侍郎韋有翼為御史中丞，以職方員外郎
鄭處誨兼御史知雜。」[18] 這篇任命書還有兩點很可注意。第一，
郎官出任侍御史知雜，一般是由御史中丞上奏推薦的，如鄭處誨
此例。中晚唐的御史台經常沒有御史大夫，所以御史中丞常是實
際的首長，負責御史的選任。第二，郎官出任知雜御史，實際上
是以「本官兼侍御史知雜事」。換言之，他不再執行郎官的職
務，而是到御史台去「知雜事」。

　　關於第一點，唐代史料中的例證很多，不勝舉，且再舉三個
以見其概。如呂溫，「自司封員外郎轉刑部郎中」時，竇群（當
時任御史中丞）即「請為知雜」。[19] 又如鄭畋，「會昌初，始入
朝為監察御史，累遷刑部郎中。中丞李回奏知雜。」[20] 再如崔
從，「入為殿中侍御史，遷吏部員外郎。……裴度為御史中丞，
奏以右司郎中知雜事。」[21]

　　至於第二點，我們知道侍御史知雜是一種有實職的職位，而
且極「雄劇」。郎官若出任知雜，其工作場所當即改為御史台，

17　《樊川文集》卷 17，頁 257。
18　《舊唐書》卷 18 下，頁 625。
19　《舊唐書》卷 137，頁 3769。
20　《舊唐書》卷 178，頁 4630。
21　《新唐書》卷 114，頁 4197。

不再擔任郎官的職務。這便是任命制誥中常見的「以本官兼侍御史知雜事」的意思。我們在唐史料中爬梳，也可以找幾個具體個案，足以說明郎官在御史台知雜時，是如何執行知雜的職務。

最好的一個例子是憲宗朝的盧坦。李翱的〈故東川節度使盧公傳〉，詳細記載了這位節度使壯年時出任侍御史知雜時的事蹟：

> 及王叔文貶出，坦遂為殿中侍御史。權德輿為戶部侍郎，請為本司員外郎，尋轉庫部兼侍御史知雜事。未久，遷刑部郎中，知雜事如故。赤縣尉有為御史台所按者，京兆尹密救之。上使品官釋之。坦時在宅，台吏以告。坦白中丞，請覆奏然後奉詔。品官遂以聞。上曰：「吾固宜先命所司。」遂使宣詔乃釋。數月，遷御史中丞，賜紫衣。[22]

盧坦最先是以「庫部〔員外郎〕兼侍御史知雜事」，不久，他遷為刑部郎中，但這只是官階上的陞遷，他還是「知雜事如故」，可知他的確是在御史台知雜，不是在當郎官。他的兩個郎官只是他的「本官」。

李翱此傳中還透露一個細節，讓我們更具體知道盧坦和御史台的實際關係。這便是當年有一個赤縣尉「為御史台所按」之事。赤縣尉的上司京兆尹「密救之」。「上使品官〔《新唐書・盧坦傳》作「中人」[23]〕釋之。坦時在宅，台吏以告。坦白中丞，請覆奏然後奉詔。」從這些如此清晰的細節看來，盧坦應當

22　《全唐文》卷 640，頁 6463。

23　《新唐書》卷 159，頁 4959。

是在御史台服務，因為赤縣尉的事情發生時，御史台的「台吏」特地去他家告訴他，而他又「白中丞」，向他的上司御史中丞建議御史台應當採取的對策，可見他這時完全是在行使知雜御史的職務。盧坦「數月」即「遷御史中丞」。正如上文所考，這是侍御史知雜最典型的陞官途徑。

事實上，唐史料中對郎官出任知雜御史，還有其他寫法，在在可證他們的實際職務是知雜，而非郎官。例如，晚唐宰相崔慎由的父親崔從，「元和初入朝，累遷吏部員外郎。九年，裴度為中丞，奏從為侍御史知雜，守右司郎中。」[24] 重點即在知雜。又如王徽，「高湜時持憲綱，奏為侍御史知雜，兼職方員外郎，轉考功員外。」[25]《唐會要》有一條材料也說：「今知雜侍御史，多兼省官以為之。」[26] 在這裡，「兼」的意思不是「兼任」，而是「同時帶有」，[27] 也就是說，知雜多數同時帶有郎官的身分。

唐代以郎官為知雜御史，至少在中晚唐已形成了固定的制度。唐代史料中大量以某某郎中或員外郎任侍御史知雜的記載，說明這種制度行之有年。唐人文集和《全唐文》中更保存了不少此類授官文書，如白居易的〈崔管可職方郎中侍御史知雜制〉[28]、元積的〈授高允恭侍御史知雜事制〉[29] 以及李磎的〈授王搏兵部員外郎兼侍御史知雜事等制〉[30] 等等。

24　《舊唐書》卷 177，頁 4578。

25　《舊唐書》卷 178，頁 4640。

26　《唐會要》卷 60，頁 1239。

27　賴瑞和，《唐代高層文官》，頁 1-9。

28　《白居易集》卷 49，頁 1040。

29　《元積集》卷 46，頁 501。

30　《全唐文》卷 803，頁 8435。

　　五代後晉少帝的〈以郎署兼侍御史敕〉，更對唐代的這種
制度緬懷不已，而且還因為此制「近年停罷」，有意恢復「舊
事」：

　　御史台准前朝故事，以郎中、員外郎一人兼侍御史知雜
　　事。近年停罷，獨委年深御史知雜，振舉之間，紀綱未
　　峻。宜遵舊事，庶葉通規，宜卻於郎署中，選清慎強幹者
　　兼侍御史知雜事。[31]

　　不過，唐代的侍御史知雜是否全都帶有郎官身分，恐怕又未
必。至少，我們可以找到一個非郎官出任知雜的案例，見於賈至
所撰〈授王延昌諫議大夫兼侍御史制〉：

　　京兆少尹知雜王延昌，學於古訓，秉心塞淵，以文藝之
　　質，飾干時之器。頃者彌綸省闥，紀綱台憲，舊章克舉，
　　雅望攸歸，貳政浩穰。雖藉其條理，列職規諷，更思其讜
　　直，諫大夫之密，侍御史之雄。爾宜兼之，以匡予理，可
　　諫議大夫兼侍御史知雜，餘並如故。[32]

此授官文書無年代。但王延昌曾在代宗永泰元年（765）任吏部
侍郎，此職遠比侍御史知雜為高，所以他任知雜應當在永泰元年
之前。他也曾在永泰元年出任集賢院待詔。[33] 他以「諫議大夫兼

31　《全唐文》卷 119，頁 1201。

32　《全唐文》卷 366，頁 3722。

33　關於集賢院待詔的意義，見拙文〈唐代待詔考釋〉，《中國文化研究所學
　　報》（香港：香港中文大學），新第 12 期（2003），頁 69-105。此文亦收

侍御史知雜」，當是代宗朝或之前的事。當時以郎官任侍御史知雜的制度尚未形成（此制度主要成於憲宗朝及其後），因此有諫議大夫知雜事。是否如此，尚有待研究。史料殘闕，姑且錄此存疑。

除此之外，應當注意的是，史書中提到侍御史知雜，有時會有「簡化」的寫法。若不明就裡，其文意頗難理解。例如，《舊唐書‧杜審權傳》：

> 審權，釋褐江西觀察判官，又以書判拔萃，拜右拾遺，轉左補闕。大中初，遷司勳員外郎，轉郎中知雜。[34]

「轉郎中知雜」的含意不清。郎中並無所謂在尚書省知雜事。但若放在知雜御史制度下來看，這裡的意思顯然是「轉〔司勳〕郎中兼侍御史知雜」。史書用了簡化的寫法。這種簡化寫法在唐史料中頗常見，如《舊唐書‧憲宗紀》元和十二年九月「乙巳，以刑部郎中知雜崔元略為御史中丞」；[35]《舊唐書‧崔元略傳》「初，崔植任吏部郎中，元略任刑部郎中知雜」；[36] 以及《舊唐書‧李訓傳》「刑部郎中知雜李孝本權知〔御史〕中丞事」[37] 等等，都是顯例。這些「郎中知雜」都是「郎中兼侍御史知雜」的省稱。其中李孝本例，更可與《舊唐書‧文宗紀》的記載相比較：「大和九年九月壬申，以刑部郎中、兼侍御知雜李孝本權知

　　在本論文集，改題〈唐代的待詔〉。

34　《舊唐書》卷 177，頁 4610。

35　《舊唐書》卷 15，頁 461。

36　《舊唐書》卷 163，頁 4261。

37　《舊唐書》卷 169，頁 4397。

御史中丞」，[38] 可證「郎中知雜」即為「郎中兼侍御史知雜」的簡化無疑。

五、知雜為使職

以上的論述可以證明，知雜是一個確實在唐代行用過的官職，有實職，不是虛銜。然而，如果讀者們想多了解這個官職的職掌和官品，而去翻查兩《唐書》的職官志，或現代人根據職官志編寫的《中國政治制度史》、《唐代政治制度史》，或《中國古代官名大辭典》之類的書，一定查找不到這個官名，大失所望。為什麼？

最簡單的答案是：知雜是一個典型的、標準的使職。它從來沒有官品，但有實職。拙書《唐代高層文官》曾給使職下了一個定義：舉凡沒有官品的實職官位，都是使職。但職官書卻照例不記載這種無官品的使職，認為它「不正規」。[39] 於是《中國政治制度史》之類的書和課程，也就從來不會涉及這種使職。

知雜的產生，是因為唐代的御史台，在唐後期跟許多其他官署一樣，變得僵化沒有效率，於是皇帝便開始委任使職（知雜），去整頓和管理這個御史台。辦法便是在郎官當中，挑選那些適當的官員，去出任知雜，但同時又讓他們帶有他們原有的郎官「本官」，以定俸祿和秩班位。所以，這類使職官員，他們的

38　《舊唐書》卷 17 下，頁 561。《新唐書》卷 179，〈李孝本傳〉，頁 5325 載：「李孝本，宗室子。元和時第進士，累遷刑部郎中。依〔李〕訓得進，於是御史中丞舒元輿引知雜事」，亦可證他曾以刑部郎中出任知雜御史。

39　賴瑞和，《唐代高層文官》，第二章〈錢大昕和唐代使職的定義〉及第三章〈唐職官書不載許多使職的前因和後果〉，頁 39-73。

官銜書寫方式，常常便是「以某某郎官兼侍御史知雜」。這裡的「兼」不是現代人所說的「兼職」，而是「同時出任」、「同時充任」之意。

知雜在御史台的出現，也反映了一個現象——唐後半期的御史台，正在逐步被「使職化」。比如，御史大夫原本是御史台的首長，但這時期的御史大夫，卻常常沒有在管本司的事，而跑去充當節度使。例如，「殿中侍御史韋皋為隴州刺史、兼御史大夫、奉義軍節度使。」[40] 御史中丞、殿中侍御史、侍御史、監察御史等官，也常常在各種地方幕府任幕職。御史台真正在管事的人，好像只剩下知雜了。

這就很像北宋元豐改制之前的官場現象：本官不管本司事，卻跑到其他官署去充當各種差遣職。事實上，北宋之制，一點也不新奇——它正是起源於唐制。

知雜（或知雜事）這個官名，也是我在《唐代高層文官》書中常提到的，那種以「知」字開頭的「動賓結構的官名」——「知」是動詞，「雜」是賓語。類似的官名還有唐代的知政事（即宰相）、知制誥，以及宋代的知州、知縣等等，也全都是使職。

有一個問題是：既然知雜等各種使職，不載於各種職官書，也非《中國政治制度史》之類的專書和教科書所要討論的，那麼現代大學生在歷史系《中國政治制度史》課堂上所學到的官制知識，豈不是片面的，不完整的嗎？課堂所學，可以讓他們解讀本文所引用的這些知雜官銜和材料嗎？

---

40 《舊唐書》卷 12，〈德宗紀〉，頁 338。

六、結語

最後，讓我們回到本文開頭所提的一個問題：趙璘《因話錄》所說「雖他官高秩兼之，其侍御號不改」，含意為何？看過了以上的論證，答案應當是呼之欲出了。「雖他官高秩兼之」，意指員外郎（從六品上）或郎中（從五品上）的官品雖然高過侍御史（從六品下），但他們以這樣的高品出任侍御史知雜時，卻不以為意，所以「其侍御號不改」，因為侍御史知雜是御史台的尊貴人物。他甚至擁有自己專用的坐榻，是一個由皇帝委任的使職，總攬御史台的各種「雜事」。

原載《中華文史論叢》第 82 輯（2006 年 6 月），頁 83-95。

唐「望秩」類官員與
唐文官類型

一、前言

《冊府元龜》卷六二九，載有唐武則天時代的一篇敕，很值得研究唐代職官和官制學者的注意：

> 其年〔指神功元年 697〕閏十月二十五日敕：「八寺丞；
> 九寺主簿；三監丞簿〔《唐會要》作「諸監丞簿」〕；城
> 門、符寶郎；通事舍人；大理寺司直、評事；左右衛、千
> 牛衛、金吾衛、左右率府、羽林衛長史、直長〔《唐會
> 要》無「直長」兩字〕；太子通事舍人；親王掾屬、判
> 司、參軍；京兆、河南、太原判司；赤丞簿尉〔《唐會
> 要》作「赤縣簿尉」〕；御史台主簿；校書、正字；詹事
> 主簿；協律、奉禮、太祝等，出身入仕，既有殊途，望秩
> 常班，須從甄異。其有從流外及視品官出身者，不得任前
> 官。其中書主書、門下錄事、尚書都事，七品官中，亦為
> 緊要。一例不許，頗乖勸獎。其考詞有清干景行，吏用
> 文理者，選日簡擇，取歷十六考〔《唐會要》作「十六
> 年」〕已上者，聽量擬左右金吾長史及寺監丞。」[1]

---

[1]　引文據《宋本冊府元龜》卷 629（北京：中華書局，1989 年影印宋殘本），

這段史料過去常為學者引用，但敕中列了一長串唐代官名，許多不太常見，且品秩又不算太高，或許使得不少人望之生畏。引用這段長文者，一般都只引它以證明「其有從流外及視品官出身者，不得任前官」云云，沒有再進一步深考這些「前官」到底是些什麼官，有何特徵等等。

例如，我在 2008 年台灣出版的《唐代中層文官》繁體本〈導言〉一章中，就犯了這個毛病。當年，我的說法是：

> 流外轉流內，不能任校書郎、正字、赤縣主簿、縣尉等等清流官，以免「污染」了這些清流。唐代屢次有禁令，比如初唐神功元年（697）的一道詔令〔即上引敕〕，便規定「從流外及視品官出身者」，不得任某些清流士職。[2]

當時我用了「清流」、「清流士職」等詞，著眼點其實是在「校書郎、正字、赤縣主簿、縣尉」這幾種官而已，因為我在較早的一本書《唐代基層文官》中，研究過這幾種官，知道他們頗清貴，是士人任官的「美職」。[3] 但我沒有說他們是「清望官」或「清官」，因為唐代的「清望官」和「清官」有嚴格的定義，見於《唐六典》和《舊唐書‧職官志》所列出的清望官與清官詳細名單，[4] 而校書郎、正字和赤縣簿尉並不在二名單上，所以我改稱這些為「清流士職」。

至於「八寺丞」、「九寺主簿」等官，是否也跟校書郎、正

頁 2025；校以《唐會要》卷 75，頁 1610。

2　賴瑞和，《唐代中層文官》，頁 11。

3　賴瑞和，《唐代基層文官》，第一至第三章。

4　《舊唐書》卷 42，頁 1804-1805；《唐六典》卷 2，頁 33-34。

字等官屬同個等級，同為士人任官的「美職」，同為「清流士職」？我當時並不甚清楚，也就含糊其詞，沒有再申論。

　　至於敕最後一句，「其考詞有清干景行，吏用文理者，選日簡擇，取歷十六考已上者，聽量擬左右金吾長史及寺監丞」，究竟又是什麼意思？我當時略去此句沒有引用，沒有任何詮釋。這不能不說是件憾事。為了彌補從前的過失，我現在想重新審視這段史料。

　　近一年來，我研究的重點在唐代的官員類型，涉及清望官、清官、流外官、伎術官等官的特徵和分類等課題。在這框架下，我發現，神功元年的那篇敕，如果我們充分了解其含義，其實大可以幫助我們釐清唐代文官類型的不少「謎團」。因此，本文擬詳細疏證這篇敕，以及敕中提到的所有官名。

二、敕文要旨

　　這篇神功元年敕，最早收在五代所編的《唐會要》，後來又收在宋代所編的《冊府元龜》和清代所編的《全唐文》。

　　《冊府元龜》現存有四種版本：一是南宋刻本，雖有不少殘缺，但幸運的還保存卷六二九，收有此篇敕。二是明刻本，最常見的一種版本，但不精。不少學者已指出，明刻本所出現的難解或錯誤文字，常可由宋刻本來解決。三是四庫全書本，也收在四庫全書的電子版。據《四庫全書總目提要》，此四庫本用的是「內府藏本」，版本不詳，但它顯然依據明刻本。[5] 四是周勳初

5　例如，宋刻本的「京兆、河南、太原判司」一句，在明刻本即誤為「京兆、河南、太守判司」，誤「太原」為「太守」，文意不通。四庫本也作「京

等人的《冊府元龜：校訂本》。此書雖號稱「校訂本」，但以我使用過的經驗，它的校訂不精。不少原本可以校出的文字都沒有校證。以這篇敕來說，它的校訂和標點都可商榷。所以我在此不擬引用此校訂本，而根據宋本《冊府元龜》錄文（見上），重新標點，再校以明本和《唐會要》本。

《唐會要》的成書年代，其實早於《冊府元龜》。在某些地方，它比《冊府元龜》更原始，保存唐代官文書更原早的風貌和更佳的文本。現代唐史學者一般喜用《冊府元龜》，而有「看輕」《唐會要》之意。我認為，兩者各有千秋，各有優缺，兩者應當都參考。所以，這裡我雖然認為宋本《冊府元龜》的文本比《唐會要》較優勝，但還是校以《唐會要》。

至於《全唐文》，編於清代，時代晚，又無出處說明和校證，在版本上毫無權威（textual authority）可言，可以不論。但從異文看來，它顯然抄自《唐會要》而非《冊府元龜》。

這裡擬先對整篇敕的主旨、背景和重點做一些考釋，再來疏證敕中所列的那一長串官名。敕最前面，先列出一連串官名。這是敕常見的格式。接下來，才是敕的主旨：

> 出身入仕，既有殊途，望秩常班，須從甄異。其有從流外
> 及視品官出身者，不得任前官。

敕首先指出一項唐人應當習以為常的事，即唐代官員的「出身」（資歷功名等）和「入仕」（步入仕途），有不同的方式（「有殊途」）。但現代學者有時似乎忘了這件事，常以為只有讀書人

兆、河南、太守判司」，顯然沿襲明刻本之誤。

（士人）才能做官，只有貢舉、門蔭等才是入仕的不二法門。士人的貢舉門蔭等入仕法，當然是重要的方式，但絕不是唯一的，甚至可能不是唐代多數官員的入仕法。

因為，我們從其他史料知道，唐代還有不少的非士人階層，也在做官（而且是九品三十階的流內官，並非流外官）。敕接著便指出，唐代有人是以「從流外及視品官出身者」身分入仕的。他們不是士人，有些甚至可能不識字，也能做官，只是他們能做的官職種類，有一定的限制。他們只能做某一類的官。這篇敕的主旨之一，就是要明確規定「從流外及視品官出身者」，不能做哪些官。這些官就是敕最前頭所列的那一系列「前官」。

既然出身和入仕方式有所不同，那麼「望秩常班」，便「須從甄異」，意思是要「分辨」清楚「望秩常班」的差異。換句話說，「望秩常班」絕不是同一類的官員，而是兩大類官員，一類是「望秩」，一類是「常班」。兩者要「甄異」分明。

有學者把「望秩常班」理解成同一類官員。比如，王永興便說：

> 按上列自八寺丞至太祝凡十種官職都不是清資官，只是望秩常班而已。[6]

我則認為，「望秩」和「常班」並非同一類，相反正好是相對立的兩大類官員。在敕文中他們是對舉的。此之所以「須從甄異」也。否則「甄異」兩字便落了空，無從說起。「望秩」是那些

6　王永興，〈關於唐代流外官的兩點意見〉，收在《陳門問學叢稿》（南昌：江西人民出版社，1993），頁363。

「從流外及視品官出身者」不能擔任的官職，也就是那些「前官」。他們只能做「常班」一類的官職。

因此，這篇敕最前頭所列的長串官名，我們可以稱之為「望秩」類官員，和「常班」類的官員相對，不相同。

從字義上看，「望」跟「常」是對立的，並非同義。「望」比較高一級，「常」則普通而已。但什麼是「望秩」？什麼是「常班」？

很可惜，我在台灣中央研究院歷史語言研究所研發的《漢籍電子文獻資料庫》，檢索唐代史料中「望秩常班」的用例，只發現一個，正是在神功元年這篇敕。若單單檢索「望秩」，則唐代的用例比較多，但都用其古典《尚書》中的含義，用於祭祀場合，也就是「按等級望祭山川」的意思。例如，《舊唐書·禮儀志》記載玄宗的一段話：「朕觀風唐、晉，望秩山川。」意思是「朕在唐晉觀察風俗，依次望祭山川」。[7] 這個「望秩」並不指某種官員，非官制用語。據我所見，唐代的「望秩」不用於禮儀祭祀場合，而用於職官的場合，用來指某一類的唐官員，則僅見於本文要詳考的這篇敕。

由此推論，「望秩」不是一個專門的官制用語，不像「清望官」、「濁官」、「常參官」之類。它應當沒有特定的官制上的含義。敕的作者用此語，想是一種權宜的、隨興的用法，用來概指某一大群「有職望」的唐官員。我在這裡也沒有更好的用詞可以替代，故且沿用此詞，稱這一類為「望秩」官員。

「望秩」最容易讓人聯想到唐代的「望州」和「望縣」。按唐代的州可分為府、輔、雄、望、緊、上、中、下。唐縣也可分

為赤（或「京」）、次赤（或「次京」）、畿、次畿、望、緊、上、中、中下、下。[8] 在這種分法下，望州和望縣都不是最高等級：在州的場合，望州排第四位；在縣的場合，望縣排第五位。因此，望州、望縣和望秩等詞中的「望」字，並不表示最高等級。就字面上看來，僅能說是有「名望」的州縣，有「名望」的官員。

至於有「名望」到什麼程度？在州縣的場合，我們知道望州排第四，望縣排第五。那麼「望秩」類的官員在整個唐代文官體系中，應當排在什麼位置？

這個問題其實不難解答。因為這篇敕中列了一大串官員，我們分析這些官員的職望和地位，拿他們來跟清望官和清官類的官員來比較，答案就很清楚了。

「望秩」類官員應當排在清望官和清官之後，排名第三。我們細檢這三份名單，它們全具有「排他性質」，出現在某一名單上的官名，就不會出現在另一名單上，絕無重複之處。這等於是唐朝當時人的精細分類，為現代學者研究唐代官員的類型，提供了絕佳的參考價值。

唐代清望官和清官名單見於兩處。一是在《唐六典》；另一在《舊唐書》卷四二《職官志》：

> 職事官資，則清濁區分，以次補授。又以三品已上官，及門下中書侍郎、尚書左右丞、諸司侍郎、太常少卿、太子少詹事、左右庶子、秘書少監、國子司業為清望官。太子左右諭德、左右衛左右千牛衛中郎將、太子左右率府左右

8　關於唐代州府的定位，見拙書《唐代高層文官》，第十六章，頁345-369。

內率府率及副、太子左右衛率府中郎將、已上四品。諫議
大夫、御史中丞、給事中、中書舍人、太子中允、中舍
人、左右贊善大夫、洗馬、國子博士、尚書諸司郎中、秘
書丞、著作郎、太常丞、左右衛郎將、左右衛率府郎將、
已上五品。起居郎、起居舍人、太子司議郎、尚書諸司員
外郎、太子舍人、侍御史、秘書郎、著作佐郎、太學博
士、詹事丞、太子文學、國子助教、已上六品。左右補
闕、殿中侍御史、太常博士、四門博士、詹事司直、太學
助教、已上七品。左右拾遺、監察御史、四門助教已上八
品。為清官。[9]

《唐六典》與《舊唐書》兩名單的差別，主要有兩點：（一）在
清望官名單上，《唐六典》在秘書少監之後，多列了「左、右
率」。（二）在清官名單上，《唐六典》不列「太子中允」和
「中舍人」兩官。

　　為了清楚起見，我把清望官、清官和望秩官員排列成一個簡
表，方便比較。見附錄一。

9　《舊唐書》卷 42，頁 1804-1805。敦煌伯希和文書 P. 2504，被現代學者稱
　　為「天寶令式表殘卷」，前頭有一行文字說「朱點者是清官」。在卷中所列
　　出的好些官名上頭，都有個「朱點」，表示這些是「清官」。但此文書上的
　　清官名單，跟《唐六典》及《舊唐書》所列的有許多地方不相同。有些學者
　　認為這是因為天寶年間的清官名單有所增減。但我認為，此文書不可靠，因
　　為它有許多抄寫錯漏之處，朱點也可能有「脫落」，而且它原為某地方官署
　　或官員所抄寫的一份筆記式抄件，僅供自己工作備忘之用，不能視為正式的
　　官方清官名單，故這裡不擬討論此文書。關於它的錄文和最詳細的考釋，見
　　劉俊文，《敦煌吐魯番唐代法制文書考釋》（北京：中華書局，1989），頁
　　355-403。

　　清望官都是三四品官員，沒有低於四品的，而且都是唐代官員體系中最重要的一些高層官員，如尚書、左右丞和侍郎等。清官的地位比清望官低一些，最高為四品官，如太子左右諭德，但也有低至八品者，如左右拾遺和監察御史。我們從其他史料知道，唐代士人做官，夢寐以求的美職就是這兩份名單當中的某些官職，特別是侍郎、郎中、員外郎、中書舍人、給事中、各級御史、拾遺和補闕等數種。

　　不過，應當指出的是，這兩份名單上包含了一些武官，如清望官名單中有一大項「三品已上官」，定義不明，若包括三品以上武官，則應當包括唐衛率府中的大將軍等最高層三品武官。清官名單上則毫無疑義的包括了幾種武官，如「太子左右衛率府中郎將」和「左右衛郎將」等。過去的唐代清官研究，似沒有論及清官中的武官問題。一般都假設，清望官和清官都只有文官，沒有武官。限於論題，這裡亦無法討論這點，且留待將來另文處理。

　　跟清望官及清官相比，望秩名單上的官員，地位和職望都明顯的不如前兩者。望秩類官員大抵是六品或以下的，有兩個特徵特別值得注意。

　　第一，他們任職的衙司，大都不是在比較崇高的尚書、中書、門下省和御史台，而是在九寺諸監一類的「次級」事務部門。即使有些官是在門下省（如城門郎、符寶郎）和御史台（如御史台主簿），但這些官卻是比較次要冷門的。

　　第二，望秩名單上的官職，有幾種官特別吸引人注意，那就是京兆河南太原三府判司，赤丞簿尉，以及校書正字等數種。實際上，這幾種官跟八寺丞、九寺主簿有些不一樣。我們從其他史料知道，這幾種官正是唐代士人夢想中的好官，特別是起家剛

入仕的士人，更把校書郎、正字等視為「美職」和「起家之良選」。我在《唐代基層文官》曾深入研究過這幾種好官。此不贅論。

正是京兆河南太原三府判司，赤丞簿尉，以及校書、正字這幾種官，給這份望秩名單增添了不少崇望的意味。這幾種官之所以沒有列在清官名單上，而僅出現在望秩名單上，可能因為京兆等三府判司和赤丞簿尉，職望不如清官名單中的拾遺補闕和監察御史。校書正字雖清貴，但官品卻僅九品，所以沒列進清官名單。

雖然望秩類官員的地位，不如清望官和清官，但他們還算是跟清流士職沾上邊，特別是京兆河南太原等三府判司等基層「美官」也名列其中，更讓這份名單生色不少，增添幾許「望秩」的意味。此之所以朝廷要下敕禁止「從流外及視品官出身者」，不得出任這些望秩官。

因此，我們可以總結說，這三份名單等於是唐代三大類「清資」型官員的職望排行榜：清望官最高，清官次之，望秩官第三。

所謂「清資」，是指這些官基本上是「清」的，和「濁官」相對，而且任官者大抵都是士人，不是流外出身者或伎術官。「清資」也是個唐代用語，有清流等義。如《舊唐書》卷四三《職官志》：「凡出身非清流者，不注清資官。」[10] 清資官的含義也比清望官和清官更廣，因為它可以指低至九品的官員，如玄宗開元二十九春正月的一道禁令所云：「禁九品已下清資官置客

10　《舊唐書》卷43，頁1818。

舍邸店車坊。」[11]

　　上面提過，「望秩」和「常班」是相對的。但什麼是「常班」？常班類官員是不是又比望秩類更低下呢？

　　唐史料中「常班」的用例寥寥無幾。其中一個最有意義，或許最能幫助我們理解「常班」為何物的用法，出現在《新唐書》卷一九六《武攸緒傳》：

> 中宗初，降封巢國公，遣國子司業杜慎盈齎書以安車召，拜太子賓客。苦祈還山，詔可。安樂公主出降，又遣通事舍人李邈以璽書迎之。將至，帝敕有司即兩儀殿設位，行問道禮，詔見日山帔葛巾，不名不拜。攸緒至，更冠帶。仗入，通事舍人讚就位，攸緒趨就常班再拜，帝愕然，禮不及行，朝廷嘆息。[12]

武攸緒是武則天皇后兄武惟良的兒子。他的傳說他「恬淡寡慾，好《易》、莊周書」，不喜做官，於是長期歸隱山林。但他是皇室成員，和一般隱士不同，曾經一度被封為安平郡王，在中宗初年降封為巢國公。朝廷幾次徵召他出來做官，都被他謝拒。到安樂公主下嫁時，中宗特地派遣通事舍人李邈以璽書迎接他到京城，原本想在兩儀殿為他設位，行問道禮。但武攸緒卻在典禮上有一個讓大家錯愕的動作。他不就朝廷為他安排好的貴賓位子，卻「趨就常班再拜」，以致「帝愕然，禮不及行，朝廷嘆

11　《舊唐書》卷9，頁213。

12　《新唐書》卷196，頁5602。

息」。13

這個「常班」指什麼，指哪一些官員的「班」？雖然傳中沒有說清楚，但它顯然不是一個像武攸緒那樣的貴賓應當站立的地方。這裡的「常班」和某一「尊位」相對，正如上引敕中，「常班」和「望秩」相對一樣。

敕在禁止「從流外及視品官出身者，不得任前官」之後，又還有一條但書，然而文詞有些晦澀（或許有脫文造成晦澀），須再細考：「其中書主書、門下錄事、尚書都事，七品官中，亦為緊要。一例不許，頗乖勸獎。其考詞有清干景行，吏用文理者，選日簡擇，取歷十六考已上者，聽量擬左右金吾長史及寺監丞。」

這裡我們恐怕須充分理解什麼是「中書主書、門下錄事、尚書都事」這幾種官，才能讀通全句。

簡單說，中書主書等官不是士人應當作的清流士職，而是流外官轉入流內時常任的流內官，是專門保留給那些流外出身者轉入流內之用的。近二十年來，唐代的流外官研究頗有一些成果，特別是任士英的研究最為出色，釐清了流外官的許多謎團。他研究過流外官轉入流內時最常出任的流內官有哪些，當中最主要的就包括「中書主書、門下錄事、尚書都事」，其他的有九寺、親王府錄事；某些等級縣的主簿、縣尉；州縣錄事等等。14

換句話說，任「中書主書、門下錄事、尚書都事」者，都是流外出身者，但這幾種官在「七品官中，亦為緊要」。如果「一

---

13 《資治通鑑》卷 209，頁 6628，把這個「常班」改為「辭見班」。
14 任士英，〈唐代「流外出身人」敘職考〉，《煙台師範學院學報》1993 年第 1 期，頁 59-67。

例不許」這些流外出身者出任「前官」，即望秩官，那又「頗乖勸獎」。所以，敕最後提了個變通、例外的辦法，讓那些曾任「中書主書、門下錄事、尚書都事」的流外出身人，如果「其考詞有清干景行，吏用文理者」，則他們可以「選日簡擇，取歷十六考已上者，聽量擬左右金吾長史及寺監丞」。

應當注意的是，這裡雖然網開一面，讓某些流外出身人出任望秩類官，但並不是所有望秩類官都包含在內，只是「聽量擬」望秩類當中的「左右金吾長史及寺監丞」而已。換句話說，望秩類官當中某些更清貴的官，例如上面提到的三府判司、赤丞簿尉和校書正字等，還是禁止由流外出身者出任。這也間接顯示，這幾種官的清貴程度，猶在「左右金吾長史及寺監丞」之上。

還有一點值得申論，即敕中「十六考」此詞。唐代官員一年有一次考課。十六考幾乎跟十六年同義。《唐會要》此處即作「歷十六年」。但問題是，那些任「中書主書」等官的流外出身人，要擔任這些官「十六考」之後，才有資格獲選為「左右金吾長史及寺監丞」，豈不太久？

我認為，這「十六考」的年資要求的確太高，很可能是「六考」的衍文，衍一「十」字。因為，「中書主書」等官，正如敕中所說，已經是「七品官」了，而「左右金吾長史」和「寺監丞」都只不過是從六品上的官，但卻要這些七品官花上十六年才能升任，豈非太刁難人？豈是「勸獎」之道？「六考」比較合理。

實際上，這段敕也出現在《唐六典》卷二，「出身非清流者，不注清資之官」之下的一段小字註：

其中書主書、門下錄事、尚書都事，歷任考詞、使狀有清

幹及德行、言語，兼書、判、吏用，經十六考已上者，聽
擬寺‧監丞、左‧右衛及金吾長史。15

這段小字注，其史源顯然是神功元年這篇敕，雖然略有異文。北
京中華書局《唐六典》的校點者陳仲夫，在「經十六考已上者」
處，有一條校記說：

「十」字原本壞作「一」，後人墨書作「十」，與《唐
會要》卷七十五「選部下雜處置」所載神功元年閏十月
二十五日敕合，今仍之。正德本亦壞作「一」，嘉靖本墨
釘，近衛校明本曰：「『一』當削。」廣雅本徑刪去之，
俱非。16

這裡所說的「原本」，指陳仲夫所用的底本南宋本。依此看來，
早在南宋，這個「十六考」原本印為「一六考」。後來有人就在
此南宋本以墨筆加上一畫臆改為「十」。明正德本也作「一」，
顯然沿襲宋本之舊。我以為，此「一六考」中的「一」恐怕是衍
文，應作「六考」，所以我頗贊同近衛家熙的看法：「一」字當
削。「廣雅本徑刪去之」，也很有道理，且文義更優勝。但陳仲
夫受到後人墨筆所改的「十」字和《唐會要》的影響，仍校為
「十六考」，應當還可再商榷。

　　神功元年此敕在頒行當時，應當是付之實行的。至於它所提
到的禁令，是否也曾經在唐代其他時候實施，特別是在唐後半

15　《唐六典》卷2，頁28。
16　《唐六典》卷2，頁48。

期，由於史無明文，我們不得而知。但就官制研究的觀點看，此禁令是否曾經實行，或是否在唐後期行用，倒也不是關鍵要點。重點是，此敕讓我們見識到唐朝廷如何把文職事官分成幾種類型，如何在「保護」某些類型的文職事官免受流外等雜色出身人的「污染」。這也就間接讓我們知道，唐代士人心目中的「好官」是哪一些，哪一些官是他們可以出任的，哪一些又是專門保留給流外等雜色出身人和伎藝人，是士人不能擔任的。

三、「望秩」官名考略

唐代的清望官和清官名單，其實都包含了相當「龐雜」的一大群官員。例如，兩份名單中都有武官，顯然和文官不屬同類。即使不理武官，單論文官，我們也還可以分辨出好幾種不同性質、不同職望的文官。

我研究唐代職官，其中一個最關心的課題是：哪一些官是唐代士人心目中的好官、美職？哪一些官是他們最想出任的？哪一些官是比較劇要的、核心的？哪一些官雖然官品高，但其實是次要的，閒散的職位？這些問題不可能單靠查檢各官職的官品來解決，因為衡量唐代官職，不能單靠官品。我們必須從大量唐代士人的仕歷經驗和親身描述，去認知他們心目中的好壞官標準。

之所以關注這樣的問題，是因為在我們閱讀唐代士人的傳記或墓誌時，我們需要知道，他一生所出任的哪些官職當中，哪一些是好官，哪一些是陞遷的樞紐，哪一些其實無關緊要。這樣，我們才能弄清楚這位士人官員的仕途是否坦順、是否騰達等等，就像我們今天閱讀某個專業人士的履歷，可以單單從他的學歷，他過去的任職機構和職稱，他的得獎榮譽等等，就可以大致了解

和評估這人過去的專業表現和未來的發展潛能一樣。閱讀唐人的官歷，我們應當也能達到這樣的境界才是。這正是研究唐代官職最理想的目標。否則，我們將如霧裡看花，看不透也等於「沒看懂」這位官員的仕歷。

從這樣的角度來審視那三份官員名單，應當更有意義。

例如，清望官名單雖然列了長達約 59 個官名（包括三品官中的 51 個，見附錄一），但在唐整個文官體系中，最核心的官職僅有中書門下侍郎、尚書左右丞和尚書諸司侍郎寥寥幾種而已。三品官中諸寺的首長，如太常卿等九卿，職望都在上述核心官職之下。當然，九寺卿當中又有高低等級之分，如太常卿、宗正卿的地位，一般又在太僕卿和太府卿之上。至於三師三公，都用以酬德高望重的臣子，不是士人可以追求的高職。太子少詹事、左右庶子和秘書少監，則是常用以處閒散的清職。國子司業屬於學官性質，只有儒學型官員好之，非一般士人所能為。

在清官名單上，最核心的官職是御史中丞、侍御史、殿中侍御史、監察御史等四種御史台官；給事中；中書舍人；尚書諸司郎中和員外郎；補闕拾遺。其他的屬閒散，如左右贊善大夫、著作郎、著作佐郎；或屬學官，如國子博士、太學博士、國子助教、四門博士、太學助教、四門助教。

同理，望秩名單也可以這樣解讀。最核心官職當數京兆河南太原三府判司，赤丞簿尉，和校書正字數種。至於其他官職，都可以說比較次要，也是唐代士人比較少會去出任的，在史料中也比較少見。下面略考所有望秩名單上的官名。

（一）八寺丞

　　唐代有九寺，按先後秩序是：太常寺（管宮廷禮樂占卜祭祀等）、光祿寺（管宮中膳食釀酒等）、衛尉寺（管兩京武庫和宮廷守衛等）、宗正寺（管宗室和道觀等）、太僕寺（管車馬監牧等）、大理寺（管司法審判等）、鴻臚寺（管外國使節和外交事務等）、司農寺（管園林糧倉溫泉等）、太府寺（管國庫賦稅收支和常平義倉等）。

　　嚴耕望有一篇著名論文〈論唐代尚書省的職權與地位〉，詳論唐尚書六部與九寺諸監的統屬關係。結論是：

> 尚書六部上承君相之制命，製為政令，頒下於寺監，促其施行，與為之節制；寺監則上承尚書六部之政令，親事執行，復以成果申於尚書六部。故尚書六部為上級機關，主政務；寺監為下級機關，掌事務。六部為政務機關，故官員不必多；寺監為事務機關，事類叢瑣，故組織常龐雜。六部長官為政務官，故地位特崇隆；寺監長官為事務官，故權勢自遠遜。[17]

雖然岑仲勉在他那本教科書《隋唐史》中曾經質疑過這個結論，但我認為大抵不差，只是細節部分可能還需商榷。就官員地位而言，尚書六部的各主要官員，如尚書、左右丞、侍郎、郎中和員外郎，都是唐代士人最推崇的清望官或清官，也多為封演在那篇著名的陞官圖所說的「八儁」：

17　《嚴耕望史學論文集》上冊（上海：上海古籍出版社，2007），頁 262-263。

宦途之士，自進士而歷清貴，有八儁者：一曰進士出身制策不入，二曰校書、正字不入，三曰畿尉、〔京尉〕[18] 不入，四曰監察御史、殿中〔侍御史〕[19] 不入，五曰拾遺、補闕不入，六曰員外郎、郎中不入，七曰中書舍人、給事中不入，八曰中書侍郎、中書令不入。言此八者尤加儁捷，直登宰相，不要歷餘官也。[20]

　　然而，唐代九寺官員的地位，就的確遠不如尚書六部者。九寺的長官卿（如太常卿），因為是從三品，而自動列為清望官（所有三品或以上官員，都是清望官）。九寺的次官少卿，地位比較低，而且只有太卿少卿被列為是清望官，其他八寺的少卿，則連清官都不是。

　　值得注意的是，這篇神功元年敕，提的不是「九寺丞」，而是「八寺丞」，顯得有點奇怪。這「八寺」又指哪八個寺？哪一個寺丞不包括在內？初看之下，這似乎是史料傳抄之誤，為「九寺丞」之誤，但細心求證，這「八寺丞」應當是正確的。它是指

18　此處有缺文。此處據池田溫，《律令官制の形成》（東京：岩波書店，1970），頁 299，補作「京尉」。礪波護，《唐代の縣尉》，黃正建中譯本，收在劉俊文主編，《日本學者研究中國史論著選譯》第四冊（北京：中華書局，1992），頁 576，則補作「縣丞」。我認為池田溫所補的「京尉」較佳，正好和前面的「畿尉」相配。縣丞沒有如此高的職望。

19　此處《唐語林》引作「殿中丞」，見《唐語林校證》卷 8（上海：上海古籍出版社，1987），頁 717。但「殿中丞」和前面的「監察御史」毫無關係，且殿中丞並非什麼清官，恐誤。池田溫《律令官制の形成》和礪波護《唐代的縣尉》，都將之校改為「殿中侍御史」，甚是。封演所說的「八儁」，都是相對或相近的，如校書郎和正字，拾遺和補闕，員外郎和郎中等等。

20　趙貞信校注，《封氏聞見記校注》卷 3（北京：中華書局，2005 年新排印本），頁 18-19。

光祿丞、衛尉丞、宗正丞、太僕丞、大理寺、鴻臚丞、司農丞、
太府丞這八個寺丞，不包括太常丞。為什麼？

　　最簡單的解釋是：太常寺丞已經列在《唐六典》或《舊唐
書・職官志》的那份「清官」名單上，自然就不應當又出現在這
份「望秩」名單中。更進一步觀察，太常丞的官品為從五品上，
和其他八寺丞的從六品上，明顯崇高一些。再進一步求證，太常
寺負起國家朝廷的禮樂，職務顯然比其他寺所管的膳食釀酒車馬
等事「高尚」一些，所以太常寺的幾個重要官員，不是被列為清
望官（太常卿和太常少卿），就是清官（太常丞和太常博士）。
這個太常博士也是太常寺所獨有：其他八寺沒有相應的對口官
職。這樣看來，唐的太常寺地位遠在其他八寺之上，有點超然。
這份望秩名單只列「八寺丞」，排除已屬清官的太常丞，也就毫
不出奇了。

　　丞通常是一個機關首長的副手。例如，縣的長官為縣令，副
手即縣丞。管理天文的太史局（唐某些時候又稱司天台），首長
為太史令，副手即太史丞。九寺的首長為某某卿，如太僕卿等，
但九寺的編制多了一個較次的少卿，如太僕少卿等，為九卿之副
手。太僕丞等寺丞因而變為九寺排名第三位的官員，在所謂的
「四等官」中成了「判官」。[21]《唐六典》對九寺丞的職掌描述
都一樣：「丞掌判寺事」。換句話說，在九寺的場合，諸寺丞成
了一種執行事務的官員，好比縣的縣尉。

21　《唐律疏議》卷 5，頁 110，有一條律疏云：「假如大理寺斷事有違，即大
　　卿是長官，少卿及〔大理〕正是通判官，丞是判官，府史是主典，是為四
　　等。」由此推論，九寺丞都是判官，而非縣丞之類為通判官。關於「四等
　　官」的詳細解說，見拙書《唐代中層文官》，第五章第一節「從勾官到通判
　　官和專知官」，以及第六章第三節「本判官和四等官及勾官」。此不贅論。

　　這些寺丞的官品，太常丞的為從五品上，其他八寺丞都是從六品上。這點再次顯示太常丞的地位跟其他八寺丞不一樣，高一品。這樣的官品乍看之下很不錯：五品一般算高官，六品至少也算中層，跟尚書省的諸郎中（從五品上）和員外郎（從六品上）比起來，似乎完全一樣，地位相同，但實際上絕非如此。

　　因為這些寺丞絕不能跟郎中和員外郎相提並論。最好的證據是：郎中和員外郎都雙雙名列在那份尊貴的「清官」名單上，寺丞卻沒有，只能「屈居」於「望秩」名單上。其次，郎中和員外郎都是封演所說的「八儁」，寺丞卻不是。但更重要的證據是，唐代士人出任過郎中和員外郎的比比皆是，但史料中找不到有多少人出任八寺丞的案例，顯示這是一種不太常見，不怎樣重要的官員。雖然稱為「望秩」，有點清貴，但卻遠在清望官和清官之下。這再次說明，何以唐代官員的地位，不能單看官品。

（二）九寺主簿

　　跟上述「八寺丞」不同的是，這裡的「九寺主簿」，顧名思義，當然包含了唐所有九寺的主簿，包括太常寺主簿。

　　《唐六典》對所有九寺主簿的職掌描寫都一樣：「主簿掌印，勾檢稽失，省署抄目。」[22] 這樣的職務描述相當抽象，不易理解，但如果我們把它放在唐代的勾檢制度和勾檢官脈絡下，便清晰易懂，且有吐魯番出土文書的實例可供參證。

　　簡言之，唐代幾乎所有衙署，都有兩個負責勾檢稽查文書的官員，一個為上司，稱為「勾官」，另一個為下屬，稱為「檢官」。當一個文案送到某某衙署時，一般照例由比較低層的下屬

22　《唐六典》卷 14，頁 396 等處。

「檢官」來領受處理。他的批語一般會是「檢無稽失」。文案處理到最後階段，送到上司「勾官」那裡，他覆查無誤後，通常會批上「勾訖」兩字，表示整個文案結案了。我們在好些吐魯番出土文書上，還可以見到西州勾檢官的這兩種批示，不少為硃筆批。[23]

　　勾官和檢官在唐的不同衙署，有不同的官名。在州的場合，勾官即錄事參軍，檢官為州錄事。在縣的場合，勾官即縣主簿，檢官為縣錄事。在好些中央衙署，比如九寺，勾官即九寺主簿，檢官為九寺錄事。

　　所以，九寺主簿職掌中所謂「掌印，勾檢稽失，省署抄目」，最重要的部分是「勾檢稽失」。至於「掌印」和「省署抄目」兩項，可說是次要的。

　　九寺主簿的官品都是從七品上。我們感興趣的是，這樣的官品表示怎樣的職望？跟其他相同官品的官員比較起來，九寺主簿在唐代士人的心目中地位如何？《舊唐書》卷四二，列出「從第七品上階」的一系列官員，其中職事官計有：

> 殿中侍御史……左右補闕、太常博士、太學助教……門下錄事、中書主書、尚書都事、九寺主簿、太子詹事主簿、太子左右內率監門率府長史、太子侍醫、太子三寺丞、都水監丞、諸州中下縣令、親王府東西閤祭酒……京縣丞、萬年、長安、河南、洛陽、奉先、會昌、太原、晉陽。下都督府上州錄事參軍、中都督上都護府諸曹參軍事、中府

23　拙書《唐代中層文官》的第五章〈司錄、錄事參軍〉中有詳細的舉例和討論。

別將長史、中鎮副。[24]

這些雖然全都是從七品上的官員，但職望和地位卻很不相同，甚至差別極大。最明顯的是，殿中侍御史、左右補闕、太常博士和太學助教，都名列在尊貴的清官名單上，也是我們所知唐代士人心目中的好官和核心官職。但九寺主簿卻沒有達到這樣高的職望，僅在「望秩」名單上有名。這種官在兩《唐書》列傳和其他唐史料中也很少出現，顯示它是一種比較「冷門」的官職。這再次說明，衡量唐代官員時，如果單單列出他們的官品，那是很容易誤導讀者的。

應當指出的是，九寺主簿的地位，明顯又高於同屬從七品上的門下錄事、中書主書、尚書都事等三官，因為我們知道，這三種官正是保留給流外出身人轉入流內時的「專任官職」，屬所謂的「流外之任」，多少含有貶義，而且不在望秩名單上。至於其他不在望秩名單上的官，比如太子侍醫、太子三寺丞、都水監丞等等，是否也在九寺主簿之下？我們目前對太子侍醫等官還沒有任何研究，不得而知，但以我閱讀許多唐代史傳和墓誌的體會，我認為：萬年、長安、河南、洛陽、奉先、會昌、太原、晉陽等八個京縣的縣丞，以及下都督府和上州的錄事參軍，他們在唐代士人心目中的地位，應當都高過九寺主簿。

（三）三監丞簿

宋刻本和明刻本《冊府元龜》的「三監丞簿」，在《唐會要》中作「諸監丞簿」。唐代「監」等級的衙署計有：國子監、

24　《舊唐書》卷 42，頁 1798。

少府監、將作監、都水監、北都軍器監等。如果是「諸監」，似乎可以指這六個監。如果是「三監」，那又是哪「三監」？

《舊唐書》卷四二〈職官志〉說：

> 貞觀元年，改國子學為國子監，分將作為少府監，通將作為三監。[25]

換句話說，唐初只有三監：國子監、少府監和將作監。唐初的史料也常見「九寺、三監」的用語。神功元年時，應當也只有這三監，所以「三監丞簿」無誤。

實際上，北都軍器監原本屬少府監，於「開元初令少府監位置，十六年移向北都」。[26] 都水監原本「隸將作」，[27] 是後來才分化出去的機構。

因此，「三監丞簿」即國子監丞、少府監丞、將作監丞，以及國子監主簿、少府監主簿、將作監主簿等六種官的省稱。

上面「八寺丞」部分已討論過「丞」的意義。三監的官員編制和九寺類似：有長官，在國子監為「國子祭酒」，又有副官「國子司業」，於是國子監丞像八寺丞那樣排位第三，成了四等官制中的「判官」。將作監丞和少作監丞的情況與國子監丞相同。《唐六典》對三監丞的職掌描寫都一樣：「丞掌判監事」。

在上文「九寺主簿」中已論及主簿是一種「勾稽文書」的「勾官」。此不贅論。三監主簿和九寺主簿的職務相似，大抵為

25　《舊唐書》卷 42，頁 1785。

26　《唐六典》卷 22，頁 577。

27　《唐六典》卷 23，頁 599。

「掌勾檢稽失」之類。

　　唐史上充當過三監丞和主簿者，在兩《唐書》列傳中都僅僅能找到一兩人，相當少見，顯示這些又都是「冷門」官，正如八寺丞和九寺主簿一樣。

（四）城門、符寶郎

　　這是門下省兩種官「城門郎」和「符寶郎」的省稱。

　　城門郎「掌京城、皇城、宮殿諸門開闔之節，奉其管鑰而出納之」，[28] 是一種掌管京城、皇城和宮殿諸門鑰匙的官。城門郎的員額僅有四人，但卻有「門僕八百人」。由此看來，城門郎恐怕只負責諸多城門鑰匙的整體管理和規畫。真正開關城門的工作，應當由這些眾多的門僕充任。

　　符寶郎原稱符璽郎，「掌天子之八寶及國之符節」，[29] 因武則天不喜「璽」字而改為「寶」字。「八寶」指皇帝的八種璽印，用於不同的場合，如修封禪、答四夷書等。

　　城門郎和符寶郎的官品都是從六品上，和尚書省的諸司員外郎相同，但唐史上做過員外郎而留名史籍的士人非常多，做過城門郎和符寶郎而留名史籍的則非常少。兩者可說是冷門官。

（五）通事舍人

　　這是中書省的一種「傳令官」，「即秦之謁者」，「掌朝見引納及辭謝者於殿庭通奏」。[30] 我們前頭見過，當年安樂公主出

28　《唐六典》卷 8，頁 249。

29　《唐六典》卷 8，頁 251。

30　《唐六典》卷 9，頁 278。

嫁，中宗召見武攸緒，就是遣「通事舍人李邈以璽書迎之」。在兩儀殿的歡迎典禮上，也是「通事舍人讚就位」，但武攸緒沒有就位，而跑到「常班」去。

　　和城門符寶郎不同的是，通事舍人在唐史料中比較常見。唐初名人崔敦禮、許敬宗、韋湊、元行沖等人，都曾經做過通事舍人。

（六）大理司直、評事

　　這是大理寺兩種不同等級的司法官員：大理司直和大理評事。《唐六典》等職官書描述他們的職掌時，都提到他們需要「出使」：「司直掌承製出使推覆，若寺有疑獄，則參議之。評事掌出使推按。」[31]

　　大理司直和評事這種需「出使」推案的特質，在唐後期的史料還可以見到，如《唐會要》所載的一篇奏文：

> 會昌元年〔841〕六月，大理寺奏：「當寺司直、評事應准勅差出使，請廢印三面。比緣無出使印，每經州縣及到推院，要發文牒追獲等，皆是自將白牒，取州縣印用，因茲事狀，多使先知，為弊頗深，久未釐革。臣今將請前件廢印，收 在寺庫。如有出使官，便令齎去，庶免刑獄漏洩，州縣煩勞。」勅旨：「依奏，仍付所司。」[32]

這是大理寺請求把「廢印三面」，從「寺庫」中「請」出來，以

31　《唐六典》卷 18，頁 504。

32　《唐會要》卷 66，頁 1359。

供大理司直和評出使州縣時可以使用（不必再借用州縣印），可證唐後期應當仍有這兩種司法官員在出使執行任務。但此事還有下文：

> 其年十一月，又奏：「請創置當寺出使印四面。臣於六月二十八日，伏緣當寺未有出使印。每准勑差官推事，皆用州縣印，恐刑獄漏洩，遂陳奏權請廢印三面。伏以廢印經用年多，字皆刓缺。臣再與當司官吏等商量，既為久制，猶未得宜。伏請准御史臺例，置前件出使印，其廢印卻送禮部。」勑旨：「宜量置出使印三面。」[33]

這兩篇奏文，讓我們見識到唐代衙署對印章使用和管理極之謹重的態度。「廢印」如要從寺庫中請出來，還得上奏請示。請出來後，發現這些廢印「經用年多，字皆刓缺」之後，又要上奏「請創置當寺出使印」。看來連刻幾個出使印章，都不是大理寺「當寺」本身可以自主決定的。如此大費周章上奏，可以想見大理寺的這兩種司法官員，真的在「出使」，而且碰到了出使時無印可用的窘境。

德宗建中元年改元時，曾頒一敕令：「常參官、諸道節度觀察防禦等使、都知兵馬使、刺史、少尹、畿赤令、大理司直評事等，授訖三日內，於四方館上表讓一人以自代。」[34] 這裡所提的幾種官全是唐核心官職，大理司直和評事亦名列其中，說明這兩種官在德宗時代仍頗受重視。

33　《唐會要》卷 66，頁 1359。
34　《舊唐書》卷 12，〈德宗紀〉，頁 324。

　　唐後期史料常見「試大理司直」和「試大理評事」。這些不是實職，而是幕府官任幕職時常帶的所謂「朝衙」，以秩品位。但史料中常省略「試」字，以致真正的大理司直和大理評事，和無實職僅帶「試」衙者，有時不易分辨，常會弄錯，須從上下文去推敲。[35]

（七）左右衛、千牛衛、金吾衛、左右率府、羽林衛長史、直長

　　這裡的「左右衛、千牛衛、金吾衛」當指唐衛府中的左衛、右衛、左千牛衛、右千牛衛、左金吾衛、右金吾衛。「左右率府」當缺一「衛」字，應作「左右衛率府」，指太子東宮的左衛率府、右衛率府。不過，唐史料常把太子的「左右衛率府」省略為「左右率府」。東宮這種衛府都帶有一個「率」字。

　　「羽林衛」原為左右「羽林軍」。武則天天授二年（692）二月三十日，「改為左右羽林衛，以武攸寧為大將軍」。到中宗的神龍元年（705）二月四日，「又改為左右羽林軍」，[36] 可知羽林衛是武則天時代的稱呼。這篇神功元年敕，正是武則天掌政期間所頒，稱「羽林衛」完全吻合時代。

　　長史是唐代很常見的一種官，分布很廣，不但見於京城的十六衛府、太子率府、親王府，也見於京外的都督府、都護府和諸州。長史字面上的意思即「總書記」，常英譯為 Chief Administrator。所以此官的職掌一般說是「掌判諸曹之事」，是

---

35 拙書《唐代基層文官》和《唐代中層文官》曾多處討論過這種無實職的「試」衙。

36 《唐會要》卷 72，頁 1530。

個通判型的官員。

長史的官品和地位，要看他所屬的衙署而定。例如，唐代有五個極重要和極具戰略地位的大都督府，即揚州、益州、荊州、并州和冀州，通稱五大都督府。這五大都督府照例由親王遙領，如沛王李賢曾為揚州大都督，周王李顯曾為并州大都督，但不之任。五大都督的長史名義上是副手，實際上是府的大總管，官品也高達從三品。[37] 唐名臣張說和張九齡，都曾經做過荊州大都督府長史。李德裕則做過揚州大都督府長史。

但唐代衛率府的長史官品和地位，卻沒有五大都督府長史那麼高。衛府的長史正六品上，太子率府的正七品上。但這些衛率府長史也跟上述八寺丞、九寺主簿一樣，在唐代史料中難得一見，看來不是士人熱衷的熱門官。

應當一提的是，唐衛率府為軍事機構，其將軍、郎將、司階、司戟等都是武職事官，但長史和諸曹參軍卻是標準的文職事官，不是武職事。[38]

至於「直長」，唐左右衛、金吾衛等衛率府，實際上並未設置此官。唐代設有「直長」的衙署有兩種。一是在殿中省的尚食局、尚藥局、尚衣局、尚舍局、尚乘局和尚輦局，都有「直長」，為六尚的副官（長官叫奉御）。另一是在太子左右監門率府，但它的「監門直長」人數多達「七十八」人，而且也只是一種「衛官」，[39] 不屬九品三十階的職事官。這兩種「直長」都跟我們這裡討論的衛率府無關。因此我懷疑，宋本和明刻本《冊府

---

37 《舊唐書》卷 42，頁 1792。

38 《舊唐書》卷 42，頁 1797。

39 《舊唐書》卷 42，頁 1799。

元龜》此處的「直長」，很可能是衍文，因為《唐會要》此處只列衛率府的長史，並無直長。

（八）太子通事舍人

這是中書省通事舍人的東宮版。其官品為正七品下，比中書省通事舍人（從六品上）略低，但職掌類似，「掌導引東宮諸臣辭見之禮，及承令勞問之事」。[40]

唐代做過此官者，有些跟宗室有關，如上面提到的安平郡王武攸緒，以及九江王武攸歸，都曾經當過此官，[41] 或可說明此官的屬性。兩《唐書》列傳中做過此官的士人不多，屬冷門官。

此外，應當一提，太子通事舍人在唐後期，也常用作加官，作為幕府官或州縣攝官的一種加銜。例如，武則天時代的名臣敬暉，他的曾孫元膺，便在「開成三年〔838〕，自試太子通事舍人為河南縣丞」，[42] 也就是以「試太子通事舍人」這個「試」加官銜，去充任「河南縣丞」。這種「試太子通事舍人」，在唐後半期的墓誌中尤其常見。

（九）親王掾屬、判司、參軍

「親王掾屬」指親王掾和親王屬兩官。「判司」則是諸曹參軍的統稱，在親王府的場合指功曹參軍、倉曹參軍、戶曹參軍、兵曹參軍、騎曹參軍、法曹參軍、士曹參軍。「參軍」則指親王府參軍。此「參軍」很容易跟功曹參軍等諸曹參軍混淆。最簡便

40　《唐六典》卷 26，頁 672。

41　《舊唐書》卷 183，頁 4729。

42　《舊唐書》卷 91，頁 2934。

的記憶法是：諸曹參軍的官銜前頭，都有諸曹的名稱，如功曹、倉曹等，但親王府參軍（以及其他衙署參軍）的官銜前頭，沒有戶曹、倉曹等前綴詞。親王府諸曹參軍的官品（正七品上），也比親王府參軍（正八品下）略高。[43]

　　親王掾和親王屬是諸曹參軍的上司。親王掾「掌通判功曹、戶曹、倉曹事」。親王屬「掌通判兵曹、騎曹、法曹、士曹事」。其他諸曹參軍，專管各曹相關事，一如州府的列曹參軍，如功曹參軍掌文官簿書、考課等等；騎曹參軍「掌廄牧、騎乘、文物、器械等事」。只有參軍沒有特定的曹事可管，所以「掌出使及雜檢校事」。[44]

　　這一批親王府官，官品和地位都不相同，從親王掾、親王屬的正六品上，到親王參軍的正八品下不等，但都同列在望秩名單上。這再次說明這名單的選官標準，不在官品地位，而在諸官職的「職望」、「清望」程度。親王府官雖不如尚書省侍郎、郎中、員外郎、拾遺補闕和各級御史那麼清要，那麼熱門常見，但這些官畢竟在處理皇室成員的事務，因而得以列入這望秩名單，禁止流外出身等雜色人擔任。

（十）京兆、河南、太原〔府〕判司

　　「判司」是諸曹參軍的統稱，上面已說明。京兆（長安）、河南（洛陽）和太原三地，在唐具有重要地位，因為長安為西京，洛陽為東京，太原則是唐高祖起兵的地方，也是唐的北都。

43　關於親王府參軍，拙書《唐代基層文官》第四章〈參軍和判司〉有一專節討論。

44　《唐六典》卷29，頁731-732。

這三地因而都升格為「府」，有別於一般的州。

　　唐前期這種比州略高一級的「府」只是這三個，所以神功元年敕只提到這三府。唐後期的這種「府」則多達八個，增添了鳳翔、興元、成都、河中和江陵五府。「有三個是因皇帝駐蹕（鳳翔、成都、興元府）；一個是因地勢險要（河中府）；一個是由於民戶猛增（江陵府）。」[45] 至於這些後來添加的五府判司，是否跟原先的三府判司一樣，被視為「望秩」類官員，禁止流外出身者擔任，則不得而知，有待進一步的研究。

　　唐代的州有三百多個，也都各有判司。但京兆等府的判司顯然比一般州的判司清要多了，名列望秩名單，禁止流外出身者等人擔任，專門保留給士人。至於一般州的判司，未列名望秩，則有可能由流外出身者擔任，特別是在那些偏遠不重要的州，如嶺南等地。

　　唐代史料中出任過京兆等府判司的士人相當多。我在《唐代基層文官》第四章有一節專論過這些判司，此不贅論。[46] 此官比八寺丞、九寺主簿常見。

（十一）赤丞簿尉

　　「赤丞簿尉」是個省稱，指赤縣的縣丞、縣主簿和縣尉三種官。《唐會要》作「赤縣簿尉」，好像不包括縣丞。但唐代的這種用詞，有時是不精確的。「簿尉」有時可以當作一種「簡寫略語」，用來泛指所有縣官。

---

45 這五府從原本的州升格，主要跟皇帝曾經停駐或跟皇陵所在地有關。

46 見《唐代基層文官》第五章〈參軍和判司〉第七節「京兆河南等大府判司」。此章亦論及參軍和州府的判司等相關課題。

　　何謂赤縣？「京都所治為赤縣」，[47] 所以赤縣又稱京縣。在神功元年，唐只有六個赤縣，即京兆府的長安、萬年縣；河南府的洛陽、河南縣；以及太原府的太原、晉陽縣。唐後期的赤縣也是這六個，但後來新增鳳翔等五個府，以及皇帝陵所在地增多，出現了一種新的赤縣，叫「次赤縣」，共有十四個，包括奉先、成都、華陽、河東、河西、江陵、醴泉、云陽、奉天等縣。[48]

　　赤縣是唐代最高等級的縣。能夠在赤縣做縣丞、主簿和縣尉等縣官者，都是一些出身非常良好、資歷優秀的士人。畿縣、次畿縣、望縣和緊縣的縣官一般也不輕授，地位也相當崇高。但中下等級縣，位於偏荒小州，其縣官地位就相當低下，士人多不願就任。唐武宗的〈加尊號後郊天赦文〉這樣形容這些中下縣的縣官：

> 其遠處縣邑，多是中、下縣。其縣丞、簿、尉等，例是入流令史。苟求自利，豈知官業？[49]

這裡「入流令史」是個很精確的用詞，說明唐遠處中下縣的縣丞，主簿和縣尉，「例是」一些原本擔任「令史」的流外官，「入流」後去出任的。這跟神功元年此赦禁止流外出身等雜色人擔任「赤丞簿尉」，正好形成一個相反的對比。

　　因此，赤丞簿尉遠非其他等級的縣官可比，名列在這望秩名單上，甚為合理。我們評估唐代州縣官的地位，一定要先看看他

---

47 《通典》卷 15，頁 920。

48 翁俊雄，〈唐代的州縣等級制度〉，《北京師範學院學報》1991 年第 1 期，頁 14-15。

49 《文苑英華》卷 429，頁 2174。

們任官州縣的定位和等級，才能見到真貌。

但近年頗有一些碩博士論文和專書，探討唐代的州縣官和地方行政，卻完全不理會唐代州縣等級問題，沒有注意到，比如說，赤畿縣的縣官地位崇高，任官者幾乎都是出身或資歷非常良好的士人，非中下等級縣從流外官「令史入流」的縣官可比。這一類論著，論及唐州縣官時，好像他們全都是一個模子印出來的，同等出身，同等地位，可說沒有騷到癢處。

（十二）御史台主簿

此官的性質和職務，都跟上面提過的「九寺主簿」以及「三監丞簿」中的「簿」（即主簿的簡稱）相同。他們主要都是一種勾稽文書的「勾官」。

唐代京官的職望，常要看他任職的官署而定（外官則要看他任職州縣的定位和等級）。依此看來，御史台主簿在唐代士人心目中的地位，應當高於九寺主簿，因為御史台是唐極清要的一個衙署，非九寺可比。或許正因為此點，敕中把御史台主簿獨立分開出來單列。

唐史上做過御史台主簿此官的，我們僅能在史料中找到寥寥幾個案例，遠比監察御史等官少，應當算是冷門官，但這不減其清資程度。《通典》更指出：「貞觀中，自張弘濟為此官之後，遂為美職。」[50] 另一曾任此官者為唐代有名的史官李延壽，著有二十四史中的《南史》和《北史》。不過，李延壽是以御史台主

50　《通典》卷 24，頁 676。張弘濟僅見於《通典》此處，在兩《唐書》中無傳。

簿的身分，到唐史館去擔任「直國史」的使職。[51] 這意味著，當時御史台主簿可能已成了一個閒官，所以可以作為李延壽的本官，去出任一個使職。

（十三）校書、正字

　　前面常提到，望秩名單中有不少官為「冷門官」。相比之下，校書郎和正字無疑是熱門官。我在《唐代基層文官》的第一章〈校書郎〉和第二章〈正字〉中，曾經全盤研究過這兩種官的種種面貌，可參看。這裡不擬贅論，僅簡單交代兩點。

　　第一，校書郎和正字的職務是在唐秘書省、集賢院等藏書樓刊正抄本典籍。雖然都只是九品官，但地位和職望卻相當高，是唐代士人心目中的好官。關於校書郎，《通典》說：「為文士起家之良選。其弘文、崇文館，著作、司經局，並有校書之官，皆為美職，而秘書省為最。」關於正字，《通典》說：「掌刊正文字，其官資輕重與校書郎同。」

　　第二，唐代主要詩人當中，有十一人曾經以校書郎起家，或在年輕時任過此職：楊炯、張說、張九齡、王昌齡、劉禹錫、白居易、元稹、李德裕、杜牧、李商隱和韋莊。從正字出身的，則有王績、陳子昂和柳宗元三人。唐史料中做過這兩種官的士人，更是不可勝數，故可謂「熱門官」。

（十四）詹事主簿

　　「詹事主簿」即太子詹事府主簿的簡稱。這種官和上面論及的九寺主簿和御史台主簿一樣，主要是一種勾稽文書的勾官。

51　《舊唐書》卷 73，頁 2600。

太子詹事府是東宮一個總管府式的機構，掌管東宮三寺（太子家令寺、太子率更寺、太子僕寺）和十率府等總務。詹事府的長官叫太子詹事（正三品的高官），副官為太子少詹事。副官之下有太子詹事府丞，然後才是太子詹事府主簿和主簿的下屬錄事。

唐史上做過詹事主簿的士人非常少見，可說是另一冷門官。其中一個案例是著名的魏徵。唐太宗「素器之，引為詹事主簿」。[52] 這或可反映此官的清資程度。

（十五）協律、奉禮、太祝

這是太常寺中的三種基層官。協律郎掌宮廷的大樂等，奉禮郎和太祝則都掌祭祀任務。或許正因為大樂和祭祀跟國家禮樂有密切關係，這三種官都名列在望秩名單上，為清資官。

值得一提的是，太常寺雖屬九寺之一，為所謂的「事務性」機構，聲望略低於尚書省，但太常寺又居於九寺之首，地位略高於其他八寺。比如，它的長官太常卿和副官太常少卿都雙雙名列在最尊貴的清望官名單中。它的太常丞和太常博士也都在清官名單上有名。現在，它的三個基層官協律郎、奉禮郎和太祝又都相繼出現在望秩名單上，可謂首尾相連，備受崇敬，為九寺之最。

唐史上做過這三官的士人頗不少，為熱門官，但其清資程度不及校書郎和正字。

（十六）綜述

綜上所述，唐代有一些地位聲望比較崇高的官職，專門保留

---

52 《舊唐書》卷 71，頁 2546-2547。

給士人出任，禁止流外出身人和其他雜色人擔任。這些官列在三種名單上：清望官、清官和望秩。他們的總數約為 123 個（見文末附錄一），在整個唐文官體系約 365 個官職中不算多數，只占 33.69%，但卻都是一些比較「精選」的、「清資」的官。這三份名單又有高低等級之分。如果以「清資」的程度來分，清望官最高，清官次之，望秩第三。

望秩名單中的官職，有官品高低之分，大致從六品到九品。但觀察唐人的官職，官品不是一個很好的標準，因為有些官雖然官品高，但職望反而不如官品低者。例如，望秩名單上的八寺丞（從六品上）和九寺主簿（從七品上），官品都高過監察御史（正八品上），但兩者反而不如監察御史，因為監察御史已名列在清官名單上，是大家都熟知的士人美職，遠非八寺丞和九寺主簿可比。

比官品更好的衡量辦法，是觀察諸官職的冷、熱門程度。所謂「冷門官」，是說這種官不是唐文官體系中的核心官職，如八寺丞等，或非文官體系中的重要官職，亦非士人心目中的好官。或出任這種官的士人，大都是一些比較「平庸」的，以致他們後來沒有攀升到更高層的文官，導致他們的仕歷不顯，在史書上無傳。這樣一來，唐史料中也很少見到有什麼士人出任過這些官職的案例。

相反的，熱門官指士人心目中的好官美職，或重要的核心官職，指唐史料中那些有許多士人出任過的官職，有許多案例可尋者。

按照這樣的標準，望秩名單上的熱門官計有：校書郎、正字；赤丞簿尉；京兆、河南、太原判司；協律郎、奉禮郎、太祝。冷門官計有：八寺丞；九寺主簿；三監丞簿；城門、符寶

郎；太子通事舍人；御史台主簿；詹事府主簿。介於熱門官和冷門官之間的則有：通事舍人；大理司直、評事；左右衛、千牛衛、金吾衛、左右率府、羽林衛長史；親王府判司、參軍。

望秩名單上有一半以上的官職為冷門官，也說明唐代士人常任的熱門官職其實並不多，來來去去就是校書、正字等這一類（也正是我在《唐代基層文官》和《唐代中層文官》中研究過的那些官職）。但即使是那些冷門官，唐朝廷還是不肯讓流外雜色出身者染指（除了「左右金吾長史及寺監丞」之外），對清流士職的保護可謂相當堅持。

望秩名單上的官職，同時名列在封演「八儁」圖上的有三大類——校書、正字、赤縣尉。

四、結語

神功元年這篇敕給我們最大的啟示是：唐代能夠出任文官者，不單單只有士人。流外出身人及視品官等雜色出身者（這些通常為非士人），也同樣能出任文官，只是他們所能做的文官種類，和士人常任的文官種類不相同。比如，他們不能做望秩名單上的官，更不能做清望官和清官兩名單上的官，但他們卻可以做這三種名單以外的其他類文官。

那麼，這些「其他類文官」又是些什麼官？在整個唐代文職事官體系中，清望官、清官和望秩類官占了多大比重？非士人所能做的「其他類文官」，又占全體文職事官總數的百分之幾？

這些當然都是非常有意義的課題，但卻不是本文所能細論的。本文的重點在考釋神功元年此敕和望秩類官員。文中對相關的清望官和清官略有涉及，但限於題材，無法全面論及這兩類官

員。這一切都有待將來另文處理。這裡只能簡單回答上一段所提的幾個大問題。

答案或許會讓人驚訝：據初步研究，唐清望官、清官和望秩類官員，總數只有 123 種，只占唐全體文官總數約 365 種的 33.69%，約三分之一左右。另三分之二（約 66.3%）又分兩大類。一是特別保留給「從流外出身者」專任的所謂「流外之職」，如中書主書、門下錄事和尚書都事等等；二是各種伎術官職，如天文官、醫官、監牧官和占卜官等等。這裡所說的「文官」，指九品三十階的標準流內文職事官，並非不入流的流外官。

更讓人感到意外的是，流外雜色出身人和伎藝人在唐文官體系中所占的員額，並非如過去學界所以為的那樣少數，而是相當龐大的一個群體，其總數（66.3%）甚至比士人群體的總數（33.69%）多約三分為一。

換句話說，唐大約有三大類人，可以出任流內文官。我們可以列表如下（見表一）：

表一：唐代流內文職事官的三種類型

官員身分	可任流內文職事官類型	可任官職數額	入仕途徑
士人及某些皇親國戚	清望官、清官和望秩名單上的清資類官職（見附錄一）。	約 123 種，占唐流內文職事官總數 365 種* 的 33.69%.	進士、明經、門蔭、薦舉、徵辟等。

流外、視品和其他雜色出身者（包括內侍宦官等）	上述三種名單以外的官職，主要為文書類工作，如中書主書、門下錄事、尚書都事等專門保留給流外官轉入流內時就任的官職。士人不能任此類官。53	兩類共約242種，占唐流內文職事官總數365種的66.3%。	先任令史、掌固等流外官，再經銓選轉任流內官。
伎藝人	司天台、殿中監、將作監和九寺諸衙署涉及專業伎術的官職，如天文官、醫官、釀酒官、占卜官、音聲人、監牧官等伎術官員。士人不能任此類官。		從學徒、家學出身，或先任流外伎術官，如天文生、咒禁生、針生等，再轉入流內伎術官。科舉中的明算等伎術科目考試，應當也是入仕管道。

* 唐流內文職事官總數為 365 種，據《舊唐書》卷四二，頁 1791-
1803 所列的所有文職事官計算。

　　從上表看來，唐代的文官體系並非僅有士人一個群體。士人
甚至不是人數員額最多的一個群體。流外等雜色出身者和伎藝人
各占相當大的另兩部分。我們或可想像一個這樣的場面：在許多
唐代的政府衙署，士人和流外出身者以及伎藝人經常在一起共
事，經常擦身而過。

　　我們常說，唐代傳統社會分為士農工商四個階級。但在它的

---

53 拙書《唐代中層文官》〈導言〉一章第二節「非士職：唐代士人不做何
　官？」，曾專論此事。

文官體系中，「士」和「工」看來有某種程度的共處和融合，共同為治國的大業各做貢獻。在唐代，士人雖然依然看輕流外雜色和伎藝人，但值得一提的是，唐朝廷卻沒有把這些人視為胥吏，而是把他們都納入了九品三十階的文官體系，把他們當作正式的流內文官，給了他們相當的地位。這或許是最值得我們深思的一點。

　　簡言之，唐代的文官是一個相當複雜的多元群體，包含了至少三種不同類型的官職和任官者。過去我們對唐代文官沒有做過太多的類型（typology）研究，[54] 以致常以為，唐文官只有一類，做官者都是士人。英文論著一提到唐代官員，常稱他們為 scholar-officials 或 literati officials （士人官員），顯示這種一面倒的理解很普遍。學界常見的誤解是：唐人要出任文職事官，就必須考科舉，或以門蔭入仕。實際上，唐人不必考科舉，不以門蔭也能當文官，甚至是相當高層的文官，例如從五品下的太史令（一種天文官）。唐代某些伎術官類型的流內文官，甚至可以是不識字的，或只是「粗知書」者。[55] 唐人「學而優」固然可以「仕」，但學不優卻專長於「刀筆」事或某門伎藝，也同樣可以

---

54 葉煒《南北朝隋唐官吏分途研究》（北京大學出版社，2009），頁 32，曾對唐代官員做過分類，並說：「唐代官員中存在著清望官和清官、伎術官、胥吏、宦官的分類。」換言之，流外出身者即使已經入為九品三十階的流內官員，葉煒仍然把他們視為「胥吏」，並如此稱呼，但這是個特殊用詞，和我們一般理解的「胥吏」含義不同。這裡我也要感謝葉煒兄在 2010 年 8 月底在台北開中古史青年會議時和我討論了這個問題。

55 例如，唐代所謂「永貞革新」的兩位主角王叔文和王伾，便都是「粗知書」者。見《舊唐書》卷 135，頁 3734、3736。正由於他們並非士人出身，二王始終沒有得到當朝主要士人官員的支持，以致「革新」失敗。事實上，王叔文原為翰林院的棋待詔，長於棋藝；王伾則為書待詔，長於書法。兩人屬於伎術類的使職。

「仕」，只是他們所能出任的官員類型不相同。

　　所以，我們迫切需要對唐代文職事官群體做比較精細的類型研究，分辨出這群體當中到底有哪些不同類型的官員和官職。這樣，我們才能看清這些文官複雜、多元的真貌。否則，我們好些涉及唐代士人和文官群體的研究，結果都不免會有所偏差。

附錄一　唐代清望官、清官和望秩官名單

清望官	清　　官		望　秩
三品以上官（含約 51 種文武官）	太子左右諭德	起居郎	八寺丞
門下中書侍郎	左右衛左右千牛衛中郎將	起居舍人	九寺主簿
尚書左右丞	太子左右率府左右內率府率及副	太子司議郎	三監丞簿
諸司侍郎	太子左右衛率府中郎將（以上四品）	尚書諸司員外郎	城門、符寶郎
太常少卿	諫議大夫	太子舍人	通事舍人
太子少詹事	御史中丞	侍御史	大理司直
左右庶子	給事中	秘書郎	大理評事
秘書少監	中書舍人	著作佐郎	左右衛、千牛衛、金吾衛、左右率府、羽林衛長史
國子司業	太子中允	太學博士	太子通事舍人
	中舍人	詹事丞	親王掾、親王屬
	左右贊善大夫	太子文學	親王判司

	洗馬	國子助教（以上六品）	親王參軍
	國子博士	左右補闕	京兆河南太原判司
	尚書諸司郎中	殿中侍御史	赤丞簿尉
	秘書丞	太常博士	御史台主簿
	著作郎	四門博士	校書、正字
	太常丞	詹事司直	詹事府主簿
	左右衛郎將	太學助教（以上七品）	協律郎
	左右衛率府郎將（以上五品）	左右拾遺	奉禮郎
		監察御史	太祝
		四門助教（以上八品）	
清望官總數：59	清官總數：38		望秩官總數：26

出處：《唐六典》卷 2；《舊唐書》卷 42，〈職官志〉；《冊府元龜》卷 629；《唐會要》卷 75。

注意：這三種名單所列的官員總數額 123，僅占唐文職事官總數額約 365 種的 33.69%。

原載《唐研究》第 16 卷（2010 年 12 月），頁 425-455。

唐後半期一種典型的士人文官
——李建生平官歷發微

一、前言

唐代元稹和白居易的好友李建，一直是個令我著迷的人物。[1] 我最早是在白居易寫的〈有唐善人碑〉中，讀到李建的生平事蹟。白居易特別把李建一生幾乎所有官歷，分成五大類來歸類詳列——官、職、階、勳、爵。這是研究唐代官制一條非常珍貴的材料，因為白居易在這裡，清楚告訴我們，唐人有「官」（職事官）和「職」（使職）的不同觀念。官是官，職是職，兩者並不相混，但現代學者對這個重要差別已經不甚了了，[2] 經常混為一談。

李建在新舊《唐書》中都有傳，但都十分簡略，且有不少遺

---

1 目前所能見到的李建生平研究，最主要的僅有傅璇琮，《唐翰林學士傳論》（瀋陽：遼海出版社，2005），頁 384-393 的〈李建〉傳。其他研究則大都放在白居易跟他的交遊上。例如，丸山茂，〈白氏交遊錄：李建〉，《日本大學文理學部人文科學研究所研究紀要》，上篇刊於 61 號（2001），頁 33-48，下篇刊於 62 號（2001），頁 41-52；後收入丸山茂，《唐代の文化と詩人の心：白樂天を中心に》（東京：汲古書院，2010），頁 377-409；西村富美子，〈白居易の交友 係について：李建・崔羣・崔玄亮〉，《白居易研究年報》3 號（2002），頁 21-44；西村富美子，〈白居易的交友關係——元稹、劉禹錫、李建、崔玄亮、崔群〉，《唐代文學研究》（2004），頁 427-432。

2 賴瑞和，《唐代高層文官》，頁 18-21。

漏或省略，遠遠不如兩傳所本的白居易〈有唐善人碑〉（以下簡稱〈白碑〉）和元稹寫的〈唐故中大夫尚書刑部侍郎上柱國隴西縣開國男贈工部尚書李公墓誌銘〉（以下簡稱〈元志〉）。[3] 實際上，兩《唐書》上的李建傳，文獻價值不高。我們幾乎可以完全不理會這兩傳，而直接運用〈白碑〉和〈元志〉，就可以重新建構李建的一生事蹟及其完整官歷。在重建過程中，我們也可以發現，李建可以說是唐代後半期一種典型的士人文官，極具代表意義。

第一，他生在一個官宦之家，祖上幾代都做官。第二，他在三十歲左右考中進士。這是唐後期許多士人文官常備的學歷。第三，他進入官場後，就不斷在地方州縣、地方幕府和中央朝廷的官署交替任官職，並不能長期待在某一州縣、某一幕府，或某一中央官署。同時，他不但出任有官品的傳統職事官，也必須出任唐後期那些越來越盛行的無官品使職。這是唐後期許多士人文官最典型的一種任官經驗。第四，這也意味著，他經常需要為了做官而遠行，需要宦遊。他旅行路線之長，往往令現代人感到驚訝。第五，李建也跟許多唐後期士人一樣，喜服食丹藥，最後因而喪命。這五點便是這一類型士人文官的共同特徵。

本文想做一個新的嘗試，想深入解讀李建一生的官歷，以及他所任各官職的深層意義。過去一般為唐人作年譜或評傳，或時下流行的唐人新出土墓誌考釋，在處理唐人的官歷時，往往顯得太草率。最常見的做法是，碰到某一官名時，便引用《唐六典》

3　元稹寫的李建墓誌〈唐故中大夫尚書刑部侍郎上柱國隴西縣開國男贈工部尚書李公墓誌銘〉，收在《元稹集校注》卷 54，周相錄校注（北京：中華書局，2011），頁 1333-1338。白居易寫的〈有唐善人墓碑〉收在《白居易集箋校》卷 41，頁 2676-2682。

和兩《唐書》職官志所記的官品以及簡單的職掌了事，沒有更深一層的解讀。例如，見到校書郎這個官，便引用《唐六典》所記秘書省的校書郎：「八人，正九品上」。職掌則跟正字相同：「校書郎、正字掌讎校典籍，刊正文字，皆辨其紕繆，以正四庫之圖史焉。」[4] 至於校書郎的官品為正九品上，意味著什麼？九品官是否等於一種微不足道的小官？還是大有前途的「美職」？大家都未深究。學界目前一般的傾向是，許多學者（特別是研究唐代文學的學者），好以官品高低來衡量唐人官位的高下。唐代名人當中，剛起家當校書郎者比比皆是，如張說、張九齡、元稹、白居易、李商隱、李德裕，但現代學者為他們所寫的年譜和評傳，都沒有說清楚校書郎到底是一種怎樣的官，對讀者的理解毫無幫助。以這樣的方式來處理唐代官名，很不可取，是輕率的。那麼，我們該怎樣做？請參考本文第四節「典校秘書」，對李建出任校書郎的解讀。我們至少應當能做到這樣起碼的解讀，才算合格過關。

很可惜，目前所見的唐人年譜、評傳和大量墓誌考釋，甚至專門的官職論述，最弱的一環往往就是官歷的處理，甚至常誤解誤讀唐人官歷，比如有人把「試」和「檢校」等「虛銜」，當成實職。又如，以往的唐史研究，常常把使職誤解為職事官，比如近二十年來的唐代史館史官研究，都把劉知幾、吳兢等一系列史官（一種使職），當成正規的職事官來論述，看不清這批史官的真正使職身分及其工作性質。[5]

事實上，現傳世的唐代墓誌和兩《唐書》中的列傳等傳記，

4　《唐六典》卷 10，頁 298-300。

5　賴瑞和，《唐代高層文官》，頁 209-224。

隱藏著極為豐富的唐人官歷史料，往往可見到一連串的官名，但都在在需要進一步的考掘和解讀，才能為之發微。如果我們知道如何解讀，這連串官名可以讓我們讀得津津有味，就像我們閱讀今人求職時的履歷表一樣，可以從表上所列的連串學歷、職稱和任職機構，清楚知道這位求職者的學歷是否優越或不佳，他過去的經歷是否坦順或曲折，他任職過的機構是否重要或次要，他的專業表現是否優秀或普通，以及他未來在職場上的潛能等等。如果我們不曉得如何解讀唐人的官銜，則那些官名讀起來都不免味同嚼蠟，讓人避之唯恐不及，平白糟蹋了大好的史料。

因此，閱讀唐人史傳或墓誌中的官歷，應當如讀今人履歷，要能達到像閱讀今人履歷表那樣通達剔透的境界，始可謂讀通讀懂，否則恐如霧裡看花，不求甚解，隔靴搔癢。

本文末附一「李建行年表」，以年表的方式來呈現他的一生事蹟和官歷。我常覺得，年譜和評傳固然詳細，但細節敘述太豐富，反而讓人不易在一時之間，清楚了解某一唐人。以年表的方式來呈現唐人的一生，更像是為唐人撰寫一篇類似今人的履歷表——簡單、清楚、易讀。這樣一來，我們也更容易從年表中看出，這個唐人有哪些年在做官，哪些年又沒做官，即年表上呈現「空白」的地方。這些空白的部分往往在年譜或評傳中一筆帶過，不加處理（好的年譜或評傳本該交代這些空白）。讀者若不細心去爬梳，恐不易察覺傳主在哪些年所為何事。但在年表上，這種空白（特別是成年以後的空白），就會顯得非常明顯，惹人注意。我們自然會去追問，這位唐人哪些年到底在做些什麼？為什麼會留下這樣的空白？

其實，空白往往更有意義，可以引發學者的思考。在今人的履歷表上，如果讀者見到這樣的「空窗期」，肯定會在心裡打個

問號：這人在哪些年為何「沒做事」？是失業嗎？還是犯了什麼罪行，入獄了嗎？本文末所附的「李建行年表」中，只有他 30 歲之前的那一大段時間，有這種空白，但從他在大約 30 歲考中進士後，就很少有這種空白了。這也表示，我們對 30 歲之前的李建，幾乎所知無多，除了他的家世和兒少時的一些傳聞之外。但這是唐人傳記中常見的現象，主要因為史料殘缺，或唐人年少時大抵皆無甚可記之處，不像今人履歷，可記其念小學或中學的校名成績等等。但我們對李建 30 歲以後的經歷，所知還算不少。

行年表的另一好處，在於讓我們可以輕易比較兩個或多個唐人的經歷。只要點選某一年，比如貞元二十年（804），則我們可以查找在同一年，元稹和白居易又在做些什麼。為了達到這目的，行年表應當清楚記載幾個項目：（一）唐代紀年；（二）西元年；（三）傳主的虛歲；（四）傳主在那一年做何官，在何地。若任某官的年代跨越數年，則應當詳載起訖年月日（若有）。若不知傳主在哪一年做何官何事，則應當清楚交代，註明「不詳」等等，不可含糊過去，像目前許多唐人年譜所做那樣。最後，應當還有第（五）項：主要資料出處（簡明即可）。本文末的「李建行年表」，便按照這個方式編成，供大家參考、指正。

以下先分節詳考李建的生平官歷，最後再來細說他這樣的履歷，如何構成唐後半期一種士人文官的典型。但本文並無意為李建寫完整的評傳，重點不在他的生平，而在他的官歷，所以本文對李建的交遊和他的子女後代等生平經歷，都不擬涉及。

二、生於荊南

唐代宗廣德二年（764），李建（764-821）出生在江陵（今湖北荊州）[6] 一個仕宦家族。這個家族有過顯赫的家世。現傳世的李建史料，都說他的十五代祖是北魏的橫野將軍申國公李發。他的六代祖平陽公李遠，更是北周八大柱國屬下的十二大將軍之一，是個非常高階的軍官，但最後被「賜死」。從李建的高祖李明開始，李建家族似乎便開始沒落。李明在唐高宗朝僅官至綏州（治所在今陝西綏德縣）刺史。刺史雖然是一州首長，在唐為四官品，但綏州是個邊塞州，在這樣的州任刺史，仕道不算坦順。李建的曾祖進德，官至太子中允。這是唐的一個太子東宮官，屬閒散官位。李建的祖父李珍玉，僅官至綿州昌明縣（今四川昌明市南太平鎮）的縣令，更是個小官。他的父親李震，任雅州（治所在今四川雅安市）別駕。據嚴耕望的研究，唐代的別駕屬閒散官。[7] 雅州更遠在四川蠻荒之地，亦非優差。

這樣的家世告訴我們什麼？有一點最值得注意：李建的遠祖是軍人。但李建和他的哥哥李遜，卻在唐代雙雙考中進士，成了士人。唐代每年參加進士考試者，約為一千人，但中舉者僅25 到 30 人，成功率只有約 2.5%到 3%。[8] 李建兄弟竟能雙雙中

6　本文中所有唐代地名的今名，皆根據吳松弟編，《兩唐書地理志匯釋》（合肥：安徽教育出版社，2002）。底下不一一註明。

7　嚴耕望，〈唐代府州僚佐考〉，《嚴耕望史學論文集》上冊（上海：上海古籍出版社，2009），頁 339-395。

8　傅璇琮《唐代科舉與文學》（陝西人民出版社，2003 年修訂二版），頁160-189。又見《登科記考補正》，〔清〕徐松撰，孟二冬補正（北京：燕山出版社，2003）。

舉，是少見的成就。從軍人到士人，這是一種怎樣的轉變？學界目前對唐代士人的軍族根源，似無研究。或許可以這樣推論：中古時代的軍人之家，在達到一定軍位之後，往往便開始栽培後代子孫業儒，讀書考貢舉，不再從戎。李建一家看來便是如此。類似的案例還可以找到許多。進一步的研究肯定會很有意義。

李建小時候，他的家道已中落。據〈元志〉，他三十多歲任秘書省校書郎時，曾經常跟他的兩位同事好友元稹和白居易說，他童年「在江陵時無衣食」。《舊唐書・李遜傳》也說：「遜幼孤，寓居江陵，與其弟建，皆安貧苦，易衣並食，講習不倦。」[9] 看來生活困頓，以致要「易衣並食」，但兩人用功好學。我們不禁好奇要問：兩兄弟在如此貧窮的家中長大，又怎麼有本事考中進士，以後又雙雙做到高官？

原來，中古時代士人官宦家族的這種「貧」，跟一般人家（比如農家）的「貧」不一樣，要放在適當的脈絡下來理解。農家之貧，確實是貧，孤立無援，求助無門。士人官宦之家雖曰「貧」，但因為從前家中長輩做官所建立的人脈，以及家族其他房系往往也做官，早就形成一張很強大的「安全網」，在貧苦時可以彼此互相支持。我們循此線索追查下去，果然發現，李建李遜兄弟有一位「伯兄李造」，幫了他們很大的忙。〈元志〉說：

> 賴伯兄造焦勞營為，縱兩弟遊學。不數年，與仲兄遜舉進士，並世為公卿。

這位「伯兄」，指李建和李遜的長兄李造。可惜我們對他一無所

9　《舊唐書》卷 155，頁 4125。

知，[10] 只能從他們的家庭背景推測，李造應當也是個士人文官，有俸料收入，可以接濟他的兩個弟弟。

唐代官員常需如此照顧整個家族成員（甚至包括親戚家）的生活。最有名的一個例子，見於韓愈的古文名篇〈祭十二郎文〉，透露他佐董晉幕時，有一個侄兒「十二郎」曾經來看他，且跟他住了一年（「汝來省吾，止一歲」）；過了一年，這位十二郎竟然還要「請歸取其孥」，也就是回家把他的家眷也接過來和韓愈一家住。[11] 這樣韓愈一人做官，卻至少要養活兩家人。再如，杜牧曾寫信給宰相，請求調派到杭州（〈上宰相求杭州啟〉）。他的一大理由是，他要照顧失明的弟弟杜顗和「李氏孀妹」。兩人「並仰某微官以為餱命」，但他那時任京官的俸料不足，所以他想請調到杭州去任刺史，因為杭州「戶十萬，稅錢五十萬，刺史之重，可以殺生，而有厚祿」也。[12]

於是，李建便在這位伯兄的幫助下成長，完成學業。我們對他在兒少年時間的學習，幾乎一無所知，僅知道他「八九歲時，始諷《詩》、《書》日三百言，諷畢，盡得其義」。由此看來，《詩經》和《尚書》是唐代士人兒時常「諷」之書。不過，李建幼時所讀的這兩種書，很可能不是完整的全書，而是抄寫在散頁紙上的選文，那些比較簡單而適合孩童閱讀的篇章。[13] 這時，他

---

10 唐史上有多位李造，如代宗李豫第十三子便叫李造。再如，《法書要錄》卷 6，〔唐〕張彥遠撰，范祥雍點校（北京：人民美術出版社，1964），頁 203，提到一位書畫收藏名家「武都公」，也叫李造，但這兩人看來僅是巧合同名，不可能是李建的「伯兄造」。

11 《韓昌黎文集校注》卷 5，頁 337。

12 吳在慶校注，《杜牧集系年校注》卷 16（北京：中華書局，2008），頁 1018-1019。

13 唐代還是個手抄本的時代，書籍不容易取得，也無處購買，只能借別人的書

的父親已去世，母親還健在：

> 公幼孤，孝養太君，太君老疾，常曰：矮子勸吾食，吾輒
> 飽。勸吾藥，吾意其疾瘳。矮子，公小字也。[14]

他除了這種「孝養」母親的行為外，還因為「太君好善，喜佛書，不食肉，公不忍違其志，亦終身蔬食」。在他死後，白居易為他寫墓碑，尊稱他為「有唐善人」，看來不無原因。

李建家「世寓荊州之石首」（今中國湖北荊州區石首市，離長安約 830 公里）。從「世寓」兩字看來，他們這一家居住在這裡，已經有好幾代了。為什麼？可能是他家祖上有某先人曾經在荊州做過官，罷官之後就在當地定居下來，繁衍後代。中古時代這種例子頗常見。據白居易所寫的墓碑，李建年輕時在石首縣，就是當地一個受尊重的人，「凡爭鬥，稍稍就公決」：

> 及長，居荊州石首縣。其居數百家，凡爭鬥，稍稍就公
> 決，公隨而評之，寖及鄉。人不詣府縣，皆相率曰：請問
> 李君。公養有餘力，讀書屬文，業成，與兄遜起應進士，
> 俱中第。

白居易這段碑文，讀起來彷彿是一種「公式化」的書寫，難以證實。大凡有成就的官員，年輕時似乎都有這種讓鄉人敬佩的本

來抄寫那些需要閱讀的部分。詳見拙文《劉知幾和唐代的書及手抄本》，現收在本論文集。

14　《白居易集箋校》卷 41，頁 2677。

領。但李建跟他哥哥李遜，「讀書屬文，業成」，考中進士，的確一點不假。

三、遠赴嶺南

據傅璇琮的考訂，李建可能是在貞元九年（793）進士登第，跟劉禹錫和柳宗元同年[15]。這一年他 30 歲，是考中進士的「標準年齡」。唐代考中進士者，絕大多數不會在二十多歲，而多半約三十歲上下。這導致唐代士人初次做官的年齡，比起現代大學畢業生的初次就業年齡推遲許多，多在 30 歲以後。而且，唐代進士跟明清兩代的進士不一樣，中舉後並非馬上有官做，而必須「守選」等待若干年，始能選上官。[16]

如果李建在 793 年中進士，那麼他等待了大約四年，才獲得他生平的第一件差事，那便是在貞元十三年（797）到貞元十七年（801），前往遙遠的容州（今廣西北流市），出任容州招討判官。四年的等待算是短的，因為我們從其他史料知道，唐代士子考中進士後，一般都得等上五年或更長時間，才能獲得第一個官職，甚至有人等待了長達 19 年之久的，如朱巨川。李建等待的時間之所以只有四年，其中一個原因是，他這個容州招討判官是一種幕府職，一種使職，不屬於正規的，由吏部銓選的文職事官。

幕府職是一種比較有彈性的職位。它不由中央吏部銓選分派，而由幕府的府主去親自物色、挑選和聘任，等於是府主的私

15　傅璇琮，《唐翰林學士傳論》，頁 385。
16　詳見王勳成，《唐代銓選與文學》，頁 102-137。

人助理，府主的使者。唐代從八世紀初年開始，就在全國各地設立節度使府，監控地方的軍政與民政。安史亂後，這種使府越設越多，盛時達到約五十個。容州屬於南方邊陲少數民族地區（今天依然如此）。這種邊疆戰略要地的使府長官，更具軍事色彩，所以也不叫節度使，而稱為經略使。貞元十三年十月，原本擔任滁州刺史的房濟，受德宗委任為容管經略招討等使時，他便「聘請」李建為他的容州招討判官，因為這種使府都獲得皇朝的授權，可以私自聘人，包括自己的親朋好友和門生故吏，無須迴避。這種聘人的方式，其正式名目為「辟署制」，從漢代到清代都在使用。[17]

　　為什麼房濟會聘請李建為他的招討判官？因為李建正是房濟的女婿也，兩人之間有一種「私」關係。在我們今人看來，官場應當是「無私」的。怎麼可以允許如此「明目張膽」的裙帶風「私」行為？說穿了，這正是唐代（甚至中國許多朝代）任官命職的一個特色。讀史者不可不知也。唐代具有實職的官員有兩大類：一類是正規的職事官，有官品，有一定員額；另一類是所謂的「使職」，無官品，也沒有一定的員額。職事官的任命是無私的，通常由吏部委任。使職卻比較特別，都由掌權者（如皇帝或府主）來親自全權委任，不經吏部，所以掌權者可以任命或「辟署」任何他信任或他認為合意的人為他的「使者」，去出任某個「使職」，以達成某種使命。以唐代來說，節度使、經略使和鹽鐵使等等，都是使職，都屬皇帝的使者，都有辟署個人助理的權力。李建便是在這樣的情況下，成了他岳父的招討判官，也屬一

17　關於唐代的幕府制度，最詳細的專書是石云濤，《唐代幕府制度研究》（北京：中國社會科學出版社，2003）。

種使職，可以說是他岳父的一個使者。這種「使者性格」導致使職的委任充滿「私」色彩，不但被允許，且還是中國歷代官制的一大特色。明清的巡撫、清代的欽差大臣都屬此類。甚至到了民國初年，使職仍然盛行，大總統還經常委任各種使職來治國。[18]

容州離長安約二千公里。[19] 以唐代官方規定的正常旅行速度（騎馬每天約 35 公里，步行每天約 25 公里）。[20] 李建前往容州赴任，他至少需要在路上行走大約兩個月。他這次遠遊，因為是官務，可以使用唐代官方的驛站（陸驛或水驛），一站一站走下去。在中古中國，遠行是緩慢而艱苦的，但唐代士人做官，卻不得不經常出門遠行。這是李建的第一次宦遊。他後來還有另兩次這樣的遠行。我們從其他史料知道，唐代官員的這種遠行，一般是帶家眷的（甚至有攜帶父母親同行的）。[21] 推想李建應當也如此。到任後，他應當就住在容州衙署內。唐代州縣的衙署為四合院落多進結構，都有附屬的官舍和園林，供遠地而來的官員們居

---

18 詳見劉迪香的一系列論文〈民國前期使職的淵源、特點及其作用〉，《湖南城市學院學報》，2007 年第 3 期，頁 5-8；〈民國前期使職設置考略〉，《史學月刊》，2008 年 4 期，頁 131-133；〈東三省巡閱使職能探析〉，《東北師大學報》，2009 年 4 期，頁 125-130；〈護法運動後北洋政府南方使職職能政治化探析：以四省經略使和援粵副司令為中心〉，《求索》，2008 年 3 期，頁 218-220。參考民國初年的做法，頗有助於我們了解唐代的使職。

19 本文中凡涉及兩地的里程距離，皆根據 Google Maps 計算。

20 《唐六典》卷 3，頁 80 說：「陸行之程，馬日七十里，步及驢五十里，車三十里。水行之程，舟之重者溯河日三十里，江四十里，餘水四十五里。空舟泝河四十里，江五十里，餘水六十里。沿流之舟則輕重同制，河日一百五十里，江一百里，餘水七十里。」唐代文獻中的「里」皆為華里。一華里等於大約半公里。

21 賴瑞和，《唐代基層文官》，第六章第四節「宦遊」。

住。[22]

　　就這樣，李建在容州擔任他岳父的招討判官，在蠻荒的南方度過約三個多年頭。所謂「判官」，一般讀者望文生義，常誤以為是一種審判法律案件的法官。其實這只是一種執行官而已。[23]「判」的含意即「執行」，所以 Charles Hucker 把這官名英譯為 Administrative Assistant。[24] 李建的官銜之所以叫「招討判官」，那是因為他的府主房濟，除了是容州經略使外，也兼領好幾個其他使職，包括招討使，負責容管地區「招討」蠻夷的軍務。「招討判官」即「招討使的判官」之意，也就是招討使的執行官，負責執行招討使交辦的所有事務。招討判官看起來像是個軍官，但判官照例屬於文職僚佐，非武職。

　　據白居易所寫的墓碑文，李建「前後著文凡一百五十二首」。從如此精確的數字看來，李建生前似乎編過個人的文集，或這些文章在他去世時依然存在，白居易見過，所以記上一筆，可惜今天都沒有傳世。「一百五十二首」是個不小的數字，足夠編成好幾十卷的文集。唐代（甚至中國歷代）官員的正規教育，都包括寫詩和作文兩大部分，跟現代官員普遍毫無詩文修養很不一樣。唐代一個官員，如果不會寫詩，那是不可思議的，因為進士考試就要考詩，不會寫詩肯定考不上，而且會被人譏笑無學養。他在官場上和其他官員與朋友，必定會有不少宴飲、送別、

---

22 關於唐代州縣的衙署建築，見傅熹年主編，《中國古代建築史》第二卷，《三國、兩晉、南北朝、隋唐、五代建築》（北京：中國建築工業出版社，2001），頁 456-457。

23 我在《唐代中層文官》第五章專論判官。

24 Charles O. Hucker, *A Dictionary of Official Titles in Imperial China*（Stanford: Stanford University Press, 1986）, p. 363.

酬答的場合，在在需要寫詩。白居易的文集中，就是好幾首送給
李建的詩，照理李建應當也必有詩作相贈才對，可惜都沒有流傳
下來。李建初到蠻荒的容州，應當有詩文記錄他的所思所見，正
像李建的朋友之一柳宗元，被貶官到永州和柳州時，以詩文抒寫
他的見聞和他鬱卒的心情。但李建的詩文如今不傳，我們對他在
容州三年多的生活，也就一無所知了。

　　但我們知道，李建是在德宗貞元十七年（801），離開容
州，回到長安，到皇家藏書樓秘書省去出任校書郎。為什麼他要
離職，不能長期留在容州？原來，唐代的節度使、經略使等使，
除了極少數的例外（如韋皋在西川任節度使，長達 22 年），一
般都得經常輪替，通常是三、四年一任，很少超過五年。這或許
是皇帝為了避免某某使者，長期盤據一地，成了一方之霸。但這
些使職一旦離任，被調回朝或改調他處，他所辟署的僚佐如果不
能繼續跟隨他前往新的任所，便會失去工作，須更謀他職。這是
幕府職不穩定的特質。所以，貞元十七年，皇帝派了另一位經略
使韋丹來到容州接替房濟時，李建便不得不隨著房濟離職，回到
長安。

四、典校秘書

　　李建能夠在京城的秘書省找到一個校書郎的工作，其實也相
當不簡單。所謂「校書郎」，就是在皇家藏書樓校正典籍（指手
抄寫本）的官員，是個基層文官，一般為士人釋褐的初任官。[25]
唐代是中國歷史上最後一個手抄本的時代，雖然離板印刷術已經

25　我在《唐代基層文官》第一章，詳論校書郎這種官。

發明，但還不普及。宮廷和民間的書，還必須以手抄的方式取得。手抄的書，必定有不少抄寫錯誤，於是唐皇朝便要委任那些剛出來做官的年輕士人來當校書郎，替皇室校正、整理圖書。實際上，唐皇家有好幾個藏書樓，秘書省只是其中一個，其他的還有集賢院、崇文館、東宮司經局等。但根據杜佑的《通典》，秘書省的校書郎最尊貴：「掌校典籍，為文士起家之良選。其弘文、崇文館，著作、司經局，並有校書之官，皆為美職，而秘書省為最。」26 杜佑這句話的重點是，校書郎雖然是個小官（僅是個九品官），但不可低估，因為它是「文士起家之良選」，是個「美職」。我們從其他史料知道，唐代的校書郎是士人夢寐以求的好官。唐代二十多個大詩人當中，就有多達十一人從校書郎起家：楊炯、張說、張九齡、王昌齡、劉禹錫、白居易、元稹、李德裕、杜牧、李商隱和韋莊。這個小官不可小覷！

　　正因為這是個「美職」，競爭者當然不少。事實上，李建打敗了另外七個對手，才得到這個職位。據〈元志〉，宰相鄭珣瑜曾經這樣回憶當年李建得到校書郎的經過：

> 臣為吏部侍郎時，以文入官當校秘書者八，其七則馳他人書，建不馳，故獨得。

意思是說，當時有八個人競爭校書郎，但有七個人投送他人的推薦書（「馳他人書」），只有李建不這樣做，表示他清高獨特的品德，於是最後他「獨得」此美職。

　　李建任秘書省校書郎時，正好跟詩人白居易和元稹同事。三

26　《通典》卷26，頁736。

人從此結交為好友。白居易這時寫過一首詩叫〈常樂裡閒居偶題〉，[27] 抒寫校書郎優游的生活，細節豐富，讓我們十分羨慕中古時代的那種生命情調：

> 幸逢太平代，天子好文儒。
> 小才難大用，典校在秘書。
> 三旬兩入省，因得養頑疏。
> 茅屋四五間，一馬二僕夫。
> 俸錢萬六千，月給亦有餘。

白居易這裡說他「小才難大用」，當然是謙虛話，不可當真。校書郎的俸錢每個月有「萬六千」，正符合其他史料的記載。[28] 更難得的是，這樣小小九品官的校書郎，居然有「茅屋四五間，一馬二僕夫」，如此優厚的物質生活，恐怕要羨煞許許多多現代人。

李建任校書郎，約在 801 到 804 年之間，這時他年約 37 到 40 歲。在我們今天看來，一個臨近「不惑之年」的人，去當一個九品官，做的又是校書這種看似無關緊要的工作，似乎不是太有出息。但唐人可不這麼想。上引杜佑《通典》的那一段話就是明證。上引白居易的詩，也展現校書郎如何清望，生活如何閒散。這美職很有前途，因為不少士人當校書郎，當然志不在終生校書。他們只不過是在「養望」，在結交官場高官朋友，在等待

---

27 《白居易集箋校》卷 5，頁 265-269。

28 拙書《唐代基層文官》，第六章第一節「俸料錢」，討論過校書郎和其他基層文官的俸料錢問題。

機會，以後往往可以陞遷到更好的職位。

五、召入翰林

李建正是如此。他任校書郎約數年後，就被德宗皇帝看上，成了翰林學士。〈元志〉提供了一些細節：

> 會德宗皇帝選文學，公被薦，上問少信臣，皆曰：「聞而不之面。」唯宰相鄭珣瑜對曰：「臣為吏部侍郎時，以文入官當校秘書者八，其七則馳他人書，建不馳，故獨得。」上嘉之，使居翰林中，就拜左拾遺。

德宗是個頗有文學素養的皇帝，能寫詩作文。[29] 所謂「選文學」，就是挑選有文采的官員，去出任翰林學士，為皇帝撰寫公文書制誥。翰林學士是一種「文臣」、「詞臣」。從上面這段引文看來，「公被薦」，表示李建的人脈還不錯，認得一些高官，可以把他推薦給皇帝。德宗「選文學」也相當慎重，要「問」過「少信臣」才下決定。這種選官由皇帝來親自主導，正好顯示翰林學士不是普通的官僚，普通的職事官。這其實是一種「使職」。翰林學士等於是皇帝的使者，以「朕」的名義替皇帝撰寫制誥，身分清高無比。難怪皇帝必須徵詢過幾個他的「信臣」，獲得某種「信任」之後，才決定禮聘李建為他的「使者」。翰林學士遠非一般普通官僚可比，因為他幾乎就處在權力的中心，經

---

29 有現代學者為德宗和他兒子順宗李誦寫過評傳。見謝元魯，《唐德宗・唐順宗》（長春：吉林文史出版社，1995）。

常有機會和皇帝見面，隨侍左右。李建在大約 40 歲能做到這樣
的官位，成就是不小的，可知他的文筆必定高人一等，可惜我們
今天無緣欣賞他的文采，因為他撰寫的這些制誥都沒有傳世，不
像他好友元稹和白居易任翰林學士時所寫的制誥，至今仍保存在
元白兩人的文集中。

　　唐代的翰林學士，因為是一種使職，任命都由皇帝主導，比
較有彈性，不像一般職事官僚的委任那樣，由吏部銓選，循規蹈
矩。其中最有彈性的一點，便是出任翰林學士者，皆選自現有的
職事官員。唐史料常稱這種做法為「以他官充任」。這個「他
官」可以是高至三品的尚書，也可以是低至九品的校書郎。這便
是唐人李肇在〈翰林志〉中所說：「凡學士無定員，皆以他官
充，下自校書郎，上及諸曹尚書，皆為之。」[30] 不過，據近人毛
蕾的研究，出任翰林學士者，大多數是郎官（郎中或員外郎），
屬於中層的文職事官。[31] 像李建那樣以校書郎去出任翰林學士
的，相當少見。唐史上總共有 169 位翰林學士，僅有三人以校
書郎去「充」：除了李建外，另兩人是董晉和柳伉。[32] 這可以證
明，李建是非常傑出的例子，操守清高，文筆出色。雖然只是個
校書郎，還是被選為翰林學士。

　　可惜，李建任翰林學士的時間僅有大約一年多。唐人丁居晦
所寫的〈重修承旨學士壁記〉，這樣記載李建的任期和官歷：

　　李建：貞元二十年十二月二十二日〔實際等於西元 805 年 1

30　〈翰林志〉，收在《翰苑群書》卷 1，《翰學三書》本，傅璇琮、施純德編
　　（瀋陽：遼寧教育出版社，2003），頁 4。

31　毛蕾，《唐代翰林學士》，頁 45。

32　毛蕾，《唐代翰林學士》，頁 46。

月 26 日〕，自秘書省校書郎充。二十一年三月十七日，遷
左拾遺，改詹事府司直。[33]

不過，這個記載沒有明確告訴我們，李建是在什麼時候離開翰林
院。他出翰林院，又是否跟王叔文的「干預」有關？傅璇琮對這
段複雜的歷史有過詳細的考訂，[34] 這裡不必贅論。簡單說，李建
應當是在翰林院待了大約一年多，才在元和元年（806）某個時
候出院。詹事府司直是他在翰林院時所獲得的另一次陞官。他出
院後，很可能就回到他的這個「本官」，到詹事府去出任一個司
直。最好的證據是，〈白碑〉告訴我們，李建寫過一百多篇文
章，其中「卓然者」，就包括〈詹事府司直廳壁記〉。看來李建
必定跟這個衙署有某種關係，否則他不會去替它寫一篇「廳壁
記」。所謂「廳壁記」，是一種記念性質的石刻文字，先寫某某
衙署的歷史及其功能，再把曾經在這衙署任過官者的名單，一一
附於後，刻在衙署某個廳的牆壁上，供後人閱覽。[35]

六、二度入幕

李建的下一個官職，是到鄜州去出任防禦副使和轉運判官。
這又是一種使職，一種幕府職。鄜州位於長安以北約 240 公里，
是個戰略要地。憲宗元和三年（808）二月「丙子，以右金吾衛
大將軍路恕為鄜州刺史、鄜坊節度使」。據〈元志〉，這位路恕

33　《翰苑群書》卷 6，《翰學三書》本，頁 32。

34　傅璇琮，《唐翰林學士傳論》，頁 387-388。

35　唐代的廳壁記，有不少仍傳世，收在各家文集和宋代所編的《文苑英華》等
　　書中，讓我們得以知道這種文體的內容與形式。

「即日就公求自貳」，也就是說，路恕在得到憲宗皇帝委任為鄜坊節度使的當天，就到李建家中去「就」公，請他出任副手，任鄜坊的防禦副使和轉運判官。這是唐代使府聘人的一種常見禮節，有一套隆重的儀式，跟朝廷委任一個職事官員大不相同，因為使府僚佐等於是使府的使者，照例是要去登門禮聘的，才顯得有誠意。[36] 從這些禮節看來，路恕應當早就認識李建，或得到某某熟人的引薦，才有可能去行此「就公求自貳」的聘人儀式。〈元志〉提供了這次聘任的一些細節：

> 降拜六而後許，詔賜五品服，供奉殿中以貳焉。

這幾句話字面上看起來似乎簡單易懂，但裡面涉及一些唐代的典章制度，卻恐怕不是許多唐史學者和學生所熟悉的，或須略加解說。「降拜六而後許」，表示路恕曾經「降拜」李建多次，宛如「三顧茅廬」，李建才答應。這是當時一種儀式性的作法，意味著使府聘人的隆情厚意。但這可能也是墓誌中一種公式化的寫法，以抬高李建的身價。「詔賜五品服」，意指路恕曾經為了禮聘李建，特別向皇帝上奏，請皇帝賜給李建「五品服」，五品官員所穿的服，即唐史料中常說的「緋衣」，桃紅色的官服。李建這時的官位（散官位）應當還沒有到五品。他原本只能衣青（藍）或綠。但為了隆重起見，他的上司為他爭取到衣緋，是皇帝的一種「賞賜」，榮耀無比。除此之外，因為使府幕職沒有官品，路恕也為李建上奏，為他奏得一個朝官銜「殿中侍御史」，以秩他這時的官場地位。殿中侍御史是朝中一個相當清貴的官

---

36 賴瑞和，《唐代基層文官》，第五章第二節，專論「幕佐的辟署和禮聘」。

位，是一種中層的文官，[37] 跟李建這時的官歷很配搭。當然，李建在鄜州出任幕職，不可能又去京城宮中任殿中侍御史，所以他這個官銜是唐史學者常說的「虛銜」，是一種無實職的加官銜。在唐後期的使府幕府，不少僚佐帶有種種這樣的加官銜，但加官銜也不全「虛」，其實也有一些作用。比如，李建可以自稱或被人尊稱為「侍御」（殿中侍御史的簡稱），特別是在寫詩應酬贈答的場合。唐詩中屢見不鮮。這也是他全套官銜的一部分，死後可以寫入他墓碑墓誌中的官歷。[38] 〈元志〉說他「供奉殿中以貳焉」，是指他帶著殿中侍御史的官銜，去充當路恕的副手。

　　然而，不幸的是，李建在鄜州任職不到一年，卻跟路恕鬧翻了，自行離職而去。〈元志〉中只有輕描淡寫的一句話交代：

　　會恕復取不宜為賓者，公罷去，歸為殿中侍御史。

這句話要放在唐代府主和僚佐那種微妙的關係上來看，才能理解。表面上看起來，府主是上司，僚佐是下屬，但在唐代使府的場合，卻不完全如此。至少，更多時候，府主是把僚佐視為他的「幕賓」，把他當成一個「上賓」來看待，所以當初才會有那些隆重的禮聘儀式。兩人的關係不是單純的老闆和僱員，而更像是「主人和賓客」。大詩人杜甫，晚年到四川嚴武的幕府做事，便是如此。[39] 這種唐人之風，也見於清代的幕府。比如李鴻章和張

37　詳見賴瑞和，《唐代中層文官》，第一章。

38　賴瑞和，《唐代中層文官》，第一章第五節「真御史、使府御史和外台御史」。

39　賴瑞和，〈論唐代的檢校郎官〉，《唐史論叢》第 10 輯（2008 年 2 月）頁 106-119。

之洞幕府，都盛情招延了一批有學問的人入幕，如繆荃孫等人，稱為「幕賓」。[40] 因此，〈元志〉中「會恕復取不宜為賓者」一句，是說路恕後來延聘了一位李建認為不適合當「幕賓」的人來當僚佐，他看不順眼，於是便「罷去」，回到朝中任殿中侍御史。李建的這種「罷去」，顯示唐代幕職的去留，頗有彈性。如果是職事官，比如州官中的諸曹參軍，他們不會享有如此隆重的聘人禮儀，也不可能如此隨性「罷去」。州官及其長官刺史的關係是「無私」的，純為行政體系的上下屬，不會像府主和幕佐的關係那樣，充滿「私」因素。

七、重返長安

　　李建什麼時候離開鄜州幕府，回到長安出任殿中侍御史？《冊府元龜》有一條記載說：

> 高郢為御史大夫時，右拾遺、翰林學士李建罷職，降詹事
> 府司直，郢表授殿中侍御史。[41]

表面上看來，李建任殿中侍御史，似乎是接在他任詹事府司直之後，赴鄜州任幕職之前。但《冊府元龜》這條記載恐怕是錯誤的，或有脫文。因為《舊唐書‧憲宗紀》在元和三年（808）條下告訴我們：

---

40 尚小明，《學人遊幕與清代學術》（北京：社會科學文獻出版社，1999），對此有詳細論述。

41 《冊府元龜》卷513，頁6144。

十月己酉朔。癸亥，以太常卿高郢為御史大夫。[42]

換句話說，高郢要到元和三年十月才出任御史大夫。他表授李建為殿中侍御史，應當是在這個日期之後，也就是在李建已赴鄜州任幕職之後，不可能在此之前。因此，李建應當是因為不滿路恕聘了一位「不宜為賓者」，離開鄜州幕府，時間不詳，但應當是在元和三年十月以後，因高郢的表授，才出任殿中侍御史。這符合〈元志〉所說：「會恕復取不宜為賓者，公罷去，歸為殿中侍御史。」〈白碑〉也把他任御史，記在鄜州之後。

李建任殿中侍御史時，〈白碑〉記載了一件事：

為御史時，上任有過其行事者，作〈謬官詩〉以諷。

《元志》提供了另外一些細節：

有詔天下舍三節來獻，先是，襄帥均獻在邸，丞相命俟節以獻之。公力爭，不果意，作〈謬官詩〉。

這兩段記載看起來好像平鋪直敘，平淡無奇，但這正是中國史料的典型特色，在淡淡幾筆之後，經常「隱藏」著一些極為重大的、戲劇性的事件，常常需要我們進一步去考掘，始能見其真貌。《元志》中的「襄帥均」三字，指當時的山南東道（簡稱「襄」）節度使裴均，是我們得以深入探索此事的關鍵人物。我們依此線索追查下去，可以發現，原來這位裴均，曾經在元和

42　《舊唐書》卷 14，頁 426。

四年（809）四月，進奉了一大批「銀器千五百餘兩」給憲宗皇帝，引發了一場軒然大波。唐後期不少節度使有一個「惡習」，喜歡向皇帝進獻珍寶器物或財物，以討皇帝的歡心，但這些器物或財物常是節度使向當地人民徵收額外稅收而來。所以，有良知的士大夫是反對這種進奉的。憲宗皇帝在元和四年初，才剛下過詔書，下令各地方鎮「停罷進奉」。不料，過了沒多久，他竟然又接受了「襄帥均」進奉的大批銀器。此事引起朝中官員強烈不滿。當時任翰林學士的白居易便寫了一篇奏狀〈論裴均進奉銀器狀〉，細論此事，值得細讀：

> 臣伏聞向外傳說，云裴均前月二十六日於銀台進奉前件銀器。雖未審知虛實，然而物議喧然。既有所聞，不敢不奏。伏以陛下昨因時旱，念及疲人，特降德音，停罷進奉。天意如感，雨澤應期。巷舞途歌，咸呼萬歲。伏自德音降後，天下禺望遵行。未經旬月之間，裴均便先進奉。若誠有此事，深損聖德。臣或慮有人云，裴均所進銀器，發在德音之前，遂勸聖恩，不妨受納。以臣所見，事固不然。臣聞眾議，皆云裴均性本貪殘，動多邪巧。每假進奉，廣有誅求。料其深心，不願停罷。必恐即日修表，倍程進來，欲試朝廷，嘗其可否。何者？前月三日降德音，准諸道進奏院報事例，不過四五日，即裴均合知。至二十六日，進物方到。以此詳察，足見姦情。今若便容，果落邪計。況一處如此，則遠近皆知。臣恐諸道依前，從此不守法度。則是陛下明降制旨，又自棄之，何以制馭四

方？何以取信天下？臣反覆思慮，深為陛下惜之。[43]

李建當時就在長安任殿中侍御史。他也是反對此事的官員之一。可惜「公力爭，不果意」，只能「作〈謬官詩〉以諷」。

元和三年十月後，李建從鄜州回到長安，他除了出任殿中侍御史之外，便在朝中擔任一系列的京官。先是比部員外郎，接著是兵部員外郎和吏部員外郎，再來是吏部郎中，又以兵部郎中的身分，去「知制誥」，過後他也當過一段時間的京兆少尹。最後，他才在元和十一年（816）的冬天，被貶官出任澧州刺史。這期間，他主要在充任一連串清貴的郎官（員外郎和郎中都可統稱的郎官）。李建這時年約 45 到 53 歲之間，正值中年，也正是唐代士人出任郎官的標準年齡。[44] 總計他在京城居留了大約八年之久，算是他一生留京最長的一段時間。

《元志》這樣記載他這段京城仕宦：

> 尋為員外比部郎，轉兵部、吏部。始，命由文由課而仕者，歲得調，編類條式，以便觀者罷成勞書，凡成否之狀急一月，人皆便之，遷本曹郎。換兵部郎中，知制誥。丞相視草時，微有實益，遂不復出，樂為少京兆。會仲兄尚書遜被口語，上疏明白，出刺澧州。

應當留意的是，他在京停留了大約八年，卻做了七種官（見文末年表）。每種官的任期應當都很短，平均幾乎是一年換一種官。

43　《白居易集箋校》卷 58，頁 3346-3347。

44　賴瑞和，《唐代中層文官》，第三章〈員外郎和郎中〉，專論郎官種種。

這是唐代士人任官的特色，特別是在中高層的階段，不獨李建如此。

八、出刺澧州

　　據〈元志〉和〈白碑〉，李建大約是在元和十一年（816）的冬天，因為坐他哥哥李遜的案子，前往澧州貶所。他在這裡待了大約三年，在元和十五年（819）才又回返長安。我們對他在澧州三年的活動，一無所知。但澧州是個非常「知名」的貶官地。唐史上被貶到此的官員頗多，其中不缺名人。澧州位於今天的湖南省澧縣，離長安約 834 公里，屬於偏荒地區，至今仍然有許多少數民族（如土家族）居住。不過，澧縣也是中國新石器時代考古一個非常重要的地方。它附近的城頭山遺址，在 1990 年代發現，為「二十世紀中國百項重大考古發現」之一。最早築城年代距今有六千年的歷史，比古史傳說的五千年還要久遠。遺址內發現了世界最早、保存最好的水稻田遺址和中國最大的祭壇。[45] 不過，李建被貶到澧州時，他應當不知道他境內竟有如此古老的遺址。他當時應當也跟唐代許許多多官員（包括貶官者）一樣，攜家帶眷前往貶所，應當也就住在澧州衙署的官舍，總算一家人在一起，可免思家之苦。

---

45 湖南省文物考古研究所編，《澧縣城頭山：新石器時代遺址發掘報告》（北京：文物出版社，2007）。

九、兩任侍郎

李建再次回到長安時，在大約元和十五年（820）春。《唐摭言》有一條記載說：

元和十五年閏正月十五日，太常少卿知貢舉李建下進士二十九人，至二月二十九日，拜禮部侍郎。[46]

這條史料有非常明確的日期，看來有所依據，應當可信（這樣明確的日期，通常只見於唐代的實錄，可惜唐實錄今無傳本，只有韓愈的《順宗實錄》，還保存在他的文集中）。由此我們知道兩件事：第一，李建在元和十五年「閏正月十五日」，已經從澧州回到長安。這正是春天。唐進士科考試照例在春天發榜。「下進士」即錄取進士之意。第二，他是以太常少卿的身分去「知貢舉」，也就是主持進士科考試。「知貢舉」是一種使職。主持進士考試原本是禮部侍郎的職掌。李建這時還不是禮部侍郎，可能因為某種原因，被「臨時」叫去以太常少卿的官位充當「知貢舉」，在執行一種「使者」的任務。或許他主持貢舉，頗有成效，所以他在一個多月後，就「拜禮部侍郎」。

然而，李建任禮部侍郎沒有多久，又被委任以刑部侍郎的官位，去充當「知選事」的使職。唐代不少以「知」字開頭的職位，都是使職，不是正規的職事官。但不要小看使職，因為他比正規職事官更尊貴，地位比較高，權力也比較大。所謂「知選

46　《唐摭言》卷 14，〔五代〕王定保撰，黃壽成校點（西安：三秦出版社，2011），頁 213。

事」，就是到吏部去主持官員的銓選，跟主持進士考試的「知貢舉」不一樣。銓選原本是正規職事官吏部侍郎的職掌，但唐後期經常以使職（使者）來代替職事官。使職常是以「某某官充某某職」的方式來委任，所以李建便以刑部侍郎的官位，去充任「知選事」。

這是李建最後一個職位，但任職期間，卻有一點點小失誤，被罰了一個月的俸料錢。此事不見於〈白碑〉和〈元志〉，正可印證我們常說，墓誌墓碑文通常不記死者生前不光彩之事。這件事只見於《舊唐書》，而且竟「湊巧」被記錄在另一個官員韓皋的傳中，因為韓皋和李建正好同時出事，同時受罰：

> 〔元和十五年（820）〕十二月，以銓司考科目人失實，與刑部侍郎知選事李建罰一月俸料。47

李建這時已經是一個高官，竟因公務失當被罰俸料錢，在我們今天看來，似乎不可思議，但在唐代，這卻是相當常見的案例。48

十、死於丹藥

李建在元和十五年十二月被罰俸料錢，隔了幾個月，就在第二年，長慶元年（821）的二月二十三日，他便死在他長安修行坊的家中。長安是一座大城，南北長約 8.6 公里，東西寬約 9.4

---

47 《舊唐書》卷 129，頁 3605。

48 張豔云，〈唐中後期罰俸制度初探〉，《中國史研究》1997 年第 2 期；張春海，〈唐代罰俸制度論略〉，《史學月刊》2008 年第 11 期。明清也都有這種罰俸制度。

公里，比今天的西安城區還大，又分東西兩大半，以中間的朱雀門大街為分界。[49] 據日本學者妹尾達彥的研究，唐代的東區遠比西區「高級」，乃達官貴人居住的地區。[50] 西區則多胡人胡商和一般庶民。修行坊位於東區，正符合李建的高官身分。

　　但李建死於何因？這點在〈白碑〉和〈元志〉中沒有交代，但應當不是刻意為死者諱，而是唐代的史料，習慣上都不記死因，非墓碑墓誌文如此。如果我們要知道李建的死因，那就得多做一點「偵探」的工作，才能破解這個「謎」。果然，我們如果用心去追蹤史料，不放過一點一滴的線索，最後終可以在韓愈所寫的一篇別人的墓誌中，發現李建的死因。[51]

　　韓愈寫的這篇墓誌，叫〈太學博士李君墓誌銘〉。這位「李君」，單名「於」，是韓愈的「兄孫女婿也」，長慶三年（823）正月五日卒，享年四十八歲，比李建大約晚兩年去世，死因是服食丹藥中毒。韓愈這篇墓誌是「奇文」一篇，因為它完全打破傳統墓誌例必為死者諱的慣例，不但沒有「掩飾」李於的死因，反而還把李於死亡的內幕全抖了出來：

　　初，〔李〕於以進士為鄂岳從事，遇方士柳泌，從受藥法，服之往往下血。比四年，病益急，乃死。其法以鉛滿一鼎，以物按中為孔，實以水銀，蓋封四際，燒為丹砂

49　《增訂唐兩京城坊考》，頁 40。

50　妹尾達彥，〈唐長安城的官人居住地〉，《東洋史研究》，55 卷 2 期（1996），頁 35-74。

51　丸山茂，《唐代の文化と詩人の心：白樂天を中心に》，頁 386-388，亦引用韓愈這篇墓誌，討論李建的死因。

云。52

這段引文描寫唐人燒丹砂的方法，是一段珍貴的記載。依此，服食丹藥可能長期「下血」，長達「四年」才死。韓愈之所以如此細寫李於的死亡細節，據他自己說，是為了要警「誡」世人，不要亂服丹藥。他還說，他親眼目睹他幾個朋友，「以藥敗者六七公」（實際上是七人），服食丹沙死去。他把這七公的名字和他們的死亡細節，也一一揭露於這篇墓誌文中，故可謂「奇文」一篇。這七公當中，便有李建和他的哥哥李遜：

> 余不知服食說自何世起，殺人不可計，而世慕尚之益至此，其惑耶？在文書所記及耳聞相傳者不說，今直取目見親與之遊而以藥敗者六七公，以為世誡。工部尚書歸登、殿中御史李虛中、刑部尚書李遜、遜弟刑部侍郎建、襄陽節度使工部尚書孟簡、東川節度使御史大夫盧坦、金吾將軍李道古。此其人皆有名位，世所共識。

接著，韓愈筆鋒一轉，細寫這幾人怎樣服丹藥而死，其中有些死狀頗恐怖，如工部尚書歸登，「既食水銀得病，自說若有燒鐵杖自顛貫其下者，摧而為火，射竅節以出，狂痛號呼乞絕。其茵席嘗得水銀，發且止，唾血十數年以斃。」李遜和他弟弟李建又怎樣死？韓愈有交代：

52　《韓愈文集匯校箋注》卷 24，劉真倫、岳珍校注（北京：中華書局，2010），頁 2655-2670。

刑部〔指刑部尚書李遜〕且死謂余曰：「我為藥誤。」其
季〔李〕建，一旦無病死。

看來，李建和他哥哥死得還算「平靜」，不像歸登死得那樣慘
烈，還是韓愈筆下留情，沒有透露真相？但無論如何，透過韓愈
這篇奇文，我們才得以知悉李建的真正死因。[53] 韓愈這篇墓誌中
說李建「一旦無病死」，很可細考。我們可以參考〈元志〉中
「一夕無他恙，而奄忽將盡」，以及〈白碑〉中「無疾即世」的
說法，這應當是說李建原本就無病，並非病逝，而是死得很突
然，「一旦」死去。據韓愈的證詞，看來李建顯然是急性丹藥中
毒。[54]

　　白居易有律詩一首，詩題很長，透露頗多細節：〈予與故刑
部李侍郎早結道友，以藥術為事，與故京兆元尹晚為詩侶，有
林泉之期。周歲之間，二君長逝。李住曲江北，元居昇平西。
追感舊遊，因貽同志〉。[55] 詩題清楚告訴我們，他跟李建為「道
友」，且「以藥術為事」。據陳寅恪的考證，白居易從中年起，
「曾惑於丹術可無疑」，後來「雖似有悔悟之意」，但「至晚歲
終未免除」。[56] 顯然，他跟李建為同道中人，像這首律詩中所說

53　關於唐代服食風尚之盛，見廖芮茵（廖美雲），《唐代服食養生研究》（台
　　北：學生書局，2004）。從道教科學技術的角度論述唐代的服食，見姜生、
　　湯偉俠編，《中國道教科學技術史：南北朝隋唐五代卷》（北京：科學出版
　　社，2010）。

54　關於中國中古時代的丹藥中毒，中國科技史兩位名家何丙郁與李約瑟，
　　做過專門研究，見他們的英文論文 Ho Ping-yü and Joseph Needham, "Elixir
　　Poisoning in Mediaeval China," *Janus* 48（1959），pp. 221-251.

55　《白居易集箋校》卷 19，頁 1278。

56　陳寅恪，《元白詩箋證稿》（上海：上海古籍出版社，1978 年版），頁

的那樣，他倆是「金丹同學」。

十一、一種典型

　　本文前言說過，「李建可以說是唐代後半期一種典型的士人文官，極具代表意義」。但這句話可能會引起一些誤解，需要在此進一步說明。唐代的所謂「文官」，是一個非常龐雜的群體，包含了好幾種屬性的官員，並非單一同質的群體。他們其實不只有一種典型，而可以分成好幾型。李建當然不能代表所有唐後半期的「文官」，但他可以代表某一種典型的文官：士人文官。

　　我在〈唐「望秩」類官員與唐文官類型〉一文，嘗試為唐代的所謂「文官」，做一點類型研究。[57] 如果按照一般的定義，「文官」指九品三十階內的流內文職事官（不包含流外官和武職事官），或約略相同等級的文系統使職（如史館史館、觀察使等，但不包含武職，如方鎮幕府中的兵馬使等），則唐代的「文官」包括了相當多的一批人，不是只有士人，還包含了伎術官和宦官等一大批人，見該文表一。

　　換句話說，李建僅能代表某一種典型的文官，那就是表一中第（一）型的士人文官。這種士人文官的數量，在整個唐代官僚階層其實並不占大多數。表一中的第（二）和第（三）型官員，加起來的數量應當遠遠多於第（一）型的士人文官。他們應當也不需要去考科舉，就能做官，而且是九品三十階的流內文官，只

323-325。

57 賴瑞和，〈唐「望秩」類官員與唐文官類型〉，《唐研究》16 卷（2010 年 12 月），頁 425-455。現亦收在本論文集。

是學界過去一向沒有細究。[58] 有了這種理解，我們對李建在唐整個官僚體系中的位置，也就有比較清楚的「定位」了。我們甚至不難想像，在他任職過的那些唐代官署中，他身邊必定還有許多流外出身者以及伎藝雜色人，也同樣在出任「文官」。他經常和這些人一起共事，經常有需要和他們打交道。

如果要進一步細分，我們還可以說，李建屬於「通材型的士人文官」，跟「專業型的士人文官」相對。所謂「專業型的士人文官」，指史館史官、學官（國子監等學府的教官）、財經系統具有某種專長的官員（如鹽鐵轉運使和鹽官等）。這些專業型的官職，不少屬於使職範圍，但常以職事官去充任，且任期一般都相當長，常待在某個特定官署或體系內，很少像李建這種「通材型」士人文官那樣，必須在中央各個不同的官署和地方之間遷轉，且每一官的任期都很短，一般最多為四五年（見文末「李建行年表」）。

例如，唐初的史館史官劉知幾、吳兢和唐後期的史官如蔣乂，任史官的年代都很長。劉知幾任史官便長達約二十年，吳兢約十七年，蔣乂十八年。他們任史官期間，也都帶有種種不同的職事官銜（以示遷轉），以這些職事官去「充任」史官。兩《唐書》儒林傳中的許多文儒和學者，也有不少屬於此類「專業型」。至於財經系統的專業官員，我們可以舉唐後期一系列鹽鐵轉運使及其屬官為例，如李巽、康僚、劉長卿等人。[59]

然而，如果單單只是為李建在唐官僚體系的位置「定位」，恐怕還不足夠。研究唐人的官歷，我們還應當留意他一生究竟做

---

58 賴瑞和，〈唐「望秩」類官員與唐文官類型〉，頁 452。

59 賴瑞和，《唐代中層文官》，第六章第七節「財經系判官」。

過幾任官。他是否經常都在做官？還是有不少年月沒在做官，閒賦在家？這是因為唐代官員，尤其是第一型的中下層士人文官，常是「斷斷續續」在做官，有「就業不足」的現象。這種情況，在州縣官當中更為明顯常見。我們經常在墓誌中見到，唐代不少州縣官，一生所做的官常常只有三五任（一任約四年），甚至還有短至一兩任者，意味著他們一生可能有大半時間並沒有在做官，而是閒賦在家，在守選，在等待做官。[60]

　　但表一中第二型和第三型的文官，則可能沒有這種「斷斷續續」的做官現象，而是長期任官，且常固定在某一官署（如司天台或太醫署等），或在某一官職系統（如宮中宦官系統）。專業型的士人文官，可能也有這種現象，因其專業而得而長期連任。

　　所以，唐人對於士人文官一生做官幾任，是很「敏感」的。墓誌常常會提到說，某某人一生「任官五政」、「從宦三任」之類的，隱含著讚許的意思。然而，任官三到五任其實是偏低的。這些人一般也都在唐史中無傳，因為這樣的官歷和經歷實際上乏善可陳也。那麼，一個唐人，要任官幾任才算中上呢？答曰：十五到二十任。

　　例如，白居易晚年自撰〈醉吟先生墓誌銘〉，追憶他生平的官歷時，十分得意地說：「始自校書郎，終於少傅致仕。前後歷官二十任，食祿四十年。」[61] 白居易為他的朋友張仲方（766-837）所寫的墓誌〈唐故銀青光祿大夫秘書監曲江縣開國伯贈禮

60　關於守選制度，最早的詳細論述見王勳成，《唐代銓選與文學》。最新的進一步研究見陳鐵民，〈唐代守選制的形成與發展研究〉，《文史》2011年第2期；陳鐵民，〈制舉——唐代文官擺脫守選的一條重要途徑〉，《文學遺產》2012年第6期，頁141-157。

61　《白居易集箋校》卷71，頁3815。

部尚書范陽張公墓誌銘並序〉，更形容他這位朋友，「入仕四十載，歷官二十五，享年七十二」，完全是一派高度讚美和仰慕的口吻。[62] 像白居易和張仲方這種如此「成功」的官員，一生能任官在二十任以上，應當是達到一個高標準。一般士人文官，即使仕途暢達者，恐怕也很難達到。那我們打個折扣，或可定「十任以上」為唐代士人文官仕途是否騰達的一個中標。相比之下，唐代有不少士人文官做官往往不到十任。在地方州縣，更有不少地方官一生只做過三、五任官，在宦海中浮沉，官歷並不完整。[63]

那麼，李建一生任官幾任？據〈白碑〉和〈元志〉，李建一生任官十六任。其中十個是有官品的職事官：校書郎、詹事府司直、殿中侍御史、比部員外郎、兵部員外郎、吏部員外郎、吏部郎中、京兆少尹、澧州刺史、禮部侍郎。六個是無官品的使職：容州招討判官、翰林學士、鄜州防禦副使和轉運判官、知制誥、知貢舉（〈白碑〉漏書此職）、知吏部選事。這顯示，到了唐後半期，使職越來越盛行，在唐代士人文官的生涯中，份量也變得越來越重。

依本文所考，李建一生任官，從低層一直爬升到高層，官職一個接一個，十分「緊湊」，沒有空白（從本文末「李建行年表」更容易看出）。他應當算是一個資歷完整、相當「成功」的唐代士人文官。

以上為李建做了若干官歷解讀和「類型定位」的工作。這樣的工作有一個好處，那就是，在我們品評一個唐人，他的身分、

62　《白居易集箋校》卷 70，頁 3777。

63　賴瑞和，《唐代中層文官》，〈導言〉一章第五節「唐代士人的常任核心官職模式」討論過這點。同書第四章〈縣令〉第七節「唐前後期的中下縣令」，論及好幾個這類一生做官不到五任的縣令。

地位和一生成就時，我們心中彷彿有了一把尺，比較能夠衡量這個人在唐代整個官僚體系中的地位等等細節，可以拿他來跟其他人比較，可以知道他任官幾任，資歷完整不完整（或「世俗」一點來說，成不成功等等），不至於霧裡看花，茫茫然。目前有許多唐代墓誌考釋的文章，一般都寫得還算中規中矩，都達到一定的水平，但總讓人有一種隔靴搔癢的感覺，意猶未盡，似乎總缺了那「臨門一腳」。原因就在於沒有給這些墓誌的誌主做這種比較深入的官歷解讀和類型定位，看起來每個誌主都很長得一模一樣。讀者不知道該把這人擺在什麼位置，甚至不知道這人算高層、中層還是低層文官，彷彿每個唐代文官都出自同一個模子，無法具體掌握，無從比較。

十二、任官模式

我在《唐代中層文官》的〈導言〉一章中，曾經提出一個說法：唐代的士人做官，有一種理想的常任核心官職模式。換句話說，唐代的文官雖然多達三百多種，但像李建那樣的士人型文官所擔任的，來來去去不外就是那些最核心的數十種，有一個規律可尋。大家心目中，知道哪一些官職才是最「理想」的、最有前途的、最受尊敬的。這一些最理想的官職，便構成「常任核心官職」，是士人夢寐以求的，是他們最想當的，有一種理想的模式可供他們去追隨和追求，雖然他們最終可能不能達到這個理想，或只能達到一部分。

唐代士人一般到了大約三十歲以後，才開始做官，不管是否考中明經進士，而且必定從基層做起，幾乎沒有例外。他們理想的核心常任官職模式，大致上是這樣的：基層的理想入仕途徑大

致有三條：（一）若為京官，則最好從京城秘書省或各文館的校書郎或正字起家，如唐前期的張說和張九齡，唐後期的李德裕和李商隱。（二）若從使職做起，則最好到重要的幕府去任基層幕職如巡官、推官和掌書記，如韓愈等人。（三）若從基層的州縣官做起，則最好到重要州縣任州縣官，如縣尉（如陸贄）、主簿（如劉知幾）、州參軍（如杜佑）等。要注意的是，州縣官的職望和重要性，要看該州縣的等級而定。京畿州縣的等級最高，仕宦前景最佳，將來可升任宰相等高官。中下級的州縣職望最差，也最沒有仕宦前景。任官者往往一生就在這種中下等級的州縣，任三幾任基層官職終老，無法入朝任中高層文官。

到了中層階段，士人理想的常任核心官職仍然可分三個系統：（一）若為京官，則最好是監察御史、殿中侍御史和侍御史、拾遺和補闕、員外郎和郎中。（二）若為使職，則最好是在京城的翰林院任翰林學士，到史館任史官，或任知制誥等使職，或到重要幕府去任判官、行軍司馬等同級僚佐。（三）若為州縣官，則最好到等級高的州去出任各曹參軍，或到等級高的縣去任縣令等等。

到了高層階段，士人的理想常任核心官職，同樣可以分為三個層面來看：（一）若為京官，則最好任御史中丞、御史大夫、侍郎、尚書。（二）若為使職，則最好任宰相、知貢舉、知選事等重要使職，或到關鍵的地方使府去任節度使、觀察使、鹽鐵轉運使等。（三）若為州府官，則最好任京兆尹和少尹、重要州府的刺史、都督、都護和長史等。

李建是否符合這樣的模式？答案：有百分之九十左右符合。他在基層時，便先入幕府任判官，才回到秘書省，出任理想的校書郎。然後，他就成了中層文官，出任連串非常典型、非常理想

的中層文職事官和使職：翰林學士、殿中侍御史、多個司的員外郎和郎中、知制誥。最後，到了高層，他出任一系列理想的高層重要使職和職事官：京兆少尹、知貢舉、知吏部選事、禮部侍郎、最終死在刑部侍郎的任上。他的十六任官和職當中，只有兩個不算「理想」，不在上述的核心常任官職名單上：一是詹事府司直，二是被貶官到澧州任刺史。

　　詹事府司直之所以不在這核心常任官名單上，最簡單的一個原因是：它不是士人心目中「理想」的「核心」官職。它只是東宮中一個閒差事，並不劇要，在士人眼中，不像校書郎和郎官那麼緊要。李建任詹事府司直，正是剛從翰林院「外放」之時，看來也只是「暫時」安置他在那裡。後來一有機會，他便被禮聘到鄜州幕府去出任典型的中層幕職：副使、判官。

　　至於澧州，位於今湖南省澧縣，是個偏荒少數民族地區，在唐代就是個知名的貶官之州。在這樣的州任刺史，當然非常不「理想」，是一種懲罰。由此例看來，我們要特別留意唐人任州府縣官的州府和縣的等級，是否重要，始能決定某一地方官是否為「理想」。在杭州這樣的大州任刺史（如杜牧所希望的），當然是理想的高層常任官職之一，但在澧州或柳州那樣偏荒的州任刺史（如柳宗元），卻並非「理想」。同理，在偏遠南方的陽山縣任縣令（如韓愈的經驗），不是「理想」官職，但在京畿的長安縣任縣令（如裴耀卿），卻是個中層的理想常任官職之一。[64]應當一提，李建沒有做過尚書，沒有任過宰相，他還沒有達到唐代士人文官所能達到最高官位。就官業上來說，他不如張說和張

---

64 賴瑞和，《唐代中層文官》，第四章〈縣令〉，曾經詳細討論過韓愈和裴耀卿這兩個個案。

九齡，也不如李德裕。這三人都做過尚書和宰相。但李建的官歷依然非常傑出，唐代像他那樣的官員，並不多見。韓愈最後也僅做到吏部侍郎，跟李建的官業很相像。

我擬定這個理想的常任核心官職的模式，目的並非為了涵蓋大部分士人文官的官歷，而是為了定出一個相當高的標準，一種高的理想，然後以之作為一種標尺，用來衡量唐代士人文官的做官表現。在這個標準下，他們究竟能夠達到怎樣高的吻合地步？假設一個唐士人文官，他的官歷完全符合這個標尺，則我們可以說，他得到 100 分。李建的官歷有大約百分之九十和這個標尺吻合，則我們可以說，他得到約 90 分。分數越高，表示越符合那個高標準理想，任官越「成功」。因此，我們便可以用這樣的標尺去衡量每一個唐代士人文官，給每個人都打個分數，從而可以給他們做高低排秩，可以更客觀地衡量比較一下各人的成就。在這樣的評量下，唐代那些失意文官（墓誌中尤其常見），一生只在幾個不重要的州縣，當三五任州縣官，他得到的分數恐怕很低，可能只有 10 到 20 分。

十三、結語

研究一個唐代官員，我們（一）應當對他的官歷有徹底的了解和掌握；（二）應當對他在整個唐代官僚體系的地位，有個清楚的認識。如果我們能做到這個地步，那我們對唐代官員和唐代社會的理解，應當也邁進了一大步。同時，我們不妨以唐代理想的常任核心官職的模式，來衡量這位官員的官歷，看看他是否達到那個理想模式的標準，甚至可以估算出他的「得分」。

本文實際上也等於是一篇唐墓誌和墓碑的考釋文章，考釋的

是元稹為李建所寫的墓誌，以及白居易為他寫的墓碑。本文在考釋過程中所關注和發微的一些課題，或許可以為目前流行的唐墓誌考釋研究，提供一些參照，以邁向一個更高的境地。

附錄：李建行年表

年代	歲數	主要經歷和官歷	主要出處
廣德 2 年（764）	1 歲	生於荊南（今湖北荊州）	〈白碑〉、〈元志〉
永泰元年（765）到貞元 8 年（792）	2-29 歲	不詳	
貞元 9 年（793）	30 歲	可能在這一年考中進士，跟劉禹錫、柳宗元同年	傅璇琮《唐翰林學士傳論》，頁 385
貞元 10-12 年（794-796）	31-33 歲	不詳，應當在守選期間，等待做官	
貞元 13-16 年（797-801）	34-38 歲	以試校書郎的身分出任容州招討判官	〈白碑〉、〈元志〉
貞元 16 年（？）到元和 20 年（801?-804）	38-41 歲	回到長安秘書省任校書郎803 年跟元稹和白居易兩人為同事	〈白碑〉、〈元志〉
貞元 20 年（804）12 月 22 日起	約 41 歲	以校書郎身分出任翰林學士	〈白碑〉、〈元志〉
貞元 21 年（805）3 月 17 日起	42 歲	以左拾遺和詹事府司直身分任翰林學士	〈白碑〉、〈元志〉
元和元年（806）	43 歲	回到詹事府任司直	〈白碑〉、〈元志〉
元和 2 年（807）	44 歲	不詳，很可能還在任詹事府司直	

元和 3 年（808）2月起	45 歲	以殿中侍御史的身分出任鄜州防禦副使和轉運判官	〈白碑〉、〈元志〉
元和 3 年 10 月後至 4 年（808-809）	45-46 歲	回返長安任殿中侍御史。元和四年四月，曾反對裴均進奉銀器給皇帝事	《舊唐書・憲宗紀》、〈白碑〉、〈元志〉
元和 4 年至 11 年冬之間（809-816）	46-53 歲	這期間歷任比部員外郎；兵部員外郎；吏部員外郎；吏部郎中；以兵部郎中知制誥；京兆少尹	〈白碑〉、〈元志〉
元和 11 年冬至 15 年（816-819）	53-56 歲	被貶官澧州刺史	〈白碑〉、〈元志〉
元和 15 年（820）閏正月 15 日至 2 月 28 日	57 歲	以太常少卿知貢舉	《唐摭言》卷一四。〈白碑〉遺漏此職
元和 15 年（820）2月 28 日以後	57 歲	任禮部侍郎	〈唐摭言〉卷一四
元和 15 年（820）	57 歲	以刑部侍郎身分（本官）知吏部選事	《舊唐書・韓皋傳》
長慶元年（821）2月 23 日	58 歲	逝於長安修行裡，享年 58 歲。死於服食丹藥。死後贈官工部尚書	韓愈〈太學博士李君墓誌銘〉

原載《唐史論叢》第 17 輯（2013 年第 2 期），頁 17-45。

附錄

漢學師承記

萬里尋碑記
──我怎樣找到〈大悲菩薩傳碑〉

一、神祕的任務

1990 年初夏的某個下午，我在湖北省的襄陽，探訪過諸葛亮年輕時耕讀了十年的古隆中後，獨自一人乘火車抵達河南的寶豐縣。我提著一件簡單的行李，下了火車，才發現站台上十分冷清：只有三、四個人和我在這個小站下車，幾乎沒有一個人上車，站台上也見不到有什麼人在推著小攤子售賣食物，一片寂寞淒清的景象。這跟中國其他稍大城鎮的火車站，那種人頭湧湧，充滿各種叫賣聲的場面，形成十分強烈的對比。

我乘坐的這班火車，是從重慶始發，開往北京的 190 次直快車。這種直快車，一般只停大站，不停小站，但它居然在寶豐這個冷清的小站停靠，倒是出我意料之外。我當初籌劃這段旅程時，翻查過我那本在中國旅行必備的《全國鐵路列車時刻表》（90 年代還沒有網路購票），發現寶豐站每天竟有至少十四班火車停靠，七班往南，七班往北，而且全部都是快車。此外，還有另兩班慢車，也停此站。我從來沒有到過寶豐，只知道它是河南省中部一個小小的縣城，位於洛陽東南約 140 公里，離中嶽嵩山和少林寺都很近，卻不知道它有多小，有多冷清。不過，當時我心想，既然它有十四班快車停靠，大概不會太冷清吧。

沒想到，寶豐給我的第一印象，卻是那麼寂靜，甚至可以說

是那麼安詳的，沒有擁擠的人群，沒有喧雜的聲音。我提著行李，走向火車站的出口處。這時，太陽已經快下山了。在我右方，那列載我來的火車還要等待幾分鐘才開走。車上的乘客，一個個默默無言的把頭靠在窗口，無聊的望著我們這幾個下車的旅客走過站台。我心中不禁湧現難以形容的喜悅和興奮。終於，我來到了寶豐！走在寶豐的土地上！過去十年來，我在台北，在美國普林斯頓，在香港四處漂泊，常常會像懷念故鄉一般，想念寶豐這個小縣城。常常想，什麼時候有機會，我一定要到寶豐去，了卻一件心事。

　　然而，站台上沒有人來接我，我也沒盼望會有什麼人來接。寶豐到底不是我的故鄉。在這兒，我連一個親人、一個朋友都沒有。寶豐也不是旅遊勝地。那為什麼要到寶豐去呢？在我去之前，雖然我知道我可以先聯繫某些單位的某些人，但我潛意識下，卻好像很不願意這樣做，總是找藉口放棄許多聯繫的機會。在我的想像中，寶豐行的最好方式，就是靜悄悄的來，靜悄悄的去，不要驚動任何人，而且要帶幾分「神祕」的色彩才好。這樣才能跟我到寶豐去的目的相配合。

　　的確，我到寶豐去，是負有一項「神祕」任務的。寶豐火車站台上的黃昏暮色和冷清場面，正好加深我此行的「神祕」色彩。我下了火車後，慢慢走過長長的站台時，甚至連內心的喜悅和興奮，也是帶有幾分「神祕」的。我想，我那時的處境，有些像中國俠義小說中常見的開場：一個人，奉命偵辦一起重大的案件，於是不辭勞苦，獨自跑了萬里路，在某個黃昏，悄然抵達一個荒涼的小鎮，準備第二天一早行事。

　　我要「偵辦」的，確是一件懸案，而且牽涉到至少四個領域：文學、歷史、民間傳說以及佛教信仰。這宗懸案，困擾了中

外的現代學者至少將近一個世紀之久，因為有一篇寫於北宋年間，關於妙善觀音起源極重要的石刻碑文，在大約十八世紀末葉以後，竟「神祕」離奇的失了蹤，不知如何「不見」了，「失傳」了。現代學者費盡心機，不斷在找尋這篇碑文，可是大家忙了快一百年，也還是沒有找到，成了懸案。

我這次到寶豐這個寂寂無聞的小鎮去，就是為了尋找這篇北宋年間的碑文，「偵破」這宗百年懸案。更正確的說，我要尋找的是一個實物證據，是一通具有將近七百年歷史的古碑：因為我從其他材料知道，這一篇碑文，曾經在北宋元符三年（1100），雕刻在一通石碑上，立在寶豐縣的香山寺內。兩百多年後，這通石碑已經被風雨侵蝕。香山寺的和尚，在元朝至大元年（1308），又把此碑重新雕刻，但仍然立在香山寺內。在清代，至少有一個金石學家武億，曾經見過此碑的拓片，並且在清嘉慶二年（1797）編成的一本地方誌中，記錄了一部分碑文。可惜，從此以後，一直到二十世紀的 90 年代，這通石碑的命運如何，下落如何，是存是毀，世界上除了寶豐縣的居民外，恐怕就沒有其他外人曉得了。據我所知，國外從來沒有人到過寶豐去找尋此碑。而我自己為了尋訪這通石碑，也一直在國外等待機緣，從台北到美國到香港，一直等了約十年，跑了超過萬里路。現在，中國的門戶開放後，終於有「緣」，踏上寶豐的土地。這通七百年古碑之謎，它的現代命運如何，看來很快就可以揭曉了！

至於我自己當初為何會和這通石碑結緣，以至在國外等待了那麼長的時間，那就要從一段往事說起。

二、殘缺的妙善傳說碑文

　　上世紀 70 年代末期，我在台大外文系當一名窮學生。記得在 1979 年秋天，大四剛開學不久，有一天，教我《西方漢學》這門課的王秋桂老師，借給我一本剛出版不久的西方漢學著作《妙善傳說》（*The Legend of Miao-shan*）。此書的作者杜德橋（Glen Dudbridge），是英國劍橋大學的中文博士，當時在英國牛津大學任中文講師，並且已經出版過一本研究《西遊記》的專書。80 年代中期，他一度出任劍橋的漢學講座教授，後則升任為牛津的漢學講座教授。他這本《妙善傳說》，是世界上第一本研究妙善傳說的開山著作，治學嚴謹，材料詳盡，在學術界得到很高的評價。當年我讀此書，深深為之傾倒，也從中學到不少東西。

　　而妙善傳說的發源地，正好是河南的寶豐縣。根據最初的傳說，從前有一個國王，不信佛法，生有三個女兒。第三女妙善，從小虔誠禮佛，在宮中號為「佛心」。長大後，妙善堅持要出家，不願嫁人，而被父親趕出宮，住到一所尼庵去。尼庵的住持，在國王的訓令下，折磨妙善，好使她回心轉意去嫁人。但龍神知道妙善將證道果，救度眾生，於是暗中幫助妙善，度過許多考驗。有一天，國王對這個不聽話的女兒，憤怒極了，下令把她押去斬首。在臨刑的一刻，龍山的山神把妙善救出，從此妙善便在龍山附近的香山修行。不久，國王得了重病，肢體腐爛。有一個僧人對國王說，他的病需要用無嗔人的手眼才能治好。僧人也告訴國王，香山有一個仙人在修行，可提供手眼治病。國王便派了使者到香山來求仙人。妙善於是以刀挖出自己兩眼，又叫使者砍斷她的雙手，用她自己的手眼作藥，來醫治父親的病。國王得

了手眼，果然不久就病好了。於是一家人來香山謝仙人。這時，國王才發現，香山這個沒有了手眼的仙人，就是他自己的女兒妙善。國王醒悟自己從前的無道，發願要以舌舐女兒兩眼，續女兒兩手，願天地神靈，令女兒枯眼重生，斷臂復完。國王發願完了，天地震動，妙善也化身作千手千眼大悲觀音菩薩。國王從此虔敬三寶，並且在香山建塔十三層，以覆菩薩真身。

這一則妙善公主化身變成大悲觀音菩薩的傳說，和楞嚴及大悲觀音等佛經的記載，很不相同，不過卻在宋代以後的各種通俗文學和善書中，廣泛流傳。寶卷《香山卷》、明代小說《南海觀音全傳》，和明代傳奇戲曲《香山記》，講的都是這個故事。

這則傳說，很可能在唐代已經在各地方的民間流傳，最初未必和寶豐縣有關係。但它在唐代流傳的情況如何，因為沒有文獻證據，一切只能存疑。這傳說和寶豐發生關聯，是從北宋開始，而且看來也純粹只是一種歷史巧合。事緣北宋元符二年（1099），朝廷中的一個高官，翰林學士蔣之奇，被貶到汝州（即後來的寶豐）出任太守。這年冬天，香山寺的住持懷晝，派人邀請蔣之奇上香山寺，並且請他鑑賞一篇記載妙善公主如何在香山化身為大悲菩薩的〈大悲菩薩傳〉。據他說，這篇傳是唐代道宣律師的弟子義常寫的。蔣之奇讀了這篇妙善傳說，深為感動，於是把它稍微修改「潤色」，並且寫了一篇〈贊〉附在篇末，交代整件事情的經過。

蔣之奇在汝州只停留了一個月，就被調往慶州。在他走後的第二年，香山寺便把他潤色過的〈大悲菩薩傳〉，連同他寫的那篇贊，雕刻在一通石碑上，並且由當時北宋著名的書法家宰相蔡京寫碑，立在香山寺內。據我們所知，這是歷史上第一篇可考的妙善傳說的文獻。它也就成了研究妙善傳說最重要的一篇原始文

件。

　　奇妙的是，如此重要的一篇碑文，卻長期「失蹤」。在杜德橋之前，有好幾個中外和日本學者，曾經探討過妙善傳說，但他們都沒有見過這篇碑文。大家只是從北宋另一個和蔣之奇同時代的學者朱弁，在他的《曲洧舊聞》中所寫的一段短文，知道蔣之奇當年曾經答應香山住持的請求，把一篇記載妙善傳說的文字，「潤色」為傳。朱弁甚至嘲笑蔣之奇，那麼輕易就相信了那和尚的話，因為在他看來，那篇所謂由唐代道宣律師的弟子義常所寫的〈大悲菩薩傳〉，來歷可疑，極可能是香山和尚捏造，而假借蔣之奇「潤色」的名義，來取信於世人。和尚的用意，看來只是要使世人相信，妙善的確在寶豐香山化身為大悲觀音菩薩，降跡顯聖。而如果善男信女都相信這個傳說，那麼從此以後，寶豐香山寺的香火，必然會鼎盛起來。

　　朱弁的短文，只提到蔣之奇為和尚「潤色」〈大悲菩薩傳〉這件歷史事實，並沒有提到刻碑的事。不過，它卻為後來的學者，提供了一條重要的搜尋線索。蔣之奇是北宋朝廷中的一個大臣，是個斑斑可考的歷史人物，甚至連《宋史》中都有他的傳。我們甚至也知道他生於 1031 年，死於 1104 年。那麼當年他替人「潤色」的那篇〈大悲菩薩傳〉，是否還存在呢？還流傳於世呢？這幾乎是任何一個稱職的現代學者，在這種情況下，都會提出的問題。大家也都在想盡辦法，渴望找到這篇文獻。

　　但問題是，中國古籍浩如湮海，到哪裡去找尋這樣一篇文章呢？在錯綜複雜的中國古籍堆中，有時為了尋找一本古書，已經夠一個人忙上幾年，甚至幾十年，跑遍了世界各地方的中文圖書館，也未必有什麼結果。何況一篇不知收在何處的單篇文章！

　　如果這是一篇唐代或者唐以前的文章，我們至少還可以翻查

《全上古三代秦漢六朝文》，或者《全唐文》這些總集。而且這些總集都有索引，翻查起來還不致太費時間。但偏偏蔣之奇那篇文章，卻是宋代的，而宋文至少一直到最近幾年前，還沒有人編過一朝總集。（近年來，四川大學主編的《全宋文》，方才陸續出版。不過，在我所見到的已出版的前二十冊當中，也還不見有蔣之奇此文，或他的任何其他文章。）

　　更不巧的，蔣之奇雖是朝廷大臣，卻沒有個人的文集流傳下來。否則，或者他為人「潤色」過的那篇文章，會收在他的文集裡也說不定。二十多年前，杜德橋開始研究妙善傳說時，我想他正好面對這樣一個尷尬的局面：明明曉得歷史上曾經有過一篇這樣的文章，卻找不到它。如果這篇文章是明代的或清代的，而且只是妙善傳說的一個後期版本，倒也算了，找不著就找不著，只需加個腳註，解釋一番就可，沒有什麼大不了的事。但偏偏它卻是宋代的，而且是我們所知歷史上第一篇記載妙善傳說的文獻，後來各種民間文學與戲曲中所描述的妙善故事，全都是從這兒演變而來的，確是非同小可。如果真的找不到這樣一篇重要的文獻，那麼在探討妙善傳說在明清期間的演變情況時，往往便弄不清楚故事情節的根源在哪裡，只能靠揣測。在這種情況下，我想，一個學者可能有幾個抉擇：要嘛乾脆放棄這個研究題目，或者等到找到這篇碑文後，再來繼續研究；要嘛則繼續努力，上窮碧落下黃泉般的去找。或許有一天，真誠感動了妙善菩薩，她會指引我們找到。

　　我想，杜德橋當年必然曾經四處尋訪過蔣之奇的文集，而且也翻查過各種古籍目錄，知道蔣之奇沒有文集傳世，此路不通，要改變搜尋的對象才行。既然香山寺在寶豐縣，那麼在寶豐的地方誌中，會不會有什麼材料呢？果然，杜德橋後來在一本嘉慶二

年（1797）編成的《寶豐縣誌》中，找到許多珍貴的研究材料。

　　這本《寶豐縣誌》的主纂者武億生於清乾隆十年（1745），死於嘉慶三年（1798），在乾隆四十五年（1780）考中進士。他是河南偃師人，而偃師正好位於寶豐北部不遠，距離約 150 公里。武億也是清代頗有名氣的一個金石學家。可能因為這種地利和興趣，他編的這本縣誌，有一卷是金石材料，收錄了寶豐縣境內許多石碑的碑文，並且還對各石碑的刊刻日期，做了詳細的記錄。就在這卷金石材料中，杜德橋發現了現代妙善學者夢寐以求的一篇文字，一篇蔣之奇寫的文章。

　　不過，很可惜，這篇並不是蔣之奇「潤色」過的那篇大悲傳，而是蔣之奇自己所寫，附於傳後的那篇〈贊〉。雖然如此，這篇贊的史料價值依然非常之高。在這裡，蔣之奇親筆告訴我們，他當年是在什麼時候來到汝州，香山住持是怎樣派人來請他上山，而他又是怎樣覺得那篇大悲傳的文字「俚俗」，於是替它刪改修飾，然後立碑。這篇贊不但證實了朱弁的記載，而且還第一次讓我們知道，原來當年還有立碑這件事，以及立碑的年月和地點。

　　但最可惜的是，武億分明見到〈大悲菩薩傳〉的碑文和蔣之奇的〈贊〉，卻沒有把傳的碑文抄錄在《寶豐縣誌》中，只抄錄了蔣之奇的贊文。而且，他還特別註明：「碑文不錄錄贊」。這樣一來，現代學者還是等於沒有找到那篇〈大悲菩薩傳〉。至於武億為什麼要來個「碑文不錄錄贊」，令我們在滿懷希望之際，又大失所望呢？據他自己說，是因為傳文中「語涉炫奇故也」，於是「碑文不錄」。換言之，他看來是不相信傳文中所記載的妙善傳說，而且他可能和宋代那個不信邪的朱弁一樣，認為妙善化身為大悲菩薩顯靈這種事，乃「浮屠氏喜誇大自神」的表現

也。而他之所以願意抄錄蔣之奇的贊文，則因為這有助於後人考證蔣之奇的生平，尤其是他被貶出任汝州太守的年月，這是他《宋史》本傳中所未記載的。清代的金石學家，大抵都有這種想法——所謂石刻碑文，可以用來補正史材料之不足也。

可是，這卻害苦了研究妙善傳說的學者。如果當年武億直截了當的把傳文抄錄在縣誌中，那麼現代的妙善研究，就不必走那麼多曲折冤枉的路，而我自己也不必在將近兩百年後的某個夏天，萬里迢迢跑到寶豐縣去，為了尋找一通什麼石碑。

杜德橋對武億的這種做法，也是深感惋惜的。不過他在惋惜之餘，好像沒有其他的辦法。他在書中寫道：「此碑文似乎並未保存於他處，因此也就不可得。」當年我讀杜德橋此書，讀到這兒，馬上警覺起來：「啊，這裡有人說他找不到一篇碑文，如果我能夠把它找到，豈不妙哉！」這可能便是我和妙善菩薩結緣的開始。

而我當時有這種警覺，很可能是因為我那時剛好看完歐狄克教授（Richard Altick）那本十分精采的書《文學考據的藝術》（*The Art of Literary Research*）。這本書主要講述英美文學史上，好幾宗重大的懸案，如何被人偵破的經過。歐狄克的文筆非常生動。他把這本書寫得好像一本偵探小說一樣，處處引人入勝。我幾乎廢寢忘食一般，把這本書看完。歐狄克本身是書目學家，編過好幾種英美文學研究的重要書目。我想他寫這本書的用意，除了因為這些懸案原本就很吸引人外，恐怕也想通過這些真實個案，來教導念書目學的學生，如何經常要保持靈活的頭腦，要培養出一種間諜所具備的警覺和嗅覺，才能解開文學史上或歷史上那些別人解不開的「謎」。我讀了他此書，深受啟示。那時我在外文系，但知道自己將來要改行治中國文史，已經開始在留

意中國的書目學。歐狄克此書讓我深刻體會到，中國的書目學，不但和英美的書目學相似，而且還和偵探及間諜蒐集情報的方法，在許多方面，也是相通的。

當杜德橋說他找不到那篇碑文，我的「偵探癮」，便被他引發了。我當時想，他要找的是一篇碑文，而碑文在傳統的中國書目學裡，是屬於「金石門」的，可是他用的材料卻是《寶豐縣誌》，屬於方志的範圍，這已經有點問題，不太對勁。固然，不少方志也收金石史料，但方志到底是方志，主要目的是記錄一個地方的歷史沿革、風土人情、寺廟學校等一類的材料，而金石並非其重點，常常是可有可無的，因此也有不少方志根本不收石刻碑文。〈寶豐縣誌〉之所以會收碑文，我想這跟編者武億是金石學家大有關係。而他不錄〈大悲菩薩傳〉的碑文，原因之一，固然像他自己所說，是此碑的文字「語涉炫奇」。但我想，另一個原因，是可能他也覺得，他這樣做並無可厚非，因為他編的是一本方志，並非石刻碑文集。編輯目的既然不同，當然也沒有必要非把所有寶豐的碑文都抄錄下來不可。因此，即使一本方志肯收碑文，那也很可能是有選擇的、點綴式的收錄，恐怕不會全部照錄。

換句話說，要找碑文，最理想的地方，並非方志，而是石刻碑文集。這種史料，從宋代開始已經有人在編纂，到清代蔚為大觀，其性質、種類都相當複雜。有的收全省的碑文，如《江蘇金石錄》；有的只收某一縣的碑文，如《偃師金石錄》；更有的雄心勃勃，幾乎全國各地的都收，如王昶著名的《金石萃編》。更令人混亂的是，有的只有碑目而無碑文，如《藝風堂金石文字目》；有的有碑目，有考證，但又無碑文，如史學大師錢大昕的《潛研堂金石文跋尾》，不一而足。

　　可能也是另一個機緣，當年我初習中國書目學，是從《書目答問》起步的。這本書目，掛名是清代湖廣總督張之洞編的，但許多人都曉得，它實際上是張的一個幕僚繆荃孫幫忙編的。繆荃孫正巧又是一個金石學家。他「幫忙」編的這本書目，在處理金石材料時，所推舉的書名和版本，十分詳盡，眼光獨到，完全是行家手筆。而且，《書目答問》編於道光年間，晚於著名的《四庫全書總目》。它在好些條目方面，材料更新。以金石類來說，它就列了許多晚清所編的碑文集，都是《四庫全書總目》所未收的。

　　另一個巧合，差不多在這個時候（1977-1979 年間），台北的新文豐出版社，陸續翻印了大量這種石刻史料，包含了《書目答問》中所列的幾乎全部金石材料。我那時是窮學生，當然買不起這種大部頭的書，但台大圖書館裡有好幾套。我常常把這批史料，一冊一冊的借回家去，慢慢「玩賞」，不久也就比較熟悉這些石刻史料了。

　　在這種背景下，當我發覺杜德橋只是查了方志，便說那篇大悲傳的碑文「似乎並未保存於他處」時，不禁「疑心」頓起。我再仔細檢查他書後所附的參考書目，發現他所用的第一手材料，的確是洋洋大觀：計有二十四史，有歷代詩文集，有明清筆記，有方志，有佛藏，有道藏，有戲曲，有寶卷，還有小說等等，種類繁多，超越了不少中國本土學者所能掌握的。然而，它卻沒有列任何石刻史料。換句話說，他看來並未曾利用過這類材料，而沒有翻查過這些碑文集，怎麼就說那篇〈大悲菩薩傳〉的碑文「不可得」呢？豈不太早就下結論了嗎？

　　當時我就有個預感，杜德橋要找的那篇碑文，極可能就收在這些石刻史料中，並未失傳。但這批材料本身也是極為龐大的，

遠遠超過杜甫所說的「萬卷書」。新文豐的翻印本，當時出版了兩輯，正好是厚厚的五十巨冊，每冊十六開本，約五百到一千頁之間。如果要逐一翻檢這五十餘冊，也非易事。好在，那時我知道楊殿珣先生，曾經為一百四十種主要的石刻史料，編過一本索引，叫《石刻題跋索引》。此書在 1941 年由商務印書館出版，正是在兵荒馬亂的抗日戰爭期間，出版一本如此冷門的工具書，可說很不尋常。1957 年上海商務又出了個增訂本。新文豐在影印石刻史料時，也「順便」把這本索引翻印了，收在其中一輯裡，但原書後面所附的一個四角號碼索引，卻不知何故，竟沒有翻印，增加使用者的許多不便。但無論如何，有了這本索引，翻檢石刻史料就比較快捷。楊書出版到今天，已足足超過半個世紀，但仍然沒有被其他書取代，依然還是石刻史料最好的索引之一，值得記上一筆。（當然，如今許多中國古籍已數字化，製成了數據庫，例如北京愛如生研發的《中國基本古籍庫》等等，當中就收了不少金石材料，檢索更加容易了。）

　　當年我尋找碑文，第一件事，就是先跑到台大圖書館，把楊殿珣的這本索引借回家。那是新文豐的翻印本，缺原版書後的四角號碼索引，用起來沒那麼方便。我只得花一個晚上，一頁一頁的翻檢楊書。到夜深人靜時，我已找到三條可能的線索，知道有一篇叫〈大悲成道傳〉的碑文，收在三種清代所編的石刻碑文集中：阮元的《兩浙金石志》、杜春生的《越中金石記》，以及陸增祥的遺作《八瓊室金石補正》。

　　當時，我不能確定的是，楊殿珣索引中所列的〈大悲成道傳〉，是否就是杜德橋說他找不到的那篇〈大悲菩薩傳〉，但這看來很有可能。唯一可以確定的方法，是把那三種碑文集都找來看看。但這時已經夜深了，台大圖書館早已關門，最快也要等到

明天早上才能分曉。不過，既然也叫大悲傳，這恐怕就是杜德橋等現代學者都在找尋的那篇碑文吧。如果確是的話，那麼我將成為世界上第一個找到這篇碑文的人。而如果不是的話，那就是空歡喜一場，白忙一場。我想那晚我就在這種患得患失的心情下，度過一夜。

第二天一早，我跑到台大總圖書館去，在那個光線微弱、積滿塵埃但十分安靜的地下書庫，先取下陸增祥所編的那本碑文集，按照楊殿珣索引的指示，翻到卷一〇九，第 19 頁。果然，我第一眼就看到妙善的名字，再細讀開頭第一行：「臣既至，妙善聽命，即謂尼眾，汝等速避，吾當受誅………」這分明是一篇從來沒有人引用過的碑文，肯定是〈大悲菩薩傳〉。我不禁要歡呼起來：「我找到了！我找到了！」接著，我再翻檢阮元和杜春生所編的碑文集，發現都收了同樣的一篇碑文，而且都是從「臣既至，妙善聽命」那一行開始的。

等我回家仔細研究這些新材料時，我才發現，我的歡喜還是太早了些。沒錯，我的確是找到了那篇碑文，那的確是〈大悲菩薩傳〉，但那卻只是半篇碑文！另一半仍然沒找到，不知所終。在我往後和大悲菩薩結緣的十多年當中，我才慢慢發現，大悲菩薩的「祕密」，是絕對不輕易向人揭露的。她常常是這樣，只肯一點一滴的透露她自己生平和起源之謎。好戲果然還在後頭。

原來，〈大悲菩薩傳〉碑，不單只立在寶豐的香山寺，而且還曾經在宋崇寧三年（1104），重刻在杭州的天竺寺（在今天杭州著名的旅遊勝地靈隱寺附近，還有一座寺廟叫天竺寺）。蔣之奇曾經在 1102 年底左右，出任杭州太守，看來是他自己把那篇〈大悲菩薩傳〉的碑文，帶到杭州去重刻的。不同的是，在杭州這通石碑上，蔣之奇的贊文和《寶豐縣誌》所錄的，有幾個地方

有一些異文，而且杭州此碑把〈大悲菩薩傳〉，改稱作〈大悲成道傳〉。因此，此碑文在清代的碑文集中，便稱為〈大悲成道傳〉。杭州碑和寶豐那通原碑，在高度和寬度上，可能不盡相同，以至每行碑文的字數，在兩碑上有所不同，但在碑文的根源上，它和寶豐原碑，實際上是相同的。兩者都源自蔣之奇當年「潤色」過的那篇〈大悲菩薩傳〉。

　　更複雜的是，這通石碑似曾在清代被人搬移到離杭州約 60公里外的紹興去。阮元的《兩浙金石志》刊錄此碑的碑文時，註明「右碑在紹興府學」。杜春生的《越中金石記》說「不知何時移至紹興」。陸增祥的《八瓊室金石補正》則推論，此碑雖說是「杭州天竺寺僧道育重立」，但未必一定立在杭州的天竺寺。

　　至於那怎麼會是半篇碑文呢？另一半在哪裡呢？其實，我最初只知道碑文有缺，因為阮元等三位金石學家的過錄本，都清楚標明「前缺」，但不知道缺多少，為什麼缺。他們對碑文的殘缺，也各有不同的看法。阮元說他懷疑「當時刻石不止一碑，或此碑兩面，拓者遺其前耳」。杜春生則說「右邊截去數行，故碑文不全」。

　　儘管如此，這篇有缺的碑文，仍然長達兩千多字，從來沒有其他研究者引用過，史料價值非常之高。差不多同時，我還發現另一篇和妙善有關聯的碑文：元代大書法家趙孟頫的夫人管道升所寫的〈觀世音菩薩傳略〉。這也是其他研究者所未見的。我把這些新發現告訴王秋桂老師後，王老師即命我寫一篇論文，向學術界公布此事。

　　大四下學期，三四月間，台北正是春天，台大校園裡滿園的杜鵑花怒放，春光明媚。我的同學當中，大概不少都「郊遊」去了，我則繼續在圖書館做研究，發掘大悲觀音菩薩的祕密。就在

我以為我的研究已做得差不多,有一天下午,坐在陽光普照的窗前,抄寫最後一稿時,突然福至心靈,想到這既然是一篇碑文,它原本其實是一通石碑,那麼它應該還有拓片才對啊。既然清代碑文集裡所收的碑文都不全,如果這通石碑還有拓片傳世的話,那豈不就可以把碑文補全嗎?

這麼一想,我馬上擲下筆,放下稿紙,準備轉移搜索對象,轉而向拓片下手。當時我曉得,台大圖書館是沒有什麼拓片的。拓片最多的地方,是當年位於南海路的中央圖書館和南港中央研究院的傅斯年圖書館。中央圖書館在 1972 年編過一本《墓誌拓片目錄》,但既然只有墓誌拓片編過目錄,其他的尚未編目,不合我的需求。於是,我先打電話到傅斯年圖書館去打聽消息。或許我的運氣還不錯,接聽電話的那個館員,非常好心的告訴我,他們館裡的確收藏了兩萬多件拓片,但沒有正式出版過任何拓片目錄,只編有一個目錄稿本,供自己館裡使用。不過,她說很「歡迎」我親自去查。

於是,我立刻跳上公交車,從我那時住的景美公館路,搖搖晃晃的去到約一小時車程外的傅斯年圖書館。館員捧出一疊高高的稿本來,共十三冊,線裝。我翻了一下,不禁暗暗叫苦。原來這個未出版的目錄,所收錄的拓片,完全不像其他金石目錄那樣,按照碑刻的性質、地點或年代來排列。它看來好像跟大英圖書館所收藏的敦煌卷子目錄一樣,是按照當年整理或裝裱的順序來排列的。每一張拓片都有一個編號。要找某一張拓片,唯有把這本目錄從頭到尾翻查一次,才不會遺漏。

幸好,這目錄只有十三冊。我花了大約一個小時,翻了一遍,果然有收穫:編號 02202 的那張拓片,叫〈大悲成道傳〉,看來正像我要找的,於是我請館員從書庫取出。她取出的是一個

卷軸，很雅潔，很新，一點塵埃也沒有，似乎從來沒有人動過，好像才剛剛裝裱好的樣子。我打開一看，的確沒錯，是〈大悲菩薩傳〉，不過又有些微微的失望，因為它也和那三家碑文集所過錄的碑文一樣，源自杭州天竺寺那通重刻的石碑，缺前面一半，也是從「臣既至，妙善聽命」那行開始的。

我把這張拓片和那三家過錄的碑文對校一遍，沒有發現異文。單就文字本身而言，拓片似乎沒有提供什麼新的材料。但其實，這張拓片的價值，遠遠在過錄本之上。最重要的一點，它非常精確、具體的保存了原碑的大小尺寸，以及寫碑人蔡京的書法真跡原貌，幾乎毫無偏差。這點是過錄本沒法做到的。在這方面，傳統的石碑拓印方法，也遠勝現代最先進的攝影術。看了這張拓片，我才知道，那三家過錄本所說的「前缺」，是怎麼一回事。

最初，我以為是石碑斷裂了，才造成缺文。但從拓片看來，這一通石碑完好無損，呈長方形，高約 1.64 米，寬約 1.1 米，可說是一通頗為高大的石碑，完全沒有缺角或斷裂的痕跡。但它的碑文分明有缺，因為它開頭那一行，顯然是一篇文章的中間部分，而且我從《寶豐縣誌》知道，此碑前面應該有「蔣之奇撰」、「蔡京書」等題署。那麼，缺文是怎樣產生的呢？

有了這張拓片，我覺得杜春生所謂「右邊截去數行」，是很難成立的，因為石碑並沒有「截」的痕跡，而且從故事情節看來，那已經是中間部分，缺文應該不止「數行」，而是一半左右。因此，我那時比較同意阮元的推測：「疑當時刻石不止一碑，或此碑兩面，拓者遺其前耳」。最後，我寫論文時，又稍微「修改」阮元的說法，而說成是：「碑文原本刻在兩塊石碑上，再拼成一大塊，左右並立在一起。拓片保留的是左半部分。」我

當時以為，右邊那塊碑石可能是後來不見了，或損毀了，才造成正好一半的缺文。

當時，我之所以有這種「兩塊石碑」的看法，一方面固然受阮元的影響，另一方面，其實是看了南港胡適公園裡的胡適墓碑所得到的「靈感」，因為胡適的墓碑正好是用好幾塊（我記得至少有四塊）碑石拼成的，詳細記載著他的生平功業，碑石之間可以清楚看到接縫。可是，我當年沒有想到，胡適是受西化影響的人物，他的墓碑其實也是蠻「西化」的，體制和傳統中國墓碑很不一樣。但在台北見不到什麼古碑，直到十年後，我有機會跑遍幾乎整個中國大地，尋訪過不少古碑、名碑，我才知道，當年這種「兩塊石碑」的說法，實在是很不妥當的，是學藝未精的結果，因為傳統古碑似乎從來沒有所謂「兩塊碑石拼作一塊」的做法。而到我去了一趟寶豐後，我更相信，阮元和我的說法都很成問題，不是碑文殘缺的原因。真正的原因，且賣個關子，留待後頭再說。

三、拓片在哪兒

總之，不管碑文是怎樣弄缺的，當年我在台北，確已想盡了辦法，都找不到另一半的碑文。最後，學期快結束了，王老師催我交論文，於是我便把所作的研究，寫成一篇報告，叫〈妙善傳說的兩種新資料〉，作為我那門《西方漢學》課的一篇期末報告，稍後也發表在 1980 年 9 月台大外文系出版的《中外文學》月刊上（現亦收在本論文集附錄）。在這篇論文裡，我除了介紹已經找到的新材料外，也清楚表明，〈大悲菩薩傳〉所缺的另一半碑文，還未找到。我也在文中提示了幾個未來搜尋的線索。

　　第一個可行的辦法，是到中國大陸去找尋原來那通石碑。既然這通石碑曾經刻了三次，而且刊立的地點分別在寶豐和杭州，如果還未毀壞，總可以找到吧。當然，在 80 年代初期，中國的門戶還未完全對外開放，我知道這恐怕是個遙遙無期的夢想，並不抱太大希望。

　　另一個線索，是找尋這通石碑的其他拓片。古人刻碑，大概都不免希望所刻的文字，可以流傳千秋萬世，而碑的確有它特殊的性質和壽命。碑本身是塊石頭，如果質地良好，保存妥善，其實真的可以達到「不朽」的境界。碑的毀滅，常常是因人為的破壞。但即使一通石碑毀了，那也不等於它就從此在這人世間完全消失。至少，它的碑文不但可能保存於後人所編的各種文集、方志和碑文集裡，而且更可能保存於歷代所拓的拓片中。在印刷術尚未發達的時代，石碑其實等於是一部最原始的印刷機，可以讓人複製成千上萬張拓片印本。從宋代到清代的將近一千年當中，大悲傳這通石碑，恐怕曾經產生過千百張拓片。傅斯年圖書館所收藏的那張拓片，只不過是其中一張而已。如果大悲菩薩真的有靈，世界上應該還有其他拓片，完美無缺的保存了完整的碑文。問題是，這些拓片在哪兒呢？

　　實際上，我在我那篇論文中也提到另外幾張拓片，可能保存了完整的碑文，其中最值得注意的有三張。一是清代金石學家李光映，在他的《觀妙齋金石文考略》（四庫全書本）卷十四中，記錄他所收藏的一張拓片，就叫〈汝州香山寺大悲菩薩傳〉。這分明是我們要找的那篇碑文。但很可惜，李光映這本書不同於一般的碑文集：它只有李氏本人的「考略」文字，而不錄任何碑文。在這個條目下，只有一段考據文字，沒有碑文。李光映在金石學上的興趣，也和一般金石學家以金石證史的作風不一樣。他

是比較著重於碑刻的書法，就好像《四庫全書總目》提要對他的評語一樣，他是「以品評書跡為主」的，不以考訂舊史舊聞見長。因此，李光映對〈大悲菩薩傳〉的考證，只是引用了宋代《宣和書譜》的一段話，來讚美寫碑人蔡京的書法，對我們來說，沒有什麼太大幫助。

　　但儘管如此，十幾年後的今天，甚至在我去了一趟寶豐回來後，我仍然覺得李光映所收藏的這張拓片，很值得重視，很值得再繼續追蹤。原因有好幾個。第一，它清楚註明是拓自「汝州香山寺」的，來源和傅斯年圖書館的那張拓片不一樣，極有可能是一張完整的拓片，沒有缺文。其次，這可能是我們所知歷史上最早的一張〈大悲菩薩傳〉的拓片。李光映沒有告訴我們，他的拓片是什麼時候拓的，但我們知道，他那本《觀妙齋金石文考略》，早在 1729 年就完成。這也比 1797 年的《寶豐縣誌》，早了超過半個世紀。第三，李光映的拓片收藏，其實還大有來頭。據我所看到的材料，他的藏品實際上是來自他的一位同鄉長輩：清代大經學家、書目學家朱彝尊（1629-1709）的舊藏。

　　可惜的是，李光映的拓片收藏，在他死後，又傳給什麼人，我們就沒有進一步的搜尋線索了。在現有的金石書目上，我再也查不到更多記載了。但拓片這一類的玩意，屬於古董書畫的範圍。我想，李光映的這張拓片，如果今天還傳世的話，極可能在一個古董書畫收藏家手上，或者在某個圖書館的拓片特藏裡。

　　另兩張很值得注意的拓片，都屬於前面提過的繆荃孫的舊藏。他在 1896-1898 年間，曾經把他自己的金石拓片收藏，編成一本目錄，叫《藝風堂金石文字目》，在 1906 年首次出版。這本目錄，列了兩張相關的拓片。一是〈大悲成道傳並贊〉。這看來即杭州天竺寺那通石碑的拓片，和清代那三家的過錄本及傅斯

年圖書館的那張拓片，來源一樣。至於繆荃孫收藏的這張拓片，是否完整無缺，則不得而知。另一是〈重刻汝州香山大悲成道傳〉。這顯然即香山寺至大元年重刻的那通石碑的拓片，也是我最感興趣的一張，因為從來沒有記錄說此碑殘缺。而且，繆氏這張拓片，是在二十世紀之前拓的。即使此碑在現代已殘缺，拓片極可能還保存了完整的碑文。

　　根據繆氏自己所編的那本《藝風堂金石文字目》，他的收藏多達一萬六千餘件。據我所看到的其他材料，繆氏死後，前國立北京大學國學研究所，曾經收購他的其中兩千餘張拓片，其餘的就下落不明了。傅斯年圖書館的拓片收藏，有一部分好像也原本屬於繆氏的舊藏。我相信，繆氏這兩張大悲傳碑的拓片，今天很可能仍然存在，很值得我們大家繼續去追蹤。近年來，我唯一能找到的一點蛛絲馬跡，是在 1985 年左右，北京大學出版社所影印出版的繆荃孫的日記裡。這本日記叫《藝風老人日記》，是根據繆荃孫的手稿影印的，多達十冊。在好幾處，他很「神祕」提到，他在某年某月某日的早上或下午，曾經「校」過蔣之奇的「佚文」。這看來和〈大悲菩薩傳〉很有關係。可惜，繆氏的日記都很簡略，沒有進一步的詳情，讓人更覺得神祕不可測。

四、從普林斯頓到香港

　　我那篇報告〈妙善傳說的兩種新資料〉在 1980 年發表後，便也暫時結束了我對大悲菩薩的探索。那年夏天，我大學畢業，秋天開學便留在台大外文系當一年助教，幫忙編《中外文學》。另一方面，我也在申請到美國普林斯頓大學東亞研究所念博士。這時，我想大悲菩薩幫了我一個大忙。普大的東亞所，雖然說可

以接受只有學士學位的學生入學，直攻博士，可是因為競爭激烈，最後取得入學許可和獎學金的，絕大多數是已經有碩士學位，或至少念過一二年碩士班的學生。像我那樣大學剛畢業，又還沒有念過碩士班的，機會恐怕很小。幸好，在申請過程當中，得到好幾位師長的大力推薦。他們也都建議我把那篇〈妙善傳說的兩種新資料〉和其他作品，一齊送審，以壯聲勢。我也聽取了他們的意見。結果，在第二年，我順利得到普大的入學許可和獎學金，讓我可以在往後的五年，衣食無憂的度過一段優游的讀書生活，順利念完博士。因此，我除了感謝那幾位師長外，也常常覺得，大悲菩薩是我的一位恩人。

我那篇〈妙善傳說的兩種新資料〉發表後，杜德橋便根據我找到的新材料，把他那本《妙善傳說》英文版的好幾個章節，修改一次，準備讓我和外文系的幾個學長，合作翻譯成中文出版。另一方面，他也用英文寫了一篇論文，討論我找到的那兩種新資料，並翻譯成英文，介紹給英語的學術界，作為他那本書的一個補充。1982 年 12 月，我在普大的第二個寒假期間，他這篇論文〈石碑上的妙善：兩篇早期碑文〉（"Miao-shan on Stone: Two Early Inscriptions"），便發表在美國漢學界最老牌、名氣最響的刊物上：《哈佛亞洲研究學報》（Harvard Journal of Asiatic Studies）的卷四十二，第二期。隔一年 1 月，普林斯頓大雪紛飛的時候，我收到他從牛津寄贈的這篇論文的抽印本。1983 年暑假，我抽空把他那本書的第二章，譯成中文，寄回給他修改。差不多在這個時候，我的外文系學長李文彬和廖朝陽等人，也都把他們負責翻譯的各章譯完。可是，這個《妙善傳說》的中譯本，後來卻好像波折重重，直到七年後，才由台北的巨流圖書公司，在 1990 年出版。

　　在普大的五年期間，我不免時常要想起那「半」篇仍然沒有
找到的碑文。普大的中文圖書館，屬於「葛思德東方圖書館」的
一部分。根據普大自己的宣傳刊物的介紹，說是「西半球最好的
中文圖書館之一」。我常使用這個圖書館，甚至有兩年的時間，
我曾經和許多普大的學生一樣，在這個圖書館打點散工，賺點零
用錢，深深覺得普大自己的宣傳太謙虛了。這個中文圖書館，在
80 年代中，藏書已超過三十五萬冊，不但是「西半球最好的中
文圖書館之一」，而且應該還是整個世界上最好的中文圖書館之
一。它的藏書，集中在中國文史哲和各種學術期刊上。傳統的中
國古籍，收藏尤其多且精美，是個管理完善的研究圖書館。在這
種環境下，我常常在走進二樓那間寧靜、雅緻的書庫時，想到那
半篇不見的碑文。在功課不忙的時候，在寫完期末報告的時候，
我往往也會幻想，在這個藏書豐富的圖書館，繼續挖掘大悲菩薩
的祕密。不過，一直到我畢業離開普大，我始終沒有把我的這個
幻想，付諸行動。

　　第一個原因是，到普大的第二年，雖然我仍然選修了文學的
課，但我的博士論文題目，已經差不多選定在唐代制度史的範
圍，預備寫一篇研究唐代軍事與防禦製度的論文。這和大悲菩薩
可說毫無關係。不過，這恐怕不成理由。我想，最重要的原因還
是，我那時開始對大悲菩薩的祕密，產生一種奇特的心情。一方
面，我固然非常希望能找到那半篇失蹤的碑文。但另一方面，我
其實也有點「害怕」真的找到。因為，我知道，一旦找到另一半
的碑文時，杜德橋又要修改他那本書，我們幾個外文系同窗合作
翻譯的那個中譯本，也要大改一次，真要弄得大家的日子都不太
好過。反正，我想，既然大悲菩薩那麼不肯輕易透露她自己的祕
密，我實在應該遵從佛家的緣分說，不再刻意去找尋那半篇碑

文。如果真的和菩薩有緣，我應該是在一種不經意安排的情況下，在某一天很自然的找到那半篇碑文。

在往後的日子裡，這種緣的想法，頗影響我對那半篇碑文的態度。在普大那幾年，我果然再沒有刻意去找碑文。或許，碑文就藏在普大中文圖書館某個書架的一角也說不定。即使有時稍微動心，有一種想繼續找尋碑文的衝動，我也立刻把這種衝動壓抑下去。甚至，有一次寫信給王老師時，我還說要讓此事從此「安息」。不過，在美國那幾年，我開始想到，什麼時候有機緣，我倒是應該到寶豐去走一趟，帶著一種謝恩的心情，去看看一位恩人的出生地。

這樣的機緣，我等了好幾年，一直等到我在普林斯頓寫完博士論文，轉到香港去教書的第二年暑假，才給我碰上。其實，在第一年的暑假，中國的門戶已經大開。我住在香港這個中國南方的門戶，早已匆匆一個人，到西北地區和黃河流域跑了一個多月。但我第一次中國行，沒有到寶豐去，主要因為發現寶豐這個小縣城，那時仍然還沒有對外國人和港澳同胞開放。我不敢貿然跑去，深怕失望，破壞了幾年來我對寶豐培養出來的特殊感情。於是，我把第一次中國行，當作一次「暖身」運動，為將來的寶豐行作好預備。就在這第一次旅行當中，我曾經闖進好幾個宣稱不對外國人和港澳同胞開放的小縣城，結果都平安無事，沒有遭到公安人員的驅逐。漸漸的，我膽大起來，也好像忘記了寶豐是個不開放的縣城。或許，我在潛意識下，「故意」把這事實給忘了。

第二年暑假快到時，我開始籌劃第二次中國行。很巧合，這次我的行程，會從東南西北四個方向，進入四川。首先從香港直飛昆明，遊完大理、麗江後，乘巴士在攀枝花這個地名別致的地

方，北上四川。然後到成都、重慶，乘江輪下長江三峽，到沙市下船，遊古荊州，再折回頭，到湘西、貴州黃果樹大瀑布後，乘火車重返重慶，東入四川。接著，沿著襄渝鐵路，到陝西南部的安康和湖北的襄陽，再往北到洛陽、華山，又從西安乘巴士翻越秦嶺，到陝南的石泉，再轉火車經過陽平關，南入四川。最後遊劍門、廣元，再乘巴士從昭化北出四川，經甘肅的文縣，在南坪附近，再西入四川，遊川西的九寨溝，以及更北的若爾蓋和青海等地。

正巧，寶豐就位於襄陽到洛陽的這段路上。更巧的是，有一天閒坐無事，翻閱一本上回從中國旅行帶回來的地圖——中國地圖出版社所編的《中國交通旅遊圖冊》。我竟發現這本地圖，在頁 23 處，不但清楚標明寶豐的位置，而且還在寶豐東面，標出香山寺的所在。這是我見過的許多中國地圖當中，唯一標出香山寺的一本。香山寺在宋元時代曾經香火鼎盛，但明清以來早已沒落，想不到這本地圖竟把它標出。我當時懷疑，會不會是另一個同名的寺廟呢？會不會是繪圖的人弄錯了呢？但不管怎樣，這兩個巧合，讓我覺得，機緣來了，時候到了，我應當到寶豐去了。

然而，我這趟寶豐行，一切都想隨緣，不求刻意安排。事前我完全沒有和寶豐的任何人或任何單位接觸，而且我按照我那年原定的旅行計畫，先到雲南、四川、長江三峽、湘西和湖北，玩了幾乎一個月，才在 6 月底的某個上午，在襄陽遊過了古隆中後，搭火車到寶豐去。

五、寶豐之行

　　寶豐到了！這是妙善傳說中大悲菩薩降跡顯聖的地方。它的一點一滴都讓我深感興趣。我走到車站的出口處，那兒也沒有人查票，冷冷清清的。我出站後，走到車站前的廣場，再回過頭，仔細端詳寶豐站的風采。這個火車站，果然很有小鎮的風韻：售票處、候車室和出口處，全都在一個小小的單層廳房內。廳的外牆頂部，寫著「寶豐車站」四個大字。屋頂呈三角形，整個建築外表，看來好像一間小教堂，而不像火車站。最吸引我的，是它十分古樸的泥紅色外牆。這種顏色，常用於中國一些寺廟的外牆上。我的第一個印象是，寶豐站小小的格局，很有一種讓人說不出歡喜的古拙韻味。

　　「要車進縣城嗎？」一個開車的師傅，走上前來兜生意。

　　進縣城？這好像是明清小說裡才有的字眼。我似乎一下子又回到了那個還有「城」、還有牆的時代。原來寶豐火車站，建在縣郊外大約兩公里的地方。旅客到了寶豐站，還得改坐其他交通工具進「城」，儘管寶豐縣的城牆，如果明清時代還存在的話，現在恐怕也早就拆掉了。

　　「多少錢？」我問。

　　「三塊錢吧。」

　　「兩塊錢行不行？」我習慣的減價。

　　「三塊錢不貴。這兒離縣城還有四五里路啊！」

　　「不是只有兩公里嗎？」我問。

　　「對，我說四五里是華里啊，不就等於二公里嗎？」

　　華里？我彷彿又回到明清小說的世界。傳統的華里，在許多偏遠的中國縣城，其實依然還在使用。在中國久了，我也漸漸習

慣鄉下人所用的華里，在問路時，不再需要多問他所說的里數，
到底是華里還是公里。

　　這個開車師傅樣子忠厚老實。他用的幾個字眼，也讓我好像
回到明清小說的世界。我不禁對他產生一種親切感，決定坐他那
輛機動三輪車「進城」。在車上，我趁機向他打聽寶豐的訊息。
我知道，在沒有地圖的小縣城旅行，這些開車師傅往往就是最好
的「活地圖」，常常能提供第一流、第一手的線索。

　　「寶豐有什麼賓館嗎？」我問。

　　「有有，有一家天鵝賓館。」他隨口回答。

　　「只有這一家嗎？」

　　「對，小地方，只有一家賓館。不過，還有一間縣招待所，
條件差一些。」

　　「好，那就送我到天鵝賓館下車吧。」我說。

　　機動三輪車開行後不久，我更向這個師傅打聽香山寺的狀
況。

　　「老師傅，請問寶豐這裡有一座香山寺是嗎？」

　　「對，在縣的東南方三十里左右。」

　　「香山寺是不是有一通大石碑，刻著妙善菩薩的故事？」我
隨口問，其實不期望什麼答案。但想不到開車師傅的回答卻讓我
吃了一驚。

　　「哦，你是說那個國王的女兒嗎？」這樣的回答，不但證明
他十分熟悉妙善的傳說，而且還反映了這傳說如何深入當地民
間。

　　「對，國王的女兒！但石碑還在不在呢？」我趕緊追問。

　　「在，就在塔的底下。初一十五還很多人去拜呢！」

　　看來我今天出門，遇到了貴人。我幾乎可以肯定，這就是許

多妙善研究者，自本世紀以來夢寐以求的一通石碑。只是，不知這通石碑是否還完整無恙呢？

「石碑是不是很大的？很容易找的？」

「很大，很容易找。你走進塔的底下就可以看到。」

雖然我一時之間，還弄不清楚「塔的底下」是什麼地方，但既然說「很大」，那應當是完整的一通石碑，不會是殘碑。不過，在機車上，引擎的聲音很吵，我不便多問，決定進了縣城再想辦法。

傍晚五點多，車子開進縣城的一條大路，路旁許多賣菜賣肉的個體戶攤販，已經在收拾攤子，準備回家了。到了天鵝賓館，我付了車錢，由衷謝過那個開車師傅。這天鵝賓館果然不愧是賓館，在寶豐這個小縣城，看來還很有點氣派：外邊有畫龍雕鳳的柱子，大堂鋪著朱紅色的地毯，每個窗口還有一台嶄新的現代空調機。在 6 月底炎熱的河南，空調正是我需要的。我想，今晚我大可先在這兒睡個舒服的好覺，明天一早再慢慢去尋訪大悲菩薩的蹤跡不遲。

不料，我一走進大堂，一個穿著制服的年輕女服務員，滿臉笑容的走上前來，問我是不是來開會的。開會？「不，我是來住宿的，」我說。

「那很抱歉，這幾天正好有個會在我們這兒開，所有房間都住滿了。」她說，「不然，您住到縣招待所去吧。」

這是我在中國旅行那麼久以來，第一次嘗到香港人所說的「爆棚」滋味。我曾經在號稱房間緊張的北京和杭州，不需要預訂，而輕易找到住宿。沒想到，在寶豐這個窮鄉僻壤，居然說沒地方住宿。當時，我的感覺真的好像在陰溝裡翻了船，十分狼狽和委屈。難道是大悲菩薩要先給我來點挫折，考驗我的意志？

「縣招待所就在前面，轉個彎，往南走就是，五分鐘就到。」女服務員安慰我，並且用手給我指示方向。

我萬分無奈的離去。走到路口快轉彎的地方，抬頭一望，見到對面有一家華豐旅館。三層樓的公寓式建築物，灰兮兮的外牆。既然叫旅館，它的「檔次」自然比賓館和飯店都低，主要是招待國內同胞的地方。在中國，我的正式身分是「外賓」，按照「國家」規定，是要住到賓館等級的地方才行，像這些旅館，是不能收容我的。不過，我走過幾乎整個中國，發現各地在執行各種國家規定時，很有彈性，有寬有嚴，並沒有一定的準則。我甚至在一些小鎮，住過比旅館還低一級的小旅社，結果都平安無事。

我走得累了，而且不知道縣招待所確實在哪裡。眼前這家華豐旅館，雖然外表看來毫不起眼，這時倒變得很有些吸引力。我決定先試這裡。

「同志，請問還有沒有房間？」我走到住宿登記處，問一個正在埋頭看書的年輕小夥子。

「有，一個床位四塊。」他說。

太便宜了。在這種情況下，我通常會「包房」，夜裡睡得安穩些。一間房兩個床位，八塊錢。

「好，在這裡登記吧。」小夥子把一本登記簿子推到我面前。

我登記完畢，在檢查身分證件時，想到如果拿出我的護照，上面盡是密密麻麻的英文，將令這個看來不通曉英文的同志，十分為難。他很可能因而拒絕收容我。幸好我在香港教書，有一張香港的居留身分證，上面中英文並列，恰可派上用場。小夥子看完我的身分證，倒是一句話也沒說，收了房錢，就讓我上樓去。

　　這家華豐旅館，確是十分破落。房裡有兩張破舊的單人床，一張小書桌，兩張破沙發。床單和枕套好像還沒洗換過，看來今晚得動用我自己隨身攜帶的那一套。房的窗口對著十字路口，窗外正好有一台播音機，不斷在廣播中央人民廣播電台的節目。旅館的後院，堆滿黑煤和廢物。有一個大鍋爐在燒開水，不斷噴出濃濃的黑煙，隨風飄揚。整個旅館沒有一間浴室，連公用的浴室都沒有，只有一間公用的廁所和一排盥洗槽，不能洗澡。

　　初夏一到，賣西瓜的攤子，就在整個中國每一個城鎮的大街小巷出現。寶豐也不例外，隨處都可見到西瓜攤子。我在華豐旅館對面的一個攤子，吃完一大片甜美的河南西瓜後，就向那個面貌慈祥的老攤主打聽消息。

　　「老師傅，請問香山寺在什麼地方？」我問。

　　「就在東南面，」老攤主指了指方向。「離縣城這裡還有大約三四十里路。」這回我不必多問，知道他說的必是華里無疑。

　　「怎麼去？有沒有班車去？」

　　「有，你可以先到汽車站，搭開往井營去的班車，在薛莊附近下車，再走一段土路，大約兩里，就到了。」老人很詳細的告訴我。但他的河南口音，我還聽不清楚，索性掏出筆記本和筆，請他給我畫了一張簡單的地圖。老人也很樂意答應了。這時，他的老伴和女兒也圍上前來，看他畫草圖。一直到現在，他畫的這張草圖，還完美的保存在我的筆記本裡，成了我這趟寶豐行的一個紀念品。

　　畫完草圖，老人問我從哪裡來，去香山寺做什麼。我當然知道，我去香山寺的目的，是要帶著一種謝恩的心情，去尋找一通宋代的石碑。可是，這樣的目的，怎麼跟老人說呢？老人怎麼會理解我萬里尋碑的心情呢？太複雜了。我唯有支吾以對，說是沒

什麼，到那裡去看看罷了。於是，老人又馬上以為我是進香客，而且還無意中透露了我當時仍不知道的一點訊息。

「哦，對對對，今天是初一，明天又是星期天，會有很多人去那裡拜拜的。」他說。

我這才曉得，原來我抵達寶豐的這一天，正巧是吉祥的閏五月初一，夏至剛過後的第二天。難怪剛才在火車站會遇到一位貴人！我也趁這機會，向老人打聽妙善菩薩的傳說，做一點田野調查。

「哦，聽過。那個國王的女兒。」他說。這是我今天第二次聽到，有人把妙善菩薩暱稱為「國王的女兒」。這樣的稱呼讓我覺得，妙善傳說的重點，對這些寶豐人來說，好像在於她和她父親的關係上，而不在於她後來化身為大悲菩薩上。這稱呼又讓人想到印度神話。這也很能配合妙善原來的佛教背景。畢竟，「國王」一詞聽起來就像翻譯的外來語。看來，寶豐不愧是妙善傳說的發祥地。這傳說在這裡流傳了快一千年，家家戶戶早該聽說過了。

我謝過老人，拿著他給我畫的草圖，走到他給我指示的寶豐縣汽車站去。站裡這時所有的班車都已停發，靜悄悄的，只有三幾個人，在售票處購買明天的車票。我走到班車時刻表的告示牌前，仔細研究上面的班車路線和時間。寶豐每天有好幾班車發往洛陽、鄭州和臨近的平頂山市。至於開往縣郊的班車，它們所經過的小村莊，甚至在我那本很詳細的《中國汽車司機地圖冊》上，都查不到的。幸好，在這個時刻表的告示牌上，我找到那老人給我的兩個關鍵地名：薛莊和井營，而明早七點鐘會有一班車開往井營。我想到明天就可以到香山寺去，不覺興奮起來。唯一擔心的是，小縣城汽車站的這些時刻表告示牌，常常是不可靠

的。我曾經在其他小鎮有過親身體驗。班車路線和時刻早已改了，可是告示牌卻幾年來都沒有更換。一直要到買票時，售票員才說，「哦，那班車早就不開了！」無論如何，我決定明天一大早來試試我的運氣。現在暫且先吃了晚飯再說。

寶豐的酒在國內外好像還很有點名氣。在內蒙古的呼和浩特，甚至遠至青海的格爾木和香港，我都曾見過許多商店，在售賣寶豐酒廠所出產的一種寶豐大麴酒，但寶豐境內卻好像沒有什麼風味名吃。現在回憶起來，我甚至不記得，那晚在寶豐吃了什麼，在哪裡吃。只記得，晚飯後，我趁天色還沒有全黑之前，獨自一人沿著寶豐那四五條大街，慢慢走了一圈。

寶豐縣其實並不算太小，至少它還有四五條大街，比起那些只有一條大街的小縣，譬如我來寶豐之前去過的雲南劍川縣，算是「大」的了。華豐旅館前面的那條大街上，有各種國營商店。路兩旁種著一棵棵的梧桐樹，葉子繁茂。車子開過去時，塵土飛揚，都撲到梧桐葉上去，看來灰兮兮的，很久沒有下雨的樣子。

寶豐從漢代開始建立，到現在已經有二千年左右的歷史，可是這個二千年歷史的古老縣城，一點也沒有讓人覺得古。相反的，我覺得寶豐和中國許多一二千年歷史的城鎮一樣，外表看來都出奇的「新」，好像建成只有五十年的樣子。縣城內見不到什麼遠古的建築，莫說漢唐宋元，連明清的也不見。也許遠古的木構建築，都在歷代的兵火和紛亂中毀了。我走著走著，不知不覺，天色已經越來越黑，街上空蕩蕩的，行人越來越稀少。雖是初夏，竟有一種秋天的蕭殺。我快步走回旅館。

六、香山寺塔下的石碑

　　天氣炎熱，我一直到接近午夜時分才入睡。第二天，我起了個大早，六點鐘已經在街頭那家小食攤吃過油條和稀飯。然後，我走到縣汽車站，預備搭七點鐘那班開往井營的班車去香山寺。不料，我一走到站的大門外，突然眼前一亮，簡直不敢相信。原來有一輛北京牌的國產吉普車，停在汽車站外，車頂居然放著個「出租車」的牌子，而司機就蹲在走道上，等生意上門。我萬萬沒想到，寶豐縣城裡還有出租車。我一直以為，出租車要在大城市才有，像寶豐這種小鎮，頂多只有機動三輪車。但香山寺在縣東約十五公里的大小龍山之間，看來需要爬山越嶺，而且也太遠了，三輪車是沒辦法的，我才選擇搭班車去。可是，現在好了，眼前就有一輛出租車，而且還是吉普車，恰好可以爬山越嶺。難道是大悲菩薩顯靈，知道我今天要來，特意安排一輛吉普出租車？司機大概看出我的心事，很快站起來拉生意。

　　「要不要車？」

　　「去不去香山寺？」我問。

　　「去去去！您還回不回來？」

　　「要回來。來回一趟，在香山寺等兩個小時左右，多少錢？」

　　「那就算九十塊錢吧。」

　　我渴望早點到香山寺，無心計較車錢，於是說好上車。司機大概以為釣到一條大肥魚，也興高采烈的把車頂上那個出租車的牌子拿下來，往車後座胡亂一扔，跳上車，發動引擎。

　　在車上，和司機談起來，才知道他姓馬，40 歲左右，個體經營。他這輛吉普的確是寶豐縣城裡唯一的一輛出租車，平時以

幫人載貨為主。否則，寶豐平時沒有什麼遊客，縣城又不大，並不需要什麼載人的出租車。我後來才逐漸體會到，我這一天能夠在寶豐縣找到出租車，確是十分幸運的，可以說是個例外。因為，當年中國許多小地方，確實沒有出租車。甚至有一次，在陝西省銅川市這個號稱為「市」的地方，我想找輛出租車，去尋訪玄奘當年翻譯佛經的玉華宮遺址，結果找不到車而作罷，成了我中國行的少數憾事之一。

車子開上大路不久，遇到一個公路稽查人員的阻攔，說是前面在修路，現在實施單線行車，要停車等待半小時。馬師傅一聽，馬上掏出香菸，請稽查抽菸，並且不斷拜託，請他讓我們的車過去。但這個稽查的態度強硬，也不抽菸，也不讓過。於是，馬師傅索性把車子掉轉頭，轉進路旁左邊的田間小路，說是要抄小路去香山寺。

結果馬師傅真的把吉普車，開到麥田間的小路上，而且速度極快，一副猴急的樣子。田間的小泥路不好走，車子搖搖晃晃，我的頭有時會碰到車頂。正在我擔心會不會出事時，吉普車突然衝到小路旁，向右邊傾斜。馬師傅馬上煞車，車輪陷入爛泥中，車子差一點就翻到麥田中去。我們下車查看，發現整半個後輪，深深埋在爛泥中，把車子卡著，看來不易脫身。馬師傅再度發動引擎，叫我在車後推，但我們這樣試了好一會，都不成功。

這時，天色開始暗下來，下起毛毛雨。時間一分一秒的過去，我不禁後悔坐上馬師傅這輛車。如果我自己坐班車去，或許早已到了香山寺。為何今早我會落得如此下場，在一大片麥田中淋雨？為何我盼望了十年的今天，竟如此出師不利？難道這是大悲菩薩給我的懲罰？抑或是她要考驗考驗我的意志，要先讓我吃點苦頭，才肯向我透露她自己的祕密？

　　有一個老農夫，在離我們車子出事不遠處，獨自埋頭幹活，好像完全無動於衷的樣子。細雨下著，他在雨中很有韻律的揮動鋤頭，一鋤一鋤的在整理他那片古老的麥田。中國鄉下的農田，常給人一種永恆不變的遠古感覺，在雨中，更有一種淒迷的美。遠遠看去，這其實是一幅很有詩意的畫面。這一個農夫，不正像「獨釣寒江雪」的那個漁人一樣，正在「獨耕細雨田」嗎？這一幅畫面，也讓我想起英國詩人奧登（W. H. Auden）一首叫〈美術館〉（Musee des Beaux Arts）的題畫詩：

> 農夫可能聽到了落水的聲音和絕望的呼叫
> 但對他來說，那並不是什麼大不了的挫折

　　這首詩描寫的是歐洲文藝復興時代畫家勃魯蓋爾（Pieter Brueghel）的一幅名畫，畫的是希臘神話中的那個伊卡魯斯，飛得太近太陽，羽毛溶化，從天上掉到地面水裡去。耕田的農夫，「聽到了落水的聲音和絕望的呼叫」，無動於衷。寶豐這個農夫，顯然跟歐洲那個農夫一樣，覺得我們的吉普車出事，「並不是什麼大不了的挫折」，沒有理會，照樣耕他的田。或許，可能他還覺得：「活該！明明有大路不走，卻要抄小徑！」

　　想到這些，我一時忘了自己的尷尬處境，呆呆的盯著這老農夫，看得出神。這時，馬師傅也注意到這個農夫了。他跑過去，先掏出兩根菸，塞到農夫手裡，替他點菸，用河南話和他寒暄了好一陣，服侍極之周到。然後，他才開口解釋吉普車如何出事，並且請這個農夫過來幫一臂之力。

　　這個中國老農，滿臉皺紋和風霜，但比起那個歐洲農夫，有人情味多了。他一聽到我們的請求，便馬上提著鋤頭，過來幫

忙。於是，我們三人用了六臂之力，總算把吉普車推離爛泥，推上小路。馬師傅和我重新上路。老農站在細雨中，默默無言的目送我們離去。

雨越下越大。車子在田間小路上左彎右拐了好一會，才接上另一條大路，開到寶豐縣郊，經過幾個煤礦場。這裡越來越接近平頂山市的輕工業區和丘陵區，比較少見到農田。我知道我離香山寺也越來越近了，不覺緊張起來，東張西望，頻頻尋找龍山和香山寺的蹤跡，頻頻問馬師傅到了沒有。過了半小時左右，馬師傅才提醒我：

「哦，那就是香山寺！」他指指前方。

我順著他指的方向看，果然見到兩座小丘，在河南的大平原上隆起，十分顯眼。我想，這兩座小丘，大概就是文獻上所說的「大小龍山」吧。在其中一座小丘上，矗立著一座古塔，形貌古樸，一看就像宋元遺物。馬師傅說，還要十幾分鐘才到得了。車子跟著爬山越嶺，經過一些梯田，人煙稀少，看不到什麼農村，路上也沒有什麼行人，很荒涼的樣子。

車子開過一座小橋後，路越來越窄，紅色的泥濘路，大概就是那個賣西瓜的老師傅所說的那條土路。我坐在吉普車裡，慶幸自己沒有去搭班車，否則在大雨中走這條泥濘路，必定十分狼狽。這時，偶爾可以看到幾個穿著藍色布衣的老婦人，打著傘在泥路上走。馬師傅說，她們是去香山寺燒香的。他又說，今天雖然是星期日，但下這麼大雨，去燒香的人恐怕不會太多。

走在這條泥路上，我不禁又想起宋代那個翰林學士蔣之奇。在整整八百九十年前的某個冬天，據蔣之奇自己說，香山寺的住持懷晝，曾經「遣侍僧命予至山，安於正寢」。那麼，當年蔣之奇必定也走過我現在走的這條泥路，只不知他當年是走路，還是

騎馬坐轎？如果宋代的汝州城，和現代的寶豐縣城，位置相同的話，那麼蔣之奇若從縣城出發，到香山寺，起碼得走大約三十華里路，等於至少一整個白天的路程。如果騎馬的話，那也要騎上至少半天。從「安於正寢」這句話來看，他很可能確是走了一整天，在黃昏時分到達的，然後在香山寺度過一夜。他當年去香山時，已經是 68 歲左右的高齡老頭子了。這段山區路程，對他來說，恐怕是頗為辛苦的。

但我抵達香山寺的山腳下時，卻還未屆不惑之年，而且還只清早八點多，但卻正下著傾盆大雨。馬師傅說，車子到了山腳，已無路可去了。再往上，還有大約二十分鐘的登山路，全是泥濘，只能靠步行。

馬師傅把車子停在一家農舍前。在這荒涼的郊區，那農家居然還要收停車費，而且還賣給我們兩件那種最單薄的塑料雨衣，並且向我們兜售茶葉蛋。我看這場雨一時停不了，決定和馬師傅一齊早點登山。雨衣還有些作用，至少我們的頭髮和上衣不至於全濕了。最大的問題，是那條泥濘路。在雨水的衝激下，紅泥變得鬆散，一腳踩下去，鞋子就半陷進爛泥中，難以自拔。當年蔣之奇登山，不知是否也走過這條紅泥路？不過，他是達官貴人，恐怕有人給他抬著轎子上山，不必像我這樣狼狽。這次在雨中登香山，我覺得比起我兩年後登泰山，更為艱苦。至少泰山還有一級一級的人造石梯，即使下大雨，也不必走泥濘路。

二十多分鐘後，我上氣不接下氣的爬到山頂。香山寺的朱紅色寺門，呈現在我眼前。牌坊和大門的油漆都很新，顯然剛剛粉刷過不久。寺門前有一個老婦人在賣門票，每張只賣二角錢。我注意到，門票上印著的主管單位，是「寶豐縣文化館文管所」，是一個文物考古和保管的單位，而不是一個佛教團體。香山寺現

在屬於一個這樣的單位管理，也可看出它的地位是如何特殊。這顯然不是一座普通的寺廟。畢竟，它在宋元時代，曾經有過一段光輝的歷史。寶豐縣的主管單位，顯然把它當作一個珍貴的文物遺址來管理，而不再注重寺廟原本的宗教功能。

我一走進寺門，就發現寺廟四周圍，散置著十多通石碑。這些石碑都很高大，形制很古，而且好些還很完整，有碑額，有龜趺，但也有好些隨處倒臥在地上，或殘缺不全。這是我在中國旅行所見過最多石碑的一座寺廟。甚至在好幾個佛教勝地，譬如洛陽的白馬寺、山西的五台山，或四川的峨眉山，我都沒有見到如此多的石碑，如此集中在一座寺廟周圍。或許，正因為香山寺遠離縣城，遠離人煙，交通不便，高高立在一個小山上，這些石碑才禁得起歷代的兵災和人禍，逃過劫數，保存至今。

然而，我早已得到火車站那個三輪車司機貴人的指點，知道這些石碑當中，並沒有我要找的那一通。我最關心的，當然還是「塔的底下」那一通。於是，我走到那座古塔處，繞了一圈，發現古塔向著寺門的那一面牆中央，有一個黑暗的券洞。洞很高大，高約兩米多，寬約一米半，有點像火車隧道的一個入口。我想，這大概就是所謂「塔的底下」吧。

洞口沒門，我走進去，馬上感到一股清涼的寒意，好像走進一座遠古的墳陵地宮。洞裡的光線很暗，我走了約十米左右，便到了券洞的盡頭。這時，有一通巨大的石碑，鑲嵌在那券洞尾端的整面牆壁上，擋著我的去路。

光線太暗，我一時還看不清碑上的文字。我伸出右手，觸摸石碑最靠右邊洞壁的地方，碑身涼涼的。我彷彿做夢一般，在黑暗中觸摸一件渴望許久的寶物，又深怕夢醒，寶物隨即消失。我的手指可以感覺到碑上所刻凹進去的碑文。過了一會，我的瞳孔

開始習慣洞裡的光線，可以慢慢看清碑上的文字，最先看到的，竟是「食實封三百戶蔣之奇撰」這幾個字！這幾個字就在碑文開始的第一行，最靠近右邊洞壁的地方。

　　我不禁喃喃自語，「沒錯，就是這一通石碑！」我想起那些缺一半碑文的〈大悲菩薩傳〉拓片或錄文，都是以「臣既至，妙善聽命」開頭的。我仔細檢查這一行文字，在香山寺這通碑上的位置，發現它正好落在碑的中央部分，之前還有整整二十幾行碑文，是我或其他研究者從來沒有見過的。無疑，這是一通完整的〈大悲菩薩傳〉碑。看來，妙善菩薩終於向我透露她的全部祕密了！

　　原來，這前半篇「失傳」許久的碑文，講的正是妙善如何在宮中誕生，如何從小禮佛，長大後又是如何抗拒父王的命令，不肯嫁人，而被父親趕到尼庵去。在這裡，作者對妙善如何抗拒出嫁，以及她在尼庵中被刁難的經過，都有很細緻的描寫。就故事大綱來說，整篇碑文和宋僧祖琇在他編的《隆興佛教編年通論》中所記載的妙善傳說，有許多相同的地方。不過，在情節描述上，它比祖琇的記載，更為詳細，更為生動。

　　碑的最後一行，刻著「元符三年歲次庚辰九月朔書，至大元年歲次戊申秋七月上吉日」等字。換句話說，這不是宋代所刻的第一通原碑，而是在二百年後元代至大年間重刻的。這點倒是在我意料中，因為1797年的《寶豐縣誌》，清楚告訴我們，宋代元符三年那通原碑，早已「風雨殘故」，元代又把此碑重刻。

　　儘管如此，我站在那幽暗、寂靜的券洞裡，面對著這一通將近七百年歷史的古碑，不禁感受到一陣陣深沉的歷史感，在我身上流過。儘管過了好幾百年，妙善菩薩、蔣之奇和寫碑人蔡京的幽靈，卻彷彿仍然停留在券洞裡，徘徊不去。我十年來的萬里尋

碑之夢，在這一刻終於實現！我萬萬沒想到，我簡直是不費吹灰之力，一到香山，就那麼輕易找到這一通古碑。幾百年來，石碑彷彿就一直豎立在那兒，等待我來找尋似的。看來我和大悲菩薩，確是有緣。

其實，石碑當初在元代重刻時，應當不是立在寺塔下的那個券洞中的。像大悲傳這樣一種宣揚菩薩聖蹟的石碑，原本應當是擺放在寺廟最顯眼處，或許建有一座碑亭保護，讓善男信女閱覽，才能達到它立碑的目的。如今，它卻深藏在一個幽暗的券洞裡，碑額已經不存，龜趺也不知所終。我猜測，這很可能是在過去某個動亂期間，為了保護這通石碑免受破壞，才把它搬移到那券洞中去保存，並且鑲嵌在牆壁上。在搬移之時，碑額和龜趺原本可能還存在，但為了配合券洞後牆的高度，為了把石碑鑲嵌在那裡，結果不得不把碑額和龜趺去掉。又或許，碑額或龜趺在搬移之時就已經不存了。

總之，石碑鑲嵌在那後牆上，它每行文字靠近碑額的地方，都有十來個字，被水泥塗蓋著，顯然石碑上部有一些地方被破壞了。

我面對這一通曾經影響過我個人生命歷程的石碑，恍若和一個失散許久的故人，在十多年後重逢，彼此相對，默默無言。

七、碑文何以殘缺？

我仔細端詳這個「故人」的樣貌。「故人」看來無恙，隔了將近七百年，依然神采飛揚，氣質非凡。碑身的石質考究，屬於花崗岩類，雖然布滿塵埃，仍然泛著一層光澤，沒有風雨摧殘的風化痕跡。可是，七百年的時間，畢竟還是給「故人」留下不少

歲月的滄桑。碑身基本上保存得相當完整，碑面上的字跡清晰可見。最可惜的是，它如今缺了碑額和龜趺，而且靠近碑額處，每行碑文也都缺了十來個字。碑的中部和底部，偶爾也有一兩個缺字。

石碑比我還高出整整兩個人頭有餘，高 2.22 米，寬 1.46 米，完全可以稱得上是「豐碑」。不過，二米多的高度，在中國眾多古碑當中，不算特出。我後來在西安的碑林，在唐太宗的昭陵，在泰山腳下的岱廟，都見過好幾通高度超過三米的豐碑。譬如，在昭陵博物館前的那通李勣碑，就高達三米以上。因此，這通〈大悲菩薩傳碑〉最特出的地方，不在它的高度，而在它那1.46 米的寬度。這個寬度，差不多等於兩通普通石碑的寬度，在中國古碑當中，倒是非常少見的，雖然不是排名第一，恐怕也在前五名之內！

中國絕大多數名碑的寬度，都在一米以下。例如，現在位於陝西麟游縣的歐陽詢書〈九成宮醴泉銘碑〉，寬僅 0.93 米。西安碑林所藏的〈大秦景教流行中國碑〉，寬僅 0.89 米。碑林的另一通名碑，柳公權書〈玄秘塔碑〉，也只有 0.87 米的寬度。看來，一米左右是一般中國古碑的正常寬度，也是理想的寬度。超過一米，技術上雖然可行，但這也同時意味著，石碑需要一個同樣寬巨的碑額和龜趺來配搭，那就會增加許多倍的工程和成本。看來，中國古碑盡可以高達三米以上，但卻不宜太寬。

據我所知，只有雲南省的一通名碑，寬度超過〈大悲菩薩傳碑〉。那就是鼎鼎有名的〈南詔德化碑〉。這通唐碑，目前豎立在雲南大理市太和村的太和城遺址上，在風景秀麗的蒼山腳下，面臨洱海，是研究南詔史和泰國古代史的最重要碑刻材料之一。我在去寶豐之前的三個星期，剛好路過大理，曾經專程到過太和

村尋訪此碑。碑高達 3.02 米，寬 2.27 米，是個龐然巨物，讓我留下十分深刻的印象。不過，它的碑身已嚴重風化，字跡斑剝，原本的三千八百多字，現在只存數百字。〈南詔德化碑〉之所以如此龐巨，是可以理解的，因為這是一通由南詔國王閣邏鳳，在766 年所立的建國紀念碑，記錄了唐代南詔國建國初期的一系列重大史事，性質自然和一般的碑刻不一樣。

然而，寶豐的〈大悲菩薩傳碑〉，體積也如此寬大，就有點不尋常。我在實地看了此碑，才開始領悟到，為什麼它的碑文，在過去幾百年來，會頻頻「失蹤」，頻頻「失傳」。我想，整個關鍵就在它那特出的寬度上。它之會這麼寬，顯然是因為碑文很長，長達三千多字，和〈南詔德化碑〉的碑文幾乎一樣長，確實也需要這麼寬的石碑，才能容納得下這麼多字。

但是，這麼寬的石碑，卻給後來的金石學家，製造了好些難題。其中一個難題是，在拓印的時候，恐怕找不到那麼寬的宣紙。即使拓工可以把宣紙拼接成那麼寬，但那麼寬的紙張，拓印時也顯然會有諸多不便。結果，在許多情況下，這一通巨碑極可能需要分成兩次來拓印。而兩次拓印的後果，拓片分為兩張，就比較容易散失了。

清代阮元等人的過錄本，之所以「前缺」，看來完全是因為拓片散失的結果，而不是因為杭州那通石碑有什麼殘缺的地方。從宋代到清代，金石學家恐怕很少有機會去實地訪碑。許多時候，他們往往坐在舒服的書齋中，全靠拓片來做研究。當年阮元過錄〈大悲成道傳〉的碑文時，曾經「疑當時刻石不止一碑，或此碑兩面，拓者遺其前耳」。從他這句話看來，他顯然並沒有親眼見過原碑，也沒有親自到過寶豐或杭州去訪碑。他只是根據拓片來過錄碑文，而由於他所見到的拓片不全，散失了前半張，才

造成碑文有缺。至於杜春生和陸增祥，也同樣沒有親眼見過原碑。他們的過錄本，看來是根據阮元的，同樣缺了前半。

現在，寶豐的原碑就立在我面前。我可以清楚看到，刻石只有一碑，而且所有的碑文，都刻在此碑的碑陽一面，並無「兩面」。阮元的說法不能成立。除非我們把他那句話的後半句，理解為「此碑有兩張拓片，拓者遺失了前面那張」，那還勉強說得過去。1980年，我在我那篇〈妙善傳說的兩種新資料〉中，曾推測「碑文原本刻在兩塊石碑上，再拼成一大塊，左右並立在一起」。這也是不能成立的。我眼前的原碑，分明全由一塊大石頭雕成，並非兩塊拼接在一起。

我和阮元之所以會犯同樣的錯誤，我想關鍵就在此碑罕見的特殊寬度上。其實，我們當初都見過此碑的後半張拓片，照理不應當犯錯。可是，因為這半張拓片，其寬度已經差不多等於中國一般古碑的正常寬度，把我們都「誤導」了。我們才會推測有另一塊碑石的存在。看來用拓片來做研究，也有不妥的時候，到底不如實地訪碑。我們萬萬沒有想到，天下果真有一通那麼巨大的石碑。如果不是親眼見到，恐怕真難相信。而我又是何其有眼福，在短短的同一個月內，竟有緣在兩個相隔千里的地方，親眼見到中國兩通最寬巨的石碑。

〈大悲菩薩傳碑〉找到了，我也悟出了碑文殘缺的原因，覺得心滿意足，個人的心事已了卻。然而，天還在下雨，時間也還早，我決定把這通石碑前半部分仍未「面世」的碑文，抄錄在我的旅行日記簿裡。但洞裡的光線實在太暗，我花了整整三個多小時，才把此碑前二十四行未發表的碑文，抄錄下來。這中間，馬師傅跑進洞裡來催了我好幾次。好些來香山寺上香的老年夫妻，也不斷在我背後燒香拜祭，因為此碑現在已經成了膜拜的對象，

大家都來求妙善菩薩的保佑。洞裡有時充滿香煙，我得跑出洞外透透氣。

　　我費了好大的勁，到中午十二點左右，才把大約一千五百字的前二十四行碑文抄完。下山時，雨還在下著。馬師傅順道載了幾個去香山寺燒香的老婦人回縣城。我回到縣城後，在華豐旅館樓下的餐廳吃過午飯，雨才慢慢停下，太陽也出來了。我的心裡也有一種雨過天青的感覺。

　　在離開寶豐之前，我當然也想到該如何取得一張完整的〈大悲菩薩傳碑〉的拓片。既然香山寺現在屬於文化館管理，最好的辦法自然是到文化館跑一趟。可惜那天正巧是星期天，文化館不辦公，而我又想在當天下午離開寶豐，前往洛陽。然而，即使等到星期一，文化館重開，也未必管用。我知道，在中國索取拓片，是一件困難的事。古碑屬於重要文物，不允許任意拓印。〈大悲菩薩傳碑〉是一通元代重刻碑，歷史悠久，恐怕更不許拓印。我這次到寶豐，對我個人來說，目的已經達到，所缺的碑文也抄了一份，已經滿心歡喜。至於拓片，倒是不急，我想還是等我回到香港後，再慢慢想辦法吧。

　　當天下午，我乘搭 184 次火車到洛陽去。火車開行後，寶豐離我越來越遠了。我當時想，我的萬里尋碑記，該要結束了，而妙善傳說這一段曲折離奇的碑文失蹤記，到此也應當是尾聲了。

八、奇異的插曲

　　我萬萬沒想到，我的萬里尋碑，甚至在我離開寶豐後，還沒有真正完全結束。原來後頭還有一些奇異的插曲。

　　1990 年的一個秋日，有一天我很偶然在香港一家小書店發

現，七八年前我和其他幾個外文系學長，合作翻譯的杜德橋那本
《妙善傳說》專書，剛剛在那年年初在台北出版了。我想，既然
中文譯本都已出版了，我從寶豐抄回來的那半篇碑文，暫時也沒
有什麼用處。整整兩年的時間，我一直把我找到的那半篇「失
蹤」的碑文，深鎖在抽屜中，沒有向學術界公布。那時，我和杜
德橋已經許多年沒有書信來往。我聽說他離開了劍橋，回到牛津
大學，出任東方研究院的漢學講座教授，但沒有他的詳細通訊地
址，也一直沒有給他寫信。至於向寶豐縣文化館取得拓片的事，
我知道沒那麼容易，更一直提不起勁來寫信。

　　1992 年夏，我決定辭去教職，離開香港，騰出幾年的時間
來自己讀書寫作和旅行。就在我即將離港的一個月前左右，妙善
菩薩突然又出現在我生命中。有一天，我很偶然的在香港灣仔會
議展覽中心舉行的一個書展上，看到一本叫《中國古塔大觀》的
書。我從前為了找尋那半篇失蹤的碑文，曾經翻查過好幾本此類
描述中國古塔的書，但都沒有什麼新發現。寶豐的那個香山寺
塔，甚至往往被這類書忽略，榜上無名。

　　我眼前的這本《中國古塔大觀》，編者是李保栽和趙濤二
人，封面印得五顏六色，薄薄的兩百多頁，看來毫不起眼，不像
嚴肅的學術著作。但它封面上印著的「河南科學技術出版社」這
幾個字，卻吸引了我。我想，寶豐香山寺正好在河南，這家河南
的出版社，占了地利，說不定會提供什麼新材料。於是，我拿起
這本書來翻看。想不到，此書在第 109 頁處，真的宣布了一項驚
人的消息：原來，妙善菩薩居然還曾經飄洋過海，到過英國作
「秀」！

　　這真是個非同小可的消息，我簡直不敢相信我的眼睛。我再
仔細讀一次，沒錯，這本書上說：「大悲觀音大士塔，在河南寶

豐縣城東十五公里的香山寺中。……根據宋代書法家蔡京所撰〈大悲觀音菩薩得道證果史話碑〉記載：大悲觀音菩薩是楚莊王的三女兒，在香山寺修練得道，圓寂後埋葬在塔下，故香山遠近聞名。……蔡京書法碑拓片曾應英國牛津大學特邀而展出。」

　　我當時的第一個反應是，杜德橋就在牛津大學，妙善到牛津展出，必定跟杜德橋有關連，而且他看來也已找到所缺的另一半碑文了。不過，我回家再研究後，發現事情不那麼簡單，這裡面疑點重重。根據書的版權頁，《中國古塔大觀》是在 1987 年 9 月出版的。如果妙善真的出國到牛津展出，那應該是 1987 年之前的事。可是，這麼重大的事，何以杜德橋在 1990 年初出版的那本《妙善傳說》中譯本裡，竟完全沒有一字提到？而且他在 1989 年 4 月特別為中譯本所寫的序，也完全沒有提及此事。難道，牛津那個特展和杜德橋無關？難道是考古藝術系舉辦的，為的是欣賞蔡京的書法，並非為了妙善，所以連杜德橋這位研究妙善的牛津專家，也毫不知情，被蒙在鼓裡？

　　這些疑問在我心中打轉，我終於忍不住。那時，我即將離開香港，開始另一段新生活，心情也比較輕鬆愉快，於是決定打破兩年來的沉默，到圖書館找到牛津大學東方研究院的詳細地址，寫了一封信給杜德橋，問他那個牛津特展，到底是怎麼回事。我在信中也告訴他，兩年前，我曾到過寶豐，找到那通〈大悲菩薩傳碑〉。

　　我很快便收到杜德橋的回信。他說牛津從未舉辦過那個〈大悲菩薩傳碑〉拓片的特展，但《中國古塔大觀》上所說的事，卻是可以解釋的。原來，在二十多年之前，他剛開始研究妙善傳說時，曾經從牛津寫了一封中文信給河南鄭州的省博物館，詢問〈大悲菩薩傳碑〉是否還存在，而如果存在的話，他問館方可否

提供一張拓片。然而，可能因為那時中國正還處於文革期間，杜德橋一直沒有接到回信。但是，河南省立博物館顯然收到他的來信，知道牛津有位學者在研究妙善傳說。或許，事情便這樣傳開來，而且和許多傳說一樣，越傳就增添越多的枝節，而最後傳到《中國古塔大觀》的編者耳中時，就變成妙善出國到牛津展出了！

我想這是十分合理的解釋。杜德橋也說，既然那本書上都說該拓片曾經應牛津的邀請展出，現在或許可以再聯絡河南省博物館，請他們提供一張拓片，好讓牛津大學真的可以來個妙善特展。好些年沒聯繫，杜德橋也在回信中告訴我，他原正準備出版《妙善傳說》英文本的修訂版。不過，現在從我的來信中知道，〈大悲菩薩傳碑〉還存在，打算延遲出版計畫，要等找到所缺的另一半碑文再說。而且，他也想明年初親自到寶豐訪碑。

我趁著離開香港前的一段空檔，終於把 1990 年夏天從寶豐抄回來的另一半碑文，輸入個人電腦中，稍加整理，打印了一份，寄給杜德橋，希望這有助於他的研究工作。另一方面，我想到我自己的抄本，在那個幽暗券洞的惡劣環境中完成，恐怕不免會有一些抄錯的地方，於是決定寫信給寶豐縣的文化館，請他們提供一張拓片，或一份比較好的抄本。我在找尋文化館的郵區號碼時，才知道它已升格為文化局了。

隔了三個月，我離開香港後，收到寶豐縣文化局張局長的回信。信中沒有提到拓片的事，這是我意料中事，也很能體諒——古碑到底不該隨意拓印。不過，張局長寄給我一份抄錄的〈大悲菩薩傳〉的碑文，並且邀請我再到寶豐縣去，參加他們明年春節期間舉行的全國曲藝盛會「寶豐十三馬街書會」，這是我十分感激的。

　　然而，寶豐縣文化局的這份碑文抄錄本，似乎是個「簡本」，在好幾個地方有所刪節。特別明顯的是，第六到第二十三行的碑文，不知如何完全失蹤。我曾親眼見過原碑，知道碑上是有這十多行的。我也算不清，這是第幾次見到殘缺不全的〈大悲菩薩傳〉的碑文了。難道是因為此碑的碑文太長，長達三千多字，連現代抄寫的人，也不免覺得費事，能省則省？果如此，那麼這跟從前碑石太寬，以致需要分兩次拓印，造成拓片散失，有異曲同工之妙。

　　即使到今天，我寫這篇文章時，我發現，妙善菩薩依然沒有完全透露她的全部祕密。當然，我在寶豐找到了那通石碑，但在那通石碑上，每行碑文靠近碑額處，仍然有十來個缺字。現在，我們雖然比從前知道更多妙善菩薩的祕密，近乎全部了，但這些缺字，對妙善研究者來說，不免仍是小小的遺憾。

　　據寶豐縣文化局提供的材料，這些缺字是因為文革中，碑的上部被「打爛一段」造成的，而「殘缺部分已參照有關史料基本補齊」。但所謂「基本補齊」，看來還是不等於完全補齊。在文化局寄給我的碑文抄錄本中，我也發現好些缺字，不知何故仍未補上。我仍希望，我們最終能找到清代李光映和繆荃孫所收藏的那三張拓片，盼望這些拓於二十世紀之前的拓片，能夠真的補齊缺文，完全揭開妙善菩薩的祕密。

　　可是，自從我親眼見過〈大悲菩薩傳碑〉的原碑後，這些奇異的插曲已經不能再讓我覺得什麼缺憾了。親眼見過原碑，我確實已經心滿意足。1979 年，杜德橋是第一個全面認真研究妙善傳說的現代學者，而掀起這場碑文的追尋。我希望這場追尋，將隨著他那本專書，在不久的將來出版修訂版後，圓滿結束。而如果〈大悲菩薩傳碑〉的拓片，能夠像謠傳所說，真的送到牛津大

學展出，那更是中西文化交流史上的一段奇緣！

原載《台灣宗教研究通訊》第三期（2002 年 4 月），

頁 134-183。

後記

　　以上這篇文章，初稿於 1992 年 11 月。文章長達三萬字，一直無法全部發表。1993 年 4 月 8 日到 10 日，台北《中國時報・人間版》曾刊登本文的一個刪節本，約一萬字。1994 年 2 月號的台灣《講義》雜誌月刊，轉載了《中國時報》刊出的那個刪節本。《講義》的編者對文章又有所刪改，僅剩八千字左右，但加印了三張我當年在寶豐訪碑拍攝到的彩色照片：一張是香山寺立在小山上的遠景照，另兩張是〈大悲菩薩傳碑〉立在那寺塔底下的照片。這三張照片，也收在我的《坐火車遊盛唐：中國之旅私相簿》（台北：人人出版社，2002），頁 81，以及中華書局 2009 年簡體字版，頁 117。

　　2002 年初，《台灣宗教研究通訊》的主編李世偉教授來電郵，說有意發表我從寶豐抄回來的〈大悲菩薩傳〉那前半篇碑文，並刊載這篇三萬字的〈萬里尋碑記〉。我趁這機會又在這長文中做了一些修訂。在此對李教授的一片好意，深致謝意。

作者識。2002 年 2 月 28 日。

　　又記：杜德橋的英文專書《妙善傳說》（*The Legend of Miaoshan*），在 2004 年由牛津大學出版社出了個修訂版，對 1978 年的第一版作了不少修正，並附有這篇〈大悲菩薩傳〉的校點本和英譯本，但靠近碑額處每行的缺字，依然沒有辦法補

齊。杜德橋於 2005 年從牛津大學退休。我和家人在 2009 年夏旅遊英法時，曾經到他牛津家中拜訪，共進英式下午茶。這是我和他第一次也是最後一次見面。他於 2017 年 2 月因病去世。回想起來，我跟杜先生雖然沒有正式的師生關係，但他是我台大老師王秋桂的師兄。他們皆受教於已故牛津漢學講座教授龍彼得（Piet van der Loon）。按照中國傳統，我應當稱杜先生為「師伯」。他無疑是我「漢學師承記」中最重要的師長之一。

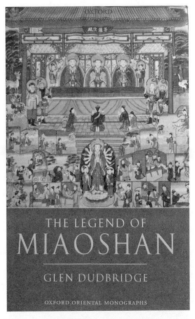

杜德橋《妙善傳說》的英文修訂版（2004）

2009 年 2 月，寶豐書畫研究院和香山普門禪寺編輯的《香山大悲菩薩傳》一書，由北京文物出版社出版。寶豐書畫研究院的曹二虎先生，當年 5 月正好隨一個縣級代表團訪問台灣，親自

把這本書帶到台北送給我五冊，也快遞送給遠在牛津的杜德橋。
此書收了一張〈香山大悲菩薩傳〉碑早年拓片的影印本、釋文和
註釋等，呈現了此碑的全貌。拓片是文物出版社蘇士澍社長和清
華大學美術學院教授肖紅，在北京大學圖書館找到的，說是「上
世紀 30 年代初入藏」，但未說明拓片的來歷，或拓於何時。它
很可能拓於清代或民國初年，也可能就是上文提到的李光映或繆
荃孫的舊藏。從影印的拓片看來，當時碑仍完好，靠近碑額處所
有後來的缺字，當時仍在，且清晰可讀。至此，我們終於可以
說，完整的碑文找到了。

2019 年 10 月 16 日補記

現立於河南寶豐縣香山寺塔下券洞內的〈汝州香山大悲菩薩傳〉碑，靠近
碑額部分有缺損，以致幾乎每行碑文都有十到二十多個缺字不等。1990 年
我親訪香山寺時找到的，就是這通石碑。

北京大學圖書館所收藏的一張拓片，可能拓於清末民初，於 1930 年代入藏，清楚顯示〈汝州香山大悲菩薩傳〉碑當時仍完好，靠近碑額部分未殘缺，無缺字。2009 年文物出版社印行的《香山大悲菩薩傳》，即根據這張完整拓片錄文和註釋。

妙善傳說的兩種新資料
——評杜德橋《妙善傳說》

The Legend of Miao-shan. By Glen Dudbridge. London: Ithaca Press
(Oxford Oriental Monographs No. 1), 1978. 128 pp. Appendix, List
of Works Cited, Index.

　　杜德橋這本書——第一本研究妙善傳說的專書——自 1978
年出版以來，至少已有兩人寫過英文書評。[1] 中文書評似尚未
見。本文目的主要在介紹兩種前未為人注意的資料，略加考證，
而不擬全面評估杜德橋此書。這兩種材料涉及杜德橋書中的第一
及第三章，對於他在討論妙善傳說起源及其演變時的若干疑問，
或可提出解答。

一、大悲菩薩傳

　　研究妙善傳說的現代學者，從朱弁（卒於 1148 年）《曲
洧舊聞》中的一條記載，都曉得蔣之奇（1031-1104）晚年知汝
州時，曾經「用香山僧懷畫之請，取唐律師弟子義常所書天神

1　Victor H. Mair, in *Harvard Journal of Asiatic Studies*, 39:1（June 1979）, pp.
　　215-218; Anna Seidel, in *Journal of Asian Studies*, 38:4（Aug. 1979）, pp. 770-
　　771.

言大悲之事，潤色為傳。載過去國莊王，不知是何國王，有三女。最幼者名妙善，施手眼救父疾。」[2] 蔣之奇「潤色」的這篇「傳」，是我們目前所知最早記載妙善公主如何演變成觀世音菩薩的一篇文獻。從撰作的年代上看，它早於宋僧祖琇在《隆興佛教編年通論》（成書於 1164）所記載的妙善傳說。[3]

杜德橋對妙善觀音研究的一大貢獻，就是他在 1797 年刊印的一本《寶豐縣誌》中，找到蔣之奇此「傳」所附的一篇「贊」。[4] 由此我們才曉得此「傳」叫〈大悲菩薩傳〉，於 1100 年初次刻在河南寶豐香山寺的一通石碑上。但可惜《寶豐縣誌》的纂修者，卻註明「碑文不錄錄贊」。[5] 所謂「碑文」即此「傳」。換言之，現代學者極需要的這篇文獻，看來是失傳了。杜德橋對此也感到惋惜。他寫道：「此碑文似乎並未保存於他處，因此也就不可得。」（頁 14）但蔣之奇的「贊」仍然非常具史料價值。杜德橋此書的第二及第三章，便充分利用這篇「贊」，配合朱弁、祖琇及覺連在〈銷釋金剛科儀會要註解〉[6]中的記載，重建那篇「失傳」的〈大悲菩薩傳〉的故事概況，藉以討論妙善傳說的誕生，以及這傳說在十六世紀之前的演變情況。

事實上，〈大悲菩薩傳〉並沒有失傳。此碑的碑文先後錄於至少三種石刻史料中：阮元（1764-1849）的《兩浙金石志》、杜春生（活躍於 1830 年）的《越中金石記》，以及陸增祥

2　《曲洧舊聞》卷 6（知不足齋叢書本），頁 6。
3　《續藏經》本，卷 13，頁 277-278。
4　陸蓉修、武億纂，《寶豐縣誌》卷 15（1797 年刻本），頁 7 上-8 上。
5　《寶豐縣誌》卷 15，頁 7 下。
6　《續藏經》本，卷 1，頁 129 上下。

（1833-1889）的遺作《八瓊室金石補正》。[7] 陸本最晚出，對此碑的考證也較阮本及杜本詳細。在這三家錄本中，此碑稱為〈大悲成道傳〉（陸本補一「贊」字）。[8] 同時，三家過錄的碑文，都標明「前缺」，即缺故事開始的一部分。儘管如此，它仍然是至今為止，我們所能找到的最早一篇記載妙善傳說的文獻。更可貴的是，此傳以傳奇小說的形式寫成，細節更豐富，也包含較多的對白。就敘事技巧和人物描寫而言，它比祖琇及覺連等佛書中的平實記載，生動許多。

今人驚喜的是，除了以上三家的過錄，此碑還有拓片傳世，現藏南港中央研究院傅斯年圖書館，編號 02202。拓片長 164 公分，寬 110 公分，已裝裱成一個卷軸。它不但讓我們得以對校三家過錄的碑文，[9] 更讓我們得以欣賞碑文的書法真跡。很可惜，拓片來自「浙江會稽」，跟三家過錄的來源一樣，缺前面一部分。但它保留了石碑的真跡大小原貌。從這幅拓片，我們才知道三家所謂「前缺」，並非指此碑斷裂殘缺。從拓片看來，石碑本身相當完整，方方正正，除了若干字跡磨損之外，沒有截角斷裂痕跡。「前缺」部分，缺得很整齊。這表示碑文原本刻在兩塊石碑上，再併成一大塊，左右並立在一起。拓片保留的是左半部分。從它碑額上橫題「悲之傳」三大字的右到左排列位置判斷，

7　《兩浙金石志》卷 7（廣州 1824 年刻本），頁 6下-11下；《越中金石記》卷 3（1830 年詹波館刻本），頁 23上-27下；《八瓊室金石補正》卷 109（1925 年希古樓刻本），頁 19上-25下。

8　石碑額刻名稱往往是簡稱。金石學家為了易於辨別，往往給一通碑取個描述性的碑名。

9　我曾以此拓片校陸增祥本，未發現異文。陸本，頁 24下，「元符二年」應作「元符三年」。拓片上此字模糊；阮本、杜本皆作「元符三年」。拓片各行最後一字皆闕；陸本、阮本、杜本同。

前缺的右半部分，很可能在碑額上題「重立大」三字，假定右半部分跟左半是同樣大小的一通碑。如此，則此碑只有一半左右的碑文保留下來。在清代，它可能已失去其右半一塊，或者拓片不全。阮元懷疑「當時刻石不止一碑，或此碑兩面，拓者遺其前者」。[10] 這非常可能。杜春生說「右邊截去數行」，[11] 則較不可能，因為從我們所知的妙善傳說看來，「前缺」部分不可能只缺「數行」。

　　〈大悲菩薩傳〉這通碑的刊刻歷史頗複雜。我們不妨查考它的來龍去脈。就我們所知，此碑先後刻了至少三次，而且刊立地點至少有兩處。第一次刻於元符三年（1100）九月，立在河南汝州寶豐縣香山寺。[12] 第二次刻於崇寧三年（1104）五月，這次立在杭州天竺寺；到了清代，又移至紹興府學。前文提到的傅斯年圖書館拓片及阮元等三家錄本，即根源此碑。[13] 第三次刻於至大元年（1308）七月，仍然重立於寶豐香山寺內。《寶豐縣誌》所載的蔣之奇「贊」，過錄此碑。第二通碑雖稱作〈大悲成道傳〉，但碑後亦有蔣之奇「贊」，可證明即〈大悲菩薩傳〉，只

10　《兩浙金石志》卷 7，頁 11 下。
11　《越中金石記》卷 3，頁 27 上。
12　《寶豐縣誌》卷 15，頁 7 上。《寶豐縣誌》的主纂者武億（1745-1799），是清代有名的金石學家，編有《偃師金石錄》、《安陽金石錄》等書。他不錄〈大悲菩薩傳〉的碑文，對我們來說確是不幸。
13　此碑後署「杭州天竺寺僧道育重立」。阮元及杜春生對此碑何時移至紹興府學，表示不解。陸增祥以為「天竺僧立未必定在天竺」。龔嘉儁等修，李榕等纂，《杭州府志》卷 97，1898 年成書，1922 年鉛印本，頁 15 上，引阮元《兩浙金石志》，把此碑歸在杭州金石門內。天竺寺在宋代是頗有名的觀音寺，分上、中、下三寺。詳見明代吳之鯨編，《武林梵志》卷 5，景印四庫全書珍本四集，頁 39 下-50 下；及明代釋廣賓編，《杭州上天竺講寺志》，武林掌故叢編本。

是第二次刻碑時可能修改了一些碑文。我們把第二通碑的「贊」
跟第三通碑的「贊」對校，可以發現一些異文，例如第三通碑
作：

> 書題曰〈香山大悲菩薩傳〉，乃唐南山道宣律師問天神所
> 傳靈神妙之語，敘菩薩化之跡。

第二通碑則作：

> 書題曰〈香山大悲成道傳〉，乃終南宣律師所聞天神之
> 語，敘菩薩應化之跡。

但可以肯定的是，這三通碑都是同一根源。我找不到第一及第
三通碑上〈大悲菩薩傳〉的碑文過錄或拓片。至於碑本身是否
還存在呢？吳式芬（1796-1856；1835 年進士）的《金石分編匯
目》，列了這三通先後重刻的碑。[14]《金石分編匯目》是一本訪
碑目，「分州縣編之，其尚存者，皆列為已見；其未見者，則
註明見於某書，列為待訪」。[15] 由於那三通碑都列在此目錄中的
「已見」部分，這表示三者到了十九世紀前半葉仍存在。吳式芬
並提供進一步的材料。關於第一通，他註明是「殘碑」，但仍留
在香山寺。第二通在紹興「府學」。第三通立於「香山寺玉石佛

14　《金石分編匯目》卷 7（北平文祿堂刻本，1936），頁 37 上；卷 9，頁 88
　　上-89 上。

15　《金石分編匯目》「凡例」，頁 1 上。關於這本訪碑目的編刻歷史，見無名
　　氏書訊《國立北平圖書館館刊》第 11 卷第 1 期（1937 年 2 月），頁 135-
　　136。

洞內」，「額刻千手佛像閻孝卿畫」。

　　作為研究資料，碑有其特殊性質及壽命。即使這三通碑現已
全毀，它們仍然能以搨本傳世。〈大悲菩薩傳〉的搨本，在清代
至少為兩位金石學家收藏。李光暎《觀妙齋金石文考略》（成
書於 1729 年），記錄他所收藏的〈汝州香山寺大悲菩薩傳〉搨
本。[16] 他沒有註明此碑刻立的日期。從名稱看來，這可能指第一
通也可能指第三通碑（後者可能性較大）。李光暎在金石學上，
算是「書法派」，「以品評書跡為主」，[17] 不以考訂舊聞見長。
他對這搨本的「考略」，只是引用《宣和書譜》的一段話，來讚
美寫碑人蔡京（卒於 1126）的書法，對我們沒有什麼幫助。另
一位收藏者繆荃孫（1844-1919），在他的藏碑目《藝風堂金石
文字目》，列了第二通碑的搨本〈大悲成道傳並贊〉，[18] 以及第
三通碑的搨本〈重刻汝州香山大悲成道傳〉。[19] 我們感興趣的是
這第三通碑的搨本，因為它是唯一沒有記錄顯示它已殘缺的一通
碑。如果繆荃孫所藏的搨本，仍能發掘出來（這很有可能），[20]

16　《觀妙齋金石文考略》卷 14，景印四庫全書珍本五集，頁 1下-2上。文淵閣
　　本四庫全書，將此書書名省略作《金石文考略》，雖然《欽定四庫全書總
　　目》仍列全名。李光暎的收藏原屬朱彝尊（1629-1709）。

17　《欽定四庫全書總目》卷 86（大東書局刊本），頁 42上。

18　《藝風堂金石文字目》卷 1（1906 年刻本），頁 28上。

19　《藝風堂金石文字目》卷 16，頁 1上。

20　繆荃孫收藏的拓片約一萬六千餘件。在他死後，前國立北京大學國學研究所曾
　　收購其中二千餘件，其餘的下落不明。南港中央研究院傅斯年圖書館藏有數萬
　　件金石拓片，並編有十三冊的目錄稿本，已編目的共 25,205 件。但這目錄稿
　　本編得不理想，未嚴格按照刻碑年代或地點來歸類，查閱極不便。我翻查過這
　　十三冊目錄稿本，未能發現第三通碑的拓片。台北中央圖書館收藏約五千件拓
　　片，編目尚未完成，無法使用。已編目的僅墓誌拓片二千餘件，見《國立中央
　　圖書館墓誌拓片目錄》（台北：中華叢書編審委員會，1972）。

則我們可以補齊第二通碑的缺文。

〈大悲菩薩傳〉的重現，或可解決妙善傳說的誕生背景及其早期歷史的若干疑問。比如，這傳說是否確是起源於唐代，抑是宋人依託道宣律師（596-667）而偽造？祖琇、覺連的記載以及管道昇的〈觀世音菩薩傳略〉，是否根據〈大悲菩薩傳〉而來？今後我們探討妙善傳說的流傳問題，考察其故事演變時，將可以〈大悲菩薩傳〉作為我們所知最早且尚留存的根據，而非祖琇的記載，同時亦無需再作推測之詞。此外，我們還可注意，此碑幾乎是同時立在河南寶豐和杭州兩大觀音寺處。這是否意味著，妙善傳說不單跟寶豐的香山寺有關聯，它同時應當也跟杭州的天竺寺有關係。在宋朝那個書籍刊刻還不普及的時代，此碑幾乎同時立在中國南北兩個不同的公共場所，任人閱覽──這點對妙善傳說在其早期歷史上的傳播，有什麼意義？

如以〈大悲菩薩傳〉之文來印證杜德橋的論點，我們時常發現他在第二章及第三章的許多推測，確是對的。例如，在第 24 頁，他推測「祖琇的記載並非完全一字不漏的照錄 1100 年那通碑。至少他曾稍作編訂；很可能他完全改寫。」我們拿〈大悲傳〉跟《隆興佛教編年通論》的記載對照，祖琇的確不是「照錄」。兩者沒有什麼共同的文字；敘事層次也不盡相同。但這也引起另一個可能性：即祖琇的記載可能不是根據〈大悲傳〉，而是根據更早或我們尚未發現的其他材料。

二、觀世音菩薩傳略

俞正燮（1775-1840）的《癸巳類稿》中引證廣博的考據〈觀世音菩薩傳略跋〉，一開頭就說：「元大德丙午歲

〔1306〕，趙魏公管夫人，書刊〈觀世音菩薩傳略〉。謂菩薩為妙莊王第三女，名妙善。蓋元僧所述，既裝成冊。」[21] 由此現代學者也曉得有一篇〈觀世音菩薩傳略〉的存在。日本學者常提到俞正燮這篇文章，但都找不到管道升（1262-1319）的這篇〈菩薩傳略〉。杜德橋對妙善觀音研究的另一貢獻，就是他在現今只有晚明刊本傳世的《綠牕女史》中，找到一篇署名管夫人所作的〈觀音大士傳〉。此文沒有俞正燮所說的日期「元大德丙午歲」。我們也無法從中知悉管道升的撰作緣起。不過，據杜德橋的推論，此文即〈觀世音菩薩傳略〉（第39頁）。

　　杜德橋的推論可由一條石刻史料證實。其實原本也無需考證《綠牕女史》所載的〈觀音大士傳〉，是否即管道升的〈觀世音菩薩傳略〉，因為這篇「傳略」並沒有失傳。它就收在嚴觀（活躍於1778）所輯的《江寧金石記》中。[22] 嚴觀本直接錄自管道升親筆所書的石碣，而且還提供了《女史》本所沒有的背景材料：

> 戊戌〔1778〕初夏，與友人王小石作清涼山下之遊，得石碣一，高二尺許，乃趙魏國夫人所畫觀音大士像。上方楷書觀音傳略，後署大德丙午（1306）春三月清明日，吳興弟子管氏齋沐焚香拜書。法像端嚴，字畫秀整。相與讚歎，得未曾有。夫人名道升，字仲姬，吳興人。趙孟頫《松雪集》稱其翰墨詞章，不學而能，心信佛法，手書金剛經至數十卷，以施名山名僧。此本殆當時施諸寺中者

---

21 《癸巳類稿》卷15（上海：上海古籍出版社，1957年排印本），頁570。
22 《江寧金石記》卷6（江蘇編譯局重刊本，1910），頁2上-3下。

也，因奉置於左所巷地藏庵內。[23]

由此看來，管道升的〈觀世音菩薩傳略〉，曾以好幾種方式傳世。它先有管夫人所書所畫的原本，而且可能不只一本。其中一本「施諸寺中」，然後被用來刻在石碣上。俞正燮所見到的可能是另外一本，或者即嚴觀所發現的這通石碣的搨本，[24]而我們所找到的是嚴觀的過錄本。過錄本的價值當然不及管夫人書刊的原本，或石碣及其搨本。但從清代金石學家過錄這些石刻史料的嚴謹標準看來，嚴觀本應該也足夠我們研究所需了。

我們拿嚴觀本跟杜德橋英譯所據的晚明《女史》本對校，發現《女史》本有若干增益之處，很可能是明代刻書人所加。底下引二本開頭的一部分，以見其增益之一斑。

嚴觀本：

> 觀音生西土，諱妙善，妙莊王第三女也。生而聰慧，斷葷持戒。將笄，王欲招壻，觀音忤旨。王窘辱之，擯諸白雀寺，命僧驅役如奴。觀音志益堅，甘勞瘁，若有神代之者。僧聞於王，王謂誣。縱火焚寺，五百僧皆煨燼，惟觀音端坐火中，誦經不輟。王乃召還，反覆譬曉之。觀音上曰：「以生死故。」王愈怒，押棄市，刀自折。虎咆哮，負觀音去，寘之林中。[25]

---

23 《江寧金石記》卷6，頁3上下。
24 嚴觀曾將一張搨本送給錢大昕。見錢大昕，《潛研堂金石文跋尾》卷18（潛研堂全書本），頁30下-31上。
25 《江寧金石記》卷6，頁2上。

《綠牕女史》本：

> 觀音生西土，諱妙善，妙莊王之季女也。從幼斷葷持戒，性喜樸素。聰慧異常。將笄，王以三女覓贅婿。長妙音，次妙緣，順旨。觀音以忤王被貶，王薄其衣食，命妃嬪勸之，弗德。王怒，擯諸白雀寺，詒主僧迫其從約，七日不報，合寺僧俱焚死。僧懼，驅役觀音如奴婢，而觀音持志益堅，親操井臼，若一神代其勞者。主僧駭以告王。王謂其誑也。圍寺縱火，五百僧煨燼無遺。獨觀音端坐誦經，火不能害。王於是召之還。諭以禍福利害，冀其易慮。觀音曰：「老者不再少，死者不復生。生死輪迴，無限苦楚。女所以辭繁華者，欲長生耳。」王聞奏愈怒，命赴法場受刑。刑臨斬，刀自折。有虎咆哮至場，負觀音去，王以觀音死虎吻矣。虎負觀音行千里，寘之林中。[26]

嚴觀本總共 329 字，《女史》本則有 633 字，增加近一倍。《女史》本所增加的，主要在於使敘事描寫更具體生動，對於整個故事的結構、情節沒有什麼重大的改動。杜德橋用此本來探討妙善傳說的故事演變，倒也不怎樣影響他的整體結論。但如果我們以嚴觀本為準，則他的一些評語便顯得過於嚴苛。例如，在第 42 頁，他說：「管道升的敘事，因為整篇不斷使用『觀音』這名稱，而有些刻板。」事實上，嚴觀本中「觀音」這名稱的出現次數，並沒有《女史》本那麼多。

最後，我想再介紹一條材料，一條關於《觀世音菩薩本行

經》（即所謂乾隆版《香山寶卷》[27]）中所題「編集」者普明禪師的資料。杜德橋書第 47 頁，說「我們對普明別無所知」。根據明代釋廣賓所編的《杭州上天竺講寺志》，普明是天竺寺第五代住持慈辯法師（1090 年成為住持）的「門學」。大觀二年（1106），慈辯法師「辭歸」時，普明等十人曾「詣師省候」。[28] 普明本人於建炎六年（1136）成為天竺寺第九代住持。[29]

　　《觀世音菩薩本行經》編集者的題署是否可信，是一個值得探討的問題。杜德橋已指出該書中含有明清才設的官名（第 47 頁）。就此書的形式看來，它也較可能是寶卷發展至中期（也就是明清之際[30]）的作品。不過如上文所提，〈大悲傳〉曾於 1104 年重刻於杭州天竺寺（蔣之奇於崇寧元年〔1102〕十月至二年〔1103〕八月知杭州[31]），普明當時既然是天竺寺禪師，應當見過〈大悲傳〉碑。也許他曾據以編撰成書以便信徒閱讀，而《本行經》則是根據他的撰述編集，因此保留他的名字。另一可能性是後人知道普明的生平，而偽托是他所編。

　　本書評寫作期間，承蒙王秋桂老師指導、審閱初稿，提供改進意見，並惠借若干罕見材料，特此致謝。

　　　　原載台北《中外文學》9 卷 2 期（1980），頁 116-126。

27　吉岡義豐藏；影印在《道教研究》第四冊（1971），頁 127-194。

28　《武林上天竺講寺志》卷 3，頁 10 下。

29　《武林上天竺講寺志》卷 3，頁 2 下。

30　參閱澤田瑞穗《寶卷の研究》（東京：國書刊行會，1975 年增訂版），特別是第一部第三章〈寶卷の變遷〉，頁 34-38。

31　《續資治通鑑》卷 88（北京：中華書局，1975），頁 2258。

追憶杜希德老師

一、杜公與龍公

1981 年的某個秋日，我剛進美國普林斯頓大學東亞系，第一次和杜希德[1]（Denis Twitchett, 1925-2006）老師見面閒聊，他便跟我提起龍彼得（Piet van der Loon, 1920-2002）先生。龍公是荷蘭人，出身於歐洲漢學重鎮萊頓（Leiden）大學，但長年在英國任教，曾經擔任過牛津大學的漢學講座教授（1972-1987），專長中國書目學、版本學、道教、明清小說戲曲和宗教儀式研究等等，是西方漢學界的一位高人。[2] 他的學生包括杜

杜希德教授，1988 年留影。John Miller 攝，普林斯頓大學提供。

---

1 本文當初發表前，獲得王秋桂老師、王貞平、陳玨、陸揚、冀小斌和朱玉麒諸兄，以及我的學生范玫宜提供改進意見或資料，特此致謝。
　杜公自己取的中文名是杜希德，但中國大陸學界經常稱他為「崔瑞德」。他自己並不以為意。有一次我問起他，他說「沒有關係，兩個都可以」。

2 關於龍公的生平傳略和學術成就，見倫敦《泰晤士報》（*The Times*）2002年 5 月 28 日的一篇〈訃文〉（"Obituary"）。此〈訃文〉在《泰晤士報》上發表時，依該報的傳統，沒有署上作者名字，但作者是龍公的高徒杜德橋。有杜德橋署名的版本發表在 *EACS Newsletter* no. 29（Nov. 2002），Part 2，

德橋（Glen Dudbridge, 1938-2017，曾任劍橋、牛津中文講座教
授），以及教我西方漢學的王秋桂老師。我後來才發現，原來龍
公竟也是杜公早年的老師之一。

　　或許因為這層「同門」的關係，後來五年我在普大念博士，
和杜公相處得非常愉快。他對我一直是寬厚仁慈的，在課業上沒
有給我太多壓力。1986 年夏天我從普大畢業以後離開美國，長
期在香港、馬來西亞、台灣等地飄泊，沒有機會再見到杜公（除
了 1988 年夏短暫回美再見過一次外），但不時還保持書信聯
繫。2005 年初，我的新書《唐代基層文官》由台北聯經出版公
司出版，曾經郵寄贈送他一冊。他回了一封電郵，美言幾句，並
且希望我將來能夠寫個英文版：「如果你能寫個英文本……你會
幫西方漢學一個忙。」（"You would do western sinology a favour
if ... you write an English version."）可是，杜公在 2006 年 2 月過
世後，我這方面的意願好像越來越低了，主要當然是因為「知音
人」已經不在了。

　　1990 年，龍公 70 歲生日時，杜公主編的老牌漢學期刊 *Asia
Major*（3 卷 1 期）出了個紀念專號。龍公的學生和朋友都撰文
為他祝壽。杜公也發表了一篇論文〈論《舊唐書・音樂志》〉
（"A Note on the "Monograph on Music" in *Chiu T'ang shu*"）。在
論文一開頭，他以一種感性的筆調，這樣回憶他從前跟龍公問
學的一段經歷（為免失真，我直引他優雅的英文原文，後附中
譯）：

可從網上下載：http://www.soas.ac.uk/eacs/newsl/nl29b.doc. 又見 Judith Magee
Boltz, "Obituary: Piet van der Loon（7 April 1920-22 May 2002）," *Journal of
Asian Studies* 62.1（2003）, pp. 361-364.

Almost forty years ago, when I was beginning work on my Ph.D.
dissertation, I spent many enjoyable evenings reading through
the "Monograph on Finance" of the *Chiu T'ang shu* 舊唐書
with Piet van der Loon, attempting to relate its text with other
T' ang period sources, and to see what it is possible to deduce
about the way in which *Chiu T'ang shu* was put together over a
period of more than two centuries. It therefore seems appropriate
to offer this brief study of the "Monograph on Music" from
the same history to my friend and erstwhile teacher on his
seventieth birthday, doubly so since music, ritual, and dramatic
performance have been a central part of his scholarly interest.[3]

譯文：將近四十年前，我開始準備寫博士論文時，便和龍
彼得一起讀完《舊唐書・食貨志》，度過許多愉快的夜
晚，嘗試探索《舊唐書・食貨志》的文本，跟其他唐時期
史料的關係，並且想試著看看，是否可能從中去推論《舊
唐書》是如何在逾二百多年的期間編纂成書的。現在，我
的朋友和從前的老師 70 歲生日，能夠給他獻上這篇短論，
論同一本史書中的〈音樂志〉，看來是很恰當的，而且，
更因為他學術興趣的中心在音樂、儀式和戲曲表演，獻上
這篇短論應當就加倍適合了。

這一段文字雖然簡短，意蘊卻非常豐富。最難得的是，這是杜公
夫子自道，最為可信，不但披露了他的漢學師承（這點似鮮為人
所知），提到他一位「從前的老師」（"erstwhile teacher"），而

3　*Asia Major* 3rd. Series 3.1（1990），p. 51.

且還把他自己一生治學的方向、方法和學術風格，都悄悄告訴我們了。

杜公文中的「將近四十年前」，指 1950 年之前，當時他正在劍橋大學攻讀博士。他的博士論文是要把《舊唐書・食貨志》翻譯成英文，然後寫一篇很長的「Introduction」（導論），詳論唐代財政制度的種種問題。在上一個世紀，這是英美和歐洲漢學界撰寫博士論文或某一歷史專題的一個好方法。有不少學者就在中國正史的志書部分，挑選他感興趣的某一「志」，然後開始翻譯、註釋並撰寫長篇的導論。

例如，楊聯陞在哈佛所寫的博士論文，選《晉書・食貨志》。[4] 何丙郁呈給馬來亞大學的博士論文，選《晉書・天文志》。[5] 60 年代末，蕭啟慶的哈佛博士論文，選《元史・兵志》。[6] 甚至到了 90 年代，仍有學者在從事這種工作，如錢立方的哈佛博士論文，選《宋史・食貨志》榷鹽的部分。[7] 法國學者戴何都（Robert des Rotours）以法文翻譯《新唐書》的〈選舉

4　導論部分後來發表為 Lien-sheng Yang, "Notes on the Economic History of the Chin Dynasty," *Harvard Journal of Asiatic Studies* 9.2（1946）, pp. 107-185.

5　後出版為 Ho Peng Yoke, *The Astronomical Chapters of the Chin Shu: With Amendments, Full Translation and Annotations*（Paris: Mouton & Co., 1966）. 何丙郁是中國科技史家李約瑟（Joseph Needham）的長期合作者，也是中央研究院院士。關於他「縱橫四海」、很不平凡的生平和學術經歷，見他的英文自傳 *Reminiscence of a Roving Scholar: Science, Humanities, and Joseph Needham*（Singapore: World Scientific, 2005）.

6　後出書為 Ch'i-ch'ing Hsiao, *The Military Establishment of the Yuan Dynasty*（Cambridge, Mass.: Council on East Asian Studies, Harvard University, 1978）.

7　後出為專書 Cecilia Lee-fang Chien, *Salt and State: An Annotated Translation of the* Songshi *Salt Monopoly Treatise*（Ann Arbor: Center for Chinese Studies, University of Michigan, 2004）.

志〉、〈百官志〉和〈兵志〉，也屬於這一類。[8]

　　翻譯中國志書，看起來好像很容易，但實行起來卻困難重重，試過的人應當都知道。西方漢學的這種翻譯，不但要求志書中每個中文字詞都要能譯成英文或其他西文，不能遺漏，而且更重要的是，還要求詳細的註釋，並且盡可能把原文的出典或出處找出來，詳考其文本源流。例如，《舊唐書‧食貨志》有這麼一段話：

> 九年，張滂奏立稅茶法。自後裴延齡專判度支，與鹽鐵益殊涂而理矣。十年，潤州刺史王緯代之，理於朱方。數年而李錡代之，鹽院津堰，改張侵剋，不知紀極。私路小堰，厚斂行人，多自錡始。時鹽鐵轉運有上都留後，以副使潘孟陽主之‧王叔文權傾朝野，亦以鹽鐵副使兼學士為留後。[9]

　　這段文字，跟《唐會要》卷八七〈轉運鹽鐵總敘〉中的一段敘述，有許多雷同之處：

> 九年，張滂奏立稅茶法。郡國有茶山，及商賈以茶為利者，委院司分置諸場，立三等時估為價，為什一之稅。是歲，得緡四十一萬。茶之有稅，自滂始也。自後裴延齡專判度支，與鹽鐵益殊涂而理矣。十年，潤州刺史王緯代

8　*Le traité des examens*（Paris: Ernest Leroux, 1932）；*Traité des fonctionnaires et traité de l'armée*（Leiden: E. J. Brill, 1947-8）.

9　《舊唐書》卷49，頁2119。

之，理於朱方。數年而李錡代之，鹽院津堰，供張侵剝，
不知紀極，私路小堰，厚斂行人，多是錡始。時鹽鐵、轉
運有上都留後，以副使潘孟陽主之。王叔文權傾朝野，亦
以鹽鐵副使兼學士為留後，故鹽鐵副使之俸，至今獨優。[10]

兩相對照，可以看出《唐會要》的文本比較優勝，有一些重要而
有意義的細節是《舊唐書‧食貨志》所沒有的。《唐會要》的這
段文字，很可能是《舊唐書》所本，可以大大補充它的不足。所
以，像杜公這類注重史源的現代史家，便常常要追本溯源，把更
早或相關的材料找出來，以求得更佳的理解。這正是歐洲老派漢
學家的拿手好戲，也是下文要提到的 philology 工作之一。可以
說，他們不像許多中國史家那樣「迷信」中國正史的權威，或僅
僅滿足於正史的記載，而經常要追問正史中的那些記載，是怎麼
來的？是根據什麼更原始的材料寫成的？結果便是，他們往往能
挖掘到比正史更早，更原始，可能也更有用的史料。

其實，找到了《唐會要》的這段記載，杜公恐怕還不能滿
足。這時，他應當還會追問：《唐會要》的記載又是根據什麼？
《唐會要》這本書又是怎麼編成的？它有哪些早期的寫本和刻
本？它的傳世歷史如何？我們現在讀到的《唐會要》，跟《舊唐
書》的編者在後晉時代所見的，又有什麼相同或不同處？這些問
題正是杜公後來在他那本專書《唐代官修史籍考》（*The Writing
of Official History under the T'ang*）中詳細討論過的。[11]

---

10 《唐會要》卷 87，頁 1886-1887。
11 *The Writing of Official History under the T'ang*（Cambridge: Cambridge
University Press, 1992），pp. 109-118.

二、杜公的博士論文

在 1950 年左右，《舊唐書・食貨志》尚無箋注本。[12] 《舊唐書》甚至跟許多其他正史一樣，連一個校點本都沒有，一直到 1975 年北京中華書局才出了個標點本。那時更沒有現在可供全文檢索的電子數據庫，如中央研究院歷史語言研究所製作的漢籍全文資料庫。在那個時代，杜公要英譯《舊唐書・食貨志》並探索其本文源流，困難可想而知。這就是為什麼當時他會跟龍公「一起讀完《舊唐書・食貨志》，度過許多愉快的夜晚」，並且「嘗試探索《舊唐書・食貨志》的文本，跟其他唐時期史料的關係」。

若非杜公自己透露，我們很難猜到杜公當年是和龍公一起「讀完《舊唐書・食貨志》」的。龍公並非專攻唐史的專家，但他的學問淵博，從中國書目版本源流到道教和明清小說戲曲，無不精通。或許正是他對中國古籍如何傳世的深厚學養，[13] 得以幫助杜公探索《舊唐書・食貨志》的文本源流。

1956 年，杜公在香港大學出版的 *Journal of Oriental Studies* 上發表一篇論文〈《舊唐書・食貨志》文本源流考〉（"The Derivation of the Text of the 'Shih-huo chih' of the *Chiu T'ang*

---

12 潘鏞的《舊唐書食貨志箋證》在 1989 年始由西安三秦出版社出版。另一本相關的著作是譚英華的《兩唐書食貨志校讀記》，也遲至 1988 年才由四川大學出版社印行。

13 龍公的若干重要著作，都跟古書的文本源流有關，例如他早年的論文 "On the Transmission of Kuan Tzu," *T'oung Pao* 41（1952），pp. 357-393 以及他後來的專書 *Taoist Books in the Libraries of the Sung Period*（Oxford Oriental Institute Monographs no. 7; Oxford: Ithaca Press, 1984）。

Shu"），便很能透露他治學的一個基調。此文是他一生發表的最
早論文之一，是他博士論文研究的一個副產品，面世至今已超過
五十年。雖然近年來中日學者已有更進一步的研究成果，但我覺
得此文在方法上，在探索史源的精細處，仍有許多地方可以給後
人不少啟示。

　　杜公這種追溯史源的方法，表面上看起來有點像陳垣所提倡
的「史源學」，但我覺得他應當不是受陳垣的影響。西方史學
原就有很深厚的 philology 傳統。此字不好中譯，一般譯為「歷
史語文學」、「歷史訓詁學」或「考據學」都易生誤解，其要
點是重視文字（特別是古文字和外來文字）的掌握，以及追蹤
史料來源，解讀史料的一套嚴謹方法，和清代乾嘉之學不無相
通之處。[14] 杜公所繼承的，應當是歐洲漢學大師沙畹（Édouard
Chavannes, 1865-1918）和伯希和（Paul Pelliot, 1878-1945）的傳
統，強調對中國史料文本的徹底了解，並常以一種高度「批判」
（critical）的精神來看待所有史料。即使像中國正史那樣「正
經」的史料，也絕不能輕信，而要追本溯源，先對它做好基本工
作——史料評估（source assessment）。這是任何盡責史家都應
當作的。

　　杜公的博士論文，其英譯《舊唐書·食貨志》的部分後來
並沒有出版。但 1980 年代初，我在普大東亞系上他的唐史研討
課，有一個學期我們研讀的史料正好是《舊唐書·食貨志》。上
課時，他要求學生每人輪流做口頭英譯。這時，他便會把他當年

14　David B. Honey 有專書論及此點：*Incense at the Altar: Pioneering Sinologists
　　and the Development of Classical Chinese Philology*（Philadelphia: American
　　Oriental Society, 2001）. 感謝朱玉麒兄提醒我這本書的存在。

博士論文的這一部分拿出來（是個有點老舊的大本子；普大東亞系老校友朱鴻林兄曾戲稱之為杜公的「寶書」），擺在桌邊，一邊聽學生的口譯，一邊不時對照他自己三十年前所做的英譯，然後一一指正學生的翻譯，並講解原文背後的典章制度。

杜公博士論文的導論部分，後來發展成為他的第一本專書《唐代財政》（*Financial Administration under the T'ang Dynasty*）。[15] 此書大抵依《舊唐書‧食貨志》的論述範圍，分章討論唐代財政史上的幾個大問題，如均田制、租庸調、兩稅法、貨幣、鹽政和漕運等。正文只有 123 頁，但附錄和註釋卻長達二百多頁，注比正文還多，詳細註明立論的根據，不發空言，不故扮高深，盡顯歐洲漢學的樸實本色。此書出版至今快五十年了，但在西方仍無類似專書足以取代，現在依然是歐美學者和學生，在唐史方面經常需要引用的一本英文著作。

我自己到現在仍不時在翻閱這本書，常會有所啟發。比如，2008 年初我在修訂我的《唐代中層文官》書稿，涉及縣令和錄事參軍等州縣官，不免特別留意唐代的地方行政問題。有一天翻閱杜公此書，發現他在頁 120-123，談到唐代地方行政，竟有不少可貴的論點。例如，他提到節度使下面的馬步院，有一些精細的觀察，可說把握了唐代中葉以後地方行政的複雜面。

三、杜公與被遺忘的史家柳芳

杜公注重史源和漢學基本功的治學風格，在幾件事情上表現得最為明顯不過。

15　現有丁俊的中譯本，2016 年由上海中西書局出版。

　　1960 年代初期，美國的東亞學界發生過一場「漢學對社會科學」（Sinology versus social sciences）之爭論。杜公寫了一篇熱情洋溢的短文〈獨自為漢學鼓掌打氣〉（"A Lone Cheer for Sinology"），[16] 獨排眾議，為傳統漢學辯護，很有「打抱不平」的氣概。這事件的起因是，當時美國年輕一輩的學者，覺得伯希和所代表的「老派歐洲漢學」已經過時了，覺得伯希和那種注重 philology 的治學方法有點「迂腐」，而提倡以比較新的社會科學方法來研究傳統中國歷史、文化和社會。但杜公不以為然。他認為漢學的 philology 和統計學等社會科學的新方法一樣重要。兩者其實不必互相排斥。漢學家需要的時候，可以使用社會科學的方法。社會科學家要研究傳統中國，當然也必須具備漢學家那種語文訓練，才能讀通中國古籍，才能評估他所使用的中國史料，否則不免淪於理論空談。

　　杜公在此文中也透露他的學術背景，一開頭就告訴我們他「出身於歐洲漢學的鼎盛傳統」（"graduated in the high tradition of European Sinology"），[17] 並且處處為 philology 的方法辯護，也為伯希和說了不少好話。

　　1979 年，杜公主編的《劍橋中國史》（Cambridge History of China）第 3 冊隋唐史部分出版，〈導論〉部分特別立有一節，討論唐史的「史料問題」。這是一般斷代史不會有的做法。但杜

---

16 此文的標題顯然用了一個典故，暗喻英國小說家 E. M. Forster 那篇名文 "Two Cheers for Democracy"。

17 若再往上追溯，杜公較早的老師是劍橋第四任漢學教授夏倫（Gustav Haloun, 1898-1951）。他是德國漢學萊比錫學派的代表人物，在哥廷根大學創立了漢學研究所。二戰前夕，納粹橫行，他被劍橋大學聘請為講座，為英國漢學建立了歐洲根基。此點蒙朱玉麒兄來信提示，特此感謝。

公特別強調，我們今天對唐朝的認識，大抵要依靠唐代史館那一批史官所留下來的記錄。我們對唐代官方史家修史的過程，他們所用的方法，他們的意識形態和侷限，都要有個徹底的了解，否則我們很容易就被這些唐代史官的偏見和成見，左右了我們對唐朝的認識。

　　杜公這種治史的態度和他對唐代史學史的濃厚興趣，導致他在 1980 年代，寫了他晚年的一部力作《唐代官修史籍考》，於 1992 年出版，詳考《舊唐書》是怎樣編成的。他這本書，有很長的一段孕育史。書前的〈序〉文這麼說：

> 我構思這本書已有很長的一段時期。它的起源遠在 1950 年，當時我開始認真研究唐代，有必要把唐代那批頗為單薄的史料，加以最深入的研究和評估，這成了我每天必做的事。

換句話說，這是一種探溯史源和評估史料的基本功，也就是他在上引那篇獻給龍公的論文中開頭所說，要「推論《舊唐書》是如何在逾二百多年的期間編纂成書的」。我覺得，這句話最關鍵的一點，就是杜公認為《舊唐書》的編纂期，長達「逾二百多年」，是一部歷經多朝史家長期醞釀而成，有多層次內容，非常龐雜的史書。

　　關於這個課題，國內史學界一般的看法是：《舊唐書》是在後晉天福六年（941）開始編纂，在開運二年（945）完工，只花了約五年就修成，最後署名為劉昫所編，因為他是當時負責監修國史的宰相。但這是一種很「表相」的見解，也是一般對此問題無研究的學者常持有的看法。許多中國史學史一類的著作如此立

論；許多念唐史的大學生和研究生也如此吸收。在這觀點下，
《舊唐書》的編纂是後晉那幾個史官的功勞。

　　但杜公的看法頗不相同。他認為，後晉那批史官其實並沒有
多少修史的功績。他們所做的，只不過是把當時已有的《國史》
和幾種殘存的實錄，略加整理，草草了事。我們現在所見到的
《舊唐書》，其核心部分應當就是柳芳等唐代史官的舊作，早在
唐後半葉就已編好。後晉那幾年是個亂世，戰爭不斷。那些史官
實在沒有安定的環境來好好修史：

> 在這種情況下，唐史的修撰必然是件無關重要的活動。我
> 們很容易理解，為什麼後晉那些史官願意「整個照搬」柳
> 芳《國史》中已完成的部分，而且，他們在撰寫志書時，
> 為什麼那麼深深依賴那些經已完成的作品，比如《會要》
> 和《續會要》。[18]

當然這涉及非常複雜的史源問題，當中有不少爭議，但我在這裡
不打算細論，以免捲入無謂的爭論。我只想指出一點，那就是
在《舊唐書》的編纂上，杜公非常重視柳芳這個唐代史官的貢
獻，而且認為柳芳是個有很「強烈個人意見」的史官，跟傳統
那種「沉默」的史官很不一樣，但後來因為種種原因，柳芳竟
被人「遺忘」了。現在許多專論唐代史學史的著作，在討論到
《舊唐書》的修撰時，幾乎不會提到柳芳這個人。但杜公卻對
他另眼相看。為此他還曾經寫過一篇論文，叫〈柳芳：被遺忘的
唐朝史家〉（"Liu Fang: A Forgotten T'ang Historian"），詳考柳

---

18 *The Writing of Official History under the T'ang*, p. 194.

芳的生平和他所修的《國史》。可惜此文從來不曾正式發表，只在 1970-71 年間，在耶魯大學一個中國和比較史學的研討會上宣讀。但我們這些跟杜公讀書的唐史研究生，都讀過他這篇精采的論文。杜公也讓我影印了一份。

四、沉船遺寶

杜公對史籍傳承的關注，自然引發他對中國印刷史的興趣。1983 年他出版的那本小書《中古中國的印刷和出版》（*Printing and Publishing in Medieval China*），原本是他在倫敦一個印刷學會所作的一個專題演講，對唐宋的書籍形式和印刷發展，作了精要的論述。此書有不少精采的插圖，都是杜公親自挑選的。我覺得挑得非常精，非常有品味，充分顯現他在中國印刷史和版本方面的精湛修養。我相信他這興趣，應當也跟龍公有點關係，因為龍公正是一個出色的中國圖書版本學家。

順此一提，英國幾個重要的漢學家，似乎都對中國古書的流傳和版本，情有獨鍾。除了龍公和杜公外，龍公的得意門生杜德橋也如此。他 2000 年在大英圖書館做了三次專題演講，後來由大英圖書館出了本演講集，就叫《中古中國的逸書》（*Lost Books of Medieval China*），詳論中國古書失傳和後世輯逸過程中的種種問題，有不少精妙的論點，好些是中國學者沒有留意的。2006 年，劍橋大學的周紹明（Joseph P. McDermott）出版了一本《中國書的社會史》（*A Social History of the Chinese Book: Books and Literati Culture in Late Imperial China*. Hong Kong University Press），可說是英國漢學這種學風的延續。周紹明在此書序文中透露，三十多年前龍公就勸他不要以這課題來寫博士

論文，因為資料太少，勸他先讀書找夠材料再說。

　　杜公對史源和史學史的興趣，更反映在他於 1996 年出任中研院史語所傅斯年漢學講座時所作的三次專題演講，後收在他的演講集《史家、讀者與時間的流逝》（*The Historian, His Readers, and The Passage of Time*）。這一系列的演說，從《劍橋中國史》的編纂過程，講到契丹與唐的淵源，甚至還談到現代那些在大學任教的「專業史家」的窘境，比如他們的出版和升等壓力等等，內容非常豐富。當中杜公又再次提到唐代史書的史源問題，以及我們現代史家，如何受這些傳統史官的影響。杜公這本演講集後來由史語所出版，但流通似乎不廣，許多大型研究圖書館都未收藏，知道的人好像也很少。

　　當然，杜公並非只注重史源。在青壯年（大約在 1980 年他轉到普林斯頓任教之前），他便在唐代經濟、財政史等方面，發表過不少專題論文，涉及佛教莊園、佛寺經濟、國有土地制、中國正史列傳問題、宰相陸贄、水利灌溉、唐令式、敦煌文獻、士族問題、商業和市場、藩鎮、人口和瘟疫問題、官員群和科舉等等（見文末他的著作目錄），從此奠定了他的學術威望。這些論文在發表時往往都很有開創意義。比如他的第一篇論文，論安史亂後的鹽鐵使，早在 1954 年就面世，當時台中港的唐史學界都還沒有人注意到這課題。大陸學者何汝泉等人的相關著作，要到文革以後才開始陸續出現。

　　對杜公這一代的漢學家來說，文革也造成若干深遠的影響。以他主編的《劍橋中國史》第 3 冊（隋唐政治篇）為例，編纂期間正逢文革動亂那十年，大陸的唐史研究幾乎一片空白。各撰稿人只好也只能引用日本和台灣學人的著作。1979 年此書出版時，文革才剛剛結束。但文革後二十多年，大陸的唐史研究突飛

猛進，近年更是佳作不斷，也開發了不少新領域。希望《劍橋中國史》第 4 冊（隋唐制度篇）將來出版時可以迎頭趕上。

杜公晚年除了撰寫《唐代官修史籍考》和主編《劍橋中國史》外，同時也是漢學期刊 *Asia Major* 與劍橋大學出版社《劍橋中華文史叢刊》（*Cambridge Studies in Chinese History, Literature, and Institutions*）的總編輯。*Asia Major* 歷史悠久，1923 年創刊，至今仍然是中國文史學界享譽很高、排名在最前面的西文期刊之一，現由中研院史語所負責出版。《劍橋中華文史叢刊》則是一系列高質量的專書，對整個中國文史研究產生過深遠的影響，可惜這叢刊前幾年因經費問題停止出書了。

即使年過 65 歲，杜公仍不斷有新論文面世，而且在選題和創見上更勝於他青壯期的著作。其中有些還相當長篇，等於是一本小書。例如，他 1996 年發表的〈如何當皇帝〉（"How To Be an Emperor"）便長達 102 頁，細論唐代的皇權，並且把唐太宗的〈金鏡〉和〈帝範〉翻譯成英文，加上非常詳盡的背景討論和註釋，再次展現他歐洲漢學的踏實學風。他 2000 年那篇論吐蕃（西藏）的專文〈唐朝大戰略中的吐蕃〉（"Tibet in Tang's Grand Strategy"），論吐蕃和李唐爭霸的種種，長達七十多頁，觀點和國內史家很不相同，很有新見，值得留意。1994 年那篇論〈唐朝的皇室〉（"The T'ang Imperial Family"），是這課題上很重要的一篇論文，長六十多頁，釐清了李唐皇室的複雜面，特別是在各種皇室職官方面，至今中日唐史學界似還未有類似論著可比。

他去世前不久發表的那篇〈沉船遺寶：一艘十世紀沉船上的中國銀錠〉（"Chinese Silver Bullion in a Tenth-Century Indonesian Wreck"），也屬長型論文。它甚至開闢了一個全新的研究領

域，是歷史和海洋考古的結合，利用十世紀在今印度尼西亞水域沉沒的一艘五代沉船上所撈起的銀錠和其他文物，細考這些銀錠的來源和背後的經濟、運輸和海外貿易等問題，屬杜公晚年最有創見的一篇力作。他年邁仍然這樣奮力勤勉做研究，又不斷有新作發表，常給我不少啟示和鼓舞。

　　杜公去世前幾年，健康不佳，對大陸唐史研究的快速發展，大概有一種「時不我予」的感觸，有幾次在電郵中跟我談到此事。大約在 2004 年尾，我把蘭州大學中文系王勳成教授那本力作《唐代銓選與文學》（中華書局，2001）寄了一本送給杜公，向他大力推薦，說是「中國大陸過去二十年來在唐代制度，特別是在科舉和銓選方面最佳的一本力作」。我之所以寄贈此書給他，是因為我知道他負責撰寫《劍橋中國史》第 4 冊隋唐制度部分唐代官僚體系專章。這跟王勳成的論述範圍有很大的關係。杜公很快就有回信，也盛讚此書，並跟我說，王教授「不單寫得很清楚，想法也很清楚」（"He not only writes clearly, but also thinks clearly."）他這樣回覆，是因為之前我跟他說，王教授的中文寫得十分「口語化」（我當時用的英文是 "colloquial"），寫得很清楚，讓人讀起來十足過癮，不像如今許多學術著作，常把很簡單的東西，用很複雜的文句去寫，故扮「高深」。

　　杜公為《劍橋中國史》所寫的唐代官僚體系初稿，我曾經見過麥大維（David McMullen）和包弼德（Peter Bol）等人在他們的論著中引用，僅簡單稱為 "The Bureaucracy"。近年來我自己也在研究唐代的官員群體，很想拜讀他這篇初稿。但 2005 年初杜公回信說，那還是一個稿本，缺註釋等部分，還得「加工」云云。當時他說他正忙於其他事，不久就會「回去修訂此稿」，有結果會給我寄一份。但一直到他去世，沒有下文。我猜想他沒有

完成這部分的工作。我到現在也還沒有機會讀到此文。

五、最溫馨的回憶

　　杜公的學術道路坦順，一生都在英美的一流名校任教。1955
年他在劍橋大學取得博士的前一年，已開始在倫敦大學任教。
1956 到 1960 年他轉到劍橋大學。1960 年又回到倫敦大學，出任
中文講座，那時他才不過 35 歲，可說是非常年輕的講座教授。
1967 年他當選為英國國家學術院院士（相當於中國的院士），
也不過是 42 歲。1968 年他重返劍橋，出任講座，直到 1980
年。他在劍橋培養了兩位傑出的學生，一是杜德橋，一是麥大
維。兩人後來都在唐代文史研究上有出色的表現。

　　1980 年秋天，杜公轉到普林斯頓大學東亞系任教，不久出
任普大首任胡應湘講座教授（Gordon Wu Professor of Chinese
Studies）。這是普大校友香港建築商胡應湘所捐贈的一個講座，
直到 1994 才改為榮休（emeritus）教授。但他退休回劍橋老家，
每年仍有一段時間回返普林斯頓，主持《劍橋中國史》的編務。

　　我在 1981 年秋天入學後不久，便追隨杜公念隋唐史，在他
指導下寫完博士論文畢業。回想起來，杜公在普大期間指導的博
士生似乎不算太多，而且少數幾個唐史博士生當中，竟有多位是
華裔。在我念博士那段時期，杜公的華裔學生，除了我之外，還
有黃清連兄和王貞平兄。清連兄比我早幾年入普大，當時任職
中央研究院史語所，現已退休。貞平兄是中國大陸知名學者王
利器先生的公子，於 1983 年入學，比我稍晚兩年，是第一個跟
杜公讀唐史博士的中國大陸留學生，畢業後任教於新加坡南洋
理工大學教育學院歷史系，現在也退休了。後來在杜公指導下

寫唐史博士論文的大陸學生，還有陸揚，1999 年寫完論文，畢業後曾留在母校普大東亞系任教多年，再轉到美國堪薩斯大學（University of Kansas）歷史系，近年回到北京大學中古史研究中心。

杜公在英國任教期間，也培養了好幾位華裔博士生。其中名聲最響亮的一位，就是曾任香港大學校長，現今東南亞史以及海外華人研究的專家王賡武。他於 1957 年在倫敦大學完成的博士論文《五代時期北方中國的權力結構》（*The Structure of Power in North China during the Five Dynasties*），[19] 導師正是當時在倫大執教的杜公。

1980 年代的普大東亞系，師資陣容強大，可說是鼎盛時期。在我求學期間，有三位史學大將坐鎮：杜公、宋史專家劉子健老師和明清史專家牟復禮教授（Frederick Mote）。英美的東亞系，中國史方面一般只有一兩位老師。那時只有普大東亞系可以同時開設隋唐史、宋史和明清史的課程（近現代中國史則由歷史系負責）。1986 年秋我畢業以後，余英時先生從耶魯大學轉到普大任教，普大東亞系恐怕是全美最好的一個。

杜公是引領我走進隋唐史研究的老師。他對我影響最深的一點，就是他對唐代史料那種高度批判的態度，不免讓我也經常在關注唐代史料的傳承，流傳中所經歷的傳本，以及新史料出現所引起的種種新問題。比如，近年唐代墓誌的大量面世和出版，大大改變了唐史研究的風貌，改變了我們對舊有史料的評估，也改

---

19 此博論的英文本，在 1963 年由吉隆坡的馬來亞大學出版社出版，1967 年又由美國史坦福大學出版社推出北美版。中譯本在 2014 年由上海中西書局出版。

變了我們的選題和可以做的研究課題。我們拿墓誌和兩《唐書》列傳來比對，常會發現兩《唐書》的記載太過簡略了，刪去了許多精采的細節。例如，唐人的官歷和官銜（我研究的重點之一），在兩《唐書》中經常是混亂的，不但年代不清楚，還常被省略不書，尤其是在《新唐書》。

可惜杜公晚年已來不及利用這些新出土的墓誌。他的《唐代官修史籍考》沒有探討《舊唐書》列傳部分的史源，就是因為他在 80 年代寫書時，唐代墓誌正開始陸續出版，他覺得探究這些列傳史源的時機還不成熟（"premature"，見該書頁 4）。否則，以他對唐代原始材料那種高度「批判」的態度和學風，他一定會覺得這是一個很刺激的時代，有那麼多新出土的墓誌材料可以運用。他從前的一些看法和推測，也可以得到墓誌的證實或修正。

前幾年，有一次我跟他寫電郵，提到在我們這個網路時代，像中研院漢籍全文電子資料庫那樣的新研究工具，如何改變了唐史研究。杜公不無感觸地回信說，「我其實一直沒有喜歡上電腦」（"I never really like computers"），又補了一句：「我屬於另一個時代。」（"I belong to another age."）實際上，杜公很早就在使用電腦。遠在 1980 年代初，個人電腦還不是很流行的年代，我就見到他在研究室，用電話聯線到普大電腦中心的大電腦，在進行《劍橋中國史》的文字編輯工作。那時他跟我說起用電腦來修改文稿，是如何省時和容易的事。但或許他長年用書本和紙本來查找材料，對電子數字庫這種新玩意，畢竟還有些抗拒。倒是他在《史家、讀者與時間的流逝》這本演講集中，有幾處談到了電子文本對現代史學研究的衝擊。

我對杜公最溫馨的一個回憶片段，常停留在 1981 年某個秋日下午五點左右。當時，天色快黑了。我剛從壯思堂（Jones

Hall）的東亞系辦公室走出來，拐過門外那條長廊，正要打開走道上那個側邊小門離去時，杜公正好在廊上另一端見到我。他快步走過來，把我叫住：

「Mr. Lai，你什麼時候得空，可以來看看我嗎？我們還沒有好好談過呢。」

這是秋天開學不久的事。其實，在這之前，他已經叫過我一次，要我找個時間去跟他好好「談一談」。我知道，這會是小學徒見大師傅的第一次談話，有點惶恐，得準備準備。但我那時初到異國，一切忙亂，實在還沒有培養好足夠的勇氣，去拜見西方一位最權威的唐史專家。想不到，這位大師傅竟追過來，把小學徒叫住，那麼親切地要小學徒去見他。我還能拖延不去嗎？於是，我跟他約好一個時間。

就在第一次導生見導師的會面上，杜公跟我提起了他「從前的老師」，也是我台大漢學老師王秋桂的老師——龍彼得龍公，從而開啟了我們這段師徒之緣。

原載台北《漢學研究通訊》26 卷 4 期（2007 年 11 月），
頁 24-34。

附錄：杜希德教授著作目錄

專書

1963. *Financial Administration under the T'ang Dynasty.* Cambridge: Cambridge University Press. Rev. ed. 1970.

1992. *The Writing of Official History under the T'ang.* Cambridge: Cambridge University Press.

專題演講集

1962. *Land Tenure and the Social Order in T'ang and Sung China*. London: School of Oriental and African Studies, University of London.（出任倫敦大學漢學講座的就職演講 Inaugural Lecture。）

1976. *The Birth of the Chinese Meritocracy: Bureaucrats and Examinations in T'ang China*. China Society Occasional Papers no. 18. London: China Society.

1983. *Printing and Publishing in Medieval China*. London: The Wynkyn de Worde Society; New York: Frederic C. Beil.

1997. *The Historian, His Readers, and the Passage of Time*. The Fu Ssu-nien Memorial Lectures 1996. Taipei: Institute of History and Philology, Academia Sinica.（此演講集中的第一篇有王貞平的中譯本《關於〈劍橋中國史〉的編撰》，《海外中國學評論》，第 2 輯〔上海：上海古籍出版社，2007〕，頁 23-46。）

編著

1962. With Arthur F. Wright, eds. *Confucian Personalities*. Stanford: Stanford University Press.

1973. With Arthur F. Wright, eds. *Perspectives on the T'ang*. New Haven: Yale University Press.

1974. With P. J. M. Geelan, eds. *The Times Atlas of China*. London: Times Books.

1979. *The Cambridge History of China, Vol. 3: Sui and T'ang China, 589-906*. Cambridge: Cambridge University Press.（此書有台灣和中國大陸兩種

中譯本。杜公也是《劍橋中國史》從上古到民國時期各冊的主編或
共同編輯，此不盡列。）

單篇論文

1954.　"The Salt Commissioners after the Rebellion of An Lu-shan." *Asia Major*
　　　　New Series 4.1: 60-89.

1956.　"The Derivation of the Text of the 'Shih-huo chih' of the *Chiu T'ang*
　　　　shu." *Journal of Oriental Studies* 3: 48-62.

1956.　"The Government of T'ang in the Early Eighth Century." *Bulletin of the*
　　　　School of Oriental and African Studies 18.2: 322-330.

1956.　"Monastic Estates in T'ang China." *Asia Major* New Series 5.2: 123-146.

1957.　"The Fragment of the T'ang Ordinances of the Department of Waterways
　　　　Discovered at Tun-huang." *Asia Major* New Series 6: 23-79.

1957.　"The Monasteries and China's Economy in Medieval Times." *Bulletin of*
　　　　the School of Oriental and African Studies 19: 526-549.

1959.　With Anthony Christie. "A Medieval Burmese Orchestra." *Asia Major*
　　　　New Series 7.1-2: 176-195.

1959.　"The Fan Clan's Charitable Estate, 1050-1760." *Confucianism in Action,*
　　　　ed. David S. Nivison and Wright Arthur F. Stanford: Stanford University
　　　　Press.

1959.　"Lands under State Cultivation under the T'ang Dynasty." *Journal of*
　　　　Economic and Social History of the Orient 2: 162-203; 353-336.

1960.　"Documents on Clan Administration I: The Rules of Administration of
　　　　the Charitable Estate of the Fan Clan." *Asia Major* New Series 8: 1-35.

1960.　"Some Remarks on Irrigation under the T'ang." *T'oung Pao* 48: 175-194.

1961.　"Chinese biographical Writing." *Historians of China and Japan*, eds. W.

G. Beasley and E. G. Pulleyblank. London: Oxford University Press. Pp. 95-114.

1962. "Problems of Chinese Biography." *Confucian Personalities,* eds. A. F. Wright and D. C. Twitchett. Stanford: Stanford University Press. Pp. 24-39.

1962. "Lu Chih (754-805): Imperial Adviser and Court Official." *Confucian Personalities,* eds. A. F. Wright and D. C. Twitchett. Stanford: Stanford University Press. Pp. 84-122.

1964. "A Lone Cheer for Sinology." *Journal of Asian Studies* 24.1:109-112. （有高勇等人中譯本，載《海外中國學評論》，第 2 輯〔上海：上海古籍出版社，2007〕，頁 314-317。）

1965. "Provincial Autonomy and Central Finance in Late T'ang." *Asia Major* New Series 11.2: 211-232.

1965. "A Critique of Some Recent Studies of Modern Chinese Social-Economic History." *Transactions of the International Conference of Orientalists in Japan* 10: 28-41. （有李弘祺中譯本，〈評論近代中國社會經濟史的幾本近著〉，《思與言》13 卷 2 期〔1975 年 7 月〕，頁 63-67。）

1966. "The T'ang Market System." *Asia Major* New Series 12.2: 202-248.

1966. "Chinese Social History form the Seventh to the Tenth Centuries: The Tunhuang Documents and Their Implications." *Past and Present* 35: 28-53.

1967. "A Note on the Tunhuang Fragments of the T'ang Regulations, *ko.*" *Bulletin of the School of Oriental and African Studies* 30.2: 369-381.

1967. "Niida Noboru and Chinese Legal History." *Asia Major* New Series 13.1-2: 218-228.

1968. "Merchants, Trade and Government in Late T'ang." *Asia Major* New

Series 14.1: 63-95.

1969. "Local Financial Administration in Early T'ang Times." *Asia Major* New Series 15.1: 82-114.

1973. "The Composition of the T'ang Ruling Class: New Evidence from Tun-huang." *Perspectives on the T'ang,* ed. Arthur F. Wright and Denis Twitchett. New Haven: Yale University Press. Pp. 47-85.（有何冠環中譯本《從敦煌文書看唐代統治階層的成份》，《唐史論文選集》，國立編譯館主編〔台北：幼獅文化事業公司，1990〕，頁 80-130。）

1973. "A Confucian's View of the Taxation of Commerce: Ts'ui Jung's Memorial of 703." *Bulletin of the School of Oriental and African Studies* 26.2: 429-445.

1976. "Varied Patterns of Provincial Autonomy in the T'ang Dynasty." *Essays on T'ang Society*, ed. John Curtis Perry and Bardwell L. Smith. Leiden: E.J. Brill. Pp. 90-109.

1979. "Hsuan-tsung (reign 712-56)." *The Cambridge History of China,* Vol. 3, ed. Denis Twitchett. Cambridge: Cambridge University Press. Pp. 333-463.

1979. With Howard J. Wechsler. "Kao-tsung (Reign 649-83) and the Empress Wu: the Inheritor and the Usurper." *The Cambridge History of China*, Vol. 3, ed. Denis Twitchett. Cambridge: Cambridge University Press. Pp. 242-289.

1979. "Population and Pestilence in T'ang China." *Studia Sino-Mongolica: Festschrift für Herbert Franke*, ed. Wolfgang Bauer. Wiesbaden: Franz Steiner Verlag. Pp. 35-68.

1986. "The Inner Palace Diary (*Nei ch'i-chü chu*)." *T'ang Studies* 4:1-9.

1988. "The Seamy Side of Late T'ang Political Life: Yu Ti and His Family."

Asia Major 3rd. Series. 1.2: 29-63.

1988. With Tilemann Grimm. "The Cheng-T'ung, Ching-t'ai, and T'ien-Shun Reigns, 1436-1464." *The Cambridge History of China, Vol. 7: The Ming Dynasty 1368-1644*, Part 1, eds. Frederick W. Mote and Denis Twitchett. Cambridge: Cambridge University Press. Pp. 305-342.

1989. "Po Chü-i's 'Government Ox.'" *T'ang Studies* 7: 23-38.

1990. "A Note on the 'Monograph on Music' in *Chiu T'ang shu.*" *Asia Major* 3rd. Series 3.1: 51-62.

1993. With Wallace Johnson. "Criminal Procedure in T'ang China." *Asia Major* 3rd. Series 6.2: 113-146.

1994. "The T'ang Imperial Family." *Asia Major* 3rd. Series 7.2:1-61.

1994. With Klaus-Peter Tietze. "The Liao." *The Cambridge History of China, Vol. 6: Alien Regimes and Border States, 907-1368*, eds. Herbert Franke and Denis Twitchett. Cambridge: Cambridge University Press. Pp. 43-153.

1995. With Donald Holzman. "The Life and Work of Robert des Rotours." *T'ang Studies* 13: 13-31.

1995. "Chinese Studies in Britain: A Review Article." *Journal of the Royal Asiatic Society* Series 3, 5.2: 245-252.

1996. "*How to be an Emperor:* T'ang T'ai-tsung's Vision of His Role." *Asia Major* 3rd. Series 9.1-2: 1-102.

2000. "Tibet in Tang's Grand Strategy." *Warfare in Chinese History*, ed. Hans van de Ven. Leiden: Brill. Pp. 106-179.

2002. With Janice Stargardt. "Chinese Silver Bullion in a Tenth-Century Indonesian Wreck." *Asia Major* 3rd. Series 15.1: 23-72.（有朱雋琪中譯本〈沉船遺寶：一艘十世紀沉船上的中國銀錠〉,《唐研究》第 10

卷，榮新江主編〔北京：北京大學出版社，2004〕，頁 383-432。
Asia Major 在這幾年脫期。這一期的實際出版時間為 2005 年初。）

2003.　*"Chen gui* and Other Works Attributed to Empress Wu Zetian." *Asia Major* 3rd. Series 16.1: 33-109.（這一期實際出版時間約為 2005 年。）

附註：杜公寫過許多書評和其他短文，限於篇幅，這裡無法列入。

品味唐朝：唐人的文化、經濟和官場生活

2024年1月初版　　　　　　　　　　　　　　　定價：新臺幣650元
有著作權‧翻印必究
Printed in Taiwan.

著　　　者	賴	瑞	和	
叢書主編	沙	淑	芬	
校　　　對	吳	美	滿	
內文排版	菩	薩	蠻	
封面設計	蔡	婕	岑	

出　版　者	聯經出版事業股份有限公司	副總編輯	陳	逸 華
地　　　址	新北市汐止區大同路一段369號1樓	總編輯	涂	豐 恩
叢書主編電話	（02）86925588轉5310	總經理	陳	芝 宇
台北聯經書房	台北市新生南路三段94號	社　長	羅	國 俊
電　　　話	（02）23620308	發行人	林	載 爵
郵政劃撥帳戶第0100559-3號				
郵撥電話	（02）23620308			
印刷者	世和印製企業有限公司			
總經銷	聯合發行股份有限公司			
發行所	新北市新店區寶橋路235巷6弄6號2樓			
電　　　話	（02）29178022			

行政院新聞局出版事業登記證局版臺業字第0130號

聯經網址：www.linkingbooks.com.tw
電子信箱：linking@udngroup.com

國家圖書館出版品預行編目資料

品味唐朝：唐人的文化、經濟和官場生活/賴瑞和著．
初版．新北市．聯經．2024年1月．584面．14.8×2公分
ISBN　978-957-08-7111-1（平裝）

1.CST：社會生活　2.CST：文化史　3.CST：唐代

634　　　　　　　　　　　　　　　　　　112014400